十和田湖（鹿角郡小坂町・青森県十和田市）

田沢湖
（仙北市）

角館武家屋敷群のサクラ
（仙北市）

仙北平野
（大仙市・仙北郡美郷町・仙北市）

祭り

綴子の大太鼓
（北秋田市）

男鹿のナマハゲ
（男鹿市）

竿燈（秋田市）

西馬音内の盆踊
（雄勝郡羽後町）

花輪ばやし
(鹿角市)

大日堂舞楽
(鹿角市)

六郷のかまくら
(竹打ち, 仙北郡美郷町)

かまくら(横手市)

史跡・文化財

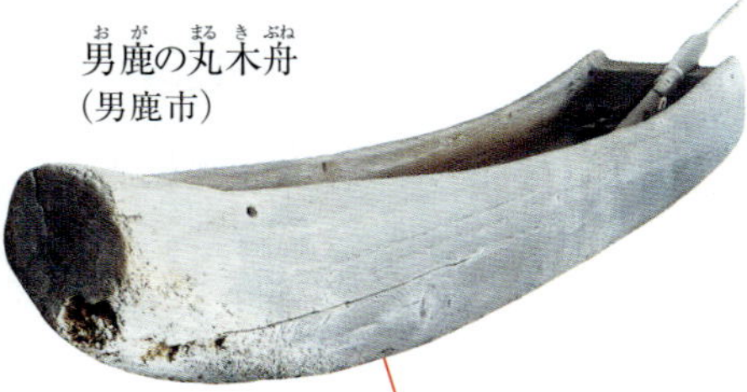

男鹿の丸木舟
（男鹿市）

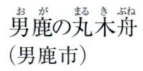

旧奈良家住宅
（秋田県立博物館分館，秋田市）

旧秋田銀行本店本館
（秋田市立赤れんが郷土館，秋田市）

小田野直武筆「不忍池図」
（秋田県立近代美術館，横手市）

大湯環状列石
(鹿角市)

線刻千手観音等鏡像
(水神社, 大仙市)

払田柵跡
(大仙市)

古四王神社本殿
(大仙市)

食

地酒（全県）

ハタハタ
（男鹿市・山本郡八峰町）

もろこし
（秋田市）

米（全県）

漬物
（いぶりがっこ，湯沢市）

きりたんぽ（大館市)

比内鶏（大館市)

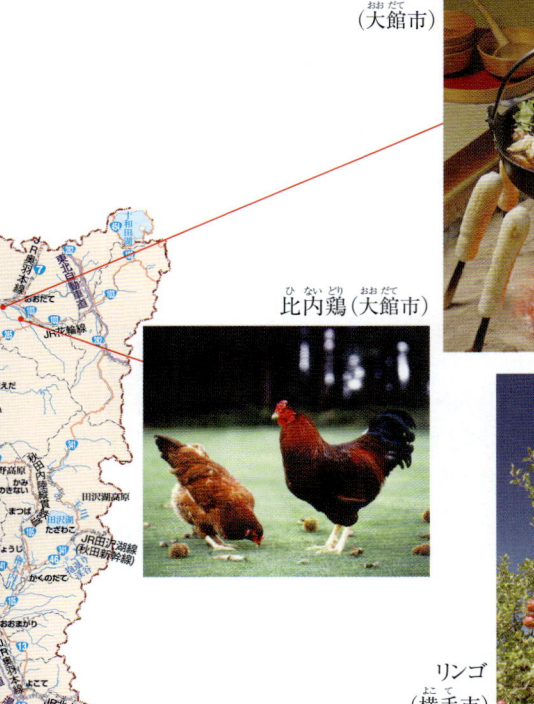

リンゴ（横手市)

山菜（全県）

ミズ

ワラビ

もくじ　赤字はコラム

鹿角

❶ 花輪とその周辺-- 4
　花輪市と関善賑わい屋敷／花輪館跡／館坂・盆坂／長年寺と恩徳寺／堰向三カ寺／幸稲荷神社／幸稲荷神社と花輪ばやし／大日霊貴神社／大日堂舞楽／天照皇御祖神社／八幡平と八幡平温泉郷

❷ 毛馬内から十和田湖へ-- 15
　柏崎館跡と内藤湖南旧宅／鹿角市先人顕彰館／内藤湖南／仁叟寺／月山神社／毛馬内の盆踊／錦木塚／大湯環状列石／猿賀神社／黒又山／大円寺／十和田湖／和井内神社

❸ 地下資源王国，その夢の跡------------------------------------ 27
　史跡尾去沢鉱山／大森親山獅子大権現舞／旧小坂鉱山事務所／康楽館／小坂町立総合博物館 郷土館／小坂鉱山／小坂鉄道／花岡鉱山跡／信正寺／犬都記念公園／花岡事件

大館市

❶ 大館城下-- 42
　大館城跡・桂城公園／秋田犬会館／狩野父子生誕地／比内鶏ときりたんぽ／大館八幡神社／遍照院／宗福寺／寺道三カ寺／一心院と真田幸村の墓

❷ 浅利氏と比内八郷-- 50
　独鈷大日堂／大葛金山墓地／温泉寺と安藤昌益の墓／錦神社

❸ 盛岡藩境，十二所-- 54
　十二所城跡／「三哲サン」／大滝温泉／北鹿ハリストス正教会聖堂

❹ 釈迦内から矢立峠へ-- 58
　実相寺／松峯神社／大館郷土博物館・芝谷地／相馬大作事件故地（岩抜山）／矢立廃寺跡／長走風穴／大館市立鳥潟会館

❺ 西流する米代川に沿って-------------------------------------- 65
　八坂神社／洞雲寺／小林多喜二と安藤昌益／小畑勇二郎記念館

米代川中流

❶ 鷹巣盆地の周辺-- 72
　　大太鼓の館／胡桃館遺跡／五義民碑／伊勢堂岱遺跡／加護山精錬所跡／仁鮒水沢スギ植物群落保護林

❷ 阿仁川に沿って-- 80
　　延慶碑／積石墳墓／可児義雄の碑／阿仁前田小作争議／旧阿仁鉱山外国人官舎（異人館）／根子集落と鮭石

❸ 能代市とその周辺--- 87
　　光久寺／八幡神社／五輪塔と方角石／能代海岸砂防林／井坂記念館／杉沢台遺跡／檜山城跡／本館のたいまつ祭り／白神山地／多宝院

男鹿

❶ 男鹿半島--- 102
　　寒風山／脇本城跡／増川八幡神社と能登山のツバキ／男鹿半島の鹿盛衰記／赤神神社五社堂／男鹿の丸木舟／真山神社／ナマハゲ

❷ 八郎潟と湖西部--- 110
　　東湖八坂神社／大潟村／志藤沢遺跡と横長根A遺跡／三湖伝説／渡部斧松住居跡／義民弥惣右衛門／大山家住宅

❸ 湖東部に沿って--- 117
　　砂沢館跡／五城目朝市／石川理紀之助遺跡／畠山松治郎と近江谷友治／潟上市昭和歴史民俗資料館／飯塚神明社観音堂／新間遺跡

もくじ

秋田市

❶ 久保田城跡と秋田市内-- 128
　久保田城跡／竿燈／天徳寺／秋田大学工学資源学部附属鉱業博物館／広小路／外町／久保田のかまくら／秋田市立赤れんが郷土館／秋田万歳／秋田市民俗芸能伝承館

❷ 山王から八橋・寺内へ-- 141
　日吉八幡神社／草生津川／寶塔寺・全良寺／古四王神社／四足二足・願の中／高清水／菅江真澄／菅江真澄の墓／梅津政景／秋田城跡

❸ 土崎港周辺から金足へ-- 153
　湊城跡／土崎の大空襲／秋田県立博物館／旧奈良家住宅／『種蒔く人』

❹ 太平山麓を歩く-- 159
　太平山三吉神社／補陀寺／藤倉水源地水道施設／仁別国民の森／嵯峨家住宅／大張野開拓地／旧黒澤家住宅

❺ 雄物川に沿って-- 166
　湧水の里新屋／石井露月記念館／秋田蕗／雄和華の里／豊島館跡

仙北平野

❶ 大仙市の周辺-- 174
　土屋館跡／池田氏庭園／大曲の花火／古四王神社／宝蔵寺／払田柵跡／刈和野の大綱引き／唐松神社／荒川鉱山跡／水神社／雄物川舟運と角間川

❷ 仙北平野を歩く-- 186

もくじ

❸ 角館町と奥北浦の周辺-- 191
　角館城跡と武家屋敷群／樺細工／角館祭りのやま行事／仙北市立角館町平福記念美術館／ユキツバキ自生北限地帯／大蔵神社／辰子伝説／田沢湖／草彅家住宅／仙北民謡／秋田駒ヶ岳高山植物帯／盆の供養ささら／玉川温泉の北投石／大国主神社

県南

❶ 横手市と雄平-- 210
　横手神明社／横手城跡／かまくら／石坂洋次郎／金沢柵跡／筏の大スギ

❷ 平鹿路を行く-- 217
　吉田城跡／浅舞の御役屋門／秋田立志会／沼柵跡／大森城跡／保呂羽山

❸ 湯沢市中心部-- 224
　旧雄勝郡会議事堂／湯沢城跡／一里塚／湯沢の三大まつり／白山姫神社／了翁禅師生誕之地／岩崎城跡／川原毛地獄山

❹ 湯沢市東部-- 236
　川連漆器資料館／与惣右衛門堰顕彰碑／稲庭城跡／小安御番所跡／稲庭うどん

❺ 湯沢市南部-- 243
　小町の郷／熊野神社磨崖／岩井堂洞窟／旧院内銀山跡

❻ 国道342号線沿い-- 250
　増田城跡と満福寺／真人桟道／小貫山堰

❼ 羽後路を西へ-- 255
　三輪神社・須賀神社／佐藤信淵誕生地／雄勝城跡／仙道番楽／西馬音内の盆踊／野中人形芝居

由利

❶ 亀田から本荘へ-- 264
　高城城跡・亀田陣屋跡／由利十二頭／龍門寺と妙慶寺／赤尾津と光禅寺／本荘城跡／亀田織／永泉寺／本陣猪股家

❷ 芋川に沿って-- 272
　新山神社／赤田の大仏／永傳寺と諏訪神社
❸ ねむの里--- 276
　禅林寺／斎藤宇一郎記念館／勢至公園と金浦山神社／由利海岸波除石垣／浄蓮寺／蚶満寺／象潟／金峰神社と奈曽の白瀑谷
❹ 鳥海山麓-- 284
　瑞光寺／八森城跡／龍源寺と福王寺／義烈良民の墓／土田家住宅／百宅集落／猿倉人形芝居

秋田県のあゆみ／地域の概観／文化財公開施設／無形民俗文化財／おもな祭り／有形民俗文化財／散歩便利帳／参考文献／年表／索引

[本書の利用にあたって]

1．散歩モデルコースで使われているおもな記号は，つぎのとおりです。なお，数字は所要時間(分)をあらわします。

　　……………… 電車　　　　　========== 地下鉄
　　――――――― バス　　　　　••••••••••••••••••• 車
　　------------- 徒歩　　　　　〜〜〜〜〜〜〜 船

2．本文で使われているおもな記号は，つぎのとおりです。

　🚶 徒歩　　　🚌 バス　　　✈ 飛行機
　🚗 車　　　　🚢 船　　　　 Ｐ 駐車場あり

　〈M▶P.○○〉は，地図の該当ページを示します。

3．各項目の後ろにある丸数字は，章の地図上の丸数字に対応します。

4．本文中のおもな文化財の区別は，つぎのとおりです。
　　国指定重要文化財＝(国重文)，国指定史跡＝(国史跡)，国指定天然記念物＝(国天然)，国指定名勝＝(国名勝)，国指定重要有形民俗文化財・国指定重要無形民俗文化財＝(国民俗)，国登録有形文化財＝(国登録)
　　都道府県もこれに準じています。

5．コラムのマークは，つぎのとおりです。

　泊　歴史的な宿　　　憩　名湯　　　　食　飲む・食べる
　み　土産　　　　　　作　作る　　　　体　体験する
　祭　祭り　　　　　　行　民俗行事　　芸　民俗芸能
　人　人物　　　　　　伝　伝説　　　　産　伝統産業
　‼　そのほか

6．本書掲載のデータは，2011年9月末日現在のものです。今後変更になる場合もありますので，事前にお確かめください。

Kazuno 鹿角

八幡平

毛馬内の盆踊

◎鹿角地区散歩モデルコース

1. JR花輪線鹿角花輪駅_12_花輪館跡(桜山公園)_7_幸稲荷神社里宮_3_長年寺_3_恩徳寺_3_関善賑わい屋敷_1_花輪市定期市場_10_鹿角観光ふるさと館あんとらあ_8_JR鹿角花輪駅

2. JR花輪線鹿角花輪駅_12_鹿角市立花輪図書館・民俗資料室_1_本勝寺_5_花輪館跡(桜山公園)_6_横丁大鳥居_5_専正寺_1_円徳寺_1_長福寺_10_JR鹿角花輪駅

3. JR花輪線八幡平駅_3_小豆沢大日堂_2_吉祥院_10_天照皇御祖神社(磨崖仏)_20_八幡平ビジターセンター_3_後生掛温泉_2_蒸の湯_15_八幡平頂上_150_JR東北本線・田沢湖線・山田線・いわて銀河鉄道盛岡駅

4. JR花輪線十和田南駅_3_錦木塚_10_毛馬内上町_10_柏崎館跡_1_内藤湖南旧宅_6_鹿角市先人顕彰館_2_仁叟寺_1_内藤湖南生誕地(砂場)_2_下小路バス停_10_JR十和田南駅

5. JR花輪線鹿角花輪駅_20_猿賀神社_3_大湯環状列石_3_黒又山_5_大円寺_1_大湯温泉_20_銚子滝_15_発荷峠_5_ヒメマス孵化場_7_十和田ホテル_5_樹恩の鐘_1_和井内神社_10_滝ノ沢展望台_40_子ノ口バス停_15_奥入瀬渓流_15_子ノ口バス停_20_休屋_10_十和田神社_10_休屋_10_発荷峠_70_JR花輪線・奥羽本線大館駅

6. JR奥羽本線大館駅_30_小坂操車場_5_旧工藤家住宅(中小路の館)_7_小坂町立総合博物館 郷土館_10_小坂鉄道駅舎_3_康楽館_3_旧小坂鉱山事務所・天使館_5_金属技術研修センター_5_旧小坂鉱山電気製錬所_15_小坂町役場前バス停_30_JR大館駅

---

① 花輪市・関善賑わい屋敷
② 花輪館跡
③ 館坂
④ 盆坂
⑤ 長年寺
⑥ 恩徳寺
⑦ 堰向三カ寺
⑧ 幸稲荷神社
⑨ 大日霊貴神社
⑩ 天照皇御祖神社
⑪ 八幡平・八幡平温泉郷
⑫ 柏崎館跡・内藤湖南旧宅
⑬ 鹿角市先人顕彰館
⑭ 仁叟寺
⑮ 月山神社
⑯ 錦木塚
⑰ 大湯環状列石
⑱ 猿賀神社
⑲ 黒又山
⑳ 大円寺
㉑ 十和田湖
㉒ 和井内神社
㉓ 史跡尾去沢鉱山
㉔ 旧小坂鉱山事務所
㉕ 小坂町立総合博物館 郷土館
㉖ 花岡鉱山跡
㉗ 信正寺
㉘ 犬都記念公園

花輪とその周辺

明治時代初期に秋田県に編入された鹿角地方は、旧盛岡藩領という風土のもと独特の文化を築き、花輪はその中心だった。

花輪市と関善賑わい屋敷 ❶
0186-23-7799

〈M▶P.2,4〉鹿角市花輪字上花輪85
JR花輪線鹿角花輪駅🚶12分

3と8の日に開かれる花輪市
築100年以上の旧関善酒店

1931(昭和6)年、秋田鉄道として大館・盛岡間に開通した現在の花輪線鹿角花輪駅の駅前広場正面に、声良鶏の銅像が立っている。声良鶏(国天然)は、東天紅・唐丸と並ぶ日本三大長鳴鶏の1つで、鹿角市曙地区が原産地といわれている。

駅から真東に進み、国道282号線を横切ってさらに180mほど行くと、通称「町通り」(旧鹿角街道、県道66号線)に突き当る。左折すればカラー舗道の整備された大町・新町のアーケード、右折すれば谷地田町・六日町と、商店が軒を連ねる。背後に国内屈指の尾去沢鉱山を控えた商業地として、殷賑をきわめてきた。1703(元禄16)年の『豊凶聞書』に、「七月十八日、花輪の市に米弐升五合を以て値百文」の記録がある。

明治時代なかばには、この4町700mの両側に露店がびっしり並ぶようになる。その名残りは、今も月6回、3と8の日に開かれる

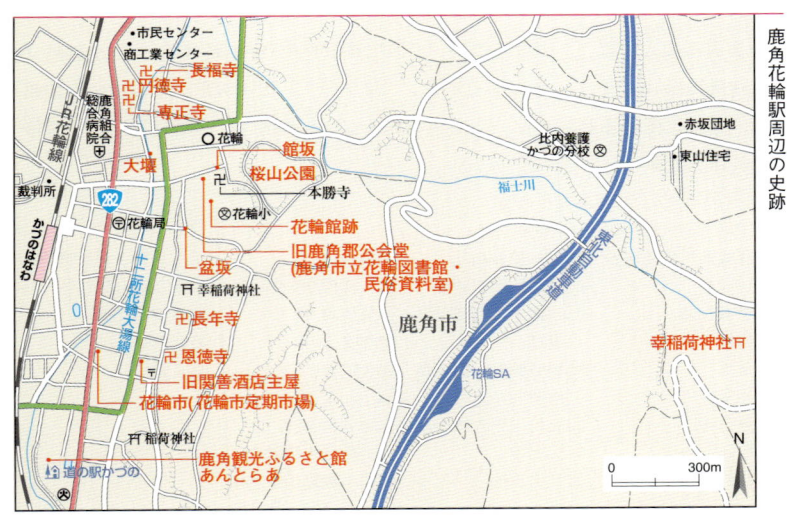

鹿角花輪駅周辺の史跡

花輪市で,交通事情から1984(昭和59)年に,六日町1カ所に集約された。この辺りでは何軒か,雪国特有の小店(雁木の別称。幅1間〈約1.8m〉ほどの庇を間口いっぱいに張り出した和風アーケード)のある商家のたたずまいをみることができる。

町通りの南側,明治時代に建てられた小田島家(かつての銘酒「男山」醸造元)の南隣が,8棟からなる公設の花輪市定期市場である。その真向いも1905(明治38)年建造の建物で,「花正宗」を醸造していた元造酒屋の旧関善酒店主屋(国登録)である。現在は,NPO法人関善賑わい屋敷が運営し,各種イベントに利用されている。

なお,八幡平字石鳥谷には,中世城館の石鳥谷館跡に渡部家住宅主屋・土蔵・門があり,国の登録有形文化財となっている。現在,5～11月には史料館として無料公開(1週間前までに鹿角市教育委員会に要予約)されている。

花輪館跡 ❷　〈M▶P. 2, 4〉鹿角市花輪字中花輪88　P
JR花輪線鹿角花輪駅 大 12分

町通りの東,比高40mほどの高台が,中世の花輪館跡である。

花輪館の歴史は,奥州藤原氏の滅亡後,鎌倉から地頭として派遣された安保氏に始まる。先には成田氏,続いて秋元氏,奈良氏(以上「鹿角四姓」と称す)が鹿角地方に入部し,各地に根を張った。鹿角地方の城館は古く「鹿角四十二館」といわれたが,現在までに確認された中世城館跡は49ある。

安保氏は初め,福士川右岸の舌状台地である陣馬台南端の臥牛館に拠って花輪次郎を名乗った。古記録には,天正年間(1573～92)に滅ぼされ九戸城を頼ったと記されるが,花輪氏の出自については異説も多い。

1590年に南部氏の家臣大光寺正親がかわって城主となり,3800石を領した。その後,毛馬内長次が大光寺氏にかわって盛岡藩(現,岩手県盛岡市ほか)花輪城代として入り,1674(延宝2)年には,中野康敬(初名

花輪館跡

佐藤要之助大人之碑

花輪氏の居館、花輪館跡
護国神社にりんご始祖の碑

伊織(いおり)が城代となって、花輪館の郭の1つ樋口(ひぐちだて)館を居館とした。中野氏は、のちに南部姓を賜っている。江戸時代には、家臣100人・御同心組(ごどうしんぐみ)30人を預かる盛岡藩花輪通代官所(どおりだいかんしょ)がおかれた。近世の鹿角郡は、花輪通と毛馬内通に二分され、それぞれに盛岡藩の代官所がおかれていた。盛岡藩全体では、10郡を33通に区分していた。1691(元禄4)年の石高(こくだか)は、花輪通3712石・毛馬内通2602石で、毛馬内通は桜庭(さくらば)氏が治めた。

1876(明治9)年、代官所跡100坪が払い下げられ、大町にあった花輪学校が移された。当時、「館(たて)の学校」とよばれたゆえんはそれで、現在は市立花輪小学校の校地となっている。周囲に土塁(どるい)の一部が残る。4mほど低地のグラウンドは二の丸跡で、米蔵3棟を始め、文庫蔵・武器庫・物見櫓(ものみやぐら)などが立っていた。

北館(きただて)一帯は、桜山(さくらやま)公園として整備されている。岩手県盛岡市の桜山神社から分祀(ぶんし)した桜山護国(ごこく)神社があり、南部氏始祖南部光行(みつゆき)をまつる。境内の一角に、「鹿角りんご始祖　佐藤要之助(さとうようのすけ)大人之碑」が立っている。

出荷量では県南の平鹿(ひらか)りんごに大きく水をあけられてはいるが、もともと本県のリンゴは鹿角が発祥である。1876年に勧業寮(かんぎょうりょう)から苗木を持ち帰った吉田清兵衛(よしだせいべえ)の試作は、酸味が強すぎ失敗に終わったが、1884年に佐藤要之助が、リンゴ栽培の先進地盛岡から仕入れた苗木400本を東山(とうざん)に連なる女森(おなごもり)の原野に植えたところ、成功の実を結んだ。雑多な品種の中に、優良種柳玉(りゅうぎょく)の苗100本が入っていたのが育ち、幸運をもたらしてくれた。東北本線が岩手県一ノ関(いちのせき)まで開通した1890年、要之助はリンゴをウマで駅まで運び、貨車に載せた。リンゴ栽培の成功のみならず、東京市場に秋田りんごを初めて出荷したのも要之助である。本県のリンゴの五大先覚者を、この要之助と中津山延賢(なかつやまのぶかた)、瀬田石喜代治(せたいしきよじ)の鹿角出身者3人が占めている

のも納得できよう。なお，日本人として初めて巨匠カザルスに師事したチェリスト佐藤良雄(故人)は，要之助の孫にあたる。

館坂・盆坂 ❸❹　〈M▶P.2, 4〉鹿角市花輪字中花輪

JR花輪線鹿角花輪駅🚶10分

武家屋敷町の面影が残る袋町周辺

　桜山公園から搦手口の館坂をくだりきり左折すると，横町である。本勝寺(法華宗)，1916(大正5)年に建てられた洋風木造建築の旧鹿角郡公会堂を転用した鹿角市立花輪図書館・民俗資料室の前を通って，新町・大町交差点に至る。本勝寺の角を曲がらずに直進すれば袋町で，その先に「花輪ばやし」で知られる幸稲荷神社の朱塗りの大鳥居が立つ。この辺りは，わずかながら武家屋敷町の面影を残している。現在，酒販会館の立つ場所には，明治時代なかばまで，花輪館中野氏の祈願所とされる明蓮寺(真言宗)があった。

　大手口からは盆坂で，大町バス停から山の手へ小路をのぼる。盆坂を挟んだ向かい側が花輪館の郭の1つ南館である。1873(明治6)年太陽暦施行の際には，ここに鐘楼を建て，長年寺の梵鐘を運んで時を知らせたという。鐘は高さ120m，底部外径が76.5mあって，1719(享保4)年に名工歌代六左衛門清房が鋳造した。多数の門徒が喜捨した，金銀の装身具などを鋳込んだといわれている。第二次世界大戦中に金属供出で撤去されたが，戦後，大館市内の倉庫で発見され，南館に鐘楼が復元され，梵鐘は戻された。

武家屋敷跡

長年寺と恩徳寺 ❺❻　〈M▶P.2, 4〉鹿角市花輪字上花輪13／字上花輪

0186-23-2157／0186-23-2372　11　🅿

JR花輪線鹿角花輪駅🚶12分，または🚌八幡平駅方面行谷地田町🚶3分

　南館と地続きの高台に，幸稲荷神社の御旅所がある。さらに南，ちょうど六日町の裏手の通りが通称寺小路で，長年寺と恩徳寺，花

長年寺

九戸騒動と関係深い長年寺 見事な二重の山門の恩徳寺

輪神明社が、それぞれ民家数軒を挟んで並び立つ。

鳳林山長年寺（曹洞宗）は、戦国時代に九戸信仲（政実の父）によって開創された、岩手県九戸郡九戸村の長興寺を前身とする。九戸の乱（1591年）で処刑された九戸政実の弟中野康実が、兄の遺骸を葬って菩提寺とし、4代康敬が花輪時代にこの地に移した。盛岡藩士相馬大作（下斗米秀之進将真）の津軽寧親（弘前藩〈現、青森県弘前市ほか〉9代藩主）暗殺未遂事件に連座して、斬首に処された関良助の墓がある。

赤石山恩徳寺（曹洞宗）は、みごとな二重の山門を構えている。庫裏は、旧花輪通代官所建物の移築である。寺宝の木造弥陀三尊（阿弥陀仏・観世音菩薩・勢至菩薩、県文化）は鎌倉時代のものとみられるが、奈良時代の行基の作ともいう。源義経の平家討伐に参軍し、讃岐志度浦（現、香川県さぬき市）で戦死した将兵を、同地の道場寺に葬った後、戦場に散乱していた仏像を拾って持ち帰ったものと恩徳寺の縁起は伝える。

鹿角花輪駅の北隣、JR柴平駅の北東1.7kmほどの永久山円福寺（曹洞宗）に、高さ48.3cmの銅造阿弥陀如来立像（県文化）がある。「正安三（1301）年」という刻印があり、一鋳でところどころに金箔を施した痕が認められる。また、もとは、古代の伝説をもつ錦木塚とかかわる錦木山観音寺にあったものという口碑があるが、由来は不明である。円福寺は、鹿角四姓の1つ奈良氏の庶流小平氏の小平館跡の至近にあり、一帯には根市川・間瀬川に沿って、小枝指・地羅野・高市などの館跡が密集している。

堰向三カ寺 ❼
0186-23-3144／0186-23-2956／0186-23-2334

〈M▶P.2,4〉鹿角市花輪字寺ノ後16（専正寺）／字寺ノ後22（円徳寺）／字下花輪118（長福寺） P
JR花輪線鹿角花輪駅🚶5分／🚶15分／🚶10分

花輪の景観を際立たせているものに、市の中央を南北に貫流する

大堰

大堰がある。幅約2間，真冬でも水が涸れることはない。鹿角花輪駅の南約1.2kmの字堰根川原で米代川から取水，「道の駅かづの・鹿角観光ふるさと館あんとらあ」の裏を通って花輪市街に入り，字上中島で国道282号線の下をくぐり，大町の辺りで町通りにもっとも接近し，ほとんど民家の裏側を並行して流れる。何カ所かで枝分かれするので，鹿角花輪駅北西の久保田団地などは三方を堰で囲まれている。花輪駅前交差点付近には，堰向という字名もある。

大堰の起源は，天正年間（1573〜92）まで遡るといわれる。もとは田畑をうるおすだけの狭小な灌漑用水で，長年寺のある辺りまでであったが，宝永年間から正徳年間（1704〜16）にかけて字砂森まで延長され，福士川と結んだ。その後も開削は続けられ，現在，総延長は8kmにもおよぶ。

江戸時代，毎年3000間もの春木（薪）が大堰端4カ所の春木土場に棚積みされる光景は，一種偉観でもあったようで，1849（嘉永2）年，この地を通った探険家松浦武四郎は『鹿角日記』に，「山ニて切取薪を此所にて小川に流れ入る也，其仕懸五里八里上より来り，薪一歩として人の背を労せずして流し得ること感可き也」と書き留めている。

堰向から国道282号線を北へ行くとほどなく，堰向三カ寺がある。手前から専正寺，円徳寺，長福寺である。

宝珠山専正寺（浄土真宗本願寺派）は，1589（天正17）年，京都本願寺11世顕如の弟子諦安教順こと，井上味兵衛専正の開基である。親鸞上人絵伝4幅，親鸞染筆という紺紙金泥六字名号などを寺宝とする。大堰を今日の規模にまで拡大したのは，ひとえに当寺門徒の工事参加によるという。山門は，旧花輪通代官所の正門を移したものである。

真乗山円徳寺（浄土宗）は，寺伝によれば，「永久千軒」と隆盛を誇った1616（元和2）年の尾去沢永久沢金山に創建されたという。

堰向の北方に専正寺・円徳寺・長福寺の堰向三カ寺

花輪とその周辺

専正寺

転々を経て現在地への建立は、花輪氏入部直前の1745(延享2)年頃とされる。本堂の十六羅漢像はみるべきものがある。

杉沢山長福寺(曹洞宗)は、鹿角三十三観音霊場の1番札所で、1596(慶長元)年の創建、本堂は1996(平成8)年の改築で真新しい。寺宝の木造三十三観音菩薩像は、1体ずつ姿の異なるのが特徴で、江戸時代中期、京仏師の作といわれる。

宝暦の飢饉(1753〜57年)の餓死者は当寺に葬られ、山門左手に、町内の5カ寺が共同で建てた納経供養塔がある。この飢饉では、鹿角郡総人口の2割にあたる3241人が死亡したと『篤焉家訓』に記録されている。

幸稲荷神社 ❽
0186-23-3292

〈M▶P.2,4〉 鹿角市花輪字稲荷川原56
JR花輪線鹿角花輪駅🚌東山環状線産土🚶5分

「産土さん」とよばれる神社 花輪ばやしで知られる祭礼

産土バス停で降りて南へ5分ほど歩くと、幸稲荷神社がある。祭神は豊受姫命ほか2神、花輪通の総鎮守(旧県社)で、地元では親愛の情を込め「産土さん」とよんでいる。創建年代は不詳だが、1470(文明2)年の南部氏15代政盛による再建以後、数次の改築が記録されている。境内には豊川稲荷など境内社数社があり、直会殿には、花輪出身の画人川口月嶺の筆になる渡辺綱鬼退治の絵の大扁額が掲げられている。

祭礼は毎年8月16〜20日。とくに19・

幸稲荷神社

幸稲荷神社と花輪ばやし

コラム

豪華な屋台が巡行する花輪ばやし

　毎年8月19・20日の2日間、ほとんど夜を徹する形で行われる郷土芸能花輪ばやし（県民俗）は、幸稲荷神社の例祭における奉納行事である。

　例祭初日の16日午後に行われる神輿渡御は、神輿と、神体を入れた桐箱とが別々に出るという特異な行列である。古館・福士川の集落を経て、陣場坂上の御休堂で小憩をとりながら沢小路へと、県道195号線沿いにくだってきて、横丁・組丁交差点の大鳥居に至り、ここで猿田彦命を先導にした神明社の神輿と合流し、町内を練り歩く。第二次世界大戦中の統制以来、両社の例祭は合同で執行されている。谷地田町の幸稲荷神社里宮は、例祭の際の御旅所でもあり、神輿は20日午後の還幸祭までここに安置される。

　花輪ばやしの屋台巡行は、19日夕刻6時の御旅所詰めから始まる。屋台は10町内から繰り出され、同夜は、鹿角花輪駅前広場に全屋台が集結して後、町内巡行に入る。1時間足らずの休憩のみで巡行を続け、翌20日の「朝詰め」を迎える。各屋台とも午前0時を期しての出発、各屋台の代表2人ずつで、神輿を御旅所から枡形へ遷御させるのが中心行事となる。夜11時過ぎの赤鳥居詰めで終幕を迎えるが、その後もさらに巡行は続き、21日未明まで囃子の音は町中に絶えない。

　囃子は4曲ほどは廃れて、現在演奏されるのは12曲。由来については、平安時代末期に京の楽人がもたらした笛の曲に、摺鉦・三味線・太鼓がついて祭り囃子にかわったという説、江戸時代中期以降に地元でつくられたとする説などがある。「二本滝」「宇現響」などはたしかに京風の曲調であり、また「不二田」「矢車」など6曲が地元でつくられたものであることも事実である。

　金飾・総漆仕上げの屋台の豪華さは、県内の祭り山車のなかでも随一であろう。国道282号線沿いの道の駅かづの・鹿角観光ふるさと館あんとらあで10基すべてが常時展示されている。

　なお、花輪ばやしが終わった数日後から仲秋の名月にかけて、市内各所では毎夜のように花輪の町踊り（県民俗）が繰り広げられる。幕末に江戸から伝わったといわれ、こちらも伝承曲は現存12曲あって、今もすべてが披露される。

20日の奉納行事、豪華絢爛な屋台が町内を練り歩く花輪ばやし（県民俗）で知られ、県内外から多くの人が訪れる。

大日霊貴神社 ❾
おおひるめむちじんじゃ
0186-32-2742（大日堂社務所）

〈M▶P.2〉鹿角市八幡平字堂の上16 P
JR花輪線八幡平駅🚶3分

だんぶり長者伝説の大日堂
吉祥姫の乳房の化身の大イチョウ

大日霊貴神社（小豆沢大日堂）

大日霊貴神社（祭神天照大神・吉祥姫命ほか）は八幡平駅の北東150mほどの所にあり、通称を小豆沢大日堂という。現在の八幡平駅の駅名もかつては小豆沢といい、昭和40年代までは、ここが八幡平登山や湯治行の起点であった。創建には、養老伝説と同工の「だんぶり長者」伝説が深くかかわる。

昔、出羽国田山村（現、岩手県八幡平市）に篤信の貧者夫婦が住んでいた。夢枕に飛んできたダンブリ（トンボの方言）の導きで醴泉を発見、いちやく長者となった。この夫婦の娘は、のちに継体天皇の後宮に迎えられて吉祥姫と称され、皇子五の宮を産んだ。政変から逃れた皇子は、母の故郷を訪ねるが母はすでに亡く、自身も山に入ったまま消息を絶った。神社の真東500mほどに聳える五の宮嶽（1115m）がその山であるという。

それから200年余りが過ぎた717（養老元）年、美濃国（現、岐阜県）で養老の滝が発見されると、誰いうとなく、だんぶり長者のことが話題となり、元正天皇は吉祥姫と皇子の供養にと僧行基を遣わした。行基は１本のカツラの木から、阿・卍・吽３体の大日如来像を彫り、それを小豆沢と同村の長牛、そして大館の独鈷の３カ所に堂宇を建ててまつったという。小豆沢の堂は、かつては天台宗に属して養老山喜徳寺と号し、南部氏崇敬八大社の１つとされた。

1666（寛文６）年造営という社殿は、1949（昭和24）年に焼失、現在の社殿はその後の再建である。毎年１月２日には、ここで大日堂舞楽（国民俗）が奉納される。

大日霊貴神社の北約100m、77段の石段の先に瀧沢山吉祥院（曹

大日堂舞楽

> 京の楽人が伝えたという 大日堂舞楽 芸 コラム

毎年1月2日、早朝から正午にかけて、大日霊貴神社（小豆沢大日堂）に奉納される伝統能が、大日堂舞楽（国民俗）である。小豆沢・大里・谷内・長嶺の4集落の能衆29人によって、権現舞・烏遍舞・五大尊舞など7種が、社殿中央の10尺（約30m）四方の舞台で、3時間かけて演じられる。能衆は半月前から斎戒沐浴して、当日は水垢離をとって身を清め、未明に隊列を組んで社殿に向かう。舞楽に先立ち、各集落の竜神幡を天井の梁を目がけて放り上げる、勇壮な幡上げも行われる。

この舞楽は、養老年間（717～724）、大日堂再建のおり、行基に伴われた京の楽人が伝えたといわれる。神事芸能としての質の評価は高く、国の重要無形民俗文化財指定の、県内第1号となっている。

洞宗）がある。山門を入ると、左手にだんぶり長者伝説の由来碑と観音像、右手には吉祥姫の墓がある。墓標がわりに植えられたという樹齢1400年の大イチョウは、1979年の台風で倒れたが、本堂には姫の乳房の化身という巨大なイチョウの「乳」が保存されている。

天照皇御祖神社 ⑩
0186-34-2225

〈M▶P.2〉鹿角市八幡平字谷内14　P
JR花輪線八幡平駅🚌八幡平駅行・湯瀬温泉行上谷内🚶5分

> 露岩の阿弥陀三尊磨崖仏 鹿角四姓入部と関連の板碑

上谷内バス停から真南へ2kmほど行くと、天照皇御祖神社（祭神天照大神ほか）がある。もとは谷内観音堂と称し、1567（永禄10）年の兵火で焼けたが、9年後に社地を150m下方の現在地に移した。現在の拝殿・幣殿は、1785（天明5）年の再建である。明治時代の廃仏毀釈以降、神明社として尊崇されてきた。

境内の東側、露岩に阿弥陀三尊の磨崖仏（県史跡）がある。主尊の阿弥陀如来像は直径96.5cmの月輪の中に配され、下列左右の脇侍勢至菩薩・観世音菩薩は種子であらわされている。いずれも線刻で、鎌倉時代末期の作とみられる。

境内一帯は、鹿角四十二館の1つ谷内館跡といわれ、中世の板碑（県史跡）もある。高さ68～174cmの4基のうち、最古のものには「嘉元三（1305）年」の紀年銘があり、鹿角四姓の入部との関連を探るうえでも貴重とされる。

花輪とその周辺

八幡平と八幡平温泉郷 ⓫

〈M▶P.2〉鹿角市・仙北市, 岩手県八幡平市 P
JR花輪線鹿角花輪駅🚌新玉川温泉行アスピーテ入口乗換え八幡平頂上行終点🚶すぐ

秋田・岩手両県にまたがる八幡平山中に温泉が散在

八幡平は, 秋田・岩手両県にまたがる標高1614mのアスピーテ火山である。両県をつなぐ八幡平アスピーテラインは, 岩手県の八幡平樹海ラインと合流しており, 2007(平成19)年に全面開通した。1992(平成4)年4月以降は通行無料, 頂上には展望台・レストハウスなどが整備されている。また, 徒歩による登山者には, いずれも火口湖の八幡沼を経由する, ガマ沼展望台コース(40分, 往復1.8km), 黒谷地湿原コース(115分, 同4.9km), 源太森コース(130分, 同6.2km), 黒谷地湿原・茶臼岳コース(180分, 同7.3km)の4コースが設けられている。

山中に蒸の湯・後生掛(付近に泥火山)など, 山麓には志張・東トロコなどの温泉が散在し, 八幡平温泉郷と総称される。なかでも仙北市の玉川温泉は, 北投石(国特別天然)を産出することで知られる。1775(安永4)年, 秋田藩士石井忠運も玉川湯治のことを『石井忠運日記』に書き留めている。この日記は公刊され, 近世秋田史の第一級史料とされている。

山頂へ至る途中, 大沼湿原の手前では, 地熱発電が行われている。火山に関する展示のある八幡平ビジターセンターは, 大沼温泉バス停から徒歩1分の所にある。

玉川温泉

② 毛馬内から十和田湖へ

藩政期の鹿角のもう1つの支配区分「毛馬内通」は、いわゆる桜庭氏の城下町で、多彩な人材を輩出した地でもある。

柏崎館跡と内藤湖南旧宅 ⑫

〈M ▶ P.2, 16〉鹿角市十和田毛馬内字柏崎20ほか／字柏崎42-1
JR花輪線十和田南駅🚌小坂行毛馬内上町🚶8分

南部利直により築かれた城下町　東洋史学者内藤湖南の生地砂場

　中世城館の最初は、鹿角四十二館の当麻館(毛馬内字前舘、現在の毛馬内運動公園付近)で、1607(慶長12)年に釈迦堂谷地とよばれた低地に移転した。これが柏崎館であり、盛岡藩(現、岩手県盛岡市ほか)2代藩主南部利直が直接指示して縄張りを行い城下町が築かれ、明治維新まで存続した。

　毛馬内通を治めていた桜庭氏の御田屋(役宅)があった本丸は、毛馬内上町バス停の100mほど南西にあった。今は畑地で、一隅に館御蔵稲荷神社の祠が、そして北側の二の丸には、毛馬内通代官所や御蔵があった。

　二の丸西端に東洋史学者の内藤湖南旧宅がある。湖南は1866(慶応2)年に、旧宅から西北へ直線約300mほど行った県道282号線沿いの下小路(通称砂場)で生まれ、15歳で柏崎に移った。旧宅の往時の姿を伝えるのは門だけで、長崎出身の書家吉田晩嫁(靖国神社の石標を揮毫)筆で、父十湾自刻の「蒼龍窟」の扁額が掲げられている。また、砂場の生家跡近くには、「内藤湖南先生誕生地」の碑が立っている。

　湖南生家跡の向かいは、私財で買い集めた蔵書1万冊余りで立山文庫(現、鹿角市立立山文庫継承十和田図書館)を開設した立山弟四郎の生家跡で、胸像がある。

内藤湖南旧宅

鹿角市先人顕彰館 ⓭

0186-35-5250

〈M ▶ P.2, 16〉鹿角市十和田毛馬内字柏崎3-2

P

JR花輪線十和田南駅🚌小坂行毛馬内上町🚶3分

内藤湖南・和井内貞行の資料を収蔵・展示

　柏崎館跡から鉤形の道を，大手坂（館坂）へとくだる途中左手には，旧油屋旅館（大里家）がある。旧森吉町（現，北秋田市）出身で「浜辺の歌」を作曲した成田為三が，毛馬内小学校代用教員時代によく出入りし，同家のピアノで練習したという。その先を右折すると通称古町通りで，武家屋敷町の面影を色濃く残している。

　古町通りを150mほど行き右折すると，まもなく右手に鹿角市先人顕彰館がある。内藤湖南と十和田湖開発につくした和井内貞行の2人を軸に，鹿角出身諸先覚の資料を収蔵し，定期的に企画展示を行っている。貞行で39代目という和井内氏は，代々，桜庭氏の筆頭家老をつとめた家柄で，顕彰館はその屋敷跡に建てられ，1988（昭和63）年に開館した。

　先人顕彰館の通りを挟んだ向かい側には，「伊藤為憲生誕地之碑」「藩儒 泉沢覆斎先生碑」が，それぞれ生家の生垣の間に立っている。伊藤為憲（宗兵衛）は，江戸時代後期，鹿角人として初めて江戸に遊

十和田周辺の史跡

内藤湖南

コラム

邪馬台国畿内説
応仁の乱の重要性を主張

内藤湖南は、1866(慶応2)年、陸奥国鹿角郡毛馬内村(現、鹿角市十和田毛馬内)に盛岡藩士の子として生まれ、1934(昭和9)年に没した。本名は虎次郎。文学博士(東洋史)、帝国学士院会員。狩野直喜・桑原隲蔵とともに京都シナ学(中国学)の指導的立場に立ち、白鳥庫吉の東大学派に対比される京都学派の基礎をつくった。1914(大正3)年の『支那論』では、辛亥革命後の中国の進路を暗示し、中国史の時代区分についても独自の見解(「宋代近世説」)を示した。白鳥庫吉の邪馬台国九州説に対して畿内説を唱え、日本の歴史は応仁の乱(1467〜77年)以降の歴史を知っていれば充分と主張、江戸時代中期の町人学者富永仲基を再評価するなど、日本史研究にも実績を残している。代表的著作に『近世文学史論』がある。これらは、全14巻の『内藤湖南全集』にまとめられている。

湖南は、朝日新聞論説記者から、1907(明治40)年に同県人狩野亨吉によって京都帝国大学(現、京都大学)の講師として迎えられ、1909年には教授となったが、師範学校卒という学歴での帝大教授就任は、当時、異例中の異例であった。湖南と幸田露伴を招致するために、狩野亨吉は文科大学長の職を賭したといわれている。

内藤家は父調一(十湾)・祖父仙蔵(天爵)・曾祖父官蔵とも、儒学に達した一家であり、郷土の誇りとされている。

学(山本北山に入門)し、折衷学を修めた儒学者で、鹿角の伝承・名勝などをまとめた『鹿角縁起』を著した。伊藤家は1751(宝暦元)年建造といわれ、鹿角市最古の武家屋敷として保存されている。為憲の甥である泉沢履斎(牧太)は、江戸で朝川善庵に学び、請われて伊勢亀山藩(現、三重県亀山市)の藩儒となった。帰郷後は、毛馬内で鹿角最初の私塾を開いた。履斎と、子の修斎(恭助)・孫の貞亨(熊之助、初代毛馬内小学校長)の3代を、地元では今も「お師匠さま」とよび、敬意を表している。

仁叟寺 ⑭
0186-35-3127

〈M▶P.2, 16〉鹿角市十和田毛馬内字番屋平26 P
JR花輪線十和田南駅🚌小坂行下小路🚶6分

先人顕彰館からさらに北へ約100m行くと、古町北端の神明社と小路を隔てて凱翁山仁叟寺(曹洞宗)がある。1657(明暦3)年に毛馬内所預初代桜庭兵助光英が開基した同家の菩提寺だが、前身は、

仁叟寺鐘楼

内藤家3代・和井内貞行の墓
「どじょっこふなっこ」の歌碑

1395(応永2)年に岩手県下閉伊郡普代村に創建された善勝寺を、現在地の宝珠寺跡に移したものという。桜庭氏5代光金の夫人が寄進した、名匠歌代清久鋳造の梵鐘が有名だったが、第二次世界大戦中の金属供出で失われ、その余材でつくったという大茶釜が寺宝として残される。梵鐘は再鋳され、もとの鐘楼に収められた。

境内には、盛岡藩侍講をつとめた内藤天爵、地誌『鹿角志』を著した内藤十湾、そして東洋史学者内藤湖南の遺髪を埋めたという内藤家三代の墓、和井内貞行の墓などとともに、内藤湖南撰文の忠魂碑、書家比田井天来の碑などの記念碑が数多く建てられている。注目されるのは、巷間に作者不詳といわれながら広く歌われる「どじょっこふなっこ」の歌詞を刻み、作詞者を当地の豊口清志とする碑である。

仁叟寺から国道282号線を南へ約500m行った、城ノ下一帯も武家屋敷町である。萱町通りとよばれる、かつての十五人御同心丁である。通りの中ほどにある直至山誓願寺(浄土宗)は、元和年間(1615〜24)に最盛期の小真木白根金山に建立されたが、金山の衰退により1725(享保10)年、現在地に移転した。境内の観音堂に安置されている金箔の施された木造千手十一面観音像は、山の目小平次が寄進したものという。小平次は、36万両を献金して仙台藩(現、宮城県ほか)伊達家の窮乏を救った東北一の金山師であった。

月山神社 ⓯

拝殿の四面を飾る小倉百人一首

〈M▶P.2〉鹿角市十和田毛馬内字毛馬内沢32
JR花輪線十和田南駅🚌花輪行・小坂行毛馬内上町🚶40分(里宮)

毛馬内集落の西端、標高400mの茂谷山(通称御殿山)に月山神社(祭神月読命ほか)がある。参道の端から、苔むした300段ほどの石段をのぼった中腹に拝殿、頂上には奥の院がある。市の指定文化

毛馬内の盆踊

コラム

県内三大盆踊りの1つ　全国でも珍しい晴着着用

毎年8月21〜23日の3日間、夜更けまで本町通り(上町・中町・下町の3町内)に踊りの輪が尽きることのない毛馬内の盆踊(国民俗)は、西馬音内・一日市と並ぶ県内三大盆踊りとして知られる。近年は富山県八尾の「おわら風の盆」など、全国各地の著名な盆踊りを招いて競演する「毛馬内北の盆」と銘打つ、一大イベントとなった。

踊り方は、太鼓のリズムにあわせる大の坂と、唄のみで踊る甚句の2種類。篝火を囲みながら1列で、輪になって踊る。踊り手の衣裳に伝統がある。男性は黒紋付に水色の蹴出し、女性は裾模様のある晴着に赤以外の色襦袢・鴇色の蹴出しが原則とされ、浴衣は禁じられている。晴着での盆踊りは、全国でも珍しい。頬被り(男女とも)は豆絞りの手拭いでするが、近年は保存会で調整する染め手拭いも用いられるようになった。

この踊りは、17世紀なかば、初代所預として桜庭兵助光英が毛馬内に入部した頃には、すでに継承されていたともいうが、確証はない。大の坂は京の念仏踊りの流れを汲んでいるといわれ、昭和時代初期までは唄をともなっていたが、いつの間にか唄い手が途絶えて今の形になった。江戸時代後期の国学者・紀行家菅江真澄は、『ひなのひとふし』の中に、その歌詞を採録している。南部地方は馬産地だけに、太鼓は馬皮張りで、音に張りのあるのが特徴である。

毛馬内に隣接する温泉地大湯地区には、雨乞い祈願に始まるという大湯大太鼓(県民俗)も伝わる。現在は、送り盆の行事として毎年8月15日に行われている。直径90〜135cm、胴長140〜150cmの太鼓を4人1組で叩き合うが、50胴も揃った一斉打ちはまさに圧巻である。その音は、30km四方に響くといわれている。拍子は5種類で、いずれにも終始横笛の伴奏がつく。400年前の南部・秋田攻防戦のおり、南部勢が大湯に滞陣した将卒の士気を鼓舞するために打ち鳴らしたことに由来すると伝えられている。

財である本殿は、鞘堂の中にあるので、普段はみることはできない。征夷大将軍坂上田村麻呂が東征のおり、戦勝を祈願して奥州7カ所に勧請した、月山神社のうちの1社といわれる。南部氏の崇敬篤く、社領13石を与えられた毛馬内総鎮守であり、第二次世界大戦中まで鹿角郡内唯一の県社であった。

現在の拝殿は、1850(嘉永3)年の再建という。鴨居に掲げられた1856(安政3)年奉納の小倉百人一首の額は、1枚に5人ずつの絵像

があり，計20枚が拝殿の四面を飾っている。戊辰戦争（1868〜69年）の際，盛岡藩はこの山に木製大砲をすえて砲撃したが，麓の薬師森に滞陣した新政府軍までは届かなかったと伝えられる。

錦木塚 ⓰
0186-35-4477（錦木地区市民センター）

〈M▶P. 2, 16〉鹿角市十和田錦木字浜田 P
JR花輪線十和田南駅 🚶 3分

歌枕の地、狭布の里　百夜通いと同工の「錦木」伝説

能因法師の歌「錦木は立てながらにこそ朽ちにけれ　狭布の細布胸合わずとや」に代表される歌枕の地錦木塚は，十和田南駅の西150mほどの所にあり，錦木塚伝説公園が設けられている。16歳の石川啄木も，言語学・国語学者の金田一京助から錦木塚の伝説を聞いてこの地に足を運び，長詩「錦木塚」を雑誌『明星』に発表している。

昔，長者の娘政子姫に恋い焦がれた黒沢万寿という名の若者がいた。若者は，娘の家の門口にニシキギの束を立てれば恋の告白になるという風習どおりに，3年3カ月の間，姫のもとに通い続けた。姫もひそかに若者を想っていたが，姫の父が許さず，あと1束で1000束というその日の朝，若者は亡くなってしまった。この若者を埋葬した場所が，錦木塚であると伝えられている。公園の一角に残る塚は盛土の上に，菅江真澄がイヌの伏せた形の石と表現した大きめの石をおいただけのものである。

なお，世阿弥の謡曲「錦木」は，旅僧が政子姫と若者両人の霊に会い，話を聴くという筋立てになっている。伝承も謡曲も小野小町と深草少将の百夜通いの説話と同工異曲であり，12世紀末の歌学書『袖中抄』などから創作されたものと考えられている。

公園内の錦木地区市民センター内に資料室が設けられていて，歌枕を求めて同地に杖を曳いた古人や，三十六歌仙に

錦木塚

関する資料，細布の実物を展示している。細布は，古く鹿角の特産で，奥州藤原氏によって朝廷にも献ぜられ，そこから「狭布の里」という，鹿角の古名も生まれている。

大湯環状列石 ⑰
0186-37-3822（大湯ストーンサークル館）

〈M▶P.2, 16〉鹿角市十和田大湯字万座・字野中堂 P

JR花輪線鹿角花輪駅 大湯温泉行環状列石前 すぐ

予約で縄文のモノづくりが体験できるストーンサークル館

十和田南駅の北東約3.3km，大湯川左岸，風張台地の中ほどに大湯環状列石（国特別史跡）がある。県道66号線を挟んで両側，約90mを隔てた万座・野中堂2地区にあるストーンサークルの総称で，縄文時代後期（約4000年前）の遺跡である。

両遺跡とも，小単位の組石が集合して環状をなし，外帯・内帯2重の同心円状を呈している。規模は万座が外帯直径46m，野中堂は42m，これを囲むように建物跡や貯蔵穴が規則的に配置されている。石は北東4〜6kmの安久谷川から運んできたものと考えられている。組石については，形状から日時計説もあったが，組石下の土壙と残存脂肪が発見されたことから，現在では「配石墓」とみるのが定説で，これまでの調査によれば，3〜4家族が集合したムラが，少なくとも4つはあったと推定される。

大湯環状列石は，1931（昭和6）年，耕地整理中に発見された。昭和20年代の国による調査で全容がほぼ明らかにされたが，第3次発掘調査が2006（平成18）年から始まり，現在も続けられている。近年，世界遺産登録を目指していて，再び注目されている。

現在は遺跡公園として整備され，園内北隅には，出土品の展示室・情報コーナー・売店・休憩室・多目的なギャラリーなどを備えた大湯ストーンサークル館が，2002（平成14）年に新設されている。館内には，事前に

大湯環状列石

大湯ストーンサークル館

予約すれば，土器やペンダント作りが体験できる縄文工房もある。

猿賀神社 ⓲

〈M▶P. 2, 16〉鹿角市十和田錦木字申ケ平13
JR花輪線鹿角花輪駅🚌大湯温泉行申ケ野🚶2分

田道将軍を葬った地
三湖伝説八郎太郎出生の地

　大湯環状列石に至る県道66号線は，寺坂集落の辺りから道の両側にリンゴ畑が目立ち始め，アップルロードとよばれている。環状列石から約1.2km花輪寄りに猿賀神社（祭神 上毛野田道命〈田道将軍〉・猿田彦命ほか）がある。社伝には，1572（元亀3）年申の年，申ケ野の五軒屋村に創建とある。また，この地は，仁徳天皇55年に蝦夷征討で戦死した上毛野田道将軍を葬った場所ともいう。

　青森県平川市猿賀石林に，弘前藩（現，青森県弘前市ほか）2代藩主津軽信枚が再建し100石を献じたという，近県にも知られる猿賀神社があるが，567（欽明天皇28）年の洪水のおり，白馬にまたがった田道将軍の霊が鹿角から流れついたと伝えている。

　申ケ野から東へ約3km行った草木集落は，十和田湖・八郎潟・田沢湖の誕生にまつわる三湖伝説の主人公の1人八郎太郎出生の地と称し，字保田の生家と伝えられる屋敷内には碑が立つ。なお，錦木塚伝説の若者黒沢万寿，大館の老犬シロの物語のマタギ佐多六も草木の生まれであり，下草木には佐多六屋敷といわれる家もある。

黒又山 ⓳

〈M▶P. 2〉鹿角市十和田大湯字宮野平82
JR花輪線鹿角花輪駅🚌十和田湖方面行風張🚶30分（山頂まで）

信仰の山「クロマンタ」
古代のピラミッド？説

　江戸時代，鹿角と三戸地方（現，青森県）を結んだ天下道，来満街道の宿場として栄えた大湯温泉は，500年ほど前にはすでに下ノ湯に浴舎があったといわれる。国道104号線の開通で，十和田湖往還には大湯を通るしかなかった昭和40年代までの勢いは影をひそめたが，今なお11軒の温泉旅館が営業しており，公衆浴場も4軒ある。

温泉街の南方，中通台地の北端に，地元の人たちが「クロマンタ」とよぶ信仰の山，黒又山(280.6m)がある。比高わずか80m，原野の中に浮き出た三角錐の山容から，かねて古代のピラミッド？説がささやかれてきた。1991(平成3)年には学術調査が行われている。

山頂には，1659(万治2)年に中通4カ村民一同で建てた本宮神社(祭神大己貴命ほか)がある。安倍貞任の一門本宮徳次郎が建てた薬師堂がその前身といい，地元では「薬師さま」とよばれる。黒又山の「クロマンタ」という通称は，錦木塚伝説の若者万寿の父親黒沢万太に由来し，山そのものが万太の墓とも伝えられている。

大湯温泉の東約5km，汁毛川を遡った芦名沢集落は，蕎麦の特産地として知られる。その北，堂ノ下集落の芦名神社(祭神木花佐久夜比売命)は，861(貞観3)年に慈覚大師(円仁)が彫った観音像を神体としてまつり，創建されたという。この伝承から，一般には芦名沢観音の名で，この地方随一のウマの守護神として信仰を集めてきた。「元禄八(1695)年」銘を最古に，安政年間(1854〜60)末の華麗な千匹馬など，時代の推移を偲ばせる200枚余りの奉納絵馬が残る。

大円寺 ⑳
0186-37-2655

〈M▶P.2〉鹿角市十和田大湯字大湯147　P
JR花輪線鹿角花輪駅🚌十和田湖方面行大湯温泉🚶15分

深閑とした巨杉の参道
洪水時に流れついた弥陀仏頭

大湯温泉中心街から大湯支所東側の道を大湯川沿いに，山に向かって15分ほど歩くと，森閑とした参道の杉並木が続く，普門山大円寺(曹洞宗)がある。杉(県天然)は推定樹齢2000年，幹周り9m以上・高さ40m以上の巨杉ばかりである。

寺伝では，戦国時代に最上氏領出羽国村山郡大石田(現，山形県北村山郡大石田町)に向川寺として開創されたという。1536(天文5)年，毛馬内靱負佐秀範によって当麻館に勧請され，大円寺と改めた。その後，柏崎館に近い現在の仁叟寺の場所に移され，子の政次はここに葬られた。さらに移転を繰り返し，1643(寛永20)年に大湯観音堂のあった現在地に建立された。焼亡の記録はないが，1768(明和5)年の鉄砲水で流失し，現在の本堂はのちに再建されたものである。山門は，2層の鐘楼門である。

寺宝に，洪水のおりに流れついた1m×40cmの弥陀仏頭(明治時

代末期に胴体・台座を復元)，室町時代中期の作で長さ140cmの魚盤(魚鼓)がある。

十和田湖 ㉑

〈M ▶ P.2, 25〉鹿角郡小坂町・青森県十和田市　P
JR花輪線鹿角花輪駅・十和田南駅🚌十和田湖方面行十和田湖

水深国内3位の神秘の湖 国登録の十和田ホテル本館

十和田湖(国特別名勝・国天然)は，秋田・青森両県が湖面59.8km²をほぼ二分して分有するが，湖面上の県境は未確定である。十和田銀座とよばれる休屋，正一位青龍権現をまつる十和田神社，高村光太郎作の「湖畔の乙女像」，奥入瀬渓流(国特別名勝・国天然)など，観光資源の多くは青森県側に多い。

十和田湖は，30〜20万年前の火山活動で形成された，周囲44kmの二重カルデラ湖である。南岸に張り出した御倉半島と中山半島に囲まれた中湖では，水深が国内第3位の327mもあり，神秘の湖とよばれるゆえんとなっている。

20年ほど前までは十和田南駅が玄関口であったが，現在，バスは鹿角花輪駅から国道103号線を，毛馬内・大湯・中滝経由で運行されている(一部ダイヤは八幡平まで)。メインルートは，大館から小坂を経由する十和田大館樹海ライン(県道2号線)に移り，車での所要時間は約70分。2つのコースは，発荷峠で合流する。秋田県側は，発荷峠からの眺望が第一といわれる。ここから，今では完全に改良されたが，かつて九十九折とよばれたカーブの多い坂をくだれば，湖岸の生出地区(通称和井内)に至り，秋田・青森両県共同経営のヒメマス孵化場がある。入口に立つニジマスを詠んだ前田夕暮の歌碑は，版画家恩地孝四郎のデザインしたものである。

十和田湖

　左折すると国道454号線で，約3km行くと十和田ホテルがある。そのほか湖岸や外輪に樹恩の鐘・十和田銀山跡などがあり，滝ノ沢展

望台を経て青森県の温湯温泉郷や黒石市へ至る，国道102号線につながる。大川岱にある樹恩の鐘はドイツ製で，大小11個の鐘を音律によって配した高さ12mの仕掛け時計（カリオン）である。十和田ホテル本館（国登録）は，十和田湖の国立公園指定を機に計画され，1939（昭和14）年に営業を開始した。秋田・青森・岩手3県から宮大工80人を集め，腕を競わせながら建てられたもので，樹齢65～85年の天然秋田杉を材としてつくられている。第二次世界大戦後は一時，進駐軍の高級士官用のホテルとして接収されていた。建設当時は県営で，現在は新館も設けられ，第三セクターが経営する。

　小坂から発荷峠までは約21km。途中に「日本の滝百選」の1つ七滝がある。落差60mを7段で流下し，周囲は緑地公園として整備されている。通りを挟んで向かい側に物産販売とレストランがある。

　発荷峠で国道103号線を右折して約4km南下し，中滝で国道104号線に入ると，ほどなく銚子滝に着く。1897（明治30）年，小坂鉱山へ電力を供給する目的でつくられた大湯川銚子発電所（現在は東北電力所有）は本県の発電所第1号で，県内で小坂町が最初に電灯の恩恵に浴したのも，この発電所のおかげであった。産業用としては，栃木県の足尾銅山の間藤水力発電所（1890年）についで国内2番目でもある。大湯川の水を，3442mの導水路で引き，110mの導水

管で60m落下させることにより，当初は出力150kwで稼働していた。

和井内神社 ㉒ 〈M▶P.2, 25〉鹿角郡小坂町十和田湖字大川岱40
東北自動車道小坂IC🚗40分

和井内神社をまつる神社　十和田湖でのヒメマス養殖に成功

　十和田ホテル本館から国道454号線を北へ2.5kmほど行くと，和井内神社がある。「われ幻の魚を見たり」（1950年）でその生涯が映画化された和井内貞行と，内助の功で知られる妻カツをまつる。46歳でカツが亡くなった1907（明治40）年に創建され，当初は勝漁神社と称し，1922（大正11）年に貞行が亡くなると，貞行を追祀するとともに現在の名称に改めた。

　1855（安政2）年，毛馬内の士族に生まれた貞行は，泉沢塾に学んだ後，代用教員を経て，1881（明治14）年に工部省小坂鉱山寮の吏員となり，十和田鉱山詰を命じられた。普段は塩干物しか食べることのできない2000人の従業員に，生鮮魚を食べさせたいという一心から，眼前に広がる湖でのコイの養殖を志した。三湖伝説の南祖坊の祟りを恐れる周囲の信仰的（迷信的）な立場での陰湿な反対に堪え，幾度となく失敗を繰返し，ついには先祖伝来の山林田畑の大半を失いながら，養殖を試み続けた。

　1902（明治35）年，すでに鉱山を退職していた貞行は，カバチェッポ（ヒメマス）に着目した。残っていた家財を売り払って資金をつくり，北海道の支笏湖から買い入れた稚魚を放流し，3年後，ついに養殖に成功。東北地方全体が凶作にあえいでいたこの年，1万2400尾を漁獲し，採卵と自家用に674尾を残した売上金は1620円で，その大半を農家救済にあてた。

　その後，著名人を招いて十和田湖の観光宣伝に努め，国立公園指定（1936年）運動の先頭に立つなど，十和田湖開発の大恩人として今も尊崇されている。

和井内神社

地下資源王国，その夢の跡

地下資源の宝庫といわれた秋田県内でも，北鹿地方には全国屈指の鉱山が栄えた。夢の跡には，新しい文化の芽生えが…。

史跡尾去沢鉱山 ㉓
0186-22-0123

〈M ▶ P.2〉鹿角市尾去沢字獅子沢13-5 P
JR花輪線鹿角花輪駅●史跡尾去沢鉱山行終点 1分

日本三大銅山の1つ 鉱山跡に観光レジャー施設

　鹿角市の花輪市街六日町の南端から西へ向かい，かつての舟着場の辺り，稲村橋を渡ると尾去沢地区である。往時はテレビ普及率人口比日本一といわれた企業城下町だったが，1978（昭和53）年の尾去沢鉱山閉山以降，急激に寂れ，現在は花輪のベッドタウンと化した。赤銅色の山肌が剥き出しになっている山の麓には，ローマの円形劇場を思わせるような旧鉱山の施設が黒々とみえる。

　708（和銅元）年に発見され，東大寺（奈良県奈良市）の大仏鋳造にも当地で産出した金が使われたという口碑のある尾去沢鉱山は，地下資源の豊かさを誇った北鹿地方（大館市・北秋田市・北秋田郡と鹿角市・鹿角郡の総称）の鉱山群のなかでも，開発の歴史がもっとも古い。「大森親山獅子大権現御伝記」には，1481（文明13）年，翼長10余尋という怪鳥が出現し，その断末魔の悲鳴をたどって行くと，獅子岩のそばに金銀銅を腹一杯に詰め込んだ怪鳥の死骸があったと記されている。

　尾去沢鉱山の歴史は，1599（慶長4）年に盛岡藩（現，岩手県盛岡市ほか）士（のち金山奉行）北十左衛門が尾去沢村で五十枚金山を発見したことに始まる。1602年，西道坑が発見されて大いに賑わい，京・大坂の商人との交易が盛んになった。最盛期には山内人口1万2000人を数え，当時としては驚異的な人口の多さであった。

　別子（愛媛県新居浜市）・阿仁（北秋田市）と並ぶ三大銅山といわれた尾去沢の銅鉱開発は，1663（寛文3）年から始まった。田郡・元山・赤沢でつぎつぎと鉱床がみつかり，1765（明和2）年，盛岡藩はこれらも直山として直轄した。元山などには，関ヶ原の戦い（1600年）の落武者たちが坑夫集落をつくったといわれる。

　明治維新後は，旧盛岡藩御用達商人であった村井（鍵屋）茂兵衛が採掘を請け負っていたが，大蔵大輔井上馨の暗躍によって，1872（明治5）年，大阪の政商岡田平蔵に安価で払い下げられ，尾去沢鉱

マインランド尾去沢

山疑獄事件と指弾された。その後、幾度か経営者をかえ、1889年、三菱財閥の所有となった。

尾去沢鉱山の歴史を語るとき忘れてならないものに、町制施行間もない1936(昭和11)年11月におきた、中沢鉱滓ダムの決壊がある。泥流は下流8集落の民家258棟を呑み込み、12月の再発とあわせて、死者・行方不明者400人以上を出す大惨事となった。

国内屈指といわれた尾去沢鉱山の弱点は、鉱脈が塊状ではなく脈状であったことにある。地上6層・地下10層、坑道延長は800kmにもおよんだため、採掘費用が増大し、1960年代の貿易自由化後、銅の建値が急落するとたちまち経営難に陥った。1973年、埋蔵量推定30万t、平均品位2.5％という有望鉱床が発見されたものの、その5年後には閉山に追い込まれた。

1982年、尾去沢鉱山跡に第三セクターにより開設されたのが、観光レジャー施設マインランド尾去沢で、旧石切沢通洞坑を中心に、延べ1.7kmの歴史坑道見学コースが設けられている。随所にシュリンケージ採掘によって生じた断崖があり、とくに2層・60mを貫く「グランド・マイン・キャニオン」は圧巻である。最盛期には年間50万人もの集客があったが、しだいに人気がかげった。2006年3月にリニューアルオープンしたが、2008年3月には「シューティングアドベンチャー」1つを残して遊戯施設を撤去、名称を史跡尾去沢鉱山に改めた。その後、立体映館、ゴーカートを増設。2007年には経済産業省の「近代化産業遺産」にも選定されている(旧小坂鉱山事務所・康楽館・旧小坂鉱山病院記念棟も「近代化産業遺産」に認定)。敷地内の鹿角市鉱山歴史館には、江戸時代の鉱山用具77点と明治時代初期の鉱山作業絵図2点からなる尾去沢鉱山資料(県文化)などが保存・展示されている。複雑に入り組んだ坑道の立体模型は、鉱山の全体像を知るのによい。

コラム

大森親山獅子大権現舞

芸

尾去沢ゆかりの神楽舞と金山踊り

大森親山獅子大権現舞(県民俗)は、「大森親山獅子大権現御伝記」に由来するもので、鹿角市尾去沢字両ノ沢の尾去沢神社(八幡社)の例祭(9月15日)と旧暦4月8日に、社殿と境内で舞われる神楽舞である。舞にたずさわる15人は、各家の長男に限られ、白衣・白袴・烏帽子姿に、剣・扇・錫杖・幣束・柄杓などをもって舞う。約2時間におよぶ舞は、素舞(巫女の剣舞・権の形の舞・青柳の舞など7種)と本舞(四方固め・冠など3種)、そして米汲みの舞で終わる。

米汲みの舞は、獅子が元日に若水を汲んで飲む所作で、伊勢神楽に通ずる、県内では他に例をみない舞とされている。社殿内の舞が終わると、境内で湯立ての神事が行われる。

尾去沢鉱山にかかわる民俗芸能としては、5月14・15日に行われる尾去沢の山神社の祭典に奉納される、からめ節金山踊りもある。

旧小坂鉱山事務所 ㉔

0186-29-5522
(小坂町役場産業課小坂鉱山事務所)

〈M▶P.2, 30〉鹿角郡小坂町小坂鉱山字古館48-2
P
JR奥羽本線・花輪線大館駅🚌小坂操車場行、またはJR花輪線鹿角花輪駅🚌毛馬内経由小坂操車場行康楽館前🚶1分

小坂鉱山のシンボル、本部事務所

　康楽館前バス停の前にある1910(明治43)年に建てられた芝居小屋康楽館(国重文)は、年1回の大歌舞伎公演と、剣戟中心の常設公演とで観光客に人気が高い。

　交流広場を挟んで康楽館の北隣の鉱山病院跡地に、2001(平成13)年、旧小坂鉱山事務所(国重文)が移築された。全国に名だたる小坂鉱山の本部事務所として、1905(明治38)年に、巨費を投じて建築された木造3階建ての洋館である。段差のあった敷地に対応し、採光にも十分配慮された構造で、エントランス上部の透彫り、3

旧小坂鉱山事務所

地下資源王国、その夢の跡

小坂町中心部の史跡

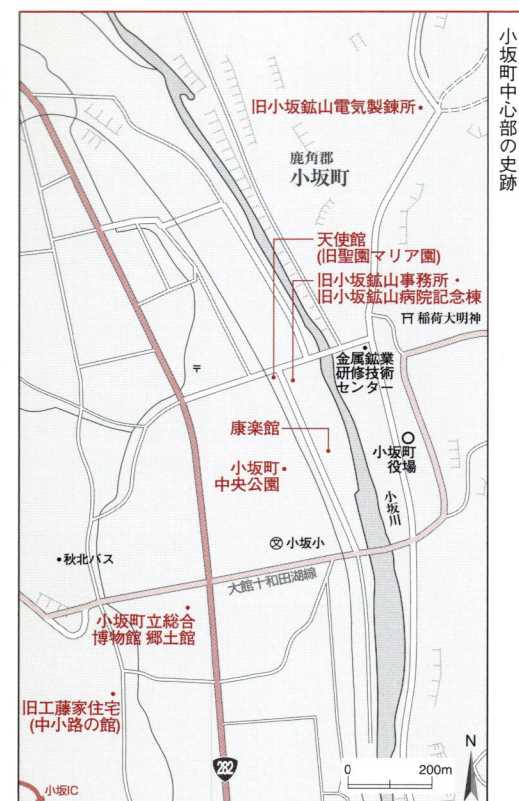

地図内表記：
- 旧小坂鉱山電気製錬所
- 鹿角郡 小坂町
- 天使館（旧聖園マリア園）
- 旧小坂鉱山事務所・旧小坂鉱山病院記念棟
- 稲荷大明神
- 金属鉱業研修技術センター
- 康楽館
- 小坂町役場
- 小坂町中央公園
- 小坂川
- 秋北バス
- 小坂小
- 大館十和田湖線
- 小坂町立総合博物館 郷土館
- 旧工藤家住宅（中小路の館）
- 小坂IC
- 282
- N 200m

旧小坂鉱山電気製錬所

階吹抜けにつくられた螺旋階段がとくに目を引く。

　正面外観はルネッサンス風で、漆喰壁には、イスラム風といわれる、日本では珍しい型のベランダポーチが塡め込まれている。

　所有者の同和鉱業（現DOWA、旧藤田組）から寄贈を受け、現在は、物産コーナー・レストランを併設する町営の公開施設である。3階は、明治・大正時代を中心に、鉱山町にいち早く訪れた文明開化の波と繁栄の姿を紹介する、常設展示室となっている。

　旧事務所と隣接して立つ旧小坂鉱山病院記念棟（国登録）は、1908年に建てられたイギリス風下見板張の外壁をもつ木造平屋建てで、1899（明治32）年に開設された鉱山病院の霊安施設だった。その向か

康楽館

コラム

和洋折衷の芝居小屋 切穴・奈落の見学可

康楽館は，1910（明治43）年，小坂鉱山従業員の厚生施設として建てられた。近代の芝居小屋のなかでは，すぐれた洋風意匠を採用した現存最古のものとして歴史的価値が認められ，国の重要文化財に指定されている。天井と外観正面はゴシック様式，内部は桟敷席と花道を備えた江戸時代後期の歌舞伎小屋風という和洋折衷の建物である。花道につくられたスッポン（切穴）と，ろくろ仕掛けを男4人で動かす径9.74mの回り舞台は，同館の特徴であり，奈落の見学もできる。

戦前は1941（昭和16）年2月の夏川静江一座の興行が最後。アジア・太平洋戦争の時は，鉱山に強制連行されていた中国人労務者200人を収容した。1947年に再開し，貸館営業で映画上映などをしていたが，老朽化のため1970年に閉鎖，1980年から町営劇場として復活した。春から秋にかけて，東京浅草出身の伊東元春一座が1日3回の常設公演を9年間続けたが，2006（平成18）年からは下町かぶき座など5劇団が，4期に分けて1日2回の常設公演を行っている。

毎夏，3日間の松竹大歌舞伎公演はとくに人気があり，県外からも多くの人が訪れる。2006年8月には中村勘三郎の襲名披露公演（「義経千本桜」など）が組まれ，さらに11月には特別公演があり，松本幸四郎が「勧進帳」でみずからの900回目となる弁慶役を，この舞台で踏んでいる。

康楽館

いにある天使館（旧聖園マリア園，国登録）は，昭和時代初期から鉱山従業員の子女が通った幼稚園の園舎である。

周辺の山林を枯らす鉱煙をまき散らした元凶ともいうべき，高さ63.4mの大煙突は撤去されており，鉱山そのものの名残りを今に伝えるものは，旧事務所に北接していた旧小坂鉱山電気製錬所ばかりとなった。1908年に焼失し，翌年に再建された赤レンガ造りの建物で，濃硫酸の製造を行っていた（小坂製錬所）が，現在は休止中。

康楽館前の通りは，アカシアの並木道である。かつて，小坂鉱山の鉱煙は，長木川流域の山林や農作物に多大な損害を与え，その賠償をめぐっては農家との間に激しい闘争もおきた。1909年，煙害に

地下資源王国，その夢の跡

強いということで植えられたアカシアは大きく育ち，現在は全町で300万本ともいわれ，「町の花」にされている。並木道は「明治百年通り」と名づけられ，2005（平成17）年に国土交通省の都市景観大賞「美しいまちなみ大賞」を受賞しており，毎年6月上旬，世界でも中国大連と小坂町の2カ所だけという，「アカシアまつり」が行われる。

また，康楽館向かい側の小坂町中央公園は，2001年に環境省の「かおり風景100選」，2006年には都市公園法施行50周年記念事業で，「日本の歴史公園100選」に選ばれている。

小坂町立総合博物館 郷土館 ㉕
0186-29-4726

〈M▶P.2, 30〉鹿角郡小坂町小坂字中前田48-1 P
JR奥羽本線・花輪線大館駅 🚌 小坂操車場行終点 🚶 2分

小坂鉱山の歴史がわかる展示　武家屋敷の面影伝える旧工藤家

小坂鉱山へのルートは，秋田藩領ではないため，同鉱山への道が開かれなかったという背景もあって，鹿角市毛馬内から国道282号線経由が唯一の道路であったが，近年は，1986（昭和61）年10月に全線開通した十和田大館樹海ライン（県道2号線）が主要路となっている。

小坂町立総合博物館 郷土館は，樹海ライン沿いの小坂市街地の入口に位置する，赤レンガ造りの建物である。鉱山の大煙突を，縦に二分割したものを実物大で模した玄関がユニークで，館内には歴史・文化を中心とした豊富な資料が展示されている。小坂鉱山の在りし日の姿がビジュアル化されており，とくに鉱山の全容を示すジオラマが出色である。

考古資料では，いくつかの町指定文化財のほか，蛤刃形磨製石斧（県文化）などもある。この石斧

小坂町立総合博物館 郷土館

小坂鉱山

コラム

エコライフタウンとして再生

小坂鉱山の歴史は，1829(文政12)年に露天掘の北(杉原沢)で，地元の熊谷多左衛門が鉛の鉱石を発見したのに始まる。1861(文久元)年には，栃久保鉛山(青森県十和田市)を経営していた小林与作が，荊棘森の沢で黒鉱をみつけ，灰吹法による銀抽出に成功した。やがて盛岡藩が直山とし，1866(慶応2)年には大島高任をして洋式熔鉱炉2基と精銀炉などの建設にあたらせた。

一時，官営とされたが，1885(明治18)年からは，長州(現，山口県)出身の実業家で藤田組(のちの同和鉱業，現DOWA)の創始者として知られる藤田伝三郎が経営に着手し，明治20年代には，従業員7000人を超す日本一の銀山となった。同山の産出する黒鉱は，高品位の銅・鉛・亜鉛のほか，金・銀をも含む複雑鉱のため，製錬が難題であった。しかし，自溶製錬法という画期的な発明の結果，1907年には鉱産額日本一(秋田県の歳入決算の8倍)を記録し，足尾(栃木県)・別子(愛媛県)といえども，小坂の半分以下であった。翌年秋からは露天掘りが始められ，さらに低コストでの採鉱を可能にした。露天掘りは天山坑の北側で行われ，1920(大正9)年まで12年間続いた。擂鉢状の採掘跡は，東西300m・南北700m，深さ150mという大規模なものとなった。なお，1958(昭和33)年，この地の荒涼とした景色を中国東北部の炭山地帯に見立て，仲代達矢主演の映画「人間の条件」の撮影が行われた。

鉱山の歴史には，つねに消長がともなっている。かつて地下資源王国を誇っていた県内でも，現在，採鉱をしている鉱山は皆無となった。小坂鉱山も，1959(昭和34)年には，内ノ岱で推定埋蔵量920万tという有望鉱床が発見されているにもかかわらず，国際的な銅価の変動に採算ベースがあわなくなり，1990(平成2)年には，硫酸製造部門を残して閉山した。

今，鉱山町小坂は，エコライフタウンとしての再生を目指している。そのシンボルとなるのが，製錬所で培われた有害金属類の水処理技術を生かし，2006年12月から稼働を始めた産業廃棄物最終処分施設グリーンフィル小坂である。元山露天掘跡に南接する廃棄物埋立地は9.14ha・270万m^3におよび，民間としては国内最大級の容量で，今後30年程度の分は受け入れ可能という。

また，国の全額出資による金属鉱業研修技術センターも小坂にあり，県北部エコタウン計画全体を技術面から支援している。

地下資源王国，その夢の跡

花岡鉱山跡周辺の史跡

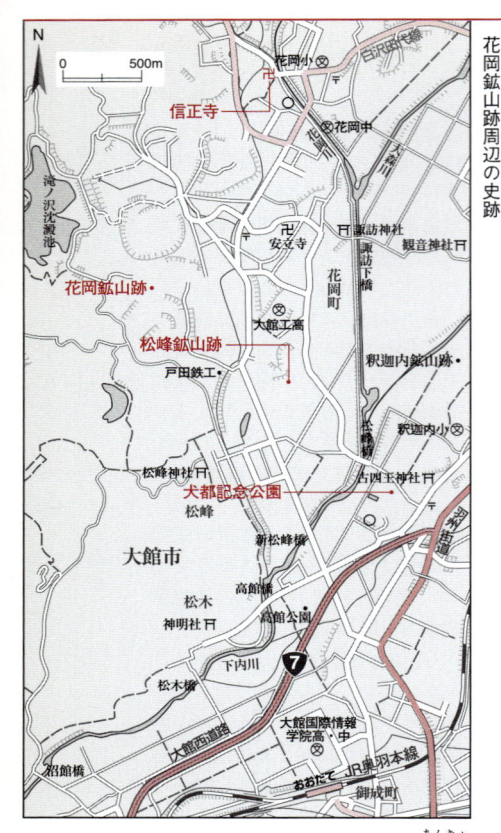

が出土した杉沢遺跡は、康楽館から北へ約2kmの小高い丘にあり、大湯とほぼ同形の環状列石墳墓も発掘されている。

歴史資料のうち県指定の文化財は、小坂鉱山資料2059点、旧止滝発電所一号発電機械一式、旧小坂鉄道貴賓客車一両及び11号機関車一両、町指定のものでは、ドイツ人採鉱冶金学者で小坂鉱山のお雇い外国人技師であったクルト・ネットーの描いた水彩画「別子銅山」など、同人に関する資料33点がある。

郷土館から樹海ラインを西へ200mほど行き、小坂川の暗渠の所で左折、さらに200mほど行くと旧工藤家住宅(中小路の館)に至る。1885(明治18)年の建築で、1・2階延べ床面積409m²(約124坪)という広い建物である。武家屋敷を模した地主屋敷として、付属の土蔵1棟とあわせ町の文化財指定を受けている。また同家には、同じく町指定文化財の「毛馬内御代官所御絵図」も保存されている。工藤家向かいの小笠原家の土蔵には、弘前藩(現、青森県弘前市ほか)9代藩主津軽寧親の襲撃が未遂に終わった後、盛岡藩士相馬大作(下斗米秀之進将真)が一時潜伏していたと伝えられている。

小坂鉄道

コラム

小型の車両からマッチ箱とよばれた鉄道

　1908(明治41)年，小坂鉱山は日本三大美林の1つ長木沢から木材を運び出すために，大館・茂内間に設けられていた官営山林鉄道を買収，小坂まで8.5kmを延長したうえで，総延長22.7kmの私鉄として経営した。これにより，奥羽本線白沢駅までの架空索道(14km)は廃止された。

　開通直後の9月22日には，皇太子(のちの大正天皇)が視察に来山している。当時の貴賓客車は現存せず，小坂町立総合博物館 郷土館に保存されている車両は，2・3等客車として1916(大正5)年に製造されたもので，1921年に秩父宮・高松宮来山の際に使われた。

　小坂鉄道は軌間(ゲージ)762mmで，車両が小型なので地元では「マッチ箱」とよばれた。国鉄(現，JR)と同じ1067mmに拡幅されたのは，1962(昭和37)年である。

　1994(平成6)年に旅客営業は廃止，小坂・茂内間の上り列車は急勾配(1000分の25)のために，ディーゼル機関車3重連を用い，小坂製錬所で生産する濃硫酸をタンク車13両で1日2往復運行していたが，これもまた2008年には自動車輸送に切り替えられ，廃線となった。

　なお，郷土館の中庭には，駅舎が運転当時の姿のまま模築され，機関車・客車も展示されている。

第二次世界大戦中に増産採掘「花岡事件」の鉱山跡

花岡鉱山跡 ㉖　〈M▶P.2, 34〉大館市花岡町字堤沢42　Ⓟ
JR奥羽本線・花輪線大館駅🚌寺の沢行花岡桜町または泉田住宅前🚶15分

　大館盆地の北西端，駅・市街地から車で約25分の距離に，かつての鉱山町花岡がある。JR大館駅まで15分ほどで結んでいた小坂鉄道花岡線は，花岡鉱山の閉山によって，1985(昭和60)年に全線が廃止された。1974(昭和49)年には駅の北東，国道7号線板子石付近からほぼ直線で，新しい産業道路(県道192号線)が通された。

　花岡町の中心部から南西1.6kmほどの所に，花岡鉱山跡がある。文献資料では，正徳年間(1711〜16)に赤滝沢で，また元文年間(1736〜41)には繋沢で鉱脈発見とみえるが，花岡鉱山の本格的な歴史は，1885(明治18)年に地元民4人が，堤沢・観音下など数カ所で土鉱(銀)を発見したのに始まる。1915(大正4)年に藤田組(のち同和鉱業，現DOWA)が買収するまでは，大館の旧士族で県内最初の代議士横山勇喜，東京出身の経済学者田口卯吉(鼎軒)，元労相石

地下資源王国，その夢の跡　35

田博英の祖父で鉱山師の石田兼吉らの手を転々とした。

　1916年には、堂屋敷付近の地下20mで大鉱床が発見され、その3年後、神山鉱床でも富鉱に突き当り、産出量で一時は小坂鉱山をしのいだこともある。第二次世界大戦中、全国135事業所中で、月産3000 t以上を採掘するのは8鉱山あり、なかでも花岡鉱山は最有望視されていた。戦時増産にこたえるため、朝鮮人労務者が続々と投入され、ついには「労工狩り」で集められた中国人が、海を渡り貨車で送り込まれた。そして、終戦前夜、凄絶な悲劇「花岡事件」がおこった。戦後、銅の国際価格変動に追いつけず、全国で鉱山閉鎖があいつぐなかで、1973(昭和48)年、主力坑の堂屋敷鉱床の廃鉱にともない閉山した。

信正寺 ㉗
0186-46-1324
〈M▶P.2, 34〉大館市花岡町字七ツ館25　P
JR奥羽本線・花輪線大館駅🚌寺の沢行花岡本郷🚶3分

中世後期の浅利氏居館跡
出羽六郡三十三観音霊場満願納札所

　花岡本郷バス停から東へ徒歩約3分、小橋を渡った先に、信正寺(曹洞宗)がある。この辺りの地名である七ツ館は、小丘が7つ(信正寺裏に1カ所現存)あったことから名づけられ、中世後期には浅利定頼の居館があった。信正寺は、山田合戦(1574年)で定頼が戦死した後、子の定友が定頼を開基として、この地に建てた寺である。初め、矢立廃寺跡に近い白沢村岩本(現、大館市白沢)にあったところから山号を岩本山と称している。出羽六郡三十三観音霊場の満願納札所である。

　終戦直後、花岡事件犠牲者の遺骨400体は、進駐軍によって発見されたのちに発掘された。裏庭には、華人死没者追善供養塔、墓地南隅には落盤事故の朝鮮人犠牲者などを悼む七ツ館弔魂碑がある。

　かつて寺は火災に遭い、1924(大正13)年に再建された。境内の夫婦銀杏は樹齢600年、霊木として葉や実を採ることは禁じられている。

犬都記念公園 ㉘
〈M▶P.2, 34〉大館市釈迦内字上大㽞　P
JR奥羽本線・花輪線大館駅🚌上陣場行大通り🚶5分

　1972(昭和47)年の花岡鉱山閉山後、最後に残った深沢・餌釣両鉱山の採鉱も、1994(平成6)年に休山となった。小坂鉱山同様、現在は環境関連事業や、携帯電話・テレビゲームなど小型家電から、ガ

花岡事件

コラム

苛酷な労働を強いられた中国人の蜂起と鎮圧

　花岡鉱山に3次にわたって強制連行され，苛酷な条件下で労役を強いられた，約1000人の中国人は，1945(昭和20)年6月30日深夜に蜂起し，補導員5人を殺害し，逃亡した。2時間後には，憲兵・警官・警防団員総出の山狩りが始まり，明け方までには，約4km離れた獅子ヶ森まで逃げた主力の一隊も逮捕された。

　結果，多くの犠牲者を出したが，とくに鉱山の娯楽施設共楽館の広場では，炎天下に3日3晩，食物も水も与えられずに後手に縛られたまま放置されたので，100人以上が落命している。歴史をみつめた共楽館は，1978(昭和53)年に取りこわされ，その跡地には大館市の体育館が建てられた。敷地の一隅には，現在，事件の顛末を記した共楽館跡碑が立っている。

　ほかにも，花岡十瀬野公園墓地には，毎年，市主催で慰霊祭の行われる「中国殉難烈士慰霊之碑」がある。また，中国人労務者が起居していた中山寮は滝ノ沢沈澱池の底に沈んだが，かつて中山寮を見下ろせた花岡町姥沢の丘の上には日中不再戦友好碑が立つ。現在，NPO法人の手で，花岡平和記念館が建設されている。

中国殉難烈士慰霊之碑

イヌたちの遊び場につくりかえられた鉱山跡

リウム・インジウムなどの希少金属を取り出すリサイクル事業にあらたな活路を見出そうとしている。

　北鹿地方に沸いた黒鉱ブームの最後に開発されたのは，松峰鉱山である。大館市釈迦内本郷の北西約300m，下内川を挟んで100余戸からなる松峰集落の地下250〜300mで，推定埋蔵量3000万tという日本一の黒鉱鉱床が同和鉱業(現，DOWA)により発見されたのは，1961(昭和36)年のことであった。1966年から本格操業に入り，日産2万tベースで採鉱を続け，1970年には年産1万6285tと，かつての足尾(現，栃木県日光市)の記録を抜いて，産銅日本一となった。

　しかし，鉱山が発展する一方で，一帯の地表に，最高8.62mとい

う地盤沈下を生じるに至った。このため，集落は，現在の西松峰地区への集団移転を余儀なくされた。松峰鉱山は，鉱脈の枯渇により1994（平成6）年3月に15年の歴史に終止符を打った。この間の総産銅量は804万tという。松峰鉱山の閉山により，かつて地下宝庫とよばれた本県における稼働鉱山は皆無となった。

　釈迦内地区の北部，芝谷地湿原植物群落（国天然）の南西地域では，日本鉱業も同時期に，釈迦内鉱山で黒鉱採掘を行っていたが，こちらは一足早く，1987（昭和62）年に閉山している。同社社有地の一部で釈迦内公民館に隣接する，地域で管理していた花苑あやめ苑の跡地は，イヌの運動場ドッグランに整備されて市に寄贈され，現在は犬都記念公園として愛犬家たちに喜ばれている。

Ōdate-shi 大館市

大館城跡（大正時代初期）

アメッコ市

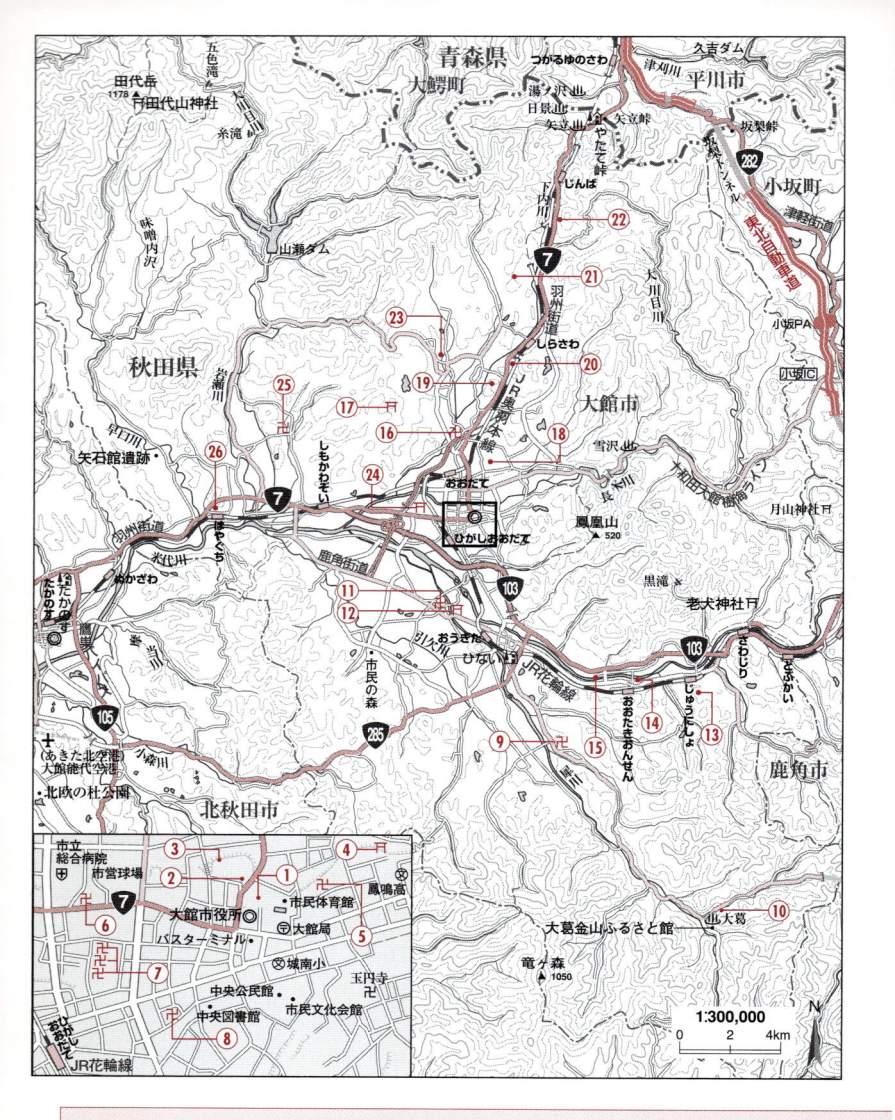

①大館城跡・桂城公園	④大館八幡神社	⑧一心院・真田幸村の墓	⑪温泉寺・安藤昌益の墓
②秋田犬会館	⑤遍照院	⑨独鈷大日堂	⑫錦神社
③狩野父子生誕地	⑥宗福寺	⑩大葛金山墓地	⑬十二所城跡
	⑦寺道三カ寺		

◎大館市散歩モデルコース

1. JR奥羽本線大館駅_15_秋北バスターミナル_2_鳳鳴高校前_3_大館八幡神社_5_遍照院_5_桜櫓館_3_大館城跡(桂城公園)_2_秋田犬会館_2_石田ローズガーデン_7_宗福寺_8_寺道三カ寺_10_一心院_3_大館市立中央図書館_10_秋北バスターミナル_15_JR大館駅

2. JR奥羽本線大館駅(秋北バスターミナル)_25_温泉寺_10_安藤昌益顕彰碑(安藤家敷地内)_5_錦神社_5_扇田市街_15_独鈷大日堂_15_大葛金山ふるさと館_5_大葛金山墓地_5_扇田市街_15_北鹿ハリストス正教会曲田福音聖堂_5_大滝温泉_5_十二所市街(城跡・長興寺)_10_三哲山_10_老犬神社_5_JR花輪線沢尻駅

3. JR奥羽本線大館駅_7_実相寺_5_芝谷地湿原植物群落_10_矢立廃寺跡_5_長走風穴高山植物群落_5_鹿戸野神社_10_大館郷土博物館(小林多喜二文学碑)_15_JR大館駅

4. JR奥羽本線大館駅_5_板子石_5_西松峰新団地_10_松峯神社_3_大館市立鳥潟会館_3_根井神社_15_芝谷地湿原植物群落_10_JR大館駅

5. JR奥羽本線大館駅_10_八坂神社_8_「小林多喜二生誕の地」碑_8_洞雲寺_10_小畑勇二郎記念館_5_早口公園_5_JR奥羽本線早口駅

⑭大滝温泉	⑰松峯神社	(岩抜山)	㉔八坂神社
⑮北鹿ハリストス正教会曲田福音聖堂	⑱大館郷土博物館	㉑矢立廃寺跡	㉕洞雲寺
	⑲芝谷地	㉒長走風穴	㉖小畑勇二郎記念館
⑯実相寺	⑳相馬大作事件故地	㉓大館市立鳥潟会館	

① 大館城下

大館市は県北の中枢都市である。佐竹西家が預かる城下に，本城の地秋田に劣らぬ桂城文化の花が開いていた。

大館城跡・桂城公園 ❶

〈M ▶ P.40, 43〉大館市中城
JR奥羽本線大館駅 🚌 秋北バスターミナル 🚶 2分

比内地方を治めた浅利氏の築城

　大館駅前バスステーション発の全路線が，秋北バスターミナルを経由する。ターミナルの向かい側が大館市役所で，その庁舎と秋田地方裁判所大館支部の間の小路の先が大館城跡であり，現在は桂城公園となっている。

　大館城は，中世を通じて比内地方を治めた浅利勝頼が戦国時代末期に築城したといわれる。浅利氏は甲斐源氏で，鎌倉時代に比内郡地頭として下向した。当地方は，浅利・秋田（安東）・南部氏が三者鼎立の呈をなして興亡が激しく，1602（慶長7）年に佐竹氏が常陸国（現，茨城県）54万5000石から出羽国秋田20万5800石に減封され，小場義成が大館所預（城代）として赴任するまでの約40年間，少なくとも8人の城主が交代した。

　小場氏は常陸時代，太田本城（現，茨城県常陸太田市）西方の小場城（現，茨城県常陸大宮市）主だったところから西家と称された佐竹氏の一門である。大館初代義成は小場氏10代にあたり，大館3代義房の代から佐竹姓を許された。佐竹本家に従い出羽入りし，2年間は檜山の霧山城（現，能代市）で形勢をうかがってから，1608年に大館城に入城した。1675（延宝3）年の城を焼く大火後に，城下を内町（武家町）と外町（町人町）とに分ける本格的な町割を行った。

　大館城は，約700m北に，町を東西に貫流する長木川を見

大館城堀跡（1917〈大正6〉年）

大館市

大館市中心部の史跡

下ろす高台にあり，約3万坪(約10万m²)におよぶ城域のうち，本丸は4900坪(約1万6000m²)を占め，久保田本城(現，秋田市)同様に，石垣のない土居造の平城であった。南側に土塁，北をのぞく三方に水堀をめぐらしていたが，どちらも現在はほんの一部が残るにすぎない。佐竹西家11代義遵のとき，戊辰戦争(1868〜69年)で盛岡藩(現，岩手県盛岡市ほか)に攻められ，1868(慶応4)年8月22日に自焼落城，城下は家29軒を残し，ほとんど焼野原と化した。

大館城跡には，1902(明治35)年から約60年間，大館男子小学校がおかれていた。サクラの季節にもっとも賑わう桂城公園は規模こそ小さいが，「妻恋道中」で知られる戦前の流行歌手上原敏，ボストン"心臓破りの丘"マラソンの優勝者山田敬蔵，高校の国語教師をつとめながら『万葉集』全巻の口語韻訳という不世出の大業を成し遂げた村木清一郎ら，郷土の先人たちの顕彰碑・歌碑なども多く，これらを訪ねて公園を散策するのも一興であろう。

秋田犬会館 ❷
0186-42-2502

〈M▶P.40, 43〉大館市三ノ丸13-1
JR奥羽本線大館駅🚉秋北バスターミナル🚶10分

忠犬ハチ公で知られる秋田犬の資料を展示

桂城公園西端から，国道7号線をまたぐ朱塗りの小橋を渡ったすぐ右手，秋田藩御米蔵跡に，全国の秋田犬飼育家の総本山，秋田犬保存会が本部をおく秋田犬会館がある。3階に秋田犬博物室が設けられていて，秋田犬(国天然)に関する資料・写真が展示されている。

江戸時代，藩の奨励もあって武士間で闘犬が盛んになり，土佐犬

大館城下　43

秋田犬会館

との交配が進んで秋田犬の純血種は絶滅の危機に瀕した。これを救ったのが，みずからも愛犬家の大館町長泉茂家であった。山本郡三種町の森岳温泉の奥地で飼われていた純血種を探し出し，1927（昭和2）年に秋田犬保存会を結成して繁殖に努めた。

大館には「犬都」の代名詞もある。東京の渋谷駅で亡き主人を10年余りも待ち続けたという忠犬ハチ公の生地として知られる。生家は大子内字三ツ梨に現存し，公開されている。大館駅前ロータリーには，秋田犬群像と新鋳された忠犬ハチ公の銅像が立つ。ハチ公の銅像は秋田犬会館前庭にもあり，台座は，1935年に大館駅前に建てられたハチ公像が，第二次世界大戦中の金属回収で供出された当時取り残されたものである。秋田犬2頭を館外で飼育している。

狩野父子生誕地 ❸
0186-42-0479（石田ローズガーデン）

〈M▶P.40, 43〉 大館市三ノ丸10 Ｐ
JR奥羽本線大館駅🚌秋北バスターミナル🚶5分

安藤昌益を世に紹介した狩野亨吉の生家跡

秋田犬会館のすぐ西に，大館市石田ローズガーデンがある。池田勇人内閣の労働大臣として三井三池争議の解決に取り組んだことで知られ，大館市初の名誉市民である石田博英の私庭が遺族により市に寄贈され，1995（平成7）年に開園した。毎年6月，同氏が愛育した600種のバラがいっぱいに咲き誇り，市主催のバラまつりには，遠方からも多くの愛好家が訪れる。

この地は，狩野亨吉の生家跡で，門柱にその旨を記したレリーフ銘板が嵌め込まれている。亨吉は，第一高等学校長・京都帝国大学文科大学長を歴任した人物で，古書の束の中から，江戸時代中期の思想家安藤昌益の『自然真営道』の稿本を発見し，初めて世に昌益を紹介した碩学として知られる。また，夏目漱石の親友でもあり，『吾輩は猫である』の苦沙弥先生のモデルとする説もある。狩野家は，亨吉の祖父与十郎良安は大館所預佐竹西家の家老，父深蔵良

比内鶏ときりたんぽ

コラム 食

全国的に人気の比内鶏 秋田の郷土料理きりたんぽ

秋田犬と同様に、この地方特産の声良鶏・比内鶏も国の天然記念物に指定されており、これに金八鶏（県天然）をあわせて、地元では「秋田三鶏」と称している。金八鶏は、天保年間（1830〜44）に闘鶏好きの某金八が、軍鶏と地鶏との交配中にできた突然変異種である。

JR花輪線東大館駅から徒歩5分の常盤木町にある山田記念館では、秋田三鶏の飼育保存に関する資料を展示している。1920（大正9）年から保存・研究に努めてきた山田定治（秋田県文化功労者）が自宅に建てた資料館で、遺族や有志によって守り継がれている。

比内鶏は、羽色・体型の美しさもさりながら、肉質で比肩するものなしといわれ、全国的にその知名度・人気は高まりつつある。天然純血種の食用は禁じられているため、ロードアイランドなど大型鶏との一代雑種に限り、「比内地鶏」という商標での生産と市場流通が許可される。

今や全国に知られるようになった郷土料理きりたんぽも、比内鶏抜きには語れない。要諦は、比内鶏と、肉と脂が決め手の醤油味のスープにある。炊きあがった粳米をこねて半つきにし、秋田杉の串に蒲の穂状に巻きつけて炭火でこんがり焼いたものが、いわゆる「たんぽ」である。本来は、これに山椒などを加えた甘味噌を塗り、さらに焼いて食べた。各地にある御幣餅が原点か。山の神へ供えたのが始まりで、これがいつか、ネギ・セリ・キノコ（最近はシラタキも）を具にした鶏鍋にちぎって入れる形に変化したものと考えられる。

「きりたんぽ」の名称は、たんぽを切って（本来は手でちぎる）、鍋料理にしたことによる。南部の殿様に供して名前を尋ねられ、とっさに短穂槍を連想して「たんぽ」と答え、その名が生じたという落語的な説、あるいはマタギの携行食説など、現在、命名・発祥に関する説は多いが、いずれも根拠の不確かなものである。北鹿地方・米代川上流域に、自然発生的に広まった食習慣と考えるのが妥当であろう。

なお、山田記念館では、予約すれば、本場のきりたんぽが食べられる。

知は秋田藩校明徳館教授という赫々たる家系である。とくに良知の開国論『三策』は、長州藩（現，山口県）の吉田松陰の目にとまり、松下村塾が教科書として板行したことでも有名である。

ローズガーデンの南600mほどの所には、大館市立中央図書館があり、安倍能成揮毫の狩野父子生誕地の碑が玄関脇に立つ。同館は、

大館城下

大館市石田ローズガーデン

江戸時代後期の国学者・紀行家菅江真澄の著作46点(県文化)を所蔵する。もっとも資料的価値の高い随筆『筆のまにまに』5巻は写本(自筆本は未発見)だが、ほかはすべて真澄の自筆である。真澄の著作と図書館の土地・建物(現在の建物は1983年の新築)は、地元の豪商栗盛吉右衛門の設立した教育財団(栗盛教育団)が1951(昭和26)年に寄付したもので、園庭には顕彰碑が立つ。

北神明町の竹村記念公園には、松下村塾の模築がある。松下村塾の模築は全国に7カ所にあり、当所は、東京都世田谷区の松陰神社、東京都町田市の玉川大学、山口県阿武町の県立奈古高校に続いて4番目に建てられた。大館市出身の財界人竹村吉右衛門(元安田生命会長)の寄付で、大館鳳鳴高等学校振興会により1984年に建てられたものである。見学には、同高校事務所への申込みを要する。

大館八幡神社 ❹
0186-42-1328

〈M▶P.40, 43〉大館市八幡1　P
JR奥羽本線大館駅🚌鳳鳴高校前行終点🚶3分

桃山様式を伝える、東北地方を代表する近世社寺建築

大館城跡から上町通り(二の丸跡)を経て東へ500mほど行くと、大館八幡神社(祭神誉田別命・息長足姫命)がある。社伝によれば、1610(慶長15)年、小場義成が佐竹本家の代々崇敬してきた常陸(現、茨城県)の太田八幡宮を勧請し、城中の守護神としてまつったのが始まりという。

もとは京都石清水八幡宮と鎌倉鶴岡八幡宮を勧請したといわれる、正八幡宮本殿(附棟札8枚、国重文)と若宮八幡宮本殿(附棟札5枚、国重文)は、鞘堂に軒を揃えて収められている。正八幡は1658(万治元)年2代義易の代、若宮は1687(貞享4)年に4代義武が現在地に遷座したものだが、2棟とも桃山様式の遺風を伝える一間社流造である。彩色の施された長押(正八幡宮の長押には金箔押しの痕あり)、七曜紋・牡丹唐草文を彫った向拝柱、S字形に湾

曲した海老虹梁，キリ材に鳳凰・孔雀などを薄彫りした蟇股など，すぐれた意匠が認められる。戊辰戦争(1868～69年)の兵火で城下の大半が烏有に帰した大館に，現在も残る貴重な江戸時代の建造物で，また東北地方を代表する近世社寺建築である。鞘堂は棟札によって，1743(寛保3)年以降，江戸時代に7回の修復がなされたことがわかる。1869(明治2)年建造の鞘堂は，創建300年祭の行われた1955(昭和30)年に改築された。

遍照院 ❺
0186-42-3178
〈M▶P. 40, 43〉大館市上町6 P
JR奥羽本線大館駅🚌秋北バスターミナル🚶7分

末寺8坊での大館城八方固め
修験道名残りの珍しい行事

　上町通りのほぼ中ほどに，医王山遍照院(真言宗)がある。寺伝によれば，1386(至徳3)年，小場氏初代義躬が薬師如来を本尊として常陸国那珂郡小場村(現，茨城県常陸大宮市)に開基，大館所預となって以後も代々祈願所とした。往時は，末寺に千手院・伝清院・金寿院・観喜院・密蔵院・万徳院・円蔵院・真如院の8坊を抱えて，大館城の八方をかためたという。男女和合の秘仏歓喜天を所蔵する。毎年6月の第3土曜日から3日間の大祭では，修験道の名残りの火渡りとお砂踏みの珍しい行事が行われる。

　遍照院から上町通りを大館城方面(西)へ行き，突き当りを左折すると右手に，元町長櫻場文蔵の旧邸桜櫓館(旧櫻場家住宅，国登録)がある。屋上に突き出た袴腰の3階展望室は，民家建築には珍しい。1933(昭和8)年の建造で，各部屋とも1間が1.91mの京間を基準とし，建具の材や欄間彫刻に趣向を凝らしている。

宗福寺 ❻
0186-42-0467
〈M▶P. 40, 43〉大館市豊町1-4 P
JR奥羽本線大館駅🚌鳳鳴高校前行末広町🚶1分

小場氏初代義躬の開基
「雨香庭」とよばれる名園

　佐竹西家(小場氏)の菩提寺である松峯山宗福寺(曹洞宗)は，国道7号線と県道2号線とが行き合う長倉町交差点から西へ約160m，道路の北側にある。小場氏初代義躬の開基で，もとは臨済宗であった。小場氏の移動につれて転々し，大館には1615(元和元)年に寺塔が建立された。以前は大館城から一直線で，袋小路の突き当りに寺があった。戊辰戦争(1868～69年)で焼かれ，町屋を改築改造した仮本堂の時代が長かったが，1951(昭和26)年に背後の土飛山を切り崩して旧参道とつないで国道7号線が通ることになり，再建された。

大館城下

佐竹西家累代の墓所(宗福寺)

ツツジやオンコの古木が繁る庭園は,大正年間(1912〜26),曹洞宗大本山永平寺(福井県永平寺町)の日置黙仙貫主が「雨香庭」と命名した名園である。国道を挟んで南側の墓地西隅に,佐竹西家累代の墓所がある。

寺道三カ寺 ❼
0186-49-2267(玉林寺)
0186-42-1405(浄応寺)
0186-42-1009(蓮荘寺)

〈M▶P. 40, 43〉 大館市大館24(玉林寺) P／大館5(浄応寺) P／大館138(蓮荘寺) P
JR奥羽本線大館駅🚌鳳鳴高校前行鍛冶町 🚶 3〜5分

隣接して3カ寺が並ぶ寺道 一文字では日本最大の大文字焼き

　玉林寺の南側には,隣接して浄応寺と蓮荘寺があり,3カ寺が通りの西側に並ぶことから,この通りを通称寺道という。

　宗福寺門前に立つと,南東の木立の中に鳳凰山玉林寺(曹洞宗)の大屋根がみえる。1527(大永7)年,秋田補陀寺9世草庵守瑞大和尚に深く帰依していた比内館主浅利与一則頼が,鳳凰山麓に創建したといわれる。その後,独鈷城下(現,大館市比内町独鈷)に移り,現在地には1612(慶長17)年の移転と伝える。浅利氏が祖父の地甲斐(現,山梨県)より持参したという延命地蔵菩薩像を寺宝にしている。本尊は,京仏師の作といわれる「元禄四(1691)年」銘の木造釈迦牟尼仏像で,地元の豪商長井氏の寄進になる。また,当寺は戊辰戦争(1868〜69年)の際,奥羽鎮撫副総督沢為量の本陣として使われた。

　市街東方に聳える鳳凰山(520m)は,大館市民にとってふるさとの山であり,毎年元旦には新雪を踏んでの市民登山も行われる。送り盆行事として8月16日に山腹で行われる大文字焼きは,「大」の字1字だけだが,一文字では日本最大である。初冬,ハクチョウが飛来する長木川橋上から眺める薄雪化粧の大文字も,情趣に富む。

　松栄山浄応寺(浄土真宗大谷派)は,京都守護の武士だった誉田大内記が,戦乱の世に絶望して文明年間(1469〜87)に出家し,蓮如上人に入門,道願と号して秋田に下向,草庵を開いたのが始まりといわれる。佐竹氏が遷封のおり,大館城に入ろうとして浅利氏旧

臣の一揆とあわや一戦を交えようとしたとき，3世玄正が旧臣側を説得してこれを鎮め，その功で当地に寺領50石を拝領したと伝えられている。10世円修は無等と号し，大館の村戸杉陵・横手の戸村東陵とともに秋田三大名筆の1人に数えられ，当寺には多くの作品が残されている。境内のシダレザクラは，玄正が京都から移したといわれ，今もみごとな花を咲かせる。

妙法山蓮荘寺（法華宗）は，常陸太田南沢にあった法華寺を，1615（元和元）年に現在地へ移した。本堂の釈迦・多宝如来並座の三宝尊は，佐竹西家4代義武の母瑞雲院が寄進したもので，法華宗派祖日隆上人直筆と伝えられる紙幅本尊を寺宝とする。境内には樹齢300年のケヤキがある。

なお，三カ寺そばの大町中央通りでは，毎年2月の第2土・日曜日に，1588（天正16）年が起源という大館アメッコ市が開かれる。

一心院と真田幸村の墓 ❽
0186-42-4175

〈M▶P. 40, 43〉 大館市谷地町後96 P
JR奥羽本線大館駅🚌鳳鳴高校前行大館新町
🚶2分

寺号は小場義実の法名
ニホンザリガニ生息地の南限

蓮荘寺の南東約300m，大館市立中央図書館北側の道から西へ約140mのところに起行山一心院（浄土宗）がある。小場氏7代義実の供養のため，大館初代義成の養父義忠が建てた寺で，寺号は義実の法名「一心院殿心源道安大禅定門」による。1615（元和元）年に義成が大館に建てた堂宇は，65年後に寺宝・什物・文書もろとも，すべて焼失した。

境内には，真田幸村の墓とされる伝承墓がある。風化のため墓碑銘は判読できない。伝承では大坂夏の陣（1615年）の際，豊臣秀頼と大坂城脱出に成功した真田幸村は，ともに薩摩（現，鹿児島県西部）に亡命し，木下是人と名をかえて谷山に隠れ，のちに1人各地を転々として大館に至り，信濃屋と称して真田紐を扱う商人になったという。その直系の子孫とされる飯田氏は北海道に住むが，同家には真田家の家紋六文銭を蒔絵にした椀が残るという。

なお，一心院のある谷地町後の東の，桜町南から池内道下付近は，ニホンザリガニの生息地であり，その南限地として国の天然記念物に指定されている。

大館城下

2 浅利氏と比内八郷

中世、独鈷に本拠をおいた浅利氏は扇田へ進出し、北秋田地方の覇者となった。近世、扇田は米代川舟運によって栄えた。

独鈷大日堂 ❾
0186-56-2312
〈M▶P.40〉 大館市比内町独鈷字大日堂前8
JR奥羽本線大館駅🚌大谷行独鈷🚶10分

中世比内の覇者浅利氏、最初の拠点

　第二次世界大戦後、第1次町村合併(1951年)までは、米代川舟運で開けた商業地扇田を中心に、東館・西館・大葛・上川沿・下川沿・真中・二井田の8カ町村を総称して「比内八郷部」といった。比内はこの地域の古名で、『日本三代実録』には、元慶の乱(878年)の賊地として「火内」が挙げられている。

　1956(昭和31)年の第2次合併で、扇田・東館・西館・大葛の4カ町村は比内町となり、残る4カ村は大館市に吸収合併されたが、2005(平成17)年、「平成の大合併」により、比内町も大館市に組み入れられた。

　中世比内の覇者は、鎌倉時代に比内郡地頭として下向した甲斐源氏の浅利氏で、その最初の拠点となったのが浅利則頼の築いた独鈷(十狐)城である。独鈷集落の東側段丘に、浸蝕谷を利用してつくられ、現在も10個の郭跡が確認できる。

　城跡の南側台地に、伝行基作の大日如来像をまつる大日神社(独鈷大日堂、祭神大日霊貴命 ほか)がある。継体朝の創建と伝えられている。幾度かの再建を繰り返し、現在の拝殿は1672(寛文12)年、塩谷氏によって再建された。

　現在の社殿は1922(大正11)年に造営されたもので、則頼が愛蔵したという琵琶を保存する。毎年6月23日の例大祭には、この地域では珍しい湯立神事が行われ、1年の豊凶を占う。浅利氏の時代に始まったという独鈷ばやしも奉納される。神社に隣接する大館市民舞伝習館では、大日堂所蔵資料を展示するとともに、独鈷ばやしの伝承活動を行っている。

　なお、則頼の長子則祐は、扇田南郊、犀川東岸にあった支城の長岡城に拠り、次子勝頼は大館城を築いた。浅利氏の歴史には不明な点が多く、一説に明利又(現、北秋田市七日市)が秋田における最初の地ともいう。独鈷入部は、旧記に1518(永正15)年とある。勝頼

大日神社

が対立する安東愛季に謀殺されたため、勝頼の長子頼平は津軽氏を頼り、のち一時的に大館城に返り咲くが、大坂城で暗殺されて浅利氏は滅亡した。

大葛金山墓地 ❿
0186-57-2324（ふるさと館）
〈M ▶ P. 40〉大館市比内町大葛字金山
JR奥羽本線大館駅🚌大谷行比内ベニヤマ荘前🚶30分

一時は佐渡と並ぶ金山 金山墓地に320基の墓碑

　独鈷から県道22号線を1.5kmほど南下すると大葛に至る。集落の東、金山沢上流で、天文年間（1532～55）から本格的な採掘が開始された。江戸時代にはこの大葛金山をめぐり、盛岡藩（現、岩手県盛岡市）と境界争いが繰り返され、1677（延宝5）年に秋田藩領となった。この頃は佐渡（現、新潟県佐渡市）と並ぶ金山で、2000人が暮らしていたと記録される。

　1761（宝暦11）年からは、九戸の乱（1591年）の落人という荒谷氏が手代として管理を任され、1779（安永8）年以降は91年間にわたって請山として稼行し、1870（明治3）年に藩に返上された。当時の従業者は約300人であった。民営の明治時代中期には尾去沢鉱山の支山となったが、1908年に休山、1929（昭和4）年に再開するが、資源枯渇のため、1975年12月に多年にわたった歴史の幕を閉じた。

　膨大な点数におよぶ荒谷家文書は貴重な鉱山史資料で、大半は国文学研究資料館（東京都立川市）が所蔵している。現在、金山跡を偲ぶよすがはいっさいなく、2000m²の大葛金山墓地に立ち並ぶ320基の墓碑が往時の繁栄を物語るのみである。墓碑には「親分」「子分」「舎弟」などと刻まれ、鉱山社会の自衛的相互扶助制度である「友子制度」の一端が示されているのが特徴である。集落には、大葛温泉（比内ベニヤマ荘）に併設して大葛金山ふるさと館があり、金山関係文書・採掘用具などが展示されている。なお、大葛金山墓地は、ふるさと館から県道22号線を鹿角方面へ約2.5km行くと、金山川の対岸にある。

浅利氏と比内八郷　51

温泉寺と安藤昌益の墓 ⓫
0186-49-5504

〈M▶P. 40, 53〉大館市二井田字贄ノ里33
JR奥羽本線大館駅🚌秋北バスターミナル
乗換え二井田線中二井田🚶5分

温泉寺で発見された安藤昌益の墓と過去帳

　扇田市街から犀川に沿ってくだると，旧二井田村に至る。『吾妻鏡』に，平泉(岩手県西磐井郡)から敗走した藤原泰衡が，家臣河田次郎に斬殺されたとみえる贄柵は，当地に比定されている。次郎自身は，源頼朝に主君を討った不忠を咎められ処刑された。

　中二井田バス停の350mほど北東に，巖松山温泉寺(曹洞宗)がある。火災で記録は残らず，寺の口伝では，1593(文禄2)年，秋田補陀寺11世天室宗竜大和尚(安東実季の叔父。後陽成天皇より大円珠明禅師の賜号)の開創という。温泉寺13世麒峰祖麟は，文政年間(1818～30)に，曹洞宗大本山總持寺(神奈川県横浜市鶴見区)の輪番住職をつとめた高僧であった。

　参道右手に経蔵があり，黄檗版大蔵経(通称鉄眼版)の一切経1500巻を収める(非公開)。戊辰戦争(1868～69年)の戦火を免れた貴重な銅板葺きの建物で，8世牧叟泉牛の代，元文・寛保年間(1736～44)の造営と伝えられ，経蔵の鞘堂の四隅に四天王像を配する。本堂は1890(明治23)年の再建である。イチイの古木を背景に，ツツジの植え込みを主体とした庭は，市の並木名園名木事業指定の名庭である。

　1974(昭和49)年春，『大館市史』編纂のための史料調査が温泉寺で行われ，それまで出自・生没年などが謎であった江戸時代中期の思想家安藤昌益の墓と過去帳が発見された。これにより，戒名は昌安久益信士，1762(宝暦12)年10月14日病没とわかった。また，地元の旧家一関家でみつかった，昌益三回忌にかかわる一連の村

安藤昌益の墓(温泉寺)

騒動の顛末を記した文書からは、祖先が安藤与五右衛門と称した村の農家の草分けで、昌益はその42代、本名は孫左衛門であることも判明した。月日までは特定できないが、昌益は1703(元禄16)年に当地で生まれ、晩年(1758年か)に町医者をしていた八戸城下(現、青森県八戸市)から帰村して当地で没したこともわかった。

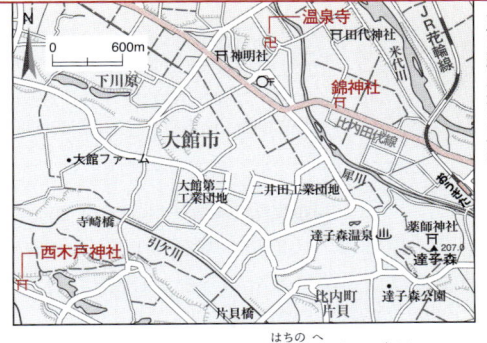

昌益の墓は、その後改修され、発見当時とは様子を違える。子孫の安藤家敷地内には、昌益の死後、門人である村の有力者たちが「守農大神確竜堂良中先生」と崇めて建てた碑(直後に破却)の碑文500字を、1983(昭和58)年に復刻した顕彰碑が立っている。

扇田駅周辺の史跡

錦神社 ⑫ 〈M▶P.40、53〉大館市二井田字上出向
JR奥羽本線大館駅🚌秋北バスターミナル乗換え二井田線二井田入口🚶1分

藤原泰衡を憐れんで埋葬した地に立つ神社

温泉寺の南東約700m、県道52号線の二井田橋を渡ってすぐの所に錦神社がある。贄の柵で斬殺された藤原泰衡を憐れんだ村人たちが、打ち捨てられていた首のない遺体を錦の直垂にくるんで埋葬し、創建したのが当社で、社号もこれによる。泰衡の命日である旧暦9月3日には、今も供養の祭典が有志によって続けられている。

錦神社の南西約3km、比内町八木橋字五輪台の民家の庭先には、西木戸神社がある。泰衡の後を追う途中で悲報を聞き、この地で自害したという夫人をまつる。西木戸太郎は異母兄国衡の通称であり、これを社号とする理由は不明である。

錦神社

浅利氏と比内八郷　53

3 盛岡藩境，十二所

盛岡藩への備えの要であった十二所は，城こそ破却されたが，約300年間，城下町としての歴史を歩み，明治維新を迎えた。

十二所城跡 ⑬　〈M▶P.40, 54〉大館市十二所字十二所台
JR花輪線十二所駅 🚶 8分

浅利氏家臣十二所信濃の居館跡に築城

十二所地区は，大館市の最南端に位置する。米代川の舟運も，近世まではここが終点であった。1889（明治22）年に町制が施行され，1955（昭和30）年に大館市と合併した。

江戸時代には盛岡藩（現，岩手県盛岡市ほか）への備えとして，中世の比内領主浅利氏の家臣十二所信濃の居館跡に，十二所城がおかれた。佐竹氏入部後は，十二所所預（城代）が配され，初め，赤坂朝光・塩谷氏3代・梅津忠貞と交代したが，1683（天和3）年以降，茂木氏が10代187年間続き，明治維新を迎えた。

十二所城跡は，町並みの南側台地一帯（通称桜山）に広がる。1615（元和元）年，塩谷義綱があらたな築城を行ったが，同年の一国一城令により破却，改築して再来館と称した館に居した。茂木氏は，さらに居館を新しくしている。

十二所駅のホーム反対側からのぼった台地西端に，城の地形が仄かに面影をとどめている。現在は，本郭には本丸跡の碑，東郭には地名の由来となった十二天神社（祭神天照大神ほか）が鎮座し，戊辰ノ役戦没者の慰霊碑も立つ。戊辰戦争（1868～69年）では，3方面から圧倒的な盛岡藩の大軍に攻め込まれ，わずか1時間半の戦闘で陥落し，城下の400戸が焼かれた。

西部には，茂木氏歴代の墓がある。茂木氏は，源頼朝の異母

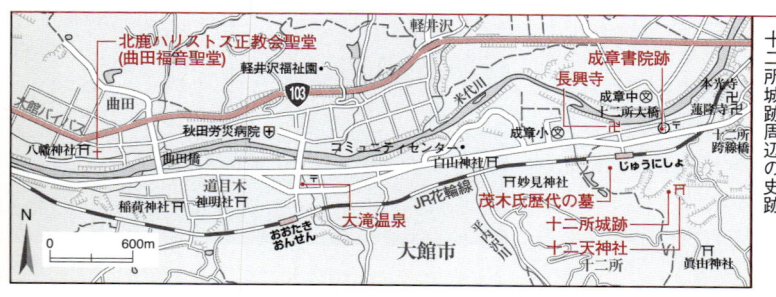

十二所城跡周辺の史跡

「三哲サン」

> コラム
> 人
> 怨みの三哲の魂鎮めとしてまつられた神社

　JR花輪線十二所駅の東方，町外れから米代川の支流別所川沿いに南下する県道66号線は，かつて尾去沢鉱山で働く人たちが通った道である。2河川の合流点の南東，山頂にNHKのテレビ塔が立つ蝦夷ヶ森(393.8m)は戊辰戦争(1868～69年)の古戦場でもあり，中腹の三哲神社にちなみ，一般には三哲山とよばれる。

　祭神としてまつられている三哲(千葉秀胤，別名下斗米常政)は，1666(寛文6)年に九戸城下(現，岩手県二戸市福岡)からきた「赤ひげ医者」として人望を集めていた。ある凶作の年，三哲は十二所所預塩谷民部から治療代を名目に，上納米を奪って貧しい農民に施したが，大滝温泉に入浴中，捕らえられて斬罪になった。死の直前に残した怨みの言葉どおり，まもなく十二所城下は大火に見舞われ，このとき，魂鎮めのためにまつられたのが三哲神社であるという。裸で縄をかけられた「三哲サン」の無念を思い，祭典には褌と雪駄を奉納するのが慣わしであった。

兄弟八田知家を始祖とする名門で，下野国茂木荘(現，栃木県茂木町)を領していたが，18代治良の代に佐竹氏に臣従した。秋田遷封では，初め横手地方の鎮撫を任されたが，21代知恒から十二所所預となった。

　十二所駅前の道を北へ150mほど行くと，塩谷山長興寺(曹洞宗)がある。塩谷氏が，旧領下野国塩谷郡川崎郷(現，栃木県矢板市川崎反町)から移した，鎌倉時代初期の創建といわれる古刹で，元来，塩谷氏の菩提寺であり，比内三十三観音霊場の第1番札所となっている。1629(寛永6)年に造営された当時の寺は，本堂だけで東西7間・南北12間という大伽藍だったが，戊辰戦争で焼失，現在の本堂は1890(明治23)年の再建である。寺宝の紙本彩色釈迦涅槃図は，茂木氏27代知敏が，1803(享和3)年に妹の供養のために寄進した

長興寺

盛岡藩境，十二所

ものである。

　長興寺の西約200mの所には，郷校成章書院跡があり，碑が立っている。

大滝温泉 ⓮
〈M▶P. 40, 54〉大館市十二所字大滝温泉
JR花輪線大滝温泉駅🚶2分

　十二所駅から米代川沿いに国道103号線を西へ2.5kmほど行くと，大滝温泉に至る。十二所駅から約２km東方の蝦夷ヶ森の三哲神社にまつられている三哲は，生前，湯が大好きで，毎日雪駄履きで通ったという。大滝温泉は，807(大同２)年の八幡平噴火の際に湧出したと伝えられる。古くは鶴の湯・芒の湯とよばれ，最後の秋田藩主佐竹義堯も１カ月近く湯治したという記録がある。江戸時代後期の国学者・紀行家菅江真澄は半年近くも滞在し，付近の地誌を『すすきの出湯』の題でまとめている。

　1730(享保15)年の『六郡郡邑記』に温泉宿22軒とみえ，第二次世界大戦後，大館市の奥座敷といわれた，最盛期に28軒あった温泉旅館は，現在はわずか５軒とみる影もなく寂れてしまった。

　十二所駅の東隣の沢尻駅から真北へ徒歩約25分，米代川対岸の葛原集落西方の山腹に，マタギ佐多六の伝承にちなむ忠犬シロをまつる老犬神社がある。１匹のイヌが祭神という神社は全国的にも珍しく，さすがは「犬都」とよばれる大館である。地元の人に限らず，他県の愛犬家も参加して，毎年４月17日に例祭が行われている。

「三哲サン」が通った温泉
イヌが祭神という珍しい神社

北鹿ハリストス正教会曲田福音聖堂 ⓯
0186-42-6719(教会事務所)
〈M▶P. 40, 54〉大館市曲田字曲田80-1　JR花輪線大滝温泉駅🚍花輪行曲田駅🚶5分

　大滝温泉から国道103号線を西へ約１km，道目木地内で米代川に架かる橋を渡ると曲田集落に入る。曲田は，大同年間(806〜810)に開かれたという古い集落である。

　集落の中央西寄りの民家の間に，曲田福音聖堂の名で広く知られる北鹿ハリストス正教会曲田福音聖堂(県文化)がひっそりとたたずむ。明治10年代，この地にギリシア正教が伝道された当時に入信した豪農畠山市之助が，私財を投じて屋敷内に建てたもので，1892(明治25)年に完成した。ニコライ堂(東京都千代田区)のビザンチン

日本最古の木造建築物
山下りんのイコン18点

曲田福音聖堂(北鹿ハリストス正教会曲田福音聖堂)

様式の聖堂と同様の聖堂を建てようと，神田正教会の信徒シメオン貫洞を大工棟梁とし，地元の大工を指導，工期3カ月を要したといわれる。

木造平屋建て(建坪50.7m²)で，屋根の中央に八角錐の尖塔を突き出し，先端には球蓋と十字架を配している。聖所の架構法も，四方から木製アーチを伸ばしてドームをかけるなど，貴重なビザンチン様式を伝えていて，木造教会としては日本最古といわれる。

内部のシャンデリアはロシア製で，日露戦争(1904～05年)当時，愛媛県松山市の俘虜収容所内聖堂にあったものという。ドアの取手金具類は，アメリカ製である。聖堂内に飾られるイコン(聖像画)18点は，日本初の女流洋画家(聖像画家)山下りん(洗礼名イリナ)の筆になるもので，美術史研究上も貴重な作品である。

なお，内部見学には教会事務所への予約を要するが，毎月第3日曜日に行う生神女就寝祭聖体礼儀は無料公開。月曜日休館。

④ 釈迦内から矢立峠へ

羽州街道を大館城下から津軽へ向かう道筋には，旧釈迦内村・矢立村の個性ある文化が息づく。

実相寺 ⓰ 〈M▶P.40, 58〉大館市釈迦内字釈迦内78 **P**
0186-48-2242
JR奥羽本線大館駅🚌上陣場行・矢立ハイツ行釈迦内🚶4分

北条時頼の廻国伝説
時頼建立の初七日釈迦堂

　大館駅のすぐ北側の集落板子石からが旧釈迦内村で，さらに国道7号線を約17km北上すると，青森県との県境をなす矢立峠に至る。釈迦内村を合併したことにより，1951（昭和26）年に，当時全国最小の大館市が誕生した。

　「釈迦内」という地名は，鎌倉幕府5代執権であった北条時頼（最明寺入道）の廻国伝説に由来する。時頼の諸国行脚中，愛妾唐糸御前は，疎まれて小舟で流され，津軽十三湊（現，青森県五所川原市）に漂着した。唐糸は，弘前の手前の藤崎（現，青森県藤崎

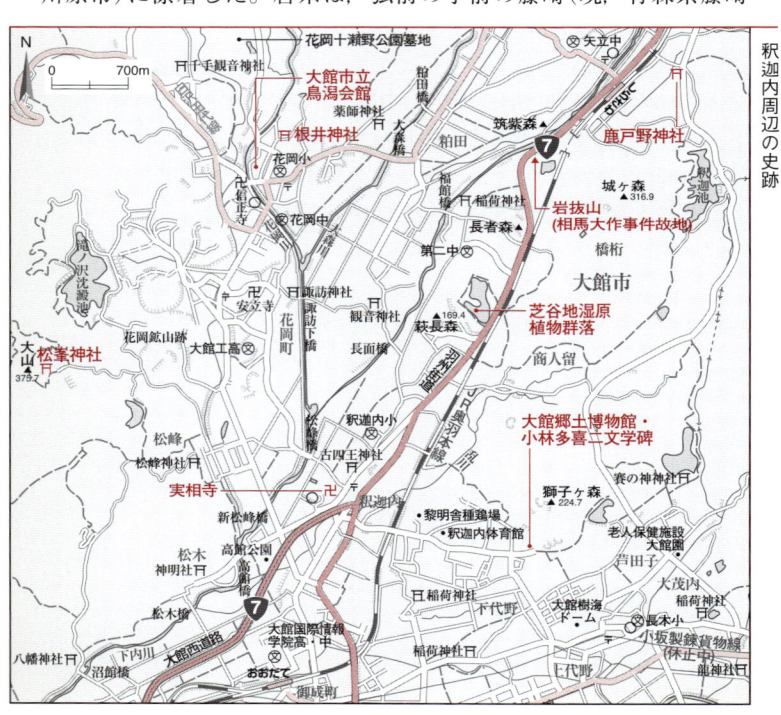

釈迦内周辺の史跡

町)で時頼と再会したが、落魄の身を恥じて柳の池に身を投じて亡くなった。時頼は遺髪を笈にしのばせて羽州街道を南下、唐糸の初七日に乱川を渡ろうとしたとき、笈は一陣の風に飛ばされたが、遺髪は川の中で漂い流れなかった。そこで、その地に堂宇を建て、自彫の釈迦如来像を納めたという。この像名が地名の由来である。また時頼は、さらに大館へ向かって歩を進め、途中、ふと唐糸を思い出して「いと恋し」と口に出した。その場所が、板子石であったと伝えられる。

　北条時頼が建立したという初七日山釈迦堂は、微妙山実相寺(曹洞宗)の境内にある。実相寺は1658(万治元)年の開創で、もとは矢立字橋桁にあった。初め真言宗であったが、のち秋田藩主佐竹氏の菩提寺である天徳寺(秋田市)の末寺となり、曹洞宗に改められた。

松峯神社 ⑰
0186-48-2555

〈M▶P.40, 58〉大館市松峰字仁王田141-5(里宮)
JR奥羽本線大館駅 🚌 寺の沢行・大森行松峰 🚶10分

弘法大師によって創建 密教用具の三鈷鏡

　松峰バス停の西500mほどの所に、松峯神社(祭神月夜見大神ほか)の里宮がある。1976(昭和51)年に完了した釈迦内からの集落移転にともない、西松峰新団地の東端高台に移された。奥宮は、実相寺の東北東3.2km、田代地区との境に位置する大山(375m)の中腹、160段の石段の先に鎮座する。

　松峯神社は、神社の縁起によると、弘仁年間(810～824)、弘法大師(空海)によって創建されたという。また、891(寛平3)年には宇多天皇が、自作の和歌に菅原道真筆の「大権現」の額を添えて、出羽郡司小野良実(小野小町の父という説あり)の子良房を参詣に赴かせ、堂を再建させたとも伝えている。「いやましのひかりも時に埋もるる　あらはれてらせ松峯の月」という和歌を刻んだ風化しかけた石碑が、参道に残る。

明応年間(1492～1501)、

松峯神社

釈迦内から矢立峠へ

大山の山中で発掘された密教法具の三鈷鐃は、佐竹家を通じて現在は東京国立博物館が所蔵する。銅製で長さ24.3cm、奈良時代後期から平安時代初期の作とみられている。

大館郷土博物館・芝谷地 ⑱⑲
0186-48-2119

〈M▶P.40, 58〉大館市釈迦内字獅子ヶ森1 ｜P｜／釈迦内字ヲゴハ
JR奥羽本線大館駅🚌獅子ヶ森環状線博物館入口🚶1分／上陣場行・矢立ハイツ行芝谷地🚶3分

花岡鉱山関係資料を展示
日本一大きな秋田蕗の産地

実相寺の東方約2km、花岡事件(1945年)で蜂起した中国人の多数が立てこもった山として知られる獅子ヶ森(247.2m)の麓に、**大館郷土博物館**がある。県立大館東高校の校舎を転用し、1996(平成8)年に開館した。花岡鉱山で使用された運搬車など採鉱用具の展示に特色があり、また、上ノ山Ⅰ遺跡出土の鋒形石器2点(県文化)を始めとする考古資料も多く収蔵している。

2階は、子ども科学教室となっている。3階には、秋田音頭にも大館名物と歌い込まれる「曲げわっぱ」が展示されており、一見に値する。前庭には、**小林多喜二文学碑**がある。

獅子ヶ森から東は、現在は伐採などが進んでしまったが、かつて日本三大美林の1つとされた美林地

小林多喜二文学碑

芝谷地湿原植物群落

帯旧長木村である。秋田音頭に「雨が降っても唐傘など要らぬ」と歌われる，日本一大きなフキ「秋田蕗」の原産地は，この地とされる。秋には紅葉の景色が絶佳といわれる長木川渓流と並行する十和田大館樹海ライン（県道2号線）は，この地区を東西に貫いて鹿角郡小坂町と結ぶ。

博物館から国道7号線を2.5kmほど北上した釈迦内地区には，芝谷地湿原植物群落（国天然）がある。広さ7.2haの低地湿原で，ノハナショウブが群生するほか，モウセンゴケ・ミミカキグサ・ネジリバナ・トキソウなど，貴重な湿原植物が自生する。最近では，トンボの仲間のうちで最小のハッチョウトンボの生息も確認されている。

相馬大作事件故地（岩抜山） ⑳

〈M ▶ P. 40, 58〉 大館市矢立字橋桁
JR奥羽本線白沢駅 🚶 10分

相馬大作事件の地 講談・浪花節で名高い

県境の矢立峠（258m）も長木沢に劣らぬ美林地帯であり，秋田杉の学術参考保護林が設定されている。皮膚病にとくに効能があるといわれる日景温泉など，昔からの湯治場も山中に散在する。また何よりも，矢立峠といえば，講談・浪花節にも取り上げられた盛岡藩（現，岩手県盛岡市ほか）士相馬大作事件が連想される。

本家南部氏をことごとく軽視する津軽氏に義憤やるかたなく，1821（文政4）年4月，参勤交代の帰途を矢立峠に待ち伏せ，弘前藩（現，青森県弘前市ほか）9代藩主津軽寧親の暗殺を企てたのが，相馬大作こと下斗米秀之進将真である。大作は，砲術家平山行蔵の門人で，免許皆伝の腕前をもっていた。しかし，この謀議は事前に漏洩し，津軽寧親は西海岸（現在のJR五能線沿い）回りで弘前に帰城，事なきを得た。大作は半年間逃亡して10月に捕らえられ，翌年，江戸の小塚原刑場（現，東京都荒川区）で斬刑に処された。現在の定説では，大作が待ち伏せをしたのは矢立峠ではなく，約12km南下した橋桁地内の岩抜山であるという。

白沢駅の北東600mほどの所には，鹿戸野神社がある。社伝では，源頼朝の平泉攻めから脱出し，蝦夷地を目指した源義経の後を追った亀井六郎重清が，この地の槻の木（ケヤキ）の洞に隠した1寸8分（約33cm）の観音像と秘巻をまつったのが神社の始まりという。

矢立廃寺跡 ㉑

〈M▶P.40〉大館市白沢字松原
JR奥羽本線大館駅🚌上陣場行・矢立ハイツ行松原🚶20分

奥州藤原氏時代の寺院跡

松原バス停で降りて西へ進むと、国道7号線に沿う下内川の対岸に、男神山(340.7m)・女神山(282m)を南に控えて矢立廃寺跡(県史跡)がある。1964(昭和39)年から発掘調査が始められ、現在までに5棟相当の礎石、より時代の古い3棟相当の掘立柱跡が発見されている。出土品から、奥州藤原氏時代の寺院跡と推定する説もある。

口碑では、後醍醐天皇の側近万里小路藤房(無等良雄)が、出家遁世して、当地に補陀寺を開創したと伝えられる。秋田の中世史には必ず登場し、東北における曹洞禅伝播の先駆けといわれる県内最古の禅刹、秋田市三内松原の補陀寺が、1349(貞和5)年に矢立から移ったと伝え、同じ「松原」と名のつく地に所在しているのも興味深い。

矢立廃寺跡

長走風穴 ㉒

0186-51-2005(長走風穴館)

〈M▶P.40〉大館市矢立字長走362-6(長走風穴館)
JR奥羽本線大館駅🚌上陣場行・矢立ハイツ行風穴前🚶2分

冷気が吹き出す風穴で高山植物が育成

松原バス停から国道7号線を2kmほど北上すると、右手山側に長走風穴高山植物群落(国天然)がある。国見山中腹の海抜165m地帯、流紋岩からなるもろい地層から風化によって崩落した岩石が堆積した山肌では、地上と地下で空気の対流がおこり、夏は外気より10℃以上低い冷風を岩の隙間から吹き出す。この特殊な環境のために、ゴゼンタチバナ・コケモモ・オオタカネバラなど、亜高山帯(1000m前後)の植物の生育がみられる。

風穴の入口には、発見者佐々木耕治の顕彰碑が立つ。その脇には

長走風穴館があり，風穴の仕組みなどがわかりやすく紹介されている。

長走風穴館

　白沢の北隣，長走集落の長走小学校跡には，1870（明治3）年まで，津軽藩境を取り締まる秋田藩の御番所が設けられていた。現在は畑地となっているが，跡地には石碑がある。

大館市立鳥潟会館 ㉓
0186-46-1009
〈M▶P.40, 58〉大館市花岡町字根井下156 Ｐ
JR奥羽本線・花輪線大館駅🚌大森行・繋沢行花岡本郷🚶2分

代々肝煎をつとめた鳥潟家の旧宅

　旧矢立村は，大館市合併以前は旧花岡町との第1次合併で花矢町と称していた。大館から花岡への主要経路は釈迦内経由だが，一方，矢立側の白沢から羽立を経て，大森・花岡本郷へとバス路線が通じている。

　花岡本郷バス停の100m余り西に大館市立鳥潟会館（見学無料・月曜日休館）がある。江戸時代に代々肝煎をつとめた，鳥潟家の旧宅である。鳥潟氏は，安倍貞任の兄井殿（安東太郎良宗）を遠祖とする。井殿は，貞任の8人兄弟の長兄で盲目であったといわれ，前九年合戦（1051〜62年）の際には，盲目ゆえに追捕を免れて当地に住したと家伝にあり，江戸時代後期の紀行家の菅江真澄もこの伝承を記録する。異説も多いが，古戦場鳥海柵にちなみ鳥潟と姓を改めたという。

　花岡本郷北端の根井神社（祭神伊邪那岐大神・伊邪那美大神）は，花岡草分けの白滝但馬の氏神で，もとは井殿をまつっていたと伝えられる。

　井殿から500年後，その

鳥潟会館庭園

釈迦内から矢立峠へ　　63

末裔で秋田実季の家臣鳥形右京亮が鳥潟家の家譜では初代とされる。中興の祖とされる13代半左衛門高守は,扇峰と号し,吉川五明(小夜庵,奥羽俳諧四天王の1人)から文台を許された宗匠でもあった。この文台は,松尾芭蕉の二見文台を模したものといわれる。

コクチゲン軟膏を創製,平圧開胸術を創案し日本外科学会長をつとめた医学博士鳥潟隆三は17代で,その従弟でTYK式無線電話や鉱石検波器を発明して世界的に知られた工学博士鳥潟右一,そして慶応・明治年間(1865〜1912)に欧州各地にトリカタ曲馬団の名をとどろかせた軽業師鳥潟小三吉(幸之助)らの父親も幼年期をこの家で過ごした。彼らの遺品や鳥潟家伝来の資料の数々は,土蔵を改築した郷土資料庫に保存・展示されている。

1936(昭和11)年から行われた旧宅の修・増築の際には,京都から延べ1000人の大工がよび寄せられたという。また,現在では入手困難な鞍馬石・若狭石をふんだんに配したみごとな庭園は,京都の有名な庭師植治こと7代小川治兵衛の作庭である。

⑤ 西流する米代川に沿って

大館市の西北端、白神山地に連なるふるさとの山、田代岳は、人びとの暮らしにさまざまな影響を与えてきた。

八坂神社 ㉔
0186-42-1454

〈M▶P.40〉大館市片山字片山55 Ｐ
JR奥羽本線大館駅🚌鳳鳴高校前行大町乗換え 鷹巣・早口方面行上片山🚶5分

京都八坂神社から分祀 祭神スサノオにちなむ奉納相撲

　大館市街中心部から国道7号線を西へ進むと、戦前の町並みは弁天町・御坂で切れて原野があらわれ、片山で旧下川沿村の村域に入る。その先には、餅田・立花・川口、旧田代町岩瀬と集落が続く。

　片山野では、昭和20年代の数年間だが地方競馬が開かれた。現在は警察署・消防署・高校などもこの地へ移ってきて、川口まではほぼ人家が続く。

　片山は、江戸時代までは立杭村と称し、開発の歴史の古さは、集落の入口にあたる八坂神社が物語っている。八坂神社は、和銅年間（708〜715）に、山城祇園社（八坂神社〈京都府京都市東山区〉）から分祀されたといい、当時は本社と同じく、牛頭天王社と称していた。祭神の素戔嗚尊が荒神とされることにちなんで、かつては奉納相撲が盛んで、近在から力自慢が押しかけてきた。またスサノオにちなむ説話があり、住民はいっさい木瓜（キュウリ）を口にしないという風習が戦後まであった。

　JR奥羽本線下川沿駅前には、「小林多喜二生誕の地」碑が立つ。川口は羽州街道の宿場で、「宝暦五(1755)年」の書留帳に宿屋5軒とある。多喜二の生家は、祖父の代までそのうちの1軒であった。

洞雲寺 ㉕
0186-54-2487

〈M▶P.40, 66〉大館市山田字山田124 Ｐ
JR奥羽本線下川沿駅🚌山田行終点🚶2分

浅利氏旧臣によって創建 岡山県産の石を用いた宝篋印塔

　下川沿駅から国道7号線を西へ向かい、川口集落西端の川口神社（八幡神社）を過ぎ、山田川を渡ってすぐ左折すると岩瀬に至る。川口神社手前の信号を右折して真北に行けば、旧田代町の山田集落で、家並みの中央高台に月田山洞雲寺（曹洞宗）がある。1856（安政3）年と1906（明治39）年の大火で寺の文書類は全部焼けたが、口碑によれば、寛文年間（1661〜73）に旧比内領主浅利氏ゆかりの人びとが、同氏の菩提寺である大館玉林寺7世風巌呑海大和尚を勧請開山とし

米代川沿いの史跡

て南東3kmの月山山麓に創建，10世代を経て安永年間(1772〜81)に現在地に移転したという。庭園の規模は，近在随一とされる。

本堂前庭に高さ8m，岡山県産万成石(桜御影石)を用いた宝篋印塔が立つ。田代岳奥地で長慶金山を経営した豪商伊多波武助の寄進したものといわれ，安永の寺移転にも武助の援助があったとみられている。なお，長慶金山には数々の伝説があり，秋田藩の隠し金山であるという秘密を守るために，数百人の坑夫を生き埋めにしたとか，津軽相馬村(現，弘前市)に流落した南朝の長慶天皇が開いたなどと伝えられる。近年まで，鉱脈を探しに入山する人の絶えなかったところから，"幻の金山"とよばれている。

伊多波武助の屋敷は，かつて岩瀬集落の西端にあり，1788(天明8)年に幕府巡見使に随行した古川古松軒の『東遊雑記』には，「綴子より大館まで五里の間に，岩瀬村という所に板場武助と称する豪家あり。家造り至って美々しく，かかる辺鄙にも都がたにも稀なる家もあるや」と記されている。武助は，藩への多額の献金により1000石の士分に取り立てられ，阿仁鉱山(北秋田市)の請山主，藩札の札元にもなっている。また，土崎湊(秋田市)に出てニシンの売買を一手に扱い，廻船問屋なども営んだ。

小林多喜二と安藤昌益

コラム 人

大館市が生んだ偉大な文学者と思想家

　大館市は，近世と近代に，世界にも通ずる思想家と文学者を生んでいる。

　二十数カ国語に翻訳されている『蟹工船』を始め，『不在地主』『一九二八年三月十五日』『形成期の人々』などの作品で知られる小林多喜二は，1903（明治36）年10月13日，北秋田郡下川沿村川口（現，大館市川口）で小作農兼日雇労務者の家に生まれた。小林家没落の原因をつくった伯父が小樽でパン屋を開き成功していたので，4歳のとき，一家で北海道へ渡った。小樽高等商業学校（現，小樽商科大学）を卒業して北海道拓殖銀行小樽支店に就職したが，『不在地主』が原因で解雇され，1930（昭和5）年に上京して執筆に専念した。

　新進プロレタリア作家として注目され，共産党に入党後は，宮本顕治らと地下活動を行い，『党生活者』などの傑作を生んだ。しかし，これが官憲を刺激し，『地区の人々』執筆中の1933年2月20日正午過ぎ，3度目の逮捕に遭い，築地署において特別高等警察の拷問を受け，同日夕刻死亡した。享年30であった。

　JR奥羽本線下川沿駅前の「小林多喜二生誕の地」碑は江口渙が揮毫したもので，1957年に地域の人たちによって建てられた。また，1996（平成8）年には全国的な募金により，自筆年譜の冒頭部分を刻んだ文学碑が，大館郷土博物館前庭に建てられた。なお，三浦綾子の『母』に描かれ劇化もされた多喜二の母セキは，文学碑にほど近い釈迦内大通の生まれで，生家跡には碑が立つ。

　もう1人は，マルクスに先駆けること100年，身分差別の厳しい封建社会を根本から否定し，万人が平等に田畑を耕す自然世の理想を『自然真営道』全101巻93冊に著した安藤昌益である。この書の稿本を偶然にも古書の中から発見，昌益を初めて世間に知らしめたのが，やはり大館出身の狩野亨吉であることにも因縁を感じる。

小畑勇二郎記念館 ㉖
0186-54-2230

〈M ▶ P. 40, 66〉　大館市早口字堤沢15-37
JR奥羽本線早口駅🚶20分

連続6期知事をつとめた小畑勇二郎の遺品を展示

　JR早口駅から北に向かうと，田代老人福祉センターと棟続きに小畑勇二郎記念館が立っている。小畑勇二郎は1906（明治39）年，早口字上野に生まれ，1955（昭和30）年から連続6期，秋田県知事をつとめた人物である。当館では，生家模型などの資料や遺品を展示している。

西流する米代川に沿って　67

小畑勇二郎記念館

　早口駅の北方約200mに位置する高陣場は、戊辰戦争(1868〜69年)の激戦地の1つで、現在は早口公園になっている。山腹にスギの植栽で描いた「田代」の文字は一風景だが、自治体としての田代町は、「平成の大合併」で大館市に編入され、消え去ってしまった。もともとこの地区に、田代という地名はなく、山瀬村と早口町の合併(1956年)の際、ふるさとの山として親しまれてきた田代岳(1178m)にちなんでつけられた町名であった。

　山頂には田代山神社があり、毎年、半夏生(7月2日頃)に行われる例祭には、「田ッコ」と称する池塘に自生するミツガシワの生育状態をみて、その年の豊凶を占う奇習が伝わる。田ッコは9合目付近に散在し、その数は100を超す。

　字矢石館に所在する本郷集落の矢石館遺跡(県史跡)は、縄文時代晩期前半の墓地である。1952(昭和27)年の発掘調査で組石棺5基が検出され、大湯環状列石とともに、石器時代の標本的遺構(規模3万m²の墓域をもつ集落跡)として注目されたが、遺構は埋め戻されている。

田代岳9合目高層湿原の池塘

Yoneshirogawa 米代川中流

白神山地

神輿の滝浴び

米代川中流

◎米代川中流散歩モデルコース

1. JR五能線能代駅_10_井坂記念館_5_日吉神社_15_八幡神社_15_光久寺_3_能代海岸砂防林_20_JR能代駅
2. JR五能線能代駅_20_能代公園_5_景林神社_3_唐船御番所跡_10_五輪塔・方角石_25_JR能代駅

①大太鼓の館	⑦延慶碑	⑬五輪塔・方角石
②胡桃館遺跡	⑧可児義雄の碑	⑭能代海岸砂防林
③五義民碑	⑨旧阿仁鉱山外国人官舎(異人館)	⑮井坂記念館
④伊勢堂岱遺跡		⑯杉沢台遺跡
⑤加護山精錬所跡	⑩根子集落・鮭石	⑰檜山城跡
⑥仁鮒水沢スギ植物群落保護林	⑪光久寺	⑱多宝院
	⑫八幡神社	

鷹巣盆地の周辺

①

米代川と阿仁川が合流する豊かな盆地には，世界一の大太鼓や伊勢堂岱遺跡など，みるべき場所も多い。

大太鼓の館 ❶
0186-63-0111
〈M▶P.70, 73〉 北秋田市綴子字大堤道下62-1 **P**
JR奥羽本線鷹ノ巣駅・秋田内陸縦貫鉄道秋田内陸線鷹巣駅🚌大館行綴子🚶3分

内藤湖南の足跡も残る綴子の里

　県北のほぼ中央に位置する鷹巣盆地は約69km²で，北部に米代川，西に阿仁川が流れている。盆地の主要部分は2本の川の河岸段丘と河岸平野からなっており，北秋田市の中心市街地が形成されている。

　鷹巣から県道24号線を北へ行くと，国道7号線の綴子交差点に至る。さらに500mほど北上すると，左側に八幡宮綴子神社（祭神八幡山大神ほか）がある。創建年代ははっきりしていないが，神社前の「千年桂」は創建以来のものと伝えられている。樹高50m・胸高直径9.5mで，樹齢700年という。この地域ではカツラの葉から抹香を採るので，「抹香の木」ともよんでいる。また，縁結びの由来がある木としても知られている。

　神社の境内は，内館塾跡（内館文庫跡，建物・蔵書・塾用器物含め県史跡）である。創立は鎌倉時代以前といわれ，当初は現在の図書館のようなものであったという。江戸時代になってしだいに塾の形が整えられ，慶安年間（1648〜52）頃に11代別当武内実明が私塾として内館塾を開設した。以後，長年にわたり，地元の学者が村民の啓発を行ってきた。明治時代には小学校となり，現在の社務所が校舎として使われた。東洋史学の大家内藤湖南（虎次郎）も，秋田師範学校卒業後の1885（明治18）年に，綴子小学校の首席訓導（校長代理）として赴任し，翌年の8月まで奉職している。この塾で使用した教

内館文庫跡

72　米代川中流

鷹ノ巣駅周辺の史跡

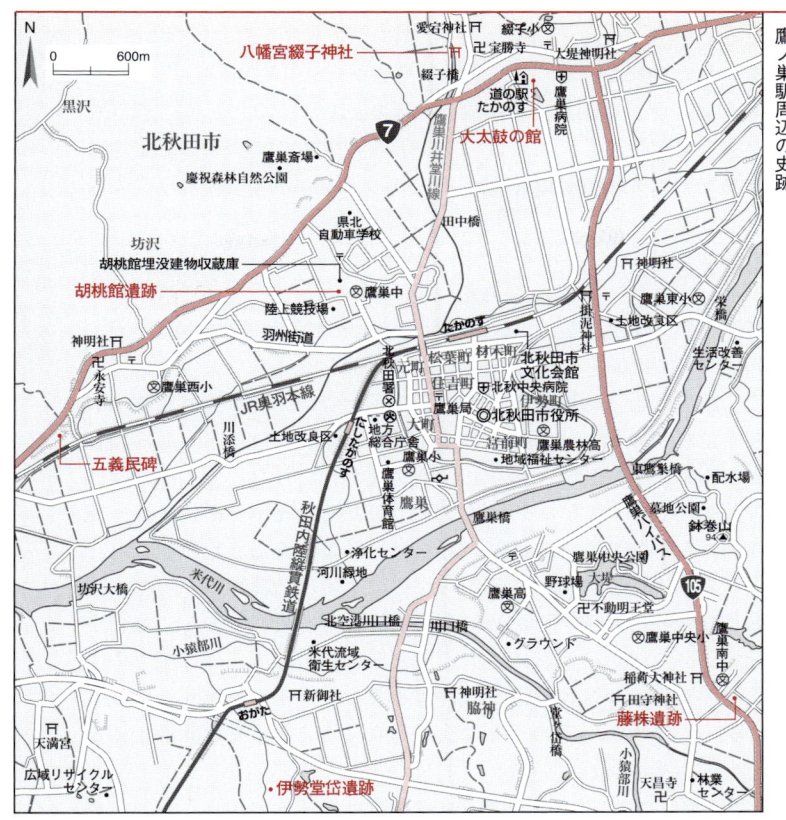

科書や書籍，平安時代中期から明治時代までの文書など3800余点のほか，神社の宝物・什器などは，境内の内館文庫宝物館に保存されている。

　綴子神社の例祭は毎年7月14・15日に行われ，獅子踊や大名行列，そして綴子の大太鼓（国選択）が奉納される。このときに使われる太鼓が，「両革張りの太鼓としては世界最大」とギネスブックに載る巨大な太鼓である。口伝によると，日照り続きで田畑が干上がって困った農民たちが，太鼓で雷鳴に似た大音響をさせれば，これに感応して竜神が雨を降らせてくれるだろうと祈願した，雨乞いから始まったという。直径3.71m・長さ4.32m・重さ3tの大太鼓の上に若者たちがのぼって叩くと，その音は4里（約16km）四方に鳴

鷹巣盆地の周辺　　73

り響くといわれている。

綴子交差点から国道7号線を東へ500mほど行くと、道の駅「たかのす」に隣接して、大太鼓の館がある。ギネスブックに認定された世界一の大太鼓のほか、世界40カ国から集めた140個余りの太鼓がみられる。

胡桃館遺跡 ❷ 〈M▶P.70, 73〉北秋田市綴子字胡桃館1 P
JR奥羽本線鷹ノ巣駅・秋田内陸縦貫鉄道鷹巣駅 🚶15分

シラス層の浮石に埋没した住居

鷹ノ巣駅の北西1km、市立鷹巣中学校の西隣に胡桃館遺跡がある。1958(昭和33)年、中学校の新築にともなうグラウンド整備工事中に、須恵器と土師器の壺が出土した。その後、現在の鷹巣陸上競技場を造成する際、土師杯などとともに掘立柱や貫穴のある角柱などがみつかり、1967〜69年に発掘調査が行われた。その結果、四脚門跡と考えられる3本1組の掘立柱2組のほか、柵列2種・建物4棟などが発見され、墨書のある板や墨書土器などが出土した。これらの出土品や建物の様式から、10世紀頃(平安時代中期)の、住居および官衙的な性格をあわせもつ遺跡と考えられている。遺構が埋没するシラス層の浮石は、十和田火山の噴出物である。噴火の際、多量の浮石がシラス大洪水(土石流)となって米代川を流れ、鷹巣盆地にあった建物を一瞬のうちに飲み込み、当時のままの状態で埋没したものと推測されている。

字胡桃館にある胡桃館埋没建物収蔵庫は1973年に設立されたもので、胡桃館遺跡建築遺材及び出土遺物(県文化)を収蔵・展示している。収蔵庫の見学には、市教育委員会へ事前の申込みが必要である。

鷹ノ巣駅から森吉方面行きのバスに乗り、藤株バス停で下車すると、すぐ左手(東)に藤株遺跡がある。縄文時代前期・

胡桃館遺跡

米代川中流

後期・晩期の集落遺跡である藤株遺跡は，1980年に国道101号線バイパス工事にともなって発掘調査され，多数の土器や石器が出土した。竪穴住居跡や，107基の土壙がみつかっている。土壙の中から，首のない女性の骨が発見されて話題になった。出土品は，材木町の北秋田市文化会館に展示されている。

五義民碑 ❸

〈M▶P.70, 73〉北秋田市坊沢129
JR奥羽本線鷹ノ巣駅・秋田内陸縦貫鉄道鷹巣駅🚌今泉スキー場行坊沢🚶3分

悪肝煎と闘った百姓たち

　坊沢バス停から南へ約300m行くと，集落の西はずれに，鷹巣盆地を背に五義民碑が立っている。表面に「五義民碑」，裏面に「右五人は村の困苦を救わんと欲し，死を決して里正と抗争し，事敗れて処刑さる。実に享保十(1725)年十一月六日なり」(原漢文)とあり，さらに「二百年に当り大正十三(1924)年十二月これを建つ」と記して，成田喜兵衛・成田喜左衛門・戸嶋与市衛門・戸嶋吉兵衛・戸嶋権助の5人の名前を刻んでいる。この事件についての口伝には，細部に異同や粉飾があって，長く真相はわからなかった。だが，近年になって古文書などの資料がみつかり，全体像がみえてきた。

　江戸時代，坊沢では，8km上流の米代川に堰を設けて水を引き入れ，田圃をつくっていた。ところが，1723(享保8)年には2度の大洪水がおきて堰が大破し，農民たちはその修理に多大な銭を徴収されて困っていた。そのうえ天候が悪く，凶作におそわれて食糧が底をついた。当時は米1升が13文だったが，肝煎の長崎兵助は，米1石につき180文を徴収しようとした。これでは一村こぞって餓死すると，村人たちは再三にわたって兵助に減額を懇願したが，聞き入れてもらえなかった。百姓たちは肝煎の振舞を諫言してくれるように下役人へ頼んだが，肝煎と下役人は癒着していたので，願いはかなえられなかった。

五義民碑

鷹巣盆地の周辺

そこで百姓たちは，藩主の居城のある久保田（現，秋田市）に行って直訴したが，肝煎の巻き返しにあって捕らえられ，1724年3月，21人が入牢させられた。その年の11月3日，16人は追放，5人は村に連れ戻され斬首となった。5人の首は3昼夜にわたって晒された後，土を高く盛って埋められた。のちに村人は彼らに感謝して墓石を立てたり，サクラを植えたりして霊を慰めたという。

　その場所は首切塚とよばれていたが，1924（大正13）年に現在の五義民碑が建立された。今でも彼岸や盆，命日などには子孫が訪れて花を供えている。また，近くの永安寺（曹洞宗）には，五義民の供養のために造立されたという供養地蔵がある。なお，坊沢で毎年の盆に行われる獅子舞は，最後には必ず五義民碑の前で踊られている。

伊勢堂岱遺跡 ❹

〈M▶P. 70, 73〉北秋田市脇神字伊勢堂岱
秋田内陸縦貫鉄道秋田内陸線小ケ田駅 🚶10分

大規模な葬祭祀場の遺跡

　伊勢堂岱遺跡（国史跡）は，小ケ田駅の南方，標高40〜50mの舌状台地に広がる縄文時代後期の遺跡である。大館能代空港（通称あきた北空港）と国道7号線を結ぶ県道197号線の改良・整備工事に先立って1992（平成4）年に行われた，路線内の遺跡分布調査によって発見された。1994年に路線部分で範囲確認（第1次調査）後，引き続き2年にわたって路線部分の発掘調査（第2次・第3次調査）が実施された。

　第2次調査では，西側調査区域内で，長径約32mの環状列石Bがみつかった。第3次調査では，環状列石Aの南側の調査が行われた。前年度に検出されていた柱穴群は，環状列石Aとは逆方向に展開する掘立柱建物跡を構成することが判明し，調査区の南方にもう1つの環状列石が存在する可能性が強まった。このため，当該地区のハンドボーリング探査を実施し，長径約45mの環状列石Cが確認された。

　当初は記録保存を目的として発掘調査が行われ，調査終了後には，環状列石Aを空港に隣接するポケットパークへ移設・復元することが計画されていた。しかし，これらの貴重な発見によって，地域住民や県内から遺跡保存の声が高まり，1996年，県は道路建設ルートの迂回と遺跡の現地保存を決定した。

伊勢堂岱遺跡

　1997年度からは，国と県の補助金を受けて学術調査を継続しており，2000年までに遺跡が約20万m²に広がることが確認された。また，ハンドボーリング探査で，環状列石Cの南側に，あらたに長径約36mの環状列石Dを検出。遺跡は，縄文時代後期前葉に属する複数の環状列石を中心とした配石遺構，掘立柱建物跡・土壙墓群・捨て場などで構成される，大規模な葬祭祀場であることが判明し，2001年には，約16万m²が国の史跡に指定された。なお，大湯環状列石（鹿角市）と伊勢堂岱遺跡を１つにした「縄文時代のストーンサークル」（仮称）として，世界文化遺産に推薦しようとする声も出ている。出土品は，ヒョウタン形土器，キノコ形・渦巻形・鐸形土製品，板状土偶など珍しいものが多い。これらは，北秋田市文化会館に展示されている。

加護山精錬所跡 ❺

〈M ▶ P.70〉能代市二ツ井町きみまち阪公園下　Ｐ
（県立自然公園）
JR奥羽本線二ツ井駅🚌米内沢行きみまち阪🚶10分

密鋳が行われた銭座

　二ツ井駅から国道７号線を北秋田市に向かって東へ行くと，世界文化遺産に登録されている白神山地を水源とした藤琴川が流れている。橋を渡ると，サクラやモミジの名所として知られているきみまち阪で，1964（昭和39）年にきみまち阪藤里峡県立自然公園に指定され，2004（平成16）年８月に秋田白神県立自然公園の一部として再編された。当地で，大きく蛇行する米代川と藤琴川が合流し，米代川に沿って巨岩や奇岩が重なり合い，眺望が美しい。

　きみまち阪の藤琴川に沿って300mほど行くと，1774（安永３）年に鉛吹処・銀吹分処として開設された加護山精錬所跡がある。現在は植林した秋田杉が鬱蒼と茂るばかりだが，林内を歩くと，鋳銭場跡・廃鉱物・貯水池跡・石垣などが残っている。精錬所ができる前の加護山は辺鄙な所で，付近に鉱山もなかった。ここに精錬所が設けられた理由については，つぎのように考えられている。

鷹巣盆地の周辺

加護山精錬所跡

　秋田藩では，阿仁銅山から能代湊を経て，大阪銅座に売却していた。しかし，当初，藩ではその銅に多量の銀が含まれているのを知らず，莫大な損失をしていた。やがて，その原因が精錬技術の未熟さにあることに気づいた藩では，江戸から平賀源内（江戸時代中期の博物学者・戯作者）と鉱山師吉田利兵衛の2人を阿仁銅山に招き，南蛮吹法を伝授された。このとき，新しい技術を導入する精錬所の建設候補地として挙がったのが，加護山であった。加護山上流の阿仁銅山や太良鉱山から原料が調達できること，藩の直山が藤琴川沿いにたくさんあって燃料に心配がないこと，原料の鉱石や生産された銀・銅・鉛・諸物資をすぐ能代湊に運べることといった利点を備えていた。初め，精錬所の経営は藩が山師に請け負わせたが，その後は藩直営とした。1862（文久2）年の収支をみると，2万8800両という莫大な利益をあげている。

　また，藩では財政再建策として，鋳銭事業をおこしたいと再三幕府に申請したが許されなかったため，文久年間（1861～64），幕府に内密で加護山に阿仁銅山付属銭座を設け，鋳銭を行った。この銭座で鋳造された貨幣は，藩内通用のほか，山内（阿仁銅山・加護山・太良鉱山）のみの直用銭であったが，正金（幕府発行の分金銀）の回収や藩札の処理などに寄与した。鉱物資源が豊富だったので多種の貨幣を発行したが，密鋳であったため，鋳造総額はわかっていない。昭和時代初期までは，阿仁銭または阿仁銅山銭とよばれ，阿仁銅山でつくられたものと考えられてきた。現在は，文献や現物の出土などにより，加護山における鋳銭が立証されている。密鋳が行われた銭座は数多いが，確証されているのは全国でも加護山銭座だけであり，多くの研究者が注目している。

　加護山精錬所と正式に命名されたのは，1885（明治18）年に古河鉱

山の経営に移ってからだが、1894年には閉山となった。精錬所は現在の能代市向代に移ったものの、1907年に閉鎖した。

仁鮒水沢スギ植物群落保護林 ❻

〈M▶P.70〉能代市田代沢国有林4林班
JR奥羽本線二ツ井駅🚌高屋敷行終点(本数少ない)🚶20分

二ツ井駅の南1.5km、銀杏橋を渡ると仁鮒集落である。ここから、米代川の支流田代川に沿って行くと、バスの終点高屋敷集落に至る。かつてはさらに奥まで森林鉄道が通っていたが廃止され、その軌道の上が道路になっている。

高屋敷から2kmほど奥に行くと、仁鮒水沢スギ植物群落保護林(水沢のアキタスギ天然林、県天然)がある。年々減少していく天然秋田杉を、学術研究の目的で国有林として保護している。標高160〜250mの所に、18.46haにわたって、天然秋田杉が生い茂っている。天然記念物指定地は、東西に流れる水沢で南北に二分されているが、西側傾斜地がおもな林地である。林内には天然秋田杉の巨木にまじって、イタヤカエデ・ミズナラ・トチ・カツラ・ブナ・ホオ・アカシデなどの広葉樹が自生しているが、スギの樹冠に生長を阻まれて大木はみられず、本数も少ない。

この一帯における藩政時代の秋田杉の保護育成は明らかではないが、明治時代以降もほとんど人手が入っていないことから、自然に近い状態で維持されている。稀少な天然秋田杉が、これほどまとまって残っている例はほかにない。なお、この保護林内の天然秋田杉は樹齢180〜300年で、「きみまち杉」とよばれているものは58mと、スギでは日本一の樹高を誇り、胸高直径は164cmもある。

仁鮒水沢天然秋田杉

鷹巣盆地の周辺

❷ 阿仁川に沿って

阿仁鉱山・阿仁マタギ・日本三大小作争議のあった土地は，今も歴史遺産が多く，古きを探訪するには最適。

延慶碑 ❼ 〈M▶P.70〉北秋田市川井字家ノ後25-17
秋田内陸縦貫鉄道秋田内陸線合川駅 🚶10分

碑の主「松石殿」とは誰なのか？

鷹ノ巣駅を始発とする秋田内陸縦貫鉄道秋田内陸線は，旧国鉄阿仁合線・角館線と鉄道公団鷹角線を継承した路線で，第三セクター方式で運営されている。森吉山(1454m)を眺めながら，阿仁部(旧阿仁町から奥地一帯)へと入り，全長5697mの十二段トンネルを抜けると，仙北市角館町に至る。全区間94.2km，普通ディーゼル車で2時間30分かかる。冬は雪が深く，初夏の新緑，秋の紅葉と，沿線の風景は四季を通じて美しい。

合川駅から北西へ300mほど歩くと，川井集落の台地斜面に共同墓地があり，その中ほどに延慶碑とよばれる板碑が立つ。この石碑は，八幡岱と川井の間にある台地に埋もれていたのを，川井の人たちが現在地に運んで建てたものだという。地元では，彼岸や盆の墓参りのときに，この碑にも供え物をして供養をしている。

川井集落の古老の話では，最初に2mほどもあるこの碑を，小川の橋にしようとしたときはまったく動かず，安置するために運ぼうとしたときには，すくっとおきあがったのだという。

碑はかなり風化しているが，銘は3行からなり，中央に「〈梵字〉延慶二年己酉(1309)二月十一日」，その右に「右志者為過去松石殿」，左に「乃至法界平等利益」と読み取れる。梵字は建立者の信仰した金剛界大日如来をあらわし，俗名松石殿の追善供養の碑ではないかと考えられている。「松石殿」は当地方の古文書にも出てい

延慶碑

積石墳墓

コラム

朝鮮半島とも関係する埋葬様式

　マタギと阿仁鉱山で知られる阿仁部(旧鷹巣町から奥地一帯)には,アイヌ語に由来するといわれる地名が数多く残されている。来内沢(イ・オ・ナイ＝ヘビの多い川)・笑内(オ・カシ・ナイ＝河口に仮小屋のある川)など,アイヌ文化に関心をもっている人が歩くと,その多さに驚く。かつて,マタギたちは狩りで山に入ると里言葉を禁じ,マタギ言葉だけを使ったが,このマタギ言葉もアイヌ語と非常に深い関係をもつという。また,旧阿仁町の萱草から奥の集落には,数多くの積石墳墓がみられる。

　阿仁部でも現在は火葬に統一されているが,1960(昭和35)年頃までは多くが土葬だった。葬式が終わると,死者は墓地に掘った穴に埋められた。その上に川原から運んできた10kg前後の平らな石を,円形に積み上げた。石は,2～3段に積み上げるので,大変な労力を要した。墓域を示すために石を並べたり,まだ戸籍に登録されない嬰児を埋めた土の上や,墓のない死者は埋葬した上に墓印に石がおかれたが,この場合はほとんど1個である。明らかに積石とわかる埋葬は,阿仁部の上流にみられるだけである。

　積石墳墓のある集落の古老は,積石を築く理由として,「悪者(人ではない)が屍を掘って盗むのを防ぐために」とか,「オオカミがきて墓を荒らさないように」という。また,積石墳墓はかつてのマタギ集落に多く,マタギのシカリ(総領)は,「マタギは生き物を殺して生きてきたので,死ぬと,生前殺した生き物に墓を荒らされ,仇をとられるので石を積む」と語っていた。

　積石墳墓や積石塚は,朝鮮半島で高句麗の時代に行われた埋葬様式だという。日本では古代に渡来人が多く居住したとされる長野県と山梨県にも積石墳墓がみられ,半島の文化との関係が推測されている。また,北海道アイヌにも,積石墳墓の様式がみられるというから,アイヌとの関わりも否定できない。

積石墳墓

ないため,どのような人物か不明だが,「殿」の敬称から推定すると,当時の名主層ではないかとみられる。

　なお,かつてこの碑を削って粉にして飲むと利益があるといわれ

ていたために，削り取られた痕が残っている。

可児義雄の碑 ❽ 〈M▶P.70, 82〉 北秋田市五味堀
秋田内陸縦貫鉄道秋田内陸線前田南駅 🚶 2分

農民に慕われた農民運動家

　秋田内陸線は合川駅から阿仁川沿いに南下し，阿仁前田駅を出てまもなく，森吉山がみえる小又川を渡ると，台地の水田の中にある前田南駅に着く。線路沿いの農道を南へ50mほど行くと，「可児義雄君之碑」が立っている。可児義雄は，昭和時代初期に全国農民組合秋田県支部連合会の委員長をつとめた人物で，1925（大正14）〜29（昭和4）年におこった阿仁前田小作争議の指導者であった。碑の向かって左側面には「昭和十（1935）年五月一日建之」「全国農民組合阿仁地区委員会」，右側面は略歴が刻まれるはずであったが，上部に一部が残るだけで，下部は官憲に中止を命じられ，刻まれなかった。現在では想像ができない，日本の「冬の時代」を示す碑である。

阿仁川沿いの史跡

可児義雄の碑

阿仁前田小作争議

コラム

日本三大小作争議の1つ「農民の父」可児義雄が指導

　日本の三大小作争議の1つといわれる阿仁前田小作争議は、大地主と小作農民との闘いだった。旧前田村(現、北秋田市阿仁前田)の庄司兵蔵は、6ヵ町村に水田342町歩・畑44町歩のほか、多くの宅地や山林を所有し、約740人の小作人がいた。

　1925(大正14)年、庄司家が、大幅な小作料の引上げを通告したことから争議は始まった。小作料が一度に倍以上になり、生活できないことを知った約300人の小作農民は、阿仁部農民同盟組合を結成して抵抗した。これに対して地主側は土地返還を求めて訴訟をおこしたが、組合側も耕作権は小作人にあると主張した。争いは長期化し、可児義雄に応援を求めた。義雄は妻を鹿角郡小坂町細越の事務所に残し、五味堀に移った。

　可児義雄は、1894(明治27)年に東京浅草で生まれ、少年時代を母の故郷である現在の岐阜県郡上市で過ごし、小学校の代用教員を経て上京した。苦学の後、19歳で栃木県足尾銅山の坑夫となり、1919(大正8)年に大日本鉱山労働同盟会創立委員となって以後、鉱山労働運動の先頭に立って活動。1928(昭和3)年に秋田県の鉱山労働運動や農民運動の指導者として招かれ、定住した。

　義雄が五味堀の農民事務所入りした頃から、農民組合と警官・庄司家との衝突が繰り返された。ついに1929(昭和4)年11月28日には、警官80人と北電荒井組の30人に対し、約200人の農民組合員が立ち向かった。しかし、これ以上の犠牲者は出したくないという義雄の要望で、義雄ら幹部9人が自首して流血は避けられた。

　その後、小作官西田近太郎らの調停により、「小作慣行は従来どおりとする」など4項をもって和解、終結した。義雄は懲役2年の刑で入獄し、獄中で結核に冒された。出獄後、病状が悪化し、1935年1月9日に病没した。

　東京多摩霊園で行われた社会大衆党葬に出席した農民たちは、義雄の遺骨を分骨してくると、源昌寺(北秋田市浦田)に墓を建立した。ついで顕彰碑を建てることになり、組合員たちが運んできた石に略歴を刻み始めたが、警官によって中止を命令された。そのため、長く畦道に放置されていたが、戦後の片山哲内閣のときに至って、ようやく建てられた。

　源昌寺の墓は道路建設で移設が必要になり、1981年に五味堀集落の共同墓地に、「阿仁前田小作争議指導者　可児義雄之墓」が建てられた。また義雄は、小坂鉱山の煙害に苦しんだ小坂町細越の農民を救ったことから、細越の人びとも東京から分骨し、戦前に墓を建てている。なお、東京多摩霊園に

阿仁川に沿って

あった可児義雄の墓は、岐阜県郡上市の母の実家福常寺に移された。2005(平成17)年10月9日には、「農民の父　可児義雄顕彰碑」が建てられた。

旧阿仁鉱山外国人官舎(異人館) ❾
0186-82-2600

〈M▶P.70, 82〉北秋田市阿仁銀山字下新町41-23　P
秋田内陸縦貫鉄道秋田内陸線阿仁合駅 徒 3分

大坂廻銅量全国第1位の銅山

　阿仁合駅前は、今でも銀山とよばれる。阿仁鉱山は、金・銀を産出して栄えたので、深い山奥だったにもかかわらず、県内ではもっとも早く文明開化の音を響かせた。しかし、阿仁鉱山も閉山となって久しく、当時の面影をとどめているのは、阿仁合駅の南200mほどの所に立つ異人館だけである。

　阿仁鉱山の開発時期には諸説あるが、一般に、天正年間(1573～92)に向山、続いて板木沢金山が発見されて栄えたといわれる。1637(寛永14)年には大阪の商人北国屋吉右衛門の手代高岡八右衛門が銅山を発見、これを端緒として、萱草・二の又・真木沢・三枚・一の又と開発が進み、1670(寛文10)年には銅山となった。このように開発された11の山を総称して、阿仁銅山とよんだ。

　開発当初、11の山は11人の山師によって経営され、採掘をした金子や堀子たちは、山師がその出身地から連れてきた。紀伊・越前・越中・越後・備前(現、和歌山県・福井県中北部・富山県・新潟県・岡山県南東部)など、全国各地から集まっている。1702(元禄15)年には秋田藩の直営となり、1730(享保15)年の大坂廻銅140万斤は、別子銅山(愛媛県新居浜市)の135万斤をしのぎ、全国第1位であった。その当時の阿仁銅山の人口は、坑夫らの家族を含め、約2万人と伝わっている。

　明治時代に入ると県営になり、1875(明治8)年には工部省に経営が移って官営となった。1879年にはドイツ人の冶金技師メッケルが、採鉱主任ライヘル・機械技師ハイゼーらとともに、工部省派遣のお雇い外国人として着任した。彼らの事務所や住宅として、1881年に

84　米代川中流

異人館

建てられたのが異人館であった。メッケルの住宅（跡地は阿仁支所）は1953（昭和28）年の火災で焼失したため，現存するのは，隣接して立っていた同行部下の住宅である。異人館（旧阿仁鉱山外国人官舎，国重文）は総面積268m²，ベランダで囲うコロニアルスタイルや切妻屋根をもつ，レンガ造りの洋館である。メッケルらの離任後は，政府高官用の迎賓館として利用された。

阿仁銅山は，その後，1885年に古河市兵衛に払い下げられ，古河阿仁銅山として経営されたが，1931（昭和6）年には休山。5年後に再開したが，1970年に閉山した。なお，現在は入山禁止となっている所が多い。

異人館と地下道でつながる北秋田市阿仁郷土文化保存伝承館では，古文書・採掘用具・鉱石・坑道模型などの阿仁鉱山関係資料のほか，根子番楽で使われる番楽面を展示している。また，伝承館から東へ150mほど行った善勝寺（浄土真宗大谷派）には，伝高岡八右衛門の墓が残る。

森吉山の南東稜線の旧森吉町桃洞沢と旧阿仁町打当沢の杉林は，ブナ帯の上部の標高850〜950mの地帯に，原生状態で群生を保たれており，ほかに例がない。桃洞・佐渡のスギ原生林として，国の天然記念物に指定されている。

根子集落と鮭石 ❿

〈M▶P.70〉北秋田市阿仁根子
秋田内陸縦貫鉄道秋田内陸線 笑内駅 🚶20分

源氏と平家の落人集落はマタギの里

1975（昭和50）年，笑内と根子をつなぐ576.8mの根子トンネルが開通するまでは，根子へ行くには，山越えの道を歩くか，根子川沿いの狭い堀割道を通るよりほか方法はなく，交通の便が悪かった。根子は阿仁マタギの本拠地の1つで，三面（新潟県村上市）や檜枝岐（福島県南会津郡檜枝岐村）とともに，最後まで残ったマタギ集落である。最盛期には，40人近いマタギたちが七之丞組・善兵衛

阿仁川に沿って

根子集落

組・伊之助組に所属し、正月が過ぎると、北はサハリン（旧樺太）から南は信越国境の苗場山麓の秋山郷（長野県栄村）や、奈良県吉野山中まで旅マタギをした。春先のクマの巻狩は、勇壮だったと伝わる。すでにそのマタギもいなくなり、カササギの群れのようにみえた萱葺き屋根も姿を消した。しかし、根子トンネルを抜けると目の前に広がる風景は、源氏・平家の落人村とも伝えられる秘境の面影を、今なお十分に残している。集落の奥、北秋田郡上小阿仁村との境に聳える根烈岳（835m）は、夏場に登山者が多い。打当温泉にあるマタギ資料館には、阿仁マタギ用具126点（県文化）が展示されており、マタギの生活を知ることができる。

また根子には、勇壮な踊りで知られる根子番楽（国民俗）が伝わっている。落武者が伝えたとされ（南秋田郡五城目町馬場目から伝わったという説もある）、歌詞が文学的にすぐれた内容をもち、舞の形式が能楽の先駆けをなす幸若舞以前のものといわれる。現在、番楽の上演は、8月14日夜に旧根子小学校体育館、9月12日に近い日曜日の山神社の祭典で奉納されている。以前は表十二番・裏八番の計20種あったが、今は8種が残っている。

廃校になった旧根子小学校の校庭近くに鮭石がある。魚形文刻石（県文化）とよばれ、安山岩の表面に魚の形が線刻されている。県内では当地のほか、子吉川流域に5点、雄物川流域に2点が確認されている。縄文時代中期のもので、大漁を祈る呪術的な用具と考えられている。現在では確認できないが、かつては子吉川や雄物川、そして根子川下流の米代川にも、大量のサケが遡上していたと推定される。

能代市とその周辺

3

古くから天然秋田杉の集散地として栄えた能代は、米代川流域に文化や技術・物資を送る入口でもあった。

光久寺 ⓫　〈M ▶ P.70, 88〉能代市萩の台1-23
0185-52-0927　JR五能線能代駅 🚶 20分

北前航路と関係が深い寺

　砂丘の広がる荒れ地だった米代川の河口に、能代の町立てが始まったのは、1600年代である。早くから開発の進んでいた米代川の奥地で産出した地下資源や木材などが能代で陸揚げされ、さらに北前船で畿内に運ばれる量が多くなると、つぎつぎと商人や船乗り・職人が住み着いた。初めは「野代」といったが、地震や大火などがたびたび発生するので、「能く代わる町」にしようと「能代」と改名した。だが、その後も災害におそわれ、貴重な歴史遺産の多くを失っている。

　能代に古寺が多いことは、1801（享和元）年に青森から日本海側を南下して能代にきた国学者・紀行家の菅江真澄も、紀行文『雪の道奥雪の出羽路』の中で記している。以前は旧市内に寺が点在していたが、1949（昭和24）年の第一次大火で焼けた寺の多くは、都市計画により、能代駅の西約1.5kmの萩の台に移転した。これが、現在の能代市萩の台墓地公園である。数多い寺の中には、長慶金山で広く知られる大館市の田代岳の麓にあった古寺の寺号を移してきたという長慶寺（曹洞宗）、織田信長と本願寺11世顕如が戦った石山合戦（1570～80年）に加勢した際に京都から持ち帰ったという、鎌倉仏師安阿弥作で、能代最古の阿弥陀如来像を本尊にしている浄明寺（浄土真宗大谷派）などがある。

　また、とくに海運と関係があり、「五智の寺」として知られるのが光久寺（浄土宗）である。菅江真澄は前掲書で光久寺の由来を、「盤若山（現在の能代公園）

紙谷仁蔵の墓（光久寺）

能代市とその周辺　87

能代駅周辺の史跡

の麓に大日如来堂があり、たいそう古い仏が安置されている。慶長年間(1596〜1615)の初め、米代古川の湊である能代の奉行をしていた大久保三河守光久は、大日堂を修理しようという志もむなしく亡くなった。その後、光久の子、大久保丹後が建てたので、大窪山光久寺とよばれるようになった」と書いている。

　昔の光久寺は、もっと海寄りにあった。北前航路が盛んだった頃は、能代湊に上陸した船乗りたちは、光久寺の五智如来に海上の安全祈願をしたといい、寺では護符の五智札を出し、栄えた。その後、海岸が浸食されて波をかぶるようになったので、能代公園下に移された。能代市萩の台墓地公園に移転後、旧地は能代公園に編入された。

　光久寺には五智如来像のほかに、異変がおこる前に全身に汗をかくことで知られ、別名「汗かき地蔵」とよばれる五智如来像がある。古い過去帳には、海で遭難した船名や船乗りの名前が残る。

　また境内には、海死供養塚や挽き臼の形をした紙谷仁蔵の墓がある。仁蔵は、瀬戸内海の塩飽諸島の出身で、船大工兼船乗りだったという。1835(天保6)年の大飢饉のとき、仁蔵は津軽(現、青森県西部)へ運ぶ予定だった米を能代湊におろし、浜で大きな鍋に粥を

88　米代川中流

つくり、食べ物に困っている人びとに配り、感謝されたという。のちに陸へあがると蕎麦屋を開き、たいそう繁盛したとも伝えられる。死後は海の守り本尊である五智如来のそばで眠りたいと遺言したことから、当寺に埋葬された。墓石が挽き臼形なのは、蕎麦屋だったからだとか、船で日本をぐるぐるとまわったためともいわれるが、墓以外に資料はみつかっていない。

八幡神社 ⓬
0185-52-2925
〈M ▶ P. 70, 88〉能代市柳町13-8
JR五能線能代駅🚶10分

阿倍比羅夫と関係深い能代を代表する神社

能代市には、海運と関わりのある神社が多い。そのなかでも、能代駅の西600mほどの所にある八幡神社(祭神八幡大神ほか)は御指南町の日吉神社と並んで、能代を代表する神社の1つである。柳町という中心地にあるので市民の憩いの場ともなっているが、最近は宅地化によって境内が狭くなり、惜しまれている。

社伝によると、658(斉明天皇4)年に阿倍比羅夫が北方へ遠征し、淳代・津軽の2郡をおいて郡領を定めたときに、戦勝祈願のため、八幡大神を海岸近くの中島に鎮祭したのが始まりという。801(延暦20)年に坂上田村麻呂が、この地を訪れたとき、旗を奉納したとも伝わるが、田村麻呂は能代地方にきていないというのが定説である。弘治年間(1555〜58)に米代川の流路が変化して中島が流欠したため愛宕山に移り、さらに1694(元禄7)年に現在地に移った。

境内の大きな池の中に、竜神社がある。昔、播磨(現、兵庫県南西部)の船乗りが、能代の遊女と深い仲になった。その船乗りが播磨へ帰るとき、一緒に連れて行って欲しいと遊女にせがまれて困り、真夜中におびき出して殺し、米代川の河口に沈めたところ、にわかに大風が吹いて寄港していた播磨の船が沈んだ。その後も、播磨の船が入港するたびに海が荒れるので、遊女の怒りを鎮めるためにこの社をまつったと伝わる。竜神社は、戊辰戦争(1868〜69年)直前に、奥羽鎮撫副総督の沢為量を始め、桂太郎や大山格之助らが、能代の勤王派の人たちと密談した場所でもある。

また境内には、1796(寛政8)年に奉納した石灯籠1対、能代出身の力士大蛇潟粂蔵の顕彰碑、能代の俳人の句碑などがある。

能代駅の北東600mほどの所に、日吉神社(祭神大山咋神ほか)が

能代市とその周辺 89

ある。清水治郎兵衛政吉が浜から拾いあげた神体を、初めは下浜村付近の姥懐に祠を建ててまつったが、寛文年間(1661〜73)に現在地に移された。旧暦4月中の申の日に行われる祭礼の宵宮は、「嫁見まつり」とよばれ、前年の旧暦4月中の申以降に結婚した女性が打掛姿で参詣し、境内は華やぐ。

五輪塔と方角石 ⓭

〈M ▶ P.70, 88〉能代市日和山
JR五能線能代駅 🚶25分

日和山で松風を聴き、いにしえを偲べる所

能代駅の北西約1km、盤若町の能代公園一帯は、昔、盤若山といった。ところが、能代市はこの盤若山を城跡に見立てて、この辺り一帯を大手町と名づけ、以後、今に至るまで行政地名として通用している。

大手町から能代公園にのぼって行くと、奥に、能代海岸のマツの植林に尽力した賀藤景林をまつる景林神社がある。この神社の裏手が唐船御番所跡であり、標柱が立っている。江戸幕府が鎖国令を完成させたのが1639(寛永16)年、その4年後の1643年9月、秋田藩内6カ所に唐船御番所がおかれた。能代湊への設備はさらに1カ月後のことで、海に近い日和山が船見台となった。頂上に五輪塔があることから、五輪船見台ともよばれたが、現在はマツが茂って海はみえない。

頂上の五輪塔を建てたのは、徳善民道和尚である。民道が能代にきたとき、それまで大量に獲れていた能代浜のイワシがまったく獲れなくなっていたので、イワシの豊漁祈願とイワシ供養をかねて造立したと伝えられる。民道は、男鹿浦田村(現、男鹿市脇本浦田)の石工に、7尺7寸(約2.45m)を五輪に割当てて、各部に1字ずつ梵字を記した図を描いて注文した。完成した石塔は脇本浜から海路で

五輪塔

方角石

運ばれてきた。高さを7尺7寸にしたのは、草書の喜の字(㐂)に通じさせ、大漁万作の願いをこめたものといい、1777(安永6)年の初夏、法衣の片袖を埋めて基礎固めをした上にすえた。また、一方では、能代の浜に死屍が流れ着くのを憐れんだ民道が、それらの無縁仏の供養のために、五輪塔を建てたという話も伝わっている。

　なお民道は、米代川右岸の向能代の徳昌寺(曹洞宗)にも住み、境内に高さ4.5mの宝篋印塔を建てた。このほか、徳昌寺東方の鹿城跡に聳えていたクロマツを植えたことでも知られる。鹿城では内紛や百姓一揆があいつぎ、村人は犠牲者の祟りを恐れていた。これを聞いた民道は、城跡に祭壇を設けて供養を営み、みずから法衣の片袖を埋め、マツを植えた。そのマツが成長して大木になり、米代川を行き交う舟の船頭たちの目印になっていたという。

　五輪塔の近くには、船頭たちが日和見に用いた方角石がある。文化年間(1804〜18)に、能代の川上久三郎が設けたと伝えられ、東西南北と十二支が彫られている。方角石は全国で33カ所しかなく、能代のものは石川県輪島市のものについで古い。

能代海岸砂防林 ⑭

〈M ▶ P. 70, 88〉能代市 後谷地国有林
JR五能線能代駅 🚶 20分

砂丘にクロマツを植えた先覚者たちの労苦が息づく

　能代海岸に沿って約14km続く砂防林は、その面積760haにおよぶ。砂防林をなすクロマツは約700万本、とりわけ能代市街地のすぐ背後にある後谷地の松林は見事である。約300万本のクロマツが整然と並ぶが、これに匹敵する砂防林は全国的にみても少ない。この広大な能代海岸砂防林は、市民の暮らしや田畑の作物を守っているだけでなく、私たちに砂防林の中を散策する爽快さと楽しみをもたらす、江戸時代の先覚者たちが残してくれた貴重な遺産である。

　現在の能代市の中心部は、昔は荒れはてた砂丘地帯だった。16世紀初頭に町立てが行われた際も、強風のたびに砂塵が吹き飛んだと

能代海岸砂防林

いわれる。この飛砂の害をなくすため、砂丘に植林することを考えたのが、1670(寛文10)年頃、能代に住んでいた医者の長尾祐達であった。祐達は、飛砂を食い止めるには、マツ・グミ・ネムの木の植林が有効なことを村人に説いた。しかし、ある年の春先に、祐達は川向こうの病人の診察を頼まれ、身の危険を冒して凍結した米代川を渡ったところ、氷が割れて水死した。

その後、能代の廻船問屋や商人たちが自費で砂丘の植林に着手したが、植栽法も定まっていないため、その苦労はたいへんなものだったという。1713(正徳3)年に越後屋(渡辺)太郎右衛門と越後屋(村井)久右衛門が後谷地にマツの苗4000本を植えたのが、この防砂林の始まりといわれる。続いて、白坂新九郎・鈴木助七郎・原田五右衛門・袴田与五郎・野呂田八郎右衛門といった人びとが、盤若山や浅内、長崎などに植林した。さらに、秋田藩郡方砂留吟味役の栗田定之丞が植林に尽力し、その後を能代木山方と兼務した財用方吟味役賀藤景林が引き継いだ。植林は1世紀以上にわたり、1833(天保4)年にようやく完成した。明治時代以後は能代営林署によって植林が続けられ、現在の規模となった。しかし、定之丞の碑が中和に立ち、能代公園に景林神社があるにもかかわらず、実際に役人の下で働いた人びとの仕事ぶりは伝えられていない。なお、1970(昭和45)年、能代港の木材臨海工業団地建設にともない、砂防林の3分の2を伐採する計画がなされたが、約7年間にわたる市民の反対運動により大幅に縮小された。

能代海岸砂防林は、これまでに「21世紀に引き継ぎたい日本の名松100選」「21世紀に残したい日本の自然100選」「森林浴の森・日本100選」「21世紀に引き継ぎたい日本の白砂青松100選」などに選ばれた。また、「風の松原」という愛称でも親しまれているが、最近は酸性雨やマツクイムシの被害でマツの立ち枯れが目立ち始めてい

る。多くの先覚者の努力の賜物である砂防林を守っていくことが，行政や市民に求められている。

井坂記念館 ⑮
0185-54-1289

〈M▶P.70, 88〉能代市御指南町25　P
JR五能線能代駅🚶10分

木都の基礎を築いた人　井坂直幹

能代駅から線路沿いに北へ500mほど行って右に曲がると，日吉神社南側の井坂公園内に井坂記念館がある。

能代は，昔からさまざまな物資の集散地として栄えてきた。米代川の奥地に豊富に茂っていた天然秋田杉もその１つで，山元で伐採された後，筏に組まれて米代川をくだり，能代に運ばれた。江戸時代から明治時代初期にかけては，寸甫材で移出されていたが，井坂直幹が能代にきて機械製材を始めてから大きくかわった。

1860(万延元)年，水戸藩士井坂幹の長男として生まれた直幹は，慶応義塾で福沢諭吉に師事し，卒業後は時事新報社につとめた。その後，大倉喜八郎に請われて実業界に入り，1889(明治22)年に林産商会能代支店長となった。能代に骨を埋める覚悟できた直幹は，従来の木材取引や作業工程などに大胆な改革を行い，1897年に能代で初めて機械製材を導入，1907年には秋田木材株式会社(秋木)を設立した。秋木の発展とともに能代は大成長を遂げ，大正時代の教科書にも「東洋一の木都」と紹介されるまでになったが，直幹はその基礎を築いた。

井坂公園は井坂家の旧邸跡であり，1972(昭和47)年に開館した井坂記念館は，大正時代初期に建てられた同家の土蔵がそのまま利用されている。１階は木材関係の資料，２階は直幹の遺品や秋木関係の資料が展示されている。とくに，１階にある秋田県立博物館所蔵の「秋田杣子造材之画」(県文化)の模写は，幕末頃の山仕事の作業工程が詳しくわかる貴重な絵巻物である。

能代駅の南西約３km，日本海に近い能代内陸木材団地の中には，1982年に建てられた能代木材工業総合展示館がある。天然秋田杉を使った家具・建具・工芸品など約300点のほか，能代の木材産業の変遷が書かれた文献や，昭和時代初期の業界紙など約120点が展示されている。

杉沢台遺跡 ⓰　〈M▶P.70〉能代市磐字杉沢台
　　　　　　　　　JR五能線北能代駅🚶30分

縄文時代のイメージをかえた遺跡

　米代川の北に広がる東雲台地の北端に，通称「杉沢台」という，標高35mの台地がある。縄文時代前期後半と古代の集落跡があり，杉沢台遺跡として国の史跡に指定されている。

　東雲台地は明治～昭和時代初期にかけては放牧地，その後，1945（昭和20）年までは能代飛行場に使われた。第二次世界大戦後は畑地として開墾されたが，米不足の情況下で田圃に改良するため，1980年国営能代開拓建設事業にともない，県教育委員会が緊急発掘調査を実施した。発掘が進むにつれて遺跡規模の大きさに関係者は驚き，見学にきた当時国学院大学助教授小林達雄は，「縄文のイメージを変える発見」（『朝日新聞』秋田版〈1981年4月20日付〉）と感嘆した。

　この遺跡からは，縄文時代前期後半の竪穴住居跡44棟，食料保存用のフラスコ状土壙109基が発見されたが，とりわけ注目されるのは，長径31m・短径8.8m，面積222m²の超大型住居跡で，それまで日本最大とされてきた岩手県盛岡市松尾町の長者屋敷遺跡の住居跡を上まわる。また，同じ場所に3回も建て替えられ，6基の炉はかなり使い込んだ跡がある。遺物の出土が極端に少ないことから単純な住居跡とは考えられず，特別な用途があったのではないかとみられ，①共同作業場，②冠婚葬祭の場所，③共同生活の場所などと考えられている。このほか，大型住居跡が4棟発見されている。

杉沢台遺跡

檜山城跡 ⓱　〈M▶P.70, 96〉能代市檜山字古城
　　　　　　　　　JR奥羽本線・五能線 東能代駅🚌檜山行・檜山経由森岳駅
　　　　　　　　　前行檜山🚶20分

栄枯盛衰の跡

　東能代駅前から国道7号線に出て，東へ約1.5km行くと扇田に

本館のたいまつ祭り

コラム

祭

城主も農民も犠牲になった本館

　秋が訪れる9月中旬,山本郡八峰町本館(旧八森町本館)ではたいまつ祭りが行われる。最近は旧暦8月15日に行われ,午後7時頃,暗闇の中を,火のついた松明をもった人びとが本館城跡へのぼる。

　たいまつ祭りは,江戸時代の一揆で犠牲となった農民と城主の霊を供養するための行事である。地元の口承によると,秋田実季が当地を治めていた頃,檜山城は家臣の大高相模守が守っていた。大高は,甲斐(現,山梨県)の天目山で敗れた武田方の武田重左衛門の一隊を救い,津軽に備えるために娘を重左衛門の長男半三郎にめあわせ,武田を本館主としたという。大高は武田親子やその家臣を本館に住まわせ,津軽との境口を守らせながら,八森村・花輪村(現,八峰町)・竹生村(現,能代市)などを支配させたが,年貢の取り立ては厳しく,農民たちは苦しい生活をしていた。そのうえ,1603(慶長8)年,秋田実季にかわり常陸(現,茨城県)から秋田に移封された佐竹義宣が,領地を統一的に掌握するために,最初の検地を行った。検地でいっそう自分たちの負担が重くなることを心配した農民たちは,耕地の面積を少なめに報告してほしいと武田重左衛門に何度も嘆願したが,明確な返答は得られなかった。

　こうした対応に農民たちは怒り,竹生村の勘解由や畑谷村の兵助らが中心となって,1605年8月18日の夜中,約30人が本館城をおそい,武田氏一族を殺害した。その後,この一揆に加わった農民のほとんどは,現在の秋田市八橋にあった草生津刑場で磔にされたと伝えられている。

　八森の松源院(曹洞宗)は武田重左衛門の開基で,以前は本館城の近くにあったといわれ,重左衛門父子と夫人の位牌がある。本館城跡には,武田一族と刑死した農民双方の慰霊碑が建てられている。

　JR東八森駅から徒歩約10分の白瀑神社(八峰町)の例大祭(8月1日)には,男衆のかついだ神輿が白瀑に入るという,全国的にも珍しい神輿の滝浴びが行われる。

至る。まもなく右折南下して県道4号線に入り,さらに南へ約1.5km行くと,県道と並行する旧羽州街道に沿って13本の松並木(檜山追分旧羽州街道松並木,県史跡)がある。青森を起点とした羽州街道は,能代付近では鶴形から檜山を通り,森岳へと続いている。この松並木は樹齢約200年の老木で,松前藩主や弘前藩主らが,参勤交代の際にこの街道を通っている。

　松並木を抜けて檜山集落の中心部に入り,檜山バス停から急な坂

能代市とその周辺

檜山城跡周辺の史跡

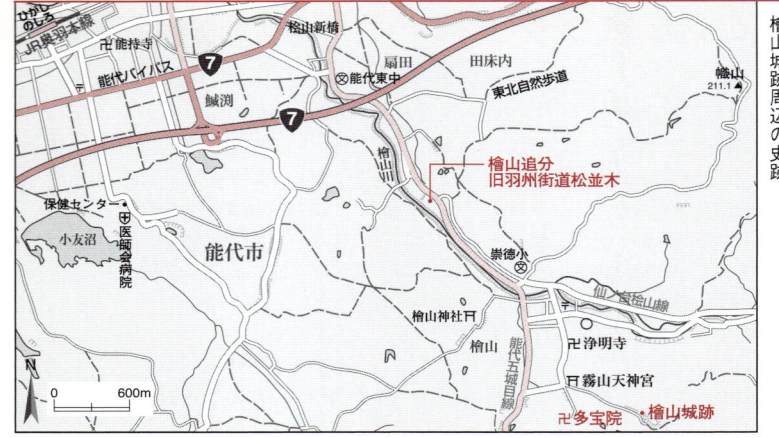

道をのぼりつめると檜山城跡(国史跡)に至る。本丸跡は,現在は公園になっている。7世紀なかばに淳代の郡領となった沙尼具那の住居跡とも推定されるなど,築城年代には謎も多いが,蝦夷館式馬蹄形の典型的な山城で,かつては堀内城・霧山城ともよばれた。また,檜山城は,「日の本将軍」と自称し,中世津軽地方の豪族である安東氏に深くかかわっている。

 安東氏は安倍貞任の子孫ともいわれ,津軽半島北西部の十三湊(現,青森県五所川原市の十三湖付近)を本拠とした。鎌倉時代,北条得宗家の御内人(被官)となった安東氏は蝦夷管領をつとめ,関東御免の津軽船を20隻も所有し,現在の北海道から福井県西部辺りまでの日本海路を掌握していた。そのため,早くから男鹿半島や土崎湊・野代湊にも盛んに出入りしていた。14世紀末には,安東鹿季が秋田市土崎に城を築き,湊安東氏の基礎をつくった。また,津軽にいた安東氏は3代義季が,南部義政に攻められて北海道の松前に逃れたが,15世紀中頃,4代政季が檜山に入ったといわれる。政季の居城は不明だが,その子の忠季が,1495(明応4)年に檜山城を築いたと考えられている。以後,この城が檜山安東氏の居城とされ,比内の浅利氏との勢力争いや,安東家内紛の舞台となった。

 江戸時代に入ると,檜山・湊安東両家を統合した檜山安東氏8代愛季の子秋田実季が,出羽秋田5万2000石から常陸国宍戸(現,茨城県笠間市)5万石へ移封され,常陸54万5000石の佐竹義宣が出羽

白神山地

コラム

世界遺産に登録された広大なブナ林

　白神山地は、秋田県北西部から青森県南西部にかけて広がる13万haにおよぶ山地帯の総称である。

　約510万年前から海底の隆起運動が始まり、やがて陸地化が進んで、この山地帯が形成された。地質は、9000万年前頃（中生代白亜紀）にできた花崗岩類を基盤に、2000万年〜1200万年前頃（新生代新第3期中新世）の堆積岩と、それを貫く貫入岩類で構成されている。日本有数の隆起とされ、標高が増すごとに森林限界を超えて、亜高山帯へと様相をかえ、1000m級の山々がさらに深い谷をつくっている。また、急傾斜地が大半を占め、落差のある滝も数多く、雄大な景観をみることができる。

　白神山地の最大の特徴は、人為の影響をほとんど受けていない源流域が集中し、原生的なブナ林が分断されないまま世界最大級の規模で分布している点にある。このブナの原生林は、8500年ほど前に形成されたものといわれ、スギ・ヒノキアスナロ・キタゴヨウなどが群落をなす。ブナ林内にはブナ同様、多雪気候に適応・進化した貴重な草木類が多数自生している。

　ブナは「橅」と書くように、昔は木炭や薪にする以外には、あまり有用な木とはみなされていなかった。しかし、技術の発達につれてブナ合板がつくられ、乾燥技法が生み出されて家具材・楽器財として用いられ、貴重な木材になってきた。このため、ブナは各地で大量に伐採されるようになり、白神山地のブナもその対象となった。伐採したブナの搬出のため、国によって秋田県と青森県を結ぶ全長28.1kmの峰越えの林道が計画された。この計画に、地元の人びとや全国の自然保護団体が反対したが、1982（昭和57）年から青秋林道建設工事が始まった。

　工事が始まると、樹齢200〜300年のブナがつぎつぎと伐り倒されていった。また、天然記念物に指定されているクマゲラやイヌワシもみつかったが、工事は続けられた。しかし、運動の輪はますます大きくなり、ついに工事計画のすべてが撤回された。そして、1993（平成5）年に、1万7000haが世界遺産に登録され、世界最大級のブナ林は、永久に保護されることになった。

　現在、白神山地には多くの人びとが訪れる。だが、地形が複雑なうえに、山崩れなどで道路が不通になることもあり、安易な入山は危険をともなう。また、核心地域と緩衝地域があり、とくに前者は秋田県では原則入山禁止、青森県では森林管理署長に申し出る必要がある。入山する場合は、環境省白神山地世界遺産センター（西目屋館または藤里館）に問い合わせてから行くようにしてほしい。

能代市とその周辺

檜山城跡から能代を望む

秋田20万5800石に減封されて入部した。檜山城には義宣の従兄弟小場義成が入るが、まもなく大館城に移ったので、義宣の弟多賀谷宣家が1万石を与えられて、檜山城に入った。しかし、1620(元和6)年に一国一城令によって城が破却されると、檜山城西側の山裾茶臼山に居館を建て、明治維新まで住んだ。多賀谷氏は、幕末には3000石に減石されたため、家臣の生活は苦しく、檜山茶の栽培や内職などで生計を立てた。なお、北西の大館跡・西の茶臼館跡2支城、国清寺跡とともに安東氏城館跡として国史跡に指定されている。

多宝院 ⑱
0185-58-5027

〈M▶P. 70, 96〉能代市檜山字小間木52 P
JR奥羽本線・五能線東能代駅🚌檜山行・檜山経由森岳駅前行檜山🚶20分

檜山城主の菩提寺
美音が鳴る鶯張りの廻廊

檜山城跡にのぼる道の西側にみえるのが、檜山城(館)主多賀谷家の菩提寺として、旧領下総国下妻(現、茨城県下妻市)に1489(延徳元)年に創建され、同氏の移封とともに移転した多宝院(曹洞宗)である。1771(明和8)に再建された本堂(県文化)の廻廊は、鶯張りで、歩くと今でも美しい音を立てる。また、安東氏の菩提寺だった国清寺から移されたと伝える唐扉は、桃山時代の造りと伝わり、開閉のたびに「阿吽(ア・ウン)」という音を出す。1818(文化15)年築の八脚楼門である山門と、江戸時代後期築の鐘楼(ともに県文化)も気品がある。

檜山は小さい城下町だが、歴史が古いだけに史跡も多い。檜山町の浄明寺(浄土真宗)には、1634(寛永11)年築の山門(県文化)と伝浅利勝頼の首塚が残る。そのほか、茶臼山に建てられた多賀谷氏居館跡や郷校崇徳書院跡があり、城跡中腹の霧山天神宮は、霧山天神連歌懐紙72帳(御規式用具9点とともに県文化)を所蔵する。近くに、日本の北限といわれる茶畑がある。

Oga 男鹿

寒風山からの眺望

ナマハゲ柴灯まつり

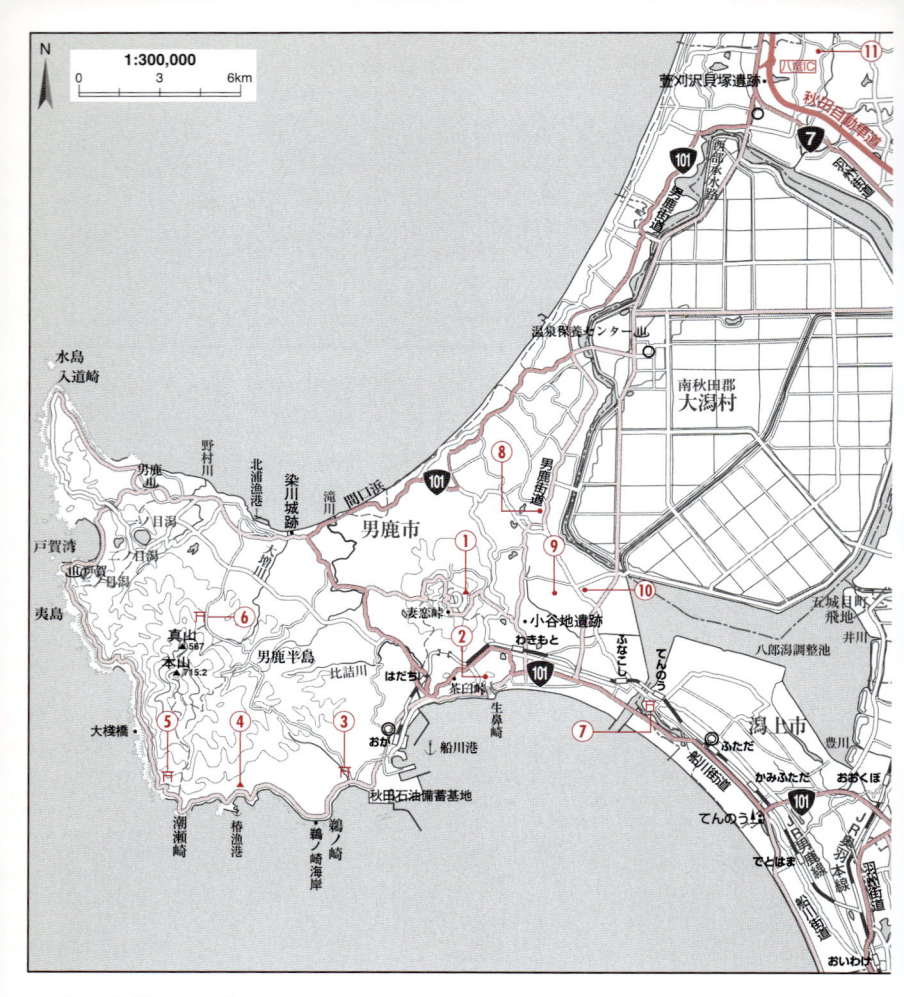

◎男鹿散歩モデルコース

1. JR男鹿線男鹿駅_15_増川バス停_5_増川八幡神社_10_赤神神社五社堂_20_入道崎_10_八望台_20_寒風山_15_JR男鹿線脇本駅
2. JR男鹿線男鹿駅_45_真山バス停_20_真山神社_120_真山_20_本山_20_毛無山_90_赤神神社五社堂_30_長楽寺_30_JR男鹿駅

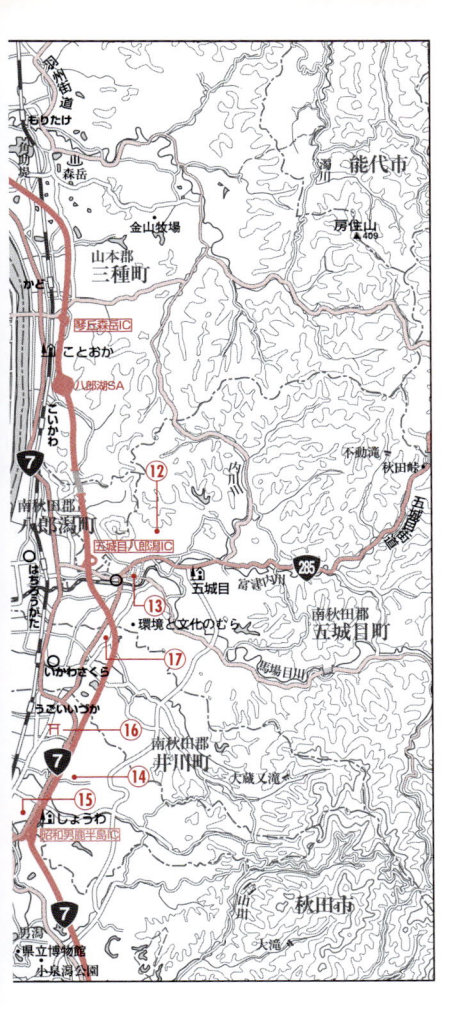

①寒風山
②脇本城跡
③増川八幡神社
④能登山のツバキ
⑤赤神神社五社堂
⑥真山神社
⑦東湖八坂神社
⑧志藤沢遺跡
⑨横長根A遺跡
⑩渡部斧松住居跡
⑪大山家住宅
⑫砂沢館跡
⑬五城目朝市
⑭石川理紀之助遺跡
⑮潟上市昭和歴史民俗資料館
⑯飯塚神明社観音堂
⑰新間遺跡

男鹿半島

もとは離島だったのが、雄物川と米代川が運んだ土砂で半島になった。ナマハゲなど多くの伝説が伝わる。

寒風山 ❶

〈M▶P.100〉男鹿市脇本富永 P

JR男鹿線脇本駅🚗15分

女性的で優美な山容と山頂からの眺めは最高

日本海に大きく突き出した男鹿半島には、荒々しい風景が多い。そのなかで寒風山は、芝草で覆われたなだらかな山容をみせており、女性的で美しい。標高355mのアスピーテ火山で、全山が紫蘇輝石安山岩からなっている。古くは、妻恋山・羽吹風山・さむかぜやまともよばれ、男鹿の人びとが信仰する山であった。

男鹿半島は、もともと離島であった。縄文時代の海進以降、対岸の雄物川と米代川が運んだ土砂などにより、本州の南と北から砂州や砂丘が発達し、八郎潟を抱いた陸繋半島を形成したと考えられている。そのことは、寒風山山頂からみるとよくわかる。山頂には7分で一巡する回転展望台があり、男鹿半島のほか、南秋田郡大潟村や八郎潟の残存湖、遠くに白神山地・太平山・鳥海山などが一望できる。

山頂には2つの火山跡がある。北西側の火口が経の町、南西側の新火口が古玉の池とよばれている。山麓では、江戸時代から男鹿石が採掘され、庭石の材として広く知られている。東麓の飯の森地区の小谷地遺跡からは、弥生土器・土師器が検出されたほか、古墳時代の竪穴住居跡や平安時代末期の埋没家屋、墨書土器坏など（小谷地遺跡出土品、県文化）が発見されている。

寒風山から男鹿半島の先端入道崎に行く途中に、男鹿目潟火山群の一ノ目潟（国天然）や二ノ目潟がある。両目潟とも典型的なマール（爆

寒風山

裂火口)で、八望台から一望できる。

脇本城跡 ❷

〈M ▶ P.100〉男鹿市脇本ほか
JR男鹿線脇本駅 🚶 20分

中国産の青磁が出土する海のみえる城跡

　男鹿半島の南東海岸部に開けているのが脇本集落で、七夕行事に曳山行事が結びついた「山車どんど」があり、毎年8月6・7日の宵は、町内を練り歩く武者人形の山車で賑わう。

　日本海に突き出した、生鼻崎一帯から茶臼峠にかけて広がるのが脇本城跡(国史跡)である。生鼻城ともよばれ、戦国時代には、土豪脇本五郎・安東愛季らが居城した。安東氏では、檜山(現、能代市)を拠点とする一族と、出羽湊(現、秋田市)を拠点とする一族が対立していたが、1570(元亀元)年頃、愛季が両家を統合した。脇本城は、男鹿の旧拠点の中間に位置した要衝であった。

　脇本城跡は、現在まで数度にわたって発掘調査が行われている。日本海に面した標高約100mの丘陵地に築かれたこの平山城の城域は、東西1.5km・南北2kmにおよぶ。主郭とみられる頂部には一辺数十mの方形の郭が階段上に配され、これを囲む土塁や井戸跡もある。また、中国産の青磁・白磁のほか、黄瀬戸などの陶片が出土している。なお、城域の一部と考えられる生鼻崎は、1653(承応2)年と1810(文化7)年の2度の地震で、過半が海中に没した。

　脇本城跡の大手中腹にある菅原神社(祭神菅原道真)は、脇本天神の名で知られている。天正年間(1573〜92)に、脇本城の鎮守としてまつられたという。また、城跡の東麓には、安東愛季の菩提寺とされる萬境寺や安東氏開基という本明寺などの寺院が存在し、海岸沿いに街村状態を形成する脇本集落には短冊型地割が残ることから、安東氏の城下町(ともいうべき集落)が形成されていたと考えられる。

脇本城跡

男鹿半島

男鹿半島の史跡

増川八幡神社と能登山のツバキ ❸❹
0185-24-4452(増川八幡神社)

〈M ▶ P. 100, 104〉男鹿市船川港増川字宮ノ下20　P／船川港椿

JR男鹿線男鹿駅🚌15分／🚗20分

雪国に春を運ぶ
ヤブツバキの群落

　男鹿半島南岸にある増川八幡神社は，棟札により1491(延徳3)年の建立とわかる。内陣の木造宮殿は，県指定の有形文化財である。

　ツバキは数少ない日本原産の花で，隋の時代(581〜618)に大陸に渡り，ヨーロッパに広まったのは150年ほど前と新しい。フィリピンで，ツバキの種を入手したイエズス会の宣教師カメルが，ヨーロッパに持ち帰ったことから，のちにスウェーデンの博物学者リンネが彼の名にちなんで，学名を「カメリア・ヤポニカ(Camellia japonica)」と命名した。国内外で品種改良が流行し，歌劇「椿姫」

男鹿半島の鹿盛衰記

コラム

農民が苦しめられたシカ

　男鹿半島には古くからシカが生息していたが、安東・秋田氏の時代に、そのほとんどが狩りつくされてしまったらしい。シカは肉が食用になるだけでなく、皮も武具の材料として重用された。17世紀初頭、佐竹氏が遷封された頃には、男鹿半島ではすでにシカの姿をみることができなくなっていた。

　しかし、武具用の皮革として、鹿皮の需要は依然として多かったので、秋田藩は1649（慶安2）年に、仙台藩領から求めてきた3頭のシカを放した。男鹿半島はシカの生息に適した土地とみえ、急速に繁殖した。だが、シカがふえてくると、田畑の農作物や、植林した杉苗などが食い荒らされた。困った農民たちは、藩に鹿狩りを願い出たが、許可されなかった。

　18世紀、藩で打ち取ったシカの頭数は、つぎのようになっている。
　1712（正徳2）年3000頭、1721（享保6）年2700頭、1730（享保15）年8000頭、1754（宝暦4）年9220頭、1757（宝暦7）年5160頭、1772（明和9・安永元）年2万7000頭。

　この数値をみてもわかるように、大変なふえ方であった。だが、シカの過剰繁殖を抑止できなかったのには、打ち取り方にも原因があった。田畑に害を与えたシカだけが打ち取られ、山にいるシカは対象とされなかった。しかも、一般農民は、シカを追い払うだけで、打ち取ることは許されなかった。

　その後、海での不漁が続いたり、シカの被害で生活できなくなった農民たちは強硬に訴えて、農民も田畑のそばに落とし穴を仕掛けて、シカを獲ってもよいことになった。また、阿仁マタギが動員されて、大規模な鹿狩りが行われたが、農民が山に入って獲ることはかたく禁じられたままだった。

　明治時代になってもシカの数は多かったが、各地から狩猟者がつぎつぎと男鹿半島に入って鹿狩りを始めてから激減し、明治時代末期頃までには絶滅した。現在、寒風山の鹿園で飼育されているのは、他所から連れてきたニホンジカである。

で世界的に知られた。

　能登山は椿港の近くにある小高い岩山で、全山がヤブツバキで覆われている。開花期は4月上旬で、満開になると、能登山全体が花の紅色と葉の緑色で彩られ、波静かな春の海ととけあい、美しい風景をみせる。能登山のヤブツバキは、日本海側の北限として、1922（大正11）年に国の天然記念物に指定されたが、この北にも自生地が幾つもあり、最北端は青森県の夏泊半島である（ツバキ自生北限地

能登山のツバキ

帯)。なお，太平洋側を北上したヤブツバキは，岩手県大船渡市の綾里崎が北限となっている。

　能登山麓の椿集落には，北前船に乗って働きにきた能登国（現，石川県北部）の若者と，男鹿の娘との悲恋物語が伝えられている。2年経ったら必ず戻ると約束して能登に帰った若者は，2年を過ぎても戻らず，娘は若者の船が難破したと思い込み，能登山から海に身を投げた。その直後，男鹿に着いた若者は娘の死を知り，みやげにもってきたツバキの実を能登山に埋めて，娘の供養をした。やがて，その実が芽を出し，全山に広がったのだという。北前航路を通じて行われた交流をうかがわせる伝説である。

　男鹿には，このほか数カ所にヤブツバキの群生地がある。男鹿半島北岸（通称北磯），北浦入道崎地区の畠海岸の断崖もその1つで，早春に咲くヤブツバキは，北国の秋田にもっとも早く春を運んでくれる花である。

　男鹿駅の南西にある森長旅館本館・離れ・土蔵（いずれも国登録）は，1934（昭和9）年に建てられたと推察され，男鹿の近代建築を考えるうえで，貴重な建築物である。

赤神神社五社堂 ❺
018-833-7132
〈M▶P. 100, 104〉男鹿市船川港本山門前字祓川35
🅿
JR男鹿線男鹿駅🚌男鹿南線門前🚶40分

石段をのぼって行く五社堂は文化財の宝庫

　椿から西へ3kmほど行くと，本山門前である。本山門前という地名は，修験道場であった本山の山門前に開けた集落であることに由来する。

　男鹿は平安時代から山岳仏教が盛んで，初めは天台宗，南北朝時代には真言宗に属した，修験道場の性格の強い寺院が多かったという。のちに本山と真山に分称されたのは，熊野信仰の影響と考えられている。江戸時代には山中に多数の堂塔があって栄えたが，今は

106　男鹿

男鹿の丸木舟

コラム

男鹿の漁師の知恵が生んだ舟

男鹿半島の戸賀・加茂青砂・門前の漁師たちが、1960(昭和35)年頃まで使っていたのが丸木舟(男鹿のまるきぶね、国民俗)である。1本の天然秋田杉の原木を刳り貫いてつくった単材のえぐり舟で、地元では「まるきぶね」「えぐりぶね」ともよんでいた。男鹿半島沿岸のように岩礁の多い海では、舟が岩にぶつかってもはね返されるので傷つくことがなく、波が荒いときでも復元力があり転覆しないため、最適の舟である。磯漁や海草採りなどに使っていた。

原木は真山・本山産の天然秋田杉で、樹齢300年以上の赤身の多い木でつくられた。長さ22尺(約660cm)・幅2尺8寸(約85cm)、平底の厚さが5〜6寸(約15〜18cm)が標準で、耐用年数はおよそ100年、親子2代にわたって使われた。「男鹿村々漁船調之事」(1812年)には379艘、「秋田の漁労用具調査報告」(1977年)には40艘と記録されているが、漁師の減少や沿岸漁業の不振などで使われなくなった。

丸木舟は1965年に国の有形民俗文化財に指定され、1艘が男鹿市文化会館に展示されている。また、真山神社には、1993(平成5)年につくられた丸木舟がある。

男鹿の丸木舟

本山山麓の赤神神社五社堂と長楽寺、真山山麓の真山神社がわずかに残るのみとなった。

集落の中心部にほど近い、県道59号線に面した赤神神社から山の手へ向かって進むと、五社堂に続く石段の登り口に長楽寺(真言宗)がある。かつては本山赤神神社の別当日積寺の塔頭で、鎌倉時代末期の作とされる金剛胎蔵両界曼陀羅や絹本著色弘法大師像(ともに県文化)を所蔵し、境内の宝物館で公開している。

長楽寺の横から、赤神神社五社堂へ続く、999段あるという石段は、その昔、一晩に1000段の石段をつくると約束した鬼がつくったもので、最後の1段となったときにニワトリが鳴いて夜が明けたので、約束をはたせなかったと伝えられている。石段の入口近くに立つ仁王門は、1216(建保4)年に安倍盛季が造営したものと伝えられ、当地に早くから安東氏の影響があったことがうかがえる。

男鹿半島

赤神神社五社堂

急峻な石段をのぼって行くと、赤神神社五社堂(国重文)にたどり着く。五社堂は赤神神社の本殿とされ、向かって右から三の宮堂(附 銘札4枚・普請願手扣1冊)・客人権現堂・赤神権現堂(中央堂)・八王子堂・十禅師堂の5棟が立ち並ぶ。いずれも正面入母屋造・背面切妻造で、これまでに数度再建されたといわれ、現在の社殿は1710(宝永10)年に、秋田藩4代藩主佐竹義格により造営された。主祭神の赤神(前漢の武帝)をまつる中央堂内の厨子(国重文)は、室町時代後期の造立と推定されている。社宝の木造聖観世音菩薩立像・木造十一面観世音菩薩立像は平安時代末期から鎌倉時代初期、石製狛犬1対(いずれも県文化)は室町時代の作である。

真山神社 ❻
0185-33-3033
〈M▶P.100, 104〉男鹿市北浦真山字水喰沢97 P
JR男鹿線男鹿駅🚌安全寺線真山🚶20分

歴史の重さを感じさせる真山神社

男鹿半島の西海岸に、真山(567m)・本山(715.2m)・毛無山(677m)の3峰が連なっている。この男鹿三山は、古くは大社山・お山とよばれ、修験道の聖地とされてきた。真山・門前間の道者登拝を「お山かけ」(山越)といい、今も春から秋にかけて登拝者で賑わう。

真山神社(祭神瓊瓊杵命・武甕槌命)は、真山北麓の杉木立の中にある。創建年代は定かではないが、平安時代末期をくだらないといわれている。戦国時代には安東氏の、江戸時代には秋田藩主佐竹

真山神社

ナマハゲ

コラム

行

以前は全県に広くあった行事

　男鹿半島で毎年12月31日の晩に行われるナマハゲ（男鹿のナマハゲ，国民俗）は，全国的によく知られている。ミノ・ケラ装束に赤鬼・青鬼の面をかぶり，手に張り子の包丁，御幣のついた棒をもち，家々を「ウオー，ウオー」と奇声をあげながら訪れる。「泣く子はいねが」と子どもを脅すと，羽織・袴に正装した主人がナマハゲを座敷にあげて供応する。

　ナマハゲの語源は定かでない。炉の火にあたり過ぎると，脛にできる火斑を「ナモミ」というが，そのナモミを剝ぐの意味というのが一般的で，生身を剝ぐ，怠け者を励ますなどの説がある。南秋田郡五城目町ではナモミハギ，秋田市下浜と金足ではヤマハゲ，能代市浅内ではナゴメハギとして，ナマハゲと同様の行事が県内に分布している。

　毎年2月第2金・土・日曜日の3日間，男鹿市北浦の真山神社で行われるなまはげ柴灯まつりは，鬼鎮めの神事である。本山赤神神社五社堂（同市船川港本山門前）の石段造りを，ニワトリに鳴かれて完遂できなかった鬼たちは，腹を立てて村人たちに悪業を働くため，人身御供の代わりに餅を与えることにしたという伝説からきている。亥の刻に神前に集まり，餅を焼いて戸外に投げると，鬼たちは餅を拾って山に帰る。本来は修験道の行事だが，現在は観光行事化している。

氏の祈願所とされ，両氏から神領の寄進を受けており，秋田12社の1つにも定められていた。現在の社殿は，1958（昭和33）年に造営されたもので，天然秋田杉の木目の美しさを存分に生かした楼門・拝殿などは一見に値する。広大な境内には，樹高7m・根元周囲4mという巨大な榧（県天然）を始め，木造薬師如来坐像（県文化）をまつる薬師堂，歓喜天堂などみるべきものが多い。

　神社の北約150mにある男鹿真山伝承館（国登録）では，ナマハゲの習俗学習講座が開かれている。隣接するなまはげ館では，男鹿市内の各地区ごとに，特徴の異なるナマハゲの面や衣装などを展示している。

　麓の北浦は北磯の中心地で，江戸時代には肝煎がおかれた。北浦漁港は，最近までハタハタ漁の基地として賑わった所だが，不漁続きで往時の活気がない。近くの相川地区には染川城跡があり，安東氏の草創期頃の館跡ともいわれている。

男鹿半島

❷ 八郎潟と湖西部

湖西部には，八郎太郎の伝説とともに，荒地に挑んで農地にした人たちの苦闘の足跡が今も残る。

東湖八坂神社 ❼
0188-78-2143
〈M ▶ P. 100, 112〉潟上市天王字天王106 **P**
JR男鹿線天王駅 🚶10分

船の上に張った綱の上で軽業を演じる不思議な祭り

　天王駅の南約150m，男鹿街道（県道104号線）沿いに東湖八坂神社（祭神素戔嗚尊）がある。この地に鎮座したのは，平安時代後期とされている。江戸時代までは天王社，あるいは牛頭天王社と称され，明治時代初期の神仏分離で八坂神社となった。地名の「天王」も，この神社に由来すると伝えられている。

　例祭は毎年7月6・7日だが，正月の宮神事，2月の味噌造酒造神事など，月ごとの諸行事が続く。しかも，天王地区だけではなく，対岸の男鹿市船越地区との共同祭典なので，祭典の規模も大きい。

　東湖八坂神社のトウニン（統人）行事として，国の無形民俗文化財に指定されている例祭は，責任者（統人）によって仕切られ，7月7日の「牛乗り」（天王地区）と「蜘蛛舞」（船越地区）で，祭りは最高潮に達する。昔からこの日の神輿を稲田姫，牛乗り役を素戔嗚尊，蜘蛛舞を八岐大蛇になぞらえ，神話の世界を再現させる。蜘蛛舞役の神人はサカベヤ（避部屋）で祓をすませた後，船越の氏子が操る蜘蛛舞の船に乗り，船越水道の中央で舞う。この舞は，船の上に張り渡した2本の綱の上で腹ばいになったり，宙返りをするなどの蜘蛛舞を演じ，岸では牛に乗った神人がこの所作を見守る。このときに統人の奉斎する神霊を「おハキさん」とよんでいる。

東湖八坂神社

大潟村

コラム

八郎潟を干拓して成立した村

かつては琵琶湖についで全国第2位の面積（220km²）をもつ湖であった八郎潟は、三湖伝説や、大河兼任の志賀渡の悲劇など、歴史性に富んだ言い伝えが多い。また、もとは汽水湖で、水深が浅いうえにプランクトンに恵まれていたので、フナ・ボラ・ワカサギ・エビ・アミ・シジミなどの魚介類が豊富で、春から秋まではうたせ舟、冬は氷下漁で獲った魚が、多くの人びとの食生活を豊かにしてきた。

八郎潟の干拓計画は、すでに江戸時代からあった。1694（元禄7）年に東北地方北部を襲った大地震で北岸が隆起したが、そこを開拓して久米岡新田村（現、山本郡三種町久米岡新田）がつくられた。また、初代秋田県令島義勇による明治時代初期の開発計画を始め、農商務省など国の機関による干拓計画があったが、実現に至らなかった。

だが、第二次世界大戦後、窮迫する日本の食糧事情のなかで、再び干拓が計画された。1954（昭和29）年、干拓の先進国オランダのヤンセン教授とフォルカー技師を招き、その調査と提言をもとに干拓計画が立案され、1958年に着工した。1966年に完成し、中央干拓地が1万5870ha、周囲の干拓地1560haと、潟面の76％が陸地となった。また、周囲に残存湖、南部には広い調整池が残された。船越水道につくられた防潮水門で日本海と遮断したことにより、残存湖は淡水化したが、現存もフナ・ワカサギなどの魚の宝庫となっている。

中央干拓地には、1964年に大潟村が誕生した。入植者は全国から募集され、1966年に入植が始まり、第5次まで589戸が入植した。当初の計画では、大潟村を日本の稲作農業のモデルにする予定だったが、その後の農政の変化のなかで、つぎつぎと目的がかわり、1975年からは、田畑複合経営に切り替えられた。余剰米の増加と減反政策のなかで、大潟村は難しい問題に直面している。

志藤沢遺跡と横長根Ａ遺跡 ❽❾

籾の痕跡の土器が歴史を書きかえた

〈M ▶ P. 100, 112〉 男鹿市角間崎／男鹿市払戸
JR男鹿線船越駅🚌潟西線角間崎🚶10分／🚌潟西線二ツ屋🚶10分

八郎潟残存湖の西部に面している旧南秋田郡若美町には、原始・古代の遺跡が多く、考古学上、貴重な事実が判明している。そのなかでも、志藤沢遺跡と横長根Ａ遺跡は、秋田の弥生時代の研究

八郎潟と湖西部　111

八郎潟周辺の史跡

に一石を投じた。

　志藤沢遺跡は、角間崎バス停から寒風山に抜ける道路の右手に連なる段丘の裾にある。すでに埋め戻されて畑となり、古い標柱を残すのみだが、1957(昭和32)年の発掘調査では、県内で初めて籾の痕跡がある土器片が3点出土した。これにより、県内での稲作の開始時期を8世紀とする通説がくつがえされ、弥生時代中期にまで遡ることが証明された。この籾痕土器は、秋田県立博物館に展示されている。なお角間崎地区には、縄文時代前期の角間崎貝塚がある。

　角間崎から県道304号線を3kmほど南下すると払戸で、西側の砂丘列上に横長根A遺跡がある。この遺跡は1982・83年の発掘調査で、県内では初めて弥生時代中期の竪穴住居跡が発見されたほか、炭化米が検出された。米は分析により、ジャポニカ種であることが明らかになった。横長根A遺跡は埋め戻されていて説明板もないが、出

三湖伝説

コラム 伝

八郎太郎に助けられて神社の主になった老婆

　旧八竜町芦崎地区(現, 山本郡三種町)では, ごく最近まで, ニワトリを飼養しないだけではなく, 卵に至るまで決して口にしなかった。もしニワトリを食べたり, 飼ったりすれば, 罰があたると信じられてきたからである。この俗信が根づいたのは, 三湖伝説による。十和田湖・八郎潟・田沢湖を舞台に繰り広げられる三湖伝説で, 日本の伝説のなかでも, スケールの大きな話である。

　まだ十和田湖がなかった頃, 鹿角の里(現, 鹿角市)に八郎太郎という若者がいた。ある年, 3人の仲間と十和田山へ泊まりがけで働きに行った。その日, 夕飯を支度する番にあたっていた八郎太郎は, 小川へ水を汲みに行ったときにイワナを3匹捕らえて帰り, 味噌をつけて焼いた。ところが, おいしそうなにおいに負けて, 1人で全部食べてしまった。すると, 焼けるように喉が渇くので, 谷間で3日昼夜にわたって水を飲み続けているうちに大蛇に変貌し, そこに大きな湖をつくって住み着いた。それが, 今の十和田湖だという。

　それから長い年月がすぎたある日, 南祖坊という僧が, 十和田湖にやってきた。「鉄の草鞋の緒が切れた所をお前の住む場所にせよ」と, 紀州(現, 和歌山県)の熊野権現に告げられてきたが, ちょうど緒が切れたので湖に住みつこうとして, 八郎太郎と争った。争いは何年も続き, ついに八郎太郎が敗れた。八郎太郎は, 十和田湖を後にして米代川をくだると, 北秋田郡と山本郡の境をせきとめて湖をつくり, そこに住み着くことにした。

　しかし, 近隣の八座の神々は, 自分たちよりも力のある八郎太郎が住み着くのを快く思わず, 他所に追い出そうと相談し, ネズミを集めると, 湖の土手に穴を開けさせた。やがて, たくさんの小さな穴に水が入り込み, 土手が破れて大洪水になった。八郎太郎は濁流とともに米代川を流されたが, 鹿渡(現, 山本郡三種町)の天瀬川に流れ着き, 親切な老夫婦の家に泊めてもらった。その夜中, 恩荷島と陸をつないで湖をつくることを神に祈願し, 許しを得た。八郎太郎は, 世話になった老夫婦に, 「ニワトリが鳴く声を合図に, 大地震がおきて洪水になる」と知らせて, 2人を立ち退かせた。ところが, 老婆が忘れ物の麻糸をとりに家に戻ったとき, あかつきのニワトリの声とともに大地が鳴動して湖(八郎潟)となった。洪水に流されておぼれそうになった老婆を, 八郎太郎は対岸の芦崎に蹴上げたが, 老翁は残ったので, 2人は別れ別れになってしまった。のちに老婆は, 姥御前神社として湖西岸の芦崎にまつられ, 老翁は東岸の三倉

八郎潟と湖西部　113

鼻下(現，南秋田郡八郎潟町)に夫権現宮としてまつられた。そして，この老夫婦が，ニワトリの合図で別れ別れになったことから，土地の人びとはニワトリを嫌うようになったのだという。

八郎潟に住むようになった八郎太郎は，のちに田沢湖の主の辰子姫と恋仲になった。冬は八郎潟が凍るので，田沢湖に行って一緒に暮らし，夏には八郎潟に帰ってくるという。そのため，田沢湖は冬でも凍らないのだという。

土品などは若美ふるさと資料館(野石大場沢下)に展示されている。

両遺跡は，弥生時代中期には，すでに八郎潟西岸でも稲作が始まっていたことを立証したと同時に，弥生文化が日本海沿いに伝播したことを裏づけた。

渡部斧松住居跡 ❿

〈M▶P. 100, 112〉男鹿市払戸 Ｐ
JR男鹿線船越駅🚌潟西線払戸小学校前🚶2分

荒野を農地にした先人の足跡

市立払戸小学校に隣接して，渡部斧松住居跡がある。現在は，門と土蔵が残るのみである。

今から150年ほど前，払戸一帯は荒野が広がり，近くに水源もなく，水田耕作ができなかった。これに注目した，檜山村(現，能代市)の藩直属の足軽出身の渡部斧松は，叔父の惣治とともに，五里合村(現，男鹿市)の滝の頭から水を引く工事に着手した。工事は難航をきわめたが，1821(文政4)年，8kmにおよぶ水路を完成し，渡部村を開いた。その後，本格的な開墾を始めたが，家財道具を売り払って得た資金80両は底をついた。しかし，150haの農地を開発し，備荒米貯蓄，馬市の開設，22カ条からなる村法の制定など，斧松は新しい村づくりに手腕を発揮し，人びとの尊敬を集めた。

渡部神社

義民弥惣右衛門

コラム

今も慰霊祭が行われている義民

　元禄年間(1688〜1704)頃,現在の山本郡三種町芦崎沖で綿を積んだ船が難破し,浜に大量の綿が打ち上げられたことがあった。綿は当時は貴重なものだった。綿をみつけた土地の人びとは砂丘から拾うだけではなく,難破船からも無断で運び出したので,船主は役所に訴えた。厳しい詮議を恐れた人びとは,その綿を村境の松林に隠したが,出張してきた役人にみつかってしまった。

　ちょうどその頃,芦崎と野石(男鹿市)の間で,激しい境界争いが続いていた。最初に呼び出しを受けた芦崎の肝煎は処罰を恐れ,綿が隠されていた場所は,芦崎の土地ではないと否定した。つぎに,野石の肝煎弥惣右衛門がよび出されたが,弥惣右衛門は「自分1人が犠牲になれば,長年続いてきた境界争いがなくなるのではないか」と考えて,野石の土地だと申し立てた。

　弥惣右衛門は,1694(元禄7)年2月26日に野石天ノ山で処刑された。その直後に早馬がきて,「芦崎では嘘の申し立てをした。弥惣右衛門の罪は許す」と告げたが,すでに遅かった。その後,境界は野石に有利に改められ,境界争いもなくなった。

　のちに野石村の人たちは,弥惣右衛門の処刑地に供養碑を建て,毎年8月30日に碑の前で慰霊祭を行っている。

義民(佐藤)弥惣右衛門の碑

　斧松は,その後,秋田藩内の新田開発や土木工事に専念した。また,数々の村方騒動を解決したり,貧農の救済事業をおこしたり,各河川の護岸工事などを行い,その名を高めた。そして,渡部村法を石に刻み,村内に建ててまもない1856(安政3)年,64歳で没した。住居跡から県道304号線を北へ200mほど行った,斧松が開基の向性院(臨済宗)の境内に墓がある。

　偉業を成し遂げた斧松を崇敬するため,渡部村の人びとが資金を出し合い建てたのが,渡部神社である。住居跡から250mほど南西にあり,参道の両側にスギやマツの大木が聳えている。境内からは,斧松が指導して拓いた水田を今も見渡すことができる。2005(平成17)年には能代市檜山新屋敷の新屋敷神社の境内に「斧松翁生誕記

念碑」が建てられた。

大山家住宅 ⓫　〈M ▶ P.100〉山本郡三種町鵜川字飯塚62
JR五能線能代駅🚌五明光行大曲 🚶60分

江戸時代末期の上層農家の典型

　大曲バス停から国道7号線を東へ進み、県道211号線を北へ約3.5km行くと大山家住宅（国重文）がある。

　大山家は江戸時代に村役人をつとめた旧家で、住宅は江戸時代末期の建造と推定されている。座敷の西側には池、「まや（馬屋）」の前方には土蔵を配し、正面前方からは鵜川の本郷と田圃を見渡す設計である。

　主屋より前面に馬屋中門を突出させた中門造で、前面に接客・祭祀の間（神棚・仏壇をまつる部屋）である「ちゃま」と「だいどころ」、後面に「ねどこ」「おじょめ」（若夫婦の部屋）を配した食い違い四間取り、下手側に座敷3間が続く。屋根は総茅葺き、主屋東端だけが入母屋造で、ほかは寄棟造である。秋田における江戸時代末期の中門造上層農家の典型とされるが、台所前に水屋をおくなど、県北共通の特徴もあわせもっている。なお見学の際は、三種町八竜教育振興室へ事前予約を要する。また、休日以外には案内もしてくれる。

　大曲バス停から国道7号線を鵜川と反対の方面に15分ほど歩くと、右手台地上に萱刈沢貝塚遺跡（県史跡）がある。この遺跡は縄文時代前期末から中期前半のもので、12棟の竪穴住居跡が発見されたほか、2体の人骨とイヌの骨が出土している。貝塚からは、ヤマトシジミなどの貝類、ウグイ・フナ・スズキなどの魚骨、キジ・イノシシ・ニホンジカなどの鳥獣類の骨が検出され、八郎潟沿岸地域の縄文人の生活が、具体的に理解できるようになった。

大山家住宅

③ 湖東部に沿って

秋田県一古く規模の大きい「五城目朝市」の地は，新聞遺跡，岩野目山古墳群など遺跡が多い。

砂沢館跡 ⑫
018-852-3110（森林資料館）
〈M▶P. 101, 118〉 南秋田郡五城目町兎品沢 P
JR奥羽本線八郎潟駅🚌五城目行終点🚶20分

美濃国の陶工たちが定着

　八郎潟駅から東に行くと，五城目町に入る。この町の歴史は古く，承平年間(931〜938)に編纂された『和名類聚抄』には，律令制下の日本海側最北端の郷「率浦」として登場する。戦国時代には，五十目庄とよばれ，江戸時代には五十野目村と称された。

　五城目町役場前の交差点を左折して，国道285号線をしばらく行くと，町立五城目小学校の北東の丘陵上に天守閣がみえる。この一帯が砂沢館跡である。五城目城とよばれる天守閣は，1984(昭和59)年に建てられたもので，館の復元ではない。内部は五城目町森林資料館となっており，林業の歴史などが紹介されている。

　砂沢館は，檜山・湊安東両家間の争いが収まった1587(天正15)年頃，安東(秋田)実季の命によって当地を領した，藤原内記秀盛が初めて築城した。その後，秀盛は五十目氏を名乗り，『秋田城介分限帳』には「八百五十六石余五十目内記」とあり，帯郭や本丸の跡などがはっきり残っている。また，1587年，美濃国(現，岐阜県)から入った陶工5戸が，館の麓に「五十目瀬戸座」を開いたとの記録がある。1956(昭和31)年に江戸時代中期の登り窯跡である砂沢古窯跡が発見されたが，小学校の建設工事で破壊され，現在は表示板が立つのみである。

　砂沢館跡の西方には，五城目町の象徴である森山(325m)が聳える。館跡を含む一帯が森林公園として整備されており，またスズムシ群棲地の北限として，県の天然記念物に指定されている。山頂からはかつての率浦郷が一望でき，とくに落日の風景は美しい。

砂沢館跡

五城目町周辺の史跡

　町並みのなかを帯を引いたように光るのが、八郎潟の残存湖にそそぐ馬場目川で、川向こうには、1338(延元3)年頃に芦屋釜師系鋳物師が開いたという久保金屋座跡がある。このほかに、油座・線香座・紙漉座、上町の御蔵町には年貢収納庫、下夕町の米沢町には米座があった。

　馬場目川は、米や木材の輸送路として活況を呈した。下夕町と川を隔てた上樋口の雀館公園には、平安時代の雀館古代井戸、その南に岩野山古墳群(ともに県史跡)がある。岩野山古墳群は、奈良時代末期から平安時代中期に築造された遺跡で、勾玉・腰帯飾石・蕨手刀などの出土品から、律令官人が被葬者と考えられる。

　馬場目川の下流、五城目町大川石崎地内に石崎遺跡がある。3次にわたる発掘調査の結果、遺跡は一辺約500m、石崎集落もすっぽりと包みこまれるほど大規模なものであることが判明した。直径70〜80cmほどの大きなスギ材の柱脚を始め、大小の柱や柱脚に囲まれており、8世紀半ば頃に築かれた城柵跡とみられ、秋田郡衙跡に比定する説もある。

　この遺跡の特徴は、平地に築いた砦として、軍事的施設と、行政官庁的建物が併存する点にある。柵列の隅に配した烽燧、軟弱な土地に柵柱を立てるための礎板や築地塀のほか、逆茂木・鉄鏃、木器・風字硯・砥石・須恵器・土師器などが発見されている。

なお，1189(文治5)年，源頼朝に対して反乱をおこした藤原泰衡の旧臣大河兼任は，その姓から大川一帯を領していたとみられ，石崎柵を拠点としていたのではないかとも推測されている。

五城目朝市 ⓭ 〈M▶P. 101, 118〉 南秋田郡五城目町下夕町通り
JR奥羽本線八郎潟駅🚌五城目行終点🚶10分

朝市 500年の歴史をもっている

県内には，定期の朝市が三十数カ所で開かれているほか，寺社の祭礼日に立つ不定期の市がある。そのなかでも，県北の花輪市(鹿角市)，県南の増田朝市(横手市)と並んで，五城目朝市は歴史が古く，賑やかなことで知られている。

五城目朝市は，1495(明応4)年頃，馬場目の地頭安東季宗が，家臣の斎藤弥七郎に命じて，「市神」と書いた八角柱を旧馬場目村町村(現，町村)に立ててまつらせ，そこに市を開いたのが始まりと伝えられている。弥七郎は市奉行をつとめ，以後，その職は斎藤家が世襲した。その後，村は市を中心にして発展し，町のように賑やかな村になったので，町村とよばれるようになったという。この地名は，「市の立つ村」からきている。

長く対立してきた檜山・湊安東両家を統合した安東愛季が没すると，1589(天正17)年，檜山安東(秋田)氏と，湊安東氏・脇本安東氏連合との間で，再び内紛が始まった(湊合戦)。当初は，愛季の子で檜山城に拠った幼少の実季軍が劣勢で，五城目付近の3城はこぞって湊・脇本連合側に加担した。しかし，実季は150余日の籠城をもちこたえ，由利十二頭の赤尾津氏らの応援を得て勝利し，3城はすべて陥落した。実季は，五十目(五城目)に藤原内記秀盛を配して砂沢城を築かせ，町村にあった市を城下の五十目に移したといわれている。

五城目市は，かつては上町通り・下夕町通りに，2と7のつく日に交互に立つ六斎市であった。今は，

五城目朝市

湖東部に沿って　119

2・5・7・0のつく日の月12回の市となり、場所も下タ町通りの一部に限定された。500年の歴史のある市では、春は多種の山菜、夏は八郎潟残存湖の鮮魚、秋はナメコ・マイタケ、冬はヤツメウナギ・マガモ・薬草などが商品となる。

石川理紀之助遺跡 ❹ 〈M▶P. 101, 122〉潟上市昭和豊川山田字家の上62 P
JR奥羽本線大久保駅🚶30分

大久保駅から県道229号線を東へ約1km、左折して北へ1kmほど行くと山田集落に至る。小高く連なる山際に十数棟の農家が並んでいるが、そのほぼ中央に、大きな木立に囲まれて立つ茅葺き屋根の家がみえる。これが、明治時代の農村指導者石川理紀之助の屋敷であり、現在も子孫が住んでいる。背後の山の中腹一帯も含め、石川理紀之助遺跡として県の史跡に指定されている。

理紀之助は、1915（大正4）年に71歳で亡くなるまで、種苗交換会の創設の、2県8郡49町村の経済・土壌調査、『適産調』730余冊の著述を行い、農村の更生・農民の救済・農業の発展に尽力し、県内では農聖とよばれている。

遺跡の入口には、潟上市郷土文化保存伝習館があり、石川理紀之助の多くの著書・遺稿・収集品のほか、郷土の歴史・民俗に関する資料も展示している。伝習館のすぐ西向かいには石川家の墓所と石川会館があり、東には白土蔵造風の三井文庫・古人堂文庫、梅廼舎・備荒倉・尚庵・茶畠文庫と続く。

石川理紀之助生家

さらに2kmほど東にある草木谷山居跡は、理紀之助がみずから農民に生活の手本を示そうと単身で入山し、起居をした所である。草庵が復元されており、向かいには、生涯貫き通した信念「寝てい

みずから行動した農村指導者

コラム

畠山松治郎と近江谷友治

小作料の高い地主と闘った湖畔の農民

八郎潟の湖岸部一帯，一日市・払戸・下岩川・飯塚（現，南秋田郡八郎潟町・男鹿市・山本郡三種町・潟上市）などでは，大正時代末期から昭和時代初期にかけて小作争議が多発した。秋田市土崎出身の作家金子洋文が，これらの小作争議をテーマとした小説『赤い湖』を書いてから，この時期の八郎潟が「赤い湖」とよばれるようになった。

当時，小作争議の中心にいたのが，畠山松治郎と近江谷友治らであった。とくに松治郎と友治は親戚の間柄で，小牧近江（本名近江谷駉，友治は叔父，松治郎は従兄弟）とともに東京の暁星中学に学んだ。のちに，今野賢三や金子洋文・小牧近江の手で土崎版『種蒔く人』が創刊されると，2人とも同人となり，同誌を秋田に広めるほか，貧しさにあえぐ農村の実態や農民の姿を，ルポルタージュや評論に書いて同誌に寄せた。

湖岸地帯は早くから農業が開け，農民たちは広い田圃を耕していた。しかし，その多くは小作地であり，小作料は他にくらべて高かった。地主に高い小作料を納める農民たちの生活は苦しく，生活を維持していくために，娘を売る家さえもあった。こうした状況のなかで，小作農民の地主に対する不満が高まり，小作争議が多発していった。

しかし，農民組合を組織し，小作争議の先頭に立った松治郎の生家は近在で知られた大地主であった。友治の家も土崎港で金融業を営む大きな商店で，当主は小牧近江の父近江谷栄治で代議士だった。それにもかかわらず，絶えず官憲にねらわれ，食うや食わずの生活をしながら，農民の支柱となって働いた。松治郎が運動から身を引いた後も，友治は運動を続け，ついに秋田刑務所に収監されたが，重体になったために釈放された。枕元で最期を看取った人たちに，「頑張ったけれども敗けた」「さようなら」といった後，44歳の生涯を閉じた。松治郎はその後，みずからも苦しい生活をしながらも農村に医療組合をつくり，貧しい農民からは治療代をとらず，人びとに感謝されたが，1945年に52歳で死去した。

長く続いた「冬の時代」が終わり，農地解放で地主も小作もなくなった1951年7月，友治や松治郎から指導を受けた農民たちの手で，「農民の父と母　畠山松治郎・近江谷友治之碑」が，八郎潟町一日市に建てられた。

畠山松治郎・近江谷友治の碑

湖東部に沿って

て人を起こすことなかれ」を刻んだ碑が立つ。

潟上市昭和歴史民俗資料館 ⓯
018-877-7805（潟上市教育委員会生涯学習課）

〈M▶P. 101, 122〉潟上市昭和大久保字元木山根51 　P

JR奥羽本線大久保駅🚶20分

　大久保駅から南東へ800mほど行くと、元木山公園内の小高い丘の一角に、潟上市昭和歴史民俗資料館がある。かつて日本海側の海岸部によくみられた両中門造の民家を移築・復元したもので、旧昭和町域から収集した考古・歴史・民俗資料が展示されている。この資料館は、1970（昭和45）年に国が初めて打ち出した、埋もれた民俗資料を収集するための補助制度によって設置された、全国3館の1つである。

　資料館を右手にみて坂をのぼると、八郎潟漁撈用具収蔵庫がある。1961（昭和36）年に完成した鉄筋コンクリート造り、校倉造高床式の収蔵庫は、全国第2位の大湖であった八郎潟での漁業や習俗を知ることのできる、ただ1つの施設である。丸木舟の手法を一部に残した潟船1隻とハッキリ・ケナワ・マテ網・氷曳き網などの漁具・漁網78点（八郎潟漁撈用具、国民俗）のほか、1m近い長さの下駄など、八郎潟でなければみられなかった独特の漁具類約150点を収蔵・展示している。また、壁面の絵や図は、かつての潟の情緒を伝えなが

ら，展示資料についての理解を深めてくれる。

なお，両施設とも常駐の管理人はいないため，見学の際は，市教育委員会生涯学習課に事前連絡を要する。

飯塚神明社観音堂 ⓰　〈M▶P.101〉潟上市飯田川飯塚字中山16　P
JR奥羽本線羽後飯塚駅🚶10分

室町時代末期の様式を伝える

羽後飯塚駅の南東約1km，通称館山とよばれる丘陵に飯塚神明社がある。老木に囲まれた急な石段をのぼりきった所が広い境内で，大潟村・八郎潟残存湖・寒風山や男鹿半島の山々が眼前に望める。

境内奥の一角に，神明社観音堂（附 厨子1基・棟札2枚，国重文）がある。天照大神をまつる一間社で，入母屋造・柿葺き，向拝に唐破風，組物には唐様二手先組斗栱を用い，三方に勾欄付きの縁をめぐらしている。造営年代ははっきりしていないが，室町時代末期の様式をよく伝えている。

また境内には，「貞和三（1347）年」銘と種子を刻んだ供養碑が3基ある。これらは，もとは八郎潟東岸観音尻の諏訪神社跡にあったが，湖岸の耕地整理にともない，1903（明治36）年に現在地に移された。安東氏支配下の土豪が建立したものと推測され，貞和という北朝年号の使用は，八郎潟一帯が足利氏の影響下にあったことを示している。観音堂も観音尻にあったが，1689（元禄2）年，佐竹氏により移築された。

飯塚神明社観音堂

新間遺跡 ⓱　〈M▶P.101〉南秋田郡井川町黒坪
JR奥羽本線羽後飯塚駅🚌五城目行新間🚶10分

3～4世紀の稲作を証明

新間バス停の南側，国道285号線の右手に広がる舌状台地の突端に新間遺跡がある。出土した土器から，男鹿市志藤沢遺跡と同じように籾痕がみつかって注目を浴びた。この籾痕は，東北大学の鑑定調査により，典型的なジャポニカ種の短粒の籾殻と判定され，すで

湖東部に沿って

に3〜4世紀には，八郎潟東岸でも稲作が行われていたことが明らかになった。

　羽後飯塚駅から線路沿いに1kmほど北上すると，井川町の中心地に入る。この町には，30基を超える板碑(いたび)がある。年代が判明している17基すべてが北朝年号をもち，南北朝時代，当地は足利氏の影響下にあったことがわかる。

　井川町役場の隣にある井川町歴史民俗資料館では，町内から収集した古い生活用具や農機具などを展示している。

Akita-shi 秋田市

久保田城跡

太平山三吉神社の梵天

①久保田城跡	⑤外町	⑨草生津川	⑮秋田城跡
②天徳寺	⑥秋田市立赤れんが	⑩寶塔寺	⑯湊城跡
③秋田大学工学資源	郷土館	⑪全良寺	⑰秋田県立博物館
学部附属鉱業博物	⑦秋田市民俗芸能伝	⑫古四王神社	⑱旧奈良家住宅
館	承館	⑬高清水	⑲太平山三吉神社奥
④広小路	⑧日吉八幡神社	⑭菅江真澄の墓	宮

秋田市

◎秋田市散歩モデルコース

1. JR奥羽本線・羽越本線秋田駅_5_旧陸軍歩兵十七連隊駐屯地跡_5_秋田市立千秋美術館_5_秋田県立美術館・平野政吉美術館_3_千秋公園(久保田城二の丸跡・秋田市立佐竹史料館・御物頭御番所・表門・本丸・隅櫓)_10_秋田市民俗芸能伝承館(ねぶり流し館)_3_星辻神社_3_旭川命名の碑_3_東海林太郎音楽館_5_那波家の水汲み場_5_秋田市立赤れんが郷土館_20_JR秋田駅

2. JR奥羽本線・羽越本線秋田駅_1_秋田駅東口バス停_10_秋田大学工学資源学部付属鉱業博物館_5_如斯亭_5_天徳寺_10_秋田駅前バス停_1_JR秋田駅

3. JR奥羽本線・羽越本線秋田駅_1_秋田駅前バス停_10_日吉八幡神社_10_寳塔寺_5_全良寺官修墓地_5_西来院_5_古四王神社_5_菅江真澄の墓_10_秋田城跡_20_秋田駅前バス停_1_JR秋田駅

4. JR奥羽本線土崎駅_3_「種蒔く人」顕彰碑(秋田市立土崎図書館)_3_湊城跡(土崎神明社)_20_平和を祈る乙女の像(土崎港)_15_秋田県立博物館_5_旧奈良家住宅_25_JR奥羽本線・男鹿線追分駅

5. JR奥羽本線・羽越本線秋田駅_1_秋田駅東口バス停_5_太平山三吉神社(奥宮)_10_補陀寺_10_藤倉水源地水道施設_30_仁別国民の森_60_JR秋田駅

6. JR奥羽本線・羽越本線秋田駅_1_秋田駅東口バス停_20_嵯峨家住宅_5_勝手神社_20_筑紫森岩脈_20_岩見峡_15_大張野開拓地_10_旧黒澤家住宅_10_JR秋田駅

7. JR羽越本線新屋駅_10_秋田公立美術工芸短期大学_10_栗田神社_20_石井露月記念館_5_雄和華の里_30_秋田駅前バス停_1_JR奥羽本線・羽越本線秋田駅

---

⑳補陀寺
㉑藤倉水源地水道施設
㉒仁別国民の森
㉓嵯峨家住宅
㉔大張野開拓地
㉕旧黒澤家住宅
㉖湧水の里新屋
㉗石井露月記念館
㉘雄和華の里
㉙豊島館跡

久保田城跡と秋田市内

久保田築城で発展した,秋田市の中心地の散策。

久保田城跡 ❶

〈M ▶ P. 126, 129〉 秋田市千秋公園 P
JR秋田新幹線・奥羽本線・羽越本線秋田駅🚶10分

千秋公園から秋田をみつめる

秋田駅西口から広小路を西に進むと,北側にみえる小高い丘が久保田城跡である。現在は,千秋公園として市民に親しまれている。常陸国水戸城(現,茨城県水戸市)主であった佐竹義宣は,関ヶ原の戦い(1600年)で態度を明確にしなかったため,1602(慶長7)年7月,水戸54万5000石から石高も示されないまま出羽国秋田に国替を命ぜられた。石高が20万5800石と明示されたのは,1664(寛文4)年4月のことであった。義宣は,当初土崎湊の湊城(現在の土崎神明社とその周辺)に入ったが,1603(慶長8)年5月には久保田(窪地にある田の意味)の,神明山(41m)に築城を開始,翌年8月には完成し移転した。以後,久保田城は明治維新までの260余年間,秋田藩主佐竹氏の居城となった。この城には天守閣がなく,石垣も土手の下部にみられるだけで,いわゆる石垣は築かれていない。幕府に遠慮したものか,資金不足よるものか不明である。

久保田築城とともに城下の町割も進み,城の東と南側には家臣の屋敷を配し,内町とよばれた。城の西側を流れる川(現,旭川)を整備して外堀の役目を与え,浚渫した土砂は内町の埋め立てに使われた。川の外側は外町とよばれ,商人の町とし,土崎湊から多くの商人が移住した。

外堀の手前,久保田町交差点からゆるい坂をのぼると,大手門跡に至る。その東側,秋田県総合保健センター・脳血管研究センターなどが立ち並ぶ付近一帯は三の丸跡で,重臣の

久保田城表門

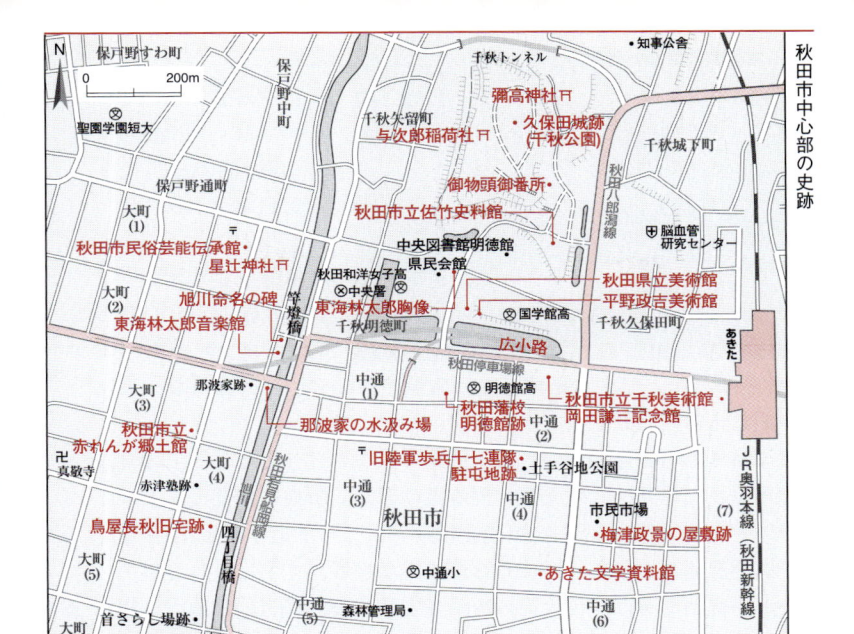

屋敷地であった。大手門跡から左折して坂をくだると，国学館高校・秋田市立中央図書館明徳館・秋田県立美術館・平野政吉美術館がある。この一帯は，梅津憲忠（政景の兄）を祖とする梅津宗家の屋敷跡である。平野政吉美術館には，創立者平野政吉と親交のあった洋画家藤田嗣治の作品の多くが収蔵・展示されている。なかでも，1937（昭和12）年2月21日から3月7日にかけて，わずか174時間で描いた大壁画「秋田の四季」（縦3.65m・横20.5m）が圧巻である。

秋田県立美術館の西隣，秋田県民会館・秋田県生涯学習センター分館・秋田和洋女子高校の辺りは，重臣渋江家の屋敷跡である。渋江氏初代政光は，大坂冬の陣最大の激戦であった今福の合戦（1614年）で，主君佐竹義宣をかばって戦死している。この一帯も三の丸跡であり，県民会館の裏には内堀跡がみられる。国学館高校の南側の堀が大手門の堀，和洋女子高校の西側と南側の堀が穴門の堀であ

久保田城跡と秋田市内　　129

彌高神社

る。県民会館の北東の角には、秋田市出身の戦前を代表する流行歌手東海林太郎の胸像が立つ。つねに直立不動で歌い上げ、「赤城の子守歌」「国境の町」「野崎小唄」などで人気を博した。胸像の前に立つと、東海林の歌声が聞こえる設計となっている。

東海林太郎の胸像の前から松下門跡の坂をのぼりきると、二の丸跡である。二の丸へは松下門を経る道のほか、脳血管研究センター向かいの内堀に架かる唐金橋(現在はコンクリート造りの橋)を渡って、黒門を通る道があり、こちらが正式な登城路であった。2つのルートが交わる所は、佐竹氏の祈禱寺安楽院(真言宗)の跡地で、現在は秋田市立佐竹史料館が立つ。ほかに、境目方役所・勘定所・鐘楼がおかれた。

二の丸中央部は広場になっており、町人による町踊りが藩主上覧の下に行われた。町踊りは、藩主が参勤交代で帰国したおり、また一般的には7月に行われた。広場の一隅には厩と馬場があり、その奥には金蔵がおかれていた。現在、馬場跡には、江戸時代後期の国学者・医師平田篤胤と経世家・農学者佐藤信淵を明治時代末期に合祀した彌高神社がある。本殿と拝殿(ともに県文化)は、文化年間(1804～18)に9代藩主佐竹義和が久保田城内に創建した八幡神社を、1916(大正5)年に移築したものである。

二の丸から本丸にのぼるには、表

隅櫓

コラム 竿燈

東北の三大夏祭り 祭

東北の夏祭りの1つとして著名な秋田の竿燈（国民俗）は、毎年8月上旬の4日間に行われる。

菅江真澄は、下北半島を旅した際の日記『牧の朝露』の中で、竿燈の起源について「出羽の国秋田の山賤の子供は、麻苧の殻を自分の年の数に折って、藤豆とよばれる野に這う蘿に巻いて、その夜一夜に枕として休み、翌朝、川に流すことからおこったというが、同じ国であるが、久保田の町ではただ灯火を高く捧げ歩いている。秋田郡では〈ねぶりながし〉という」と記している。竿燈は「眠り流し」から変化した行事と考えられる。

竿燈（当初は竿灯）の名は、明治時代中期、のちに文部大臣になった田中隆三が命名したといわれ、1815（文化12）年頃に完成した『秋田風俗問状答』には「眠なかし」と明記され、現在とほとんどかわらない図絵を載せている。

現在の竿燈には、大きさは年齢に応じて大若・中若・小若・幼若があり、大人のもつ大若は、長さ7.5mの親竹に3mの横竹を7段、2mと1mの横竹を各1段、合計9段の横竹を縄で結び、46個の提灯を吊るして火を灯す。若者が太鼓・笛の囃子に掛け声とともに、重さ56kgもの竿燈を持ち上げ、掌・額・肩・腰などに乗せてバランスよく支えて妙技を競う。最近では毎夜、町内・企業あわせて200本もの竿燈が出場し、一斉に夜空を彩る壮観は「光の稲穂」と表現されている。

竿燈

門（一ノ門）と裏門のほか、本丸下の帯曲輪に続く帯曲輪門、捨曲輪の兵具蔵に出る埋門があった。正面玄関口である表門の下には、18世紀に建てられた御物頭御番所がある。1880（明治13）年の大火を免れ、江戸時代から唯一同じ場所に立つ建物である。表門は、2001（平成13）年の再建である。

本丸には、藩主の私生活の場である本丸御殿と執務・公務の場である政務所がおかれ、周囲は多門長屋と板塀で囲まれていた。西北隅には2層の隅櫓があり、新兵具蔵をかねていた。現在の櫓は、

与次郎稲荷社

1989(平成元)年、市制100周年を記念して再建されたもので、4階建ての模擬天守風の造りになっている。南西隅には2層の出し御書院があり、眺望がよく、城下からは天守のようにみえたという。本丸跡には、最後の藩主佐竹義堯の銅像がある。また、応神天皇や藩祖佐竹義宣らをまつる八幡秋田神社があったが、2006(平成18)年に放火により焼失したが、現在は再建された。すぐ脇の与次郎稲荷社は、久保田築城以前に神明山に棲んでいたとされるキツネの頭、与次郎をまつった神社である。

本丸の北側は三の丸山手とよばれ、明治時代初期まで、一乗院、春日・大八幡・小(正)八幡・稲荷の各社が並んでいた。現在は川元松丘町にある一乗院(真言宗)は、佐竹氏の国替にともない常陸国太田(現、茨城県常陸太田市)から出羽国秋田へ移された寺で、天徳寺につぐ寺格をもっていた。

京都の石清水八幡宮を勧請した大八幡と、鎌倉の鶴岡八幡宮(神奈川県)を勧請した小八幡も、佐竹氏とともに秋田に移転してきた。内町の鎮守であった両八幡社は1890(明治23)年に合祀され、さらに歴代藩主をまつる秋田神社と合祀されて、本丸跡の八幡秋田神社となった。

天徳寺 ❷
018-868-1700 〈M▶P.126, 133〉秋田市 泉 三嶽根10-1 P
JR秋田駅🚌神田土崎線天徳寺前🚶2分

源氏の名門 佐竹氏の菩提寺

久保田城の搦手にあたる搦田(現在の住居表示は旭川南町)に如斯亭がある。元禄年間(1688〜1704)に秋田藩士大島小助が建てた別荘を始まりとする。得月亭とよばれ、藩主佐竹氏の遊猟の際の休息場所としても利用されたが、1744(寛保4)年、5代藩主義峰のときに献納、庭園や建物が本格的に整備され、9代藩主義和のとき如斯亭と改称した。遠州流の回遊式庭園(旧秋田藩主佐竹氏別邸〈如斯亭〉庭園、国名勝)は、全国有数の名園といわれており、藩校明徳

天徳寺山門

館の助教であった那珂通博が選定・命名した園内15景は、いずれも周囲の山並みと調和して見事である。

如斯亭から北西へ1kmほど行くと、秋田平和公園の麓に、秋田藩主佐竹氏の菩提寺万固山天徳寺(曹洞宗)がある。1602(慶長7)年の秋田転封により、常陸国太田から楢山金照寺山の北西山麓(現在の金照寺付近)に移されたが、1624(寛永元)年に火災に遭い、翌年、焼け残った総門ともに現在地に移転した。1676(延宝4)年に総門・山門を残して再度焼失、1687(貞享4)年に1万石の巨費をもって本堂が再建された。歴代藩主とその夫人の霊牌を安置する御霊屋は、1671(寛文11)年、3代藩主義処によって建立された。書院は1806(文化3)年建立、山門は1709(宝永6)年の建立(増改築か)。総門・山門・本堂(附 開山堂)・書院(附棟札1枚・破魔矢1本)・佐竹家御霊屋(附棟札4枚)は、いずれも国の重要文化財に指定されている。県有形文化財の絹本著色軸装十六羅漢像(16幅)のほか、市指定の文化財も多数あり、毎年8月16・17日に虫干しをかねて一般公開されている。

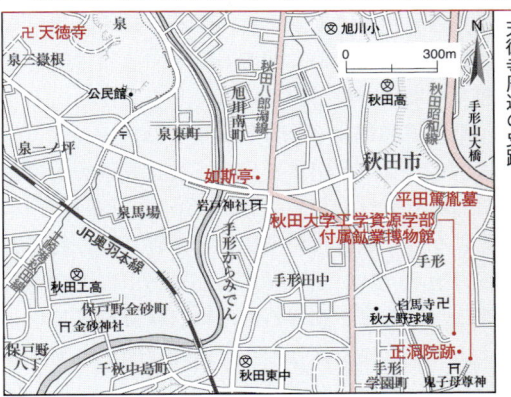

天徳寺周辺の史跡

秋田大学工学資源学部附属鉱業博物館 ❸
018-889-2461

〈M ▶ P. 127, 133〉 秋田市手形字大沢28-2 Ｐ
JR秋田駅 🚌 秋田温泉線ほか鉱業博物館入口 🚶 10分

鉱業県秋田と環境を考える

秋田大学手形キャンパスの北東の丘、手形山中腹に、秋田大学工

久保田城跡と秋田市内

秋田大学工学資源学部附属
鉱業博物館

学資源学部附属鉱業博物館がある。1961(昭和36)年，鉱山学部(現，工学資源学部)創設50周年記念として開館した。

円筒形をした3階建ての展示場の1階には，岩石・鉱石・化石の標本の展示，2階には地質学史や鉱山に関する展示，3階にはエネルギー資源と環境に関する展示がなされている。

鉱業博物館から南へ50mほど行くと，正洞院跡(しょうどういん)に至る。正洞院は，もとは，秋田藩初代藩主佐竹義宣夫人の菩提寺として常陸国太田に建立された曹洞宗寺院で，1603(慶長8)年に移転され，明治時代になって禄を失い天徳寺と合併した。義宣夫人(法名正洞院)は，下野国烏山城(しもつけからすやま)(現，栃木県那須烏山市)主那須資胤(すけたね)の女(むすめ)で，文弱に流れた夫義宣を諌めるために24歳で自害(いさ)したと伝えられている。

正洞院跡に隣接して，江戸時代後期の国学者・医師平田篤胤の墓(おおわだとしたね)(国史跡)がある。篤胤は，1776(安永5)年，秋田藩士大和田祚胤の4男として久保田中谷内町(なかやちまち)で生まれた。江戸に出て苦学し，25歳で備中国松山藩(びっちゅうまつやま)(現，岡山県高梁市(たかはし))の兵学者の平田篤穂(あつやす)の養子となった。本居宣長(もとおりのりなが)の著作と出合って古学を志し，夢のなかで入門を許されたとして，「没後の門人」と自称，1812(文化9)年に書いた『霊能真柱(たまのみはしら)』が認められて以後，精力的に著作活動を始めた。1841(天保12)年には，儒教(じゅきょう)批判，尊王鼓舞(そんのうこぶ)で幕府から咎(とが)められ，江戸追放となり秋田に戻った。藩からは10両15人扶持(ぶち)を受けたが，1843年に死去した。

広小路(ひろこうじ) ❹ 〈M▶P.126, 129〉 秋田市中通(なかどおり)
JR秋田駅 🚶 1分

久保田城の南の外堀は2つに分かれており，東側の堀を大手門の堀，西側の堀を穴門の堀とよんだ。2つの堀の前を東西につなぐのが広小路である。その南側は藩主佐竹氏一門や上級家臣の屋敷が軒

やすらぎのシンボル道路

広小路

を連ねた内町で，城に近いほど有力家臣，現在の南通り・楢山に行くほど身分の低い藩士が配されていた。

今は商店街や銀行などの金融街となっている秋田駅前は，旧陸軍歩兵十七連隊駐屯地跡で，伊藤学園（中通4丁目）の裏に記念碑が残る。秋田市民市場の辺りは，秋田藩初代藩主佐竹義宣の重臣で『梅津政景日記』の著者梅津政景の屋敷跡である。その南西には，あきた文学資料館が2006（平成18）年に新設された。資料館では，明治時代以降に活躍した秋田県出身の文人らの作品や遺品を収蔵・展示している。訪れれば，第1回芥川賞受賞作家石川達三（横手市），農民作家伊藤永之介（秋田市），プロレタリア作家小林多喜二（大館市）・松田解子（大仙市），大正時代に活躍した『種蒔く人』同人小牧近江・金子洋文・今野賢三（いずれも秋田市）ら，秋田県には社会派の文人が多かったことに気づくはずである。

秋田駅の西約300m，広小路に面して立つ秋田総合生活文化会館（愛称アトリオン）の1階に秋田市立千秋美術館がある。1958（昭和33）年，千秋公園に開設され，1989（平成元）年に現在地に移転した。8代藩主佐竹義敦（曙山）・小田野直武らの秋田蘭画，平福穂庵・百穂父子，寺崎広業・福田豊四郎ら秋田ゆかりの日本画の作家の収蔵品などを中心とした常設展のほか，国内外のすぐれた美術作品による企画展を開催している。また，幽玄主義（ユーゲニズム）とよばれる作風によって知られる洋画家岡田謙三の油彩画などを収蔵する岡田謙三記念館が併設されている。

千秋美術館から西へ約300mほど行くとキャッスルホテルがあり，道路を隔てた左側が秋田藩校明徳館跡である。1789（寛政元）年，9代藩主佐竹義和は藩校明道館を開設し，1793年には江戸から折衷学派の儒学者山本北山を招いて学則と機構を整え，校名を明徳館と改めた。義和の学館設立の目的は，藩政改革にあたる人物の育成に

あり、1795年には医学館を付設した。また、10代藩主義厚は、1825（文政8）年に和学方を設けている。

外町 ❺ 〈M▶P.126〉秋田市大町
JR秋田駅 徒 15分

久保田の台所と秋田商人の町

　穴門の堀の先、旭川の西側には、江戸時代に外町とよばれる商人・庶民の町が広がっていた。現在の保戸野・旭南地区の一部に武士の居住する屋敷があったが、ほとんどが町民の町であった。城下の防衛上、行きどまりや丁字路を設けた複雑な内町と比較し、外町の通りは碁盤の目のように整然としていた。なお外町には、商業の守護神とされた稲荷神社が多い。広小路の突き当り、旭川に架かる竿燈橋の床面には、町内竿燈に参加する町の町紋が刻まれている。

　竿燈橋を渡ると、1886（明治19）年の俵屋火事以降、歓楽街として急速に栄えた通称川反で、1丁目から5丁目と続く。橋の袂には旭川命名の碑が立つ。かつて旭川は、現在地よりも東側を流れていた。1603（慶長8）年の久保田築城に際して、天然の外堀となすために流路が変更され、掘り下げられた。旧旭川は、新秋田農協本店（千秋矢留町）・和洋女子高校（千秋明徳町）・木内デパート付近（中通1丁目）を流れ、大町5丁目以南は現在とほぼ同じ川筋をとっていたと推定されている。旧旭川が流れていた地には、旧町名として、古川堀反町・古川町などの地名が残っている。旭川は、文化年間（1804～18）までは、仁別川・泉川などとよばれて一定の呼称がなかったが、9代藩主義和が江戸時代後期の紀行家である菅江真澄の提案を入れ、旭川と命名したという（菅江真澄『筆のまにまに』）。

　なお、開削時に出た土砂は内町の造成に使用された。

　旭川命名の碑から北の上通町方向に向かうと、星辻神社

旭川

久保田のかまくら

コラム

かくれた伝統行事

江戸時代から明治時代初期まで、武家の町である楢山地区では、武士の子弟により小正月行事「かまくら」が行われていたことが、菅江真澄の『笹ノ屋日記』に記されている。また真澄は、図絵集仮題『無題雑葉集』の中に、雪を四角に積み上げ、「左義長」などと記した幟を立て、火をつけた俵を振り回す若者の姿とともに、外町から旭川に架かる２つの橋（四丁目橋・五丁目橋）を渡る群衆の姿を描いている。久保田のかまくら行事は、六郷のようなかまくらをつくり、角館の「火振りかまくら」のようなものであった。

武家の町の行事であったかまくら行事は、廃藩置県により衰退し、ジャンゴ楢山（楢山地区に住む農家）の若者たちに引き継がれた。しかし、1910（明治43）年のかまくらの後、蠟燭の火からかまくらの藁屋根を焼くという事故があり、子どもの行事としては不適当ということで禁止された。

以後、途絶えていた久保田のかまくら行事は、1982（昭和57）年、楢山太田町の人びとによって復活され、現在に続いている。最近では、仁井田地区でも火振りかまくらが行われるようになった。

（祭神天之御中主神）がある。明治時代初期の神仏分離までは清光院と称する真言宗寺院で、虚空蔵菩薩が２体伝えられており、１体は「元禄二（1689）年」銘があるという。火伏せ・風除けの神として知られ、毎年４月12・13日のだるま祭りの日には多くの参詣者で賑わう。

旭川命名の碑から南に行くと、二丁目橋近くの菓子舗榮太楼大町店に東海林太郎音楽館があり、東海林直筆の掛軸やレコードなどが展示されている。二丁目橋から山王十字路まで大町を東西に貫く道路が竿燈大通りで、毎年８月上旬、夏の夜を彩る「光の稲穂」、竿燈が乱舞する舞台となる。二丁目橋の袂から南へ越えると、旭川の岸辺に那波家の水汲み場がある。この水汲み場の近くに、京都室町出身の御用商人那波三

星辻神社だるま祭り

郎右衛門家の蔵があったことから生まれた名前といわれる。外町の住民は、川辺におりて水を汲み、飲料水や生活用水とした。かつて、旭川沿いに十数カ所あった水汲み場のうち、現存するのはここだけだが、1911（明治44）年に上水道が開設されるまで、旭川の水は住人の命綱でもあった。

四丁目橋の袂近くの焼肉店の外壁に、「菅江真澄の道鳥屋長秋旧宅跡」と書かれたプレートが埋め込まれている。長秋は真澄の唯一の弟子であり、真澄の秋田滞在に尽力し、真澄の没後の整理を取りしきり、真澄の墓に万葉調の長歌による墓碑銘を揮毫した人である。五丁目橋の袂は、江戸時代には、死刑囚の首をさらす場所であり、近年、慰霊のための観音像が造立された。

大町6丁目に入ると、1852（嘉永5）年創業の新政酒造がある。さらに進むと旭南2丁目に入り、金属技工者の守護神とされる金山彦神をまつる金神社が2社ある。鍛冶町の名残りで、今も鍛冶屋や鉄工所が残る。旧鍛冶町から西に進み、旧羽州街道に出る。大町6丁目の箪笥店が立ち並ぶ一角に、「北方教育社発祥の地」の標柱が立つ。ここには、不況の続く昭和時代初期、尋常高等小学校の代用教員を辞めて豆腐店を始めていた成田忠久が住んでいた。成田は自宅の2階で青年教員たちと語り合い、子どもたちが日々の生活を文章や詩にすることで自分の生き方を考える、生活綴方教育の実践を志し、1927（昭和2）年には月刊児童文集『くさかご』を発行するなどして北方教育運動を進めた。1929年には北方教育社を設立したが、1937年の日中戦争開戦を境に経営は厳しさをまし、1938年3月、成田は秋田を離れて東京に去った。さらに1940年11月、北方教育を支えてきた活動家6人が治安維持法違反に問われて検挙され、1941年には活動に終止符が打たれた。しかし、北方教育運動のなかで育った若い教師たちは、第二次世界大戦後の教育界で活躍した。

秋田市立赤れんが郷土館 ❻
018-864-6851
〈M ▶ P. 126, 129〉秋田市大町3-3-21 Ｐ
JR秋田駅🚌新屋線赤れんが郷土館前 🚶
すぐ

ルネッサンス・バロックの洋風建築

バス停のすぐ南側に、秋田市立赤れんが郷土館がある。赤れんが館・新館・収蔵庫の3棟のうち、赤れんが館は、1912（明治45）年に

秋田万歳

コラム 芸

三河万歳の流れ、秋田万歳

　菅江真澄は、秋田万歳(国選択)について、『筆のまにまに』の中に、「秋田万歳の上祖も、三河国(現、愛知県東部)より常陸国(現、茨城県)にきて、その家は今も久保田にあり、代々針生清太夫と称する一派である。烏帽子に松竹鶴亀の紋のある水干を着て、才蔵は広袖厚綿入を着し、浅黄色ちょっぺい頭巾をかぶっている。古来より伝わる12段の曲がある。(中略)代々、子から孫へと伝えられ、三河ぶりとはだいぶかわったが、さすがに三河風も残っている」と記している。

　秋田万歳の最盛期は1892(明治25)年頃で、万歳組合のもと、万歳組は25組を数えたが、以後、漸減した。戦後も続いたが、1985(昭和60)年頃より行われなくなった。

　現在は、県内に住む人びとがあらたに秋田万歳を学び、秋田万歳継承会によって保存活動がなされている。希望があれば、出前万歳を楽しむことができる。

秋田万歳

旧秋田銀行本店本館(附棟札2枚、国重文)として建てられたものである。レンガ造り2階建ての建物の外観はルネサンス様式を基調とし、1階は磁器白タイル、2階に赤レンガを使用している。内部はバロック様式を取り入れ、腰材には緑色の蛇紋岩、床は色タイル、応接室は総ケヤキ、2階への階段は白大理石という豪華な造りである。

　1969(昭和44)年まで銀行の店舗として使用されてきたが、秋田銀行創立100周年・秋田市制施行90周年を記念して秋田市に寄贈され、新館の新設などを経て、1985年、公開展示施設として開館した。

　常設展示としては、赤れ

秋田市立赤れんが郷土館(旧秋田銀行本店本館)

久保田城跡と秋田市内　　139

んが館内の旧書庫の伝統工芸品・旧金庫室のビデオコーナーのほか，旧会議室には市内外旭川出身の鍛金作家関谷四郎の記念室，新館3階には同じく大町6丁目出身の版画家勝平得之の記念館が設けられている。また新館2階では，歴史・民俗・美術工芸に関する企画展が随時開催されている。

秋田市民俗芸能伝承館 ❼
018-866-7091

〈M▶P.126, 129〉秋田市大町1-3-30　P
JR秋田駅　新屋線眠りながし館前　1分

竿燈に挑戦できる！

赤れんが郷土館の北400mほどの所に，秋田市民俗芸能伝承館（ねぶり流し館）がある。赤れんが館の分館であり，竿燈や土崎神明社祭の曳山行事，秋田万歳・番楽・梵天などの民俗行事・芸能の保存伝承・後継者育成のための練習・発表の場として，1992（平成4）年に開設された。3階まで吹き抜けの展示ホールでは，竿燈・曳山・梵天の実物を常設展示しており，竿燈の実技に挑戦できる。また，4～10月の土・日曜日と祝日には，竿燈の実演が行われる。

大町1丁目から北へ道路を渡ると保戸野通町になるが，住居表示変更前は両町あわせて「通町」とよばれていた。大町に続く商店街で，江戸時代は年の市で賑わった町でもある。両町の中を東西に貫く道は旧羽州街道であり，今でも旧国道とよばれている。旧街道は足軽町の表鉄砲町（現，保戸野鉄砲町），芸人の町の花立町（現，高陽幸町・山王2丁目）を経て，八橋村（現，山王1丁目・八橋本町）に至る。旧街道とけやき通りの交差点付近に八橋一里塚があったが，道路拡幅で破壊され，今は木の標柱と近年植えられた若いエノキが立つのみである。

ねぶり流し館（秋田市民俗芸能伝承館）

② 山王から八橋・寺内へ

秋田発祥の地，寺内の道筋を訪ねよう。

日吉八幡神社 ❽
018-862-3287

〈M▶P.126, 142〉 秋田市八橋本町1-4-1 ℗
JR秋田新幹線・奥羽本線・羽越本線秋田駅🚌将軍野線
八橋🚶3分

江戸時代の歓楽街

　秋田駅から西へ2kmほど行った県庁・市役所のある辺り，山王・八橋本町・高陽幸町・高陽青柳町一帯が旧八橋村であり，1889(明治22)年，市の発足と同時に秋田市に編入された。昭和30年代までは水田地帯であったが，開発が進み，官庁街・商店街・住宅地が形成された。

　市役所の北西約500m，秋田市八橋総合運動公園陸上競技場の北隣に，久保田城下外町の総鎮守日吉八幡神社(祭神大山咋命・誉田別命ほか)がある。現在も，「八橋の山王さん」として親しまれている。「山王」の地名も当社にちなむもので，同地区には神田の「山王田」があったともいわれている。

　日吉八幡神社は，1322(元亨2)年，笹岡(現，秋田市外旭川)に比叡山の日吉(枝)山王(日吉大社，滋賀県大津市)と京都の石清水八幡宮を勧請したことに始まるという。1395(応永2)年，五十丁(現，秋田市上新城)に遷り，その後，秋田(安東)実季の保護を得て，1589(天正17)年，飯島(現，同市飯島)に移転した。江戸時代，出羽国に国替された佐竹氏も当社への崇敬篤く，1615(元和元)年，八橋狐森(現，同市八橋)に移転のうえ40石を寄進。寛永年間(1624～44)雄物川の氾濫により社地が流失し，1662(寛文2)年に現在地に遷座した。

　境内に立つ三重塔は，1707(宝永4)年の建立で，木造多重塔としては県内唯一のものである。旧羽州

日吉八幡神社三重塔

山王から寺内の史跡

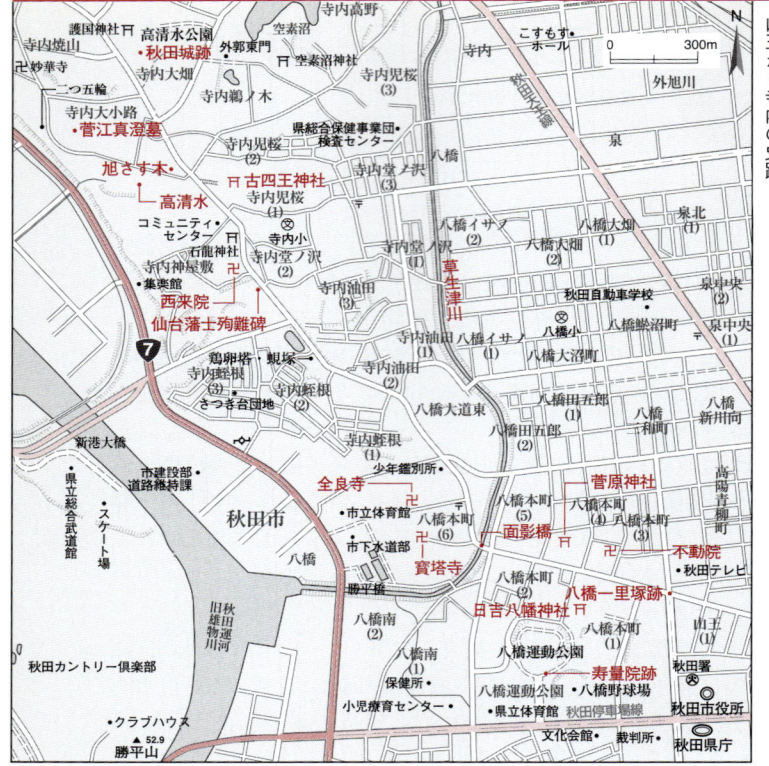

街道に面した随神門は、寿量院の旧山門で、1870(明治3)年に移築された。この2棟を含め、本殿(1797年造営)・拝殿(1778年)、赤鳥居・浮橋など4棟12基が県指定文化財である。また、1825(文政8)年、藩校明徳館に和学方が設置されており、土崎宗直・鎌田正家・鳥家長秋ら国学を学ぶ有志によって製作され、明徳館におかれていた本居宣長の木像が、明徳館の廃校以後、当社に秘蔵されている。境内には多くの句碑もある。

八橋総合運動公園硬式野球場の北側が寿量院跡である。寿量院は、1682(天和2)年、秋田藩3代藩主佐竹義処が江戸幕府への忠誠の証として、佐竹氏の菩提寺天徳寺に将軍家の位牌をまつったことに始まる。1701(元禄14)年、日吉八幡神社の西隣に位置する帰命寺(天台宗)に位牌が移され、1746(延享3)年に寿量院が将軍家位牌所と

して建立された。住職は,江戸寛永寺(東京都台東区)と日光輪王寺(栃木県日光市)から1年交替で派遣された。戊辰戦争(1868〜69年)では秋田藩の野戦病院となり,1871(明治4)年には廃寺となった。山門は日吉八幡神社の随神門,御霊屋は菅原神社(秋田市八橋)の社殿となり,旧寺地には標柱が立つだけである。

　日吉八幡神社と旧街道を挟んで向かい側に不動院(真言宗)がある。1665(寛文5)年,2代藩主義隆の創建といわれる。本尊は青面金剛童子で,境内には100基ほどの庚申塔が立っている。また,1884(明治17)年頃に入定仏となった当寺の住職善恵の墓や,禁忌である鶏卵をやむなく食べた人びとが立てた鶏卵塚がある。

　旧羽州街道をさらに西に進むと,右手に菅原神社(祭神菅原道真)がある。境内には,亡き寺子屋の師匠の筆を埋め,師の遺徳を偲んで造立された筆塚が残る。

草生津川 ❾

〈M▶P.126, 142〉秋田市八橋本町
JR秋田駅🚌将軍野線面影橋🚶1分

もと日本一の油田地帯

　菅原神社からさらに西へ進むと,草生津川に至る。この川の名は,石油の古名「臭水」の転訛したものである。かつて草生津川の両岸には,南は新屋から八橋を経て外旭川に至る,南北13km・東西1kmの八橋油田が広がっていた。採油のための高い櫓が林立し,1950(昭和25)年〜60年頃までの全盛期には年産30万kℓに達し,日本一の産出量を誇った。しかし,1960年以降産出量が減少し始め,以後枯渇し,往時を偲ぶことはできないが,現在も石油とガスを採取している。採掘方法も合理化されて高い櫓は不要となり,ポンピングユニット(俗称「馬のつら」)という機械が無人で24時間稼働している(一部時間組み稼働)。

　草生津川に架かる面影橋は,処刑場に連れられて行く囚人が自分の顔を水面に映したことから名づけられ

八橋油田

山王から八橋・寺内へ

たという。江戸時代,橋の袂に蕎麦屋があり,囚人はその店で最後の食事をしたという。『梅津政景日記』には,1624(寛永元)年6月,草生津の処刑場でキリシタン衆32人が火あぶりで処刑されたことが記されている。

寶塔寺・全良寺 ❿⓫
018-862-5871/018-862-3602

〈M▶P.126,142〉秋田市八橋本町6-10-18 Ⓟ／八橋本町6-5-30 Ⓟ

JR秋田駅🚌将軍野線面影橋🚶5分／帝石前🚶5分

街道沿いの名刹

面影橋を渡り,西へ150mほど行くと塚原山寶塔寺(日蓮宗)がある。1710(宝永7)年の創建で,裏山には七面天女をまつる七面堂があり,七面山とよばれ,江戸時代には久保田城下や土崎湊から多くの人びとが訪れた。境内には,松尾芭蕉や吉川五明らの句碑や,久保田城内で焼死したウマの霊をまつる馬碑などがある。江戸時代後期の紀行家菅江真澄の『久保田十景』には,巨大な藤棚が描かれているが,現存しない。右手の丘には,石造五重塔と風化した一対の仁王像がある。市指定文化財である五重塔は高さ9m,塔の中には「貞享二(1685)年」銘の多宝如来像が安置されている。

面影橋から旧羽州街道を北へ500mほど進んで左折し,美しい松並木を過ぎると,大智山全良寺(臨済宗)がある。門前の巨大な石地蔵は,草生津処刑場にあったものである。この寺は,大坂冬の陣(1614年)の際,主君佐竹義宣をかばい,6人の家来とともに戦死した家老渋江政光の菩提寺で,その子隆光が1654(承応3)年に建立した。寺宝に,鎌倉時代初期の作とされる銅造阿弥陀如来坐像(国重文)がある。

全良寺には,戊辰戦争(1868〜69年)における新政府軍の戦死者665人を埋葬した官修墓地がある。その後,遺族が故郷に改葬したりして,

寶塔寺石造五重塔

全良寺官修墓地

1991(平成3)年時点では321基が残っていた。墓石には,出身地・氏名・年齢・戦死の場所が刻まれており,当時の住職海山と石工辻源之助が完成させた。

全良寺から旧羽州街道に戻り,北へ進むと寺内地区に入る。右手に大きな一本松があり,その下に「象頭山(琴平山の別称)」と刻まれた巨大な石碑が立っている。金毘羅講中によって造立されたものである。さらに300mほど進むと旧羽州街道の松並木が残り,その下に,1846(弘化3)年の鶏卵塔(鶏卵商人長谷川久助造立)と蜆塚(蜆売子講中造立)がある。

ゆるい坂を200mほど行くと,左手に勝海舟の揮毫になる仙台藩士殉難碑(1989年宮城県有志造立)が立つ。1868(慶応4)年7月4日,秋田藩の勤王派の武士22人が,茶町(現,大町4丁目)幸野屋と仙北屋に宿泊していた仙台藩(現,宮城県仙台市ほか)の使者を襲撃,正使志茂又佐衛門ら6人を斬殺し,五丁目橋の袂に晒し首にした。志茂らは,秋田藩を奥羽越列藩同盟にとどまるよう説得にきた使節であった。新政府軍についた秋田藩は,仙台・庄内(現,山形県鶴岡市ほか)・盛岡(現,岩手県盛岡市ほか)などの諸藩に攻撃され,領内の3分の2が戦場となり,多くの人命が失われ,莫大な戦費が借財として残った。現在は,秋田県在住の宮城県出身者により毎年7月4日に慰霊祭が行われている。

仙台藩士殉難碑から北西へ約100m,旧羽州街道沿いに小林山西来院(曹洞宗)がある。山内字松原の補陀寺2世無等良雄(後醍醐天皇の近臣万里小路藤房との説もある)が閑居寺として補陀寺の近くに建立したが,寛政年間(1789〜1801)に現在地に移転した。往時は,大規模な七堂伽藍を構えていたといわれる。

所蔵の涅槃図(県文化)は,文化年間(1804〜18),秋田畝織りの祖石川滝右衛門が5年がかりで仕上げた大幅である。図中に配された1匹のネコは,織物を鼠害から守っているといわれる。

山王から八橋・寺内へ

古四王神社 ⑫
018-845-0333
〈M▶P.126, 142〉秋田市寺内児桜1-5-55 P
JR秋田駅🚌将軍野線寺内地域センター前🚶1分

秋田県の一宮

　西来院の北100m，寺内地域センターの向かい側に古四王神社（祭神武甕槌命・大彦命）がある。崇神天皇の時代，四道将軍の1人大彦命が越の国（現，北陸地方）を巡撫しており，この地に武甕槌命をまつったとされる。その後，659（斉明天皇5）年に阿倍比羅夫が蝦夷を征討しており，大彦命をあわせてまつり，古四王神社と称したと伝えられている。社号の「古四王」は，大彦命が「越王」とよばれたことに由来する。ヤマト政権が日本海沿いに北へ勢力を拡大するとともに，越王（古四王）の神も支配の象徴として各地にまつられたと推測され，新潟県新発田市・山形県遊佐町・秋田県にかほ市象潟町などに分布する。また「四王」は，仏教の守護神である帝釈天の配下，多聞天（毘沙門天）・持国天・増長天・広目天の四天王を指すとも考えられる。とくに毘沙門天は北方を守備する神とされていることから，古代のヤマト政権は，新しい土地を攻略するたびにまつったのであろう。かつて古四王神社は北向き（現在は西向き）であったといわれ，当社と関係の深い坂上田村麻呂は毘沙門天の化身とされている。古四王神社は，開拓の象徴としての四道将軍性格に，開拓地を守る四天王的性格が習合したものとみられる。

　『類聚国史』に，830（天長7）年，出羽国に大地震があり，「城郭・官舎並びに四天王寺の丈六の仏像，四天の堂社等みな悉く顛倒す」とみえる。四天王寺は，古四王神社の古名と考えられている。また当地には，801（延暦20）年に坂上田村麻呂が蝦夷征討を祈願して摂社田村堂を建て，大滝丸と称する蝦夷の首領を退治したという伝承があり，寺内・土崎地区には将軍野・幕洗川・太刀洗川

古四王神社

146　秋田市

四足二足・願の中

コラム

厳しい禁忌に生きた人びと

　寺内の古四王神社の氏子には，「四足二足」と「願の中」という厳しい禁忌が課せられていた。

　801（延暦20）年，坂上田村麻呂が蝦夷の首領大滝丸討伐に苦戦し，古四王神社に戦勝祈願した際，勝利のあかつきには，氏子に「四足二足」「願の中」という厳しい禁忌を課すと神に誓ったことに始まる。

〈四足二足〉　獣肉・鳥肉をいっさい食べてはならず，鶏卵や牛乳も口にしてはならない。ニワトリは飼ってもよいが，鶏卵は決められた商人に売り渡した。代金は穢れのあるものとされ，普段使用している財布に入れてはならず，別にしておき，飲食物の購入のみに用いた。

　この禁忌は，他の集落に嫁・婿に行った人も守ったという。病気になり栄養補給などのために鶏卵を食べる場合は，地区にある鶏卵塚に祈り，神の許しを得なければならなかった。鶏卵塚は，八橋不動院と寺内蛭根の旧羽州街道沿いに現存する。

　明治時代になって徴兵制度ができ，軍に入隊した場合にはやむなく肉食したが，除隊すると古四王神社に参拝して禁忌を破ったことを報告し，再び肉食を断ったといわれる。第二次世界大戦後，学校給食が普及するにつれ，家庭にも肉食の習慣が浸透し，今は守る人も少なくなった。しかし，古四王神社祭典の直会や，氏子が祭典に親戚知人を招いて行う宴席には，肉類はのぞかれている。寺内の人びとが行う会合での飲食にも，肉類がのぞかれる例が多い。

〈願の中〉　元旦の午前0時，古四王神社の大太鼓が鳴り響くと，氏子は自宅で7日間の精進に入る。おもな精進の内容は，「普段と異なる食器を用い，酒肴は口にしない」「他の集落で煮炊きした食品はいっさい口にしない（これを火を交えないという）」「婚姻関係のある人を含め，他の集落の人とはいっさい交際しない」「産火（12月20日以降に出産のあった家）・死火（12月中に死亡者の出た家）のある家は，フッコミ（引き籠もり）とよばれ，いっさい人と交際しない」などである。

　寺内では，「願の中」の期間中に食べるための地元産の大豆でつくった豆腐・納豆を売る店があり，子どものためには地元産の原料でつくられた駄菓子も売られていた。

　8日午前0時，古四王神社の大太鼓が鳴り響くと，神社では祈年祭が行われ，氏子の初詣が始まった。

　現在，古四王神社の祈年祭・初詣は元旦に行う。「願の中」の禁忌は，ほとんどみられなくなった。

山王から八橋・寺内へ

などの地名が残る。

　室町時代，古四王神社は安東氏の庇護下にあったと推定される。1502（文亀2）年の通季による社殿造営説，1536（天文5）年の堯季による再建説が伝えられている。古四王神社の別当は，古くは天台宗本山派の修験がつとめ，江戸時代初期，佐竹義宣が真言宗亀甲山四天王寺東門院（久保田城の近くにあった藩主の祈願寺宝鏡院住職の閑居寺。明治時代に廃寺）を別当に任じた。佐竹氏は代々真言宗に帰依しており，別当を天台宗から真言宗にかえたものであろう（現在，県内の天台宗寺院は3カ寺のみ）。そのため，本山派の元別当は京都の聖護院（本山派修験の本山）の末寺積善院に寺宝をもって逃れた。積善院には，寺宝として「四天寺印」（「四天王寺」とも読める）があった。一辺55mmの銅印で，奈良時代から平安時代初期の作と考えられており，国の重要文化財（現，京都国立博物館蔵）に指定されている。

　古四王神社は，1882（明治15）年に国幣小社に指定され，県内唯一の国幣社であった。5月8日の祭礼には，糊付神事が行われる。宵宮の7日，高野集落の氏子は，米をすり鉢ですり合わせ，水を加えて練ったものを長さ2.8mほどの2本の棒に塗りつけて糊付棒をつくり，宵宮祭までに神社に供える。本祭には，この糊付棒を神輿の前に立てて渡御が行われ，氏子たちは神輿が家の前を通る際，棒についている糊の具合をみて，その年の五穀の豊凶を判断する。なお，氏子には，肉食を禁じる「四足二足」と，正月7日間の精進潔斎を行う「願の中」があった。

高清水 ⓭　〈M▶P. 126, 142〉秋田市寺内字神屋敷
　　　　　　JR秋田駅🚌将軍野線寺内地域センター前🚶10分

　古四王神社の鳥居前から左手の坂をくだる。この道が旧羽州街道である。左の角地に大きな藤棚がある。江戸時代，古四王神社の門前の茶屋として知られた藤茶屋（別名梅茶屋）の跡である。道路右側には推定樹齢1200年の大ケヤキが聳え，「旭さす木」とよばれている。高さ20m・目通り6.4mあり，1886（明治19）年の俵屋火事で罹災したが，その後，樹勢が回復した。根元からは，「誕生水」と「目洗い水」が湧き出ている。誕生水は，4月8日に生まれた旭の

1300年も湧き続ける霊泉

菅江真澄

コラム

秋田の歴史・民俗を記録した三河人

　菅江真澄は本名を白井英二といい、1754（宝暦4）年、三河国渥美郡（現、愛知県豊橋市）で生まれた。1783（天明3）年に三河を出て白井秀雄と名乗り、1810（文化7）年以降、菅江真澄と称した。1829（文政12）年7月19日に仙北の地で亡くなったが、墓碑には「年七十六七」とあるので、当時の人びとは正確な年齢をわかっていなかったようである。

　人生の大半を旅に生きた真澄は、100種200冊以上におよぶ著作を残した。著書には、写実的な図絵が挿入されている。日記・地誌・随筆・図絵集の体裁をとっているが、その内容は民俗・歴史・地理・国文学・詩歌・考古・宗教などにおよび、『菅江真澄遊覧記』と総称されている。

　真澄は旅を好み、故郷を出る前にも、富士山にのぼり、伊吹山で薬草を刈り、姥捨山の月や吉野山の花を愛で、信田の森の稲荷社に詣で、大峰山では修験道を体験している。また、木曽路を歩き、京都の御菩薩池について記録している。旅に出てからは信濃・越後・庄内を経て秋田に入り、1784（天明4）年には柳田（湯沢市）で越年した。翌年には、角館・阿仁を経て久保田を訪ね、男鹿・能代を経て津軽に入った。その後、盛岡・仙台で遊び、松前に渡りアイヌの風俗を記録した。津軽に戻り、津軽藩の薬草採取に携わった。1801（享和元）年、津軽から再び秋田に入った。真澄48歳の冬であった。

　これより没するまでの28年間、1808（文化5）年の恩師植田義方の死による一時的帰郷をのぞき、秋田を離れることはなかった。

　秋田に帰った真澄は、秋田藩9代藩主佐竹義和や藩士・神官・僧侶・農民・町人ら多くの人びとと交流した。

　晩年には秋田藩の許可を得て、秋田6郡の地誌『雪・月・花の出羽路』の編集に精魂を傾けた。真澄の著作は厳しい自然のなかに生きた雪国の庶民の暮らしを客観的に記述したものとして、民俗学研究の貴重な資料となっている。

　仙北市で亡くなった真澄の遺体は、友人鎌田正家（古四王神社の摂社田村堂の神官）家の墓域に葬られた。1832（天保3）年墓碑が建てられ、弟子鳥屋長秋によって万葉調の長歌による墓碑銘が記された。

菅江真澄肖像画

山王から八橋・寺内へ

長者の娘朝日姫の産湯に使用されたと伝えられている。目洗い水は眼病に効用があるといわれ、かつて古四王神社は目の神としても信仰されていた。

さらに100mほど進むと、左側に「高清水」と刻まれた石碑が立っている。10mほど坂道をくだると、石垣に囲まれた東屋があり、高清水(別名高泉)とよばれる霊泉が湧き出ている。寺内地区が高清水とよばれる由縁である。『続日本紀』天平5(733)年の条に「出羽柵を秋田高清水岡に遷す」とあるので、この霊泉は1300年以前から湧き続けていることになる。しかし、今では水質が悪化し、飲料水には適しない。高清水の向かい側には、古四王神社の別当寺東門院があった。

この道を200mほどくだると小川があり、石橋が架かっている。伽羅橋あるいは香炉木橋とよばれ、かつては香木の伽羅でできていたとも伝えられている。

菅江真澄の墓 ⓮

〈M ▶ P.126, 142〉 秋田市寺内大小路
JR秋田駅🚌将軍野線寺内地域センター前🚶10分

47年を旅に生きた真澄の落ち着き場所

伽羅橋を渡り、右手の墓の案内板に従って石段をのぼると、寺内地区の共同墓地内に菅江真澄の墓がある。真澄は、現在の仙北市で1829(文政12)年に亡くなったが、友人であった古四王神社の摂社田村堂の神主鎌田正家家の墓域に葬られた。1832(天保3)年、三回忌をもって造立された墓碑には、唯一の弟子とされる鳥屋長秋により、万葉調の長歌による墓碑銘が刻まれた。1962(昭和37)年、秋田市の史跡第1号に指定された。

伽羅橋の辺りから登り坂となり、100mほど進むと後城・前城地区に入る。この一帯は、室町時代初期に安東氏によって築かれた湊城の跡と考えられている。1589(天正17)

菅江真澄の墓

梅津政景

コラム

秋田藩重臣の貴重な日記

梅津政景は，1581（天正9）年，梅津道金の子として宇都宮（現，栃木県宇都宮市）に生まれた。兄憲忠（のち家老）とともに佐竹義宣の茶坊主となり，金阿弥と称した。士分に取り立てられ，茂右衛門政景・主馬と名乗り，佐竹氏の出羽移封（1602年）後は兄とともに藩政に加わった。秋田藩の基礎を築いたとされる家老渋江政光に能力を認められ，鉱山開発に尽力した。惣山奉行・勘定奉行などを経て，1628（寛永5）年から亡くなる1633年3月10日まで家老をつとめた。この日は，藩主義宣の火葬が佐竹家の菩提寺天徳寺で行われ，政景はそれを見届けて天徳寺で亡くなったと伝えられている。墓は秋田市旭南の應供寺（臨済宗）にある。なお，知行地であった能代市二ツ井町には岩堰用水を開削しており，同町の岩堰神社にまつられている。

秋田県立公文書館所蔵の『梅津政景日記』（県文化）は，1612（慶長17）年2月28日から1633（寛永10）年3月6日まで記された政景自筆の日記25冊である。巻16が欠けているが銀山奉行・惣山奉行・勘定奉行・家老などの勤務内容，江戸参勤，大坂夏の陣の記録のほか，風俗・文芸・キリシタン関連の記述も詳しい。貴重な史料として，1953（昭和28）年から10年がかりで東京大学史料編纂所により翻刻されている。

年の湊合戦は，この付近で行われた。なお，佐竹氏の久保田城下の町割にともない，後城の人びとは久保田に移り城町を，前城の人びとは馬口労町をつくった。現在の旭南地区である。この地にあった大悲寺（臨済宗）と妙覚寺（曹洞宗）も，それぞれ旭北寺町に移転した。

秋田城跡 ⓯
018-846-9595
（秋田城跡出土品収蔵庫）

〈M▶P. 126, 142〉秋田市寺内大畑4-1ほか 🅿
JR秋田駅🚌将軍野線護国神社入口🚶5分，または🚌新国道経由土崎線護国神社裏参道🚶5分

古代のロマン、日本最北の国衙・城柵跡

一部将軍野を含む寺内地区一円が秋田城跡（国史跡）であり，護国神社入口バス停から桜並木を北へ200mほど行った所がその中核部にあたる。山形県庄内からこの地に出羽柵が移転してきたのは，733（天平5）年のことである。当時としてはわが国最北の官衙であり，軍事基地であった。秋田城とよばれるようになったのは，764（天平宝字8）年以前と考えられている。

山王から八橋・寺内へ

秋田城跡復元外郭東門

『類聚国史』には830(天長7)年出羽国の大地震で、城郭・官舎・四天王寺の丈六の仏像、四天堂舎などが倒壊したとある。『日本三代実録』には、878(元慶2)年におきた元慶の乱では俘囚の襲撃で焼かれたとあり、『貞信公記抄』には939(天慶2)年におきた俘囚の反乱の際、秋田城が攻撃されたとみえる。秋田城の廃絶の時期は確定できないが、前九年合戦(1051～62年)後、秋田城介(出羽介)の常駐がなくなって衰退しつつあったものの、鎌倉時代初期までは機能していたと推定されている。1190(文治6)年の大河兼任の乱について、『吾妻鏡』には「兼任は河北・秋田城を経て大関山を越え、陸奥国多賀城(現、宮城県多賀城市)に出るようにみえた」とある。

秋田城跡の発掘調査は、1959(昭和34)年に国により始められ、1972年以降現在まで秋田市が継続中である。これにより、外郭は東西・南北とも550m、幅2m・高さ4mの瓦葺き築地塀がめぐらされていたことが判明している。護国神社の南広場からは郭内中央に設けられた東西94m・南北77mの政庁部が確認され、郭内外からは百数十棟の官人・兵士が住んだとみられる竪穴住居跡や掘立柱建物跡などが発見されている。さらに外郭に東接する鵜ノ木地区では、巨大な掘立柱建物群や井戸跡、移城後まもない「天平六(734)年」銘の木簡が発見され、建物群は、四天王寺および渤海使のための迎賓館跡と推定されている。膨大な出土品は、秋田城跡出土品収蔵庫に収蔵・公開されている。また、外郭東門跡に東門と築地塀などが復元されている。

外郭跡一帯とその周辺は、西に日本海・男鹿半島、北東に太平山を望む高清水公園として整備されている。

③ 土崎港周辺から金足へ

『日本書紀』の齶田に始まる土崎港の今昔。

湊城跡 ⑯ 〈M▶P.126, 154〉 秋田市土崎港 中央3丁目 P
JR奥羽本線土崎駅 🚶 3分

初期の湊城はどこにあったのか、新説紹介

　土崎駅から西100mの所にある土崎神明社境内一帯が湊城跡である。湊城は室町時代初期、十三湊（現、青森県五所川原市十三湖付近）の豪族安東鹿季によって築城されたとされるが、確証はない。

　2007（平成19）年、湊城跡の発掘調査が行われたが、室町時代の遺構は発見されなかった。湊合戦（1589年）の勝者となった檜山安東氏の実季が1599（慶長4）年頃この地に新築したとの見解が有力である。なお、室町時代の湊城は寺内後城地区にあったと考えられ、後城からは15〜16世紀に使用された陶磁器などが出土している。湊城に入った鹿季の子孫は湊安東氏とよばれ、現在の秋田市・男鹿市・潟上市・南秋田郡に勢力を拡張したとされる。男鹿半島には南北朝時代に安東氏を名乗る一族同士が抗争した記録や1331（元弘元）年に安東氏の一族が社寺に寄進した記録があり、安東氏は鎌倉時代末期から秋田県中央部に勢力をもっていたと考えられている。

　鹿季の兄とされる盛季は十三湊で南部氏と争い、一時松前（現、北海道）に逃れたが、曽孫の政季が1456（康正2）年男鹿を経て檜山に入り、檜山安東氏とよばれたとされている。湊安東氏の堯季は女を檜山安東氏の愛季に嫁がせた後、後継者を決めないまま他界した。愛季は弟の茂季に湊家を継がせた。しかし、湊家の家臣が反乱をおこし、急遽駆けつけた愛季によって鎮定された。茂季は豊島館に移り、愛季が湊城に入り、湊・檜山安東氏は統一された。1587（天正15）年愛季が死去、若年の実季が跡を継いだが、茂季の子道季（実季とは従兄弟）が角館の戸沢九郎の支援を受けて湊城を攻撃し、実季はカトウド（現、三種町鵜川）の砦にこもった。実季は湊と船越（現、男鹿市）を道季に与えることを条件に休戦に持ち込んだ。この戦いには、安東氏の宗主権を争うという理由のほか、土崎湊の交易の形態をめぐる戦いであったという（『秋田市史』）。雄物川流域に勢力をもつ戸沢・六郷（美郷町）・小野寺（横手市）の各氏は雄物

土崎港周辺から金足へ　153

土崎駅周辺の史跡

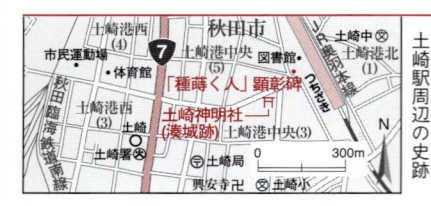

川を経由して外部と通商していた。湊安東氏の時代は徴税などは比較的ゆるやかであったが、安東愛季が湊城に入ってからは、諸大名との交易に強い圧力が加わっていたとされる。土崎湊と船越を手にした道季と戸沢氏は当初の目的を達成したことになり、軍を引いた。実季は上杉景勝と結ぶ越後国(現、新潟県)の本庄氏に誼みを通じ、由利郡の赤尾津・羽川・仁賀保などに助勢を求め、道季の家臣団の分断を図って、湊城に道季を攻撃した。1589年7月には道季が仙北に落ち延びて、湊合戦は終止符が打たれた。

実季は1599年になって大規模な築城工事をしている。従来の湊城を修復したという規模ではなく、新規の築城であったと推定される記録が残っている。実季の築城した湊城は、現在の土崎神明社の地に2重の堀をめぐらした平城であった。現在も土塁の一部が残る。工事の終了は1601(慶長6)年の暮れであった。しかし、この城はわずか3年で廃城となった。安東実季は、1602年に国替で常陸国宍戸(現、茨城県笠間市)に転封され、かわって入部した佐竹義宣は1604年に久保田城を新築し移転、湊城は破却された。

土崎神明社は旧土崎港町の総鎮守であり、天照大神をまつる。佐竹義宣の遷封直後、当地の肝煎に任命された船木靭負が久保田に移住すると、佐竹家の家臣の川口弥左衛門が肝煎となった。川口氏の氏神を町民が信奉するようになり、1620(元和6)年に湊城跡に勧請したのが土崎神明社の始まりとされる。毎年7月20・21日に行われる土崎神明社祭の曳山行事(国民俗)は、「カスベ祭」ともよばれる。「カスベ」はエイの干物であり、カスベの煮物は保存が利き、真夏の祭典の肴として珍重されている。

土崎湊は、『日本書紀』斉明天皇4(658)年条にみえる「齶田浦」に比定されている。1189(文治5)年には橘公業が秋田郡湊などの地頭職、1239(延応元)年には橘公員が湊地頭職を与えられているので、鎌倉時代前期は橘氏の支配地であったと推定される。室町・戦国時代は安東氏の支配下におかれて海運で栄え、北国七湊の1つに数えられた。江戸時代に入って、湊城が廃城となった後も、土

土崎の大空襲

コラム

太平洋戦争最後の被爆地

　第二次世界大戦終結前夜の1945（昭和20）年8月14日、アメリカの空軍機が午後10時過ぎから約4時間にわたり、土崎の日本石油製油所を中心に猛爆撃を加えた。この土崎の大空襲では、132機のB29爆撃機が、1万2000発の爆弾を投下し、一般市民・軍人ら約250人が死亡し、多数の負傷者を出した。その後、不発弾は125発以上も発見され、その発見はいまだに続いている。1975年、土崎港被爆30周年記念市民会議が発足し、以後、毎年8月にはポートタワーセリオンで、土崎空襲展・犠牲者追悼平和祈念式典・灯籠流し（秋田港）が行われている。1978年に秋田港湾公園に建てられた「平和を祈る乙女の像」を始め、土崎港の周辺13カ所に慰霊碑・慰霊塔が立つ。

土崎神明社

土崎神明社の曳山

崎湊は江戸・京・大坂の商業圏とつながる、秋田藩20万石余の物資の集散地として機能した。雄物川をくだってくる雄勝・平鹿・仙北3郡の商米の沖出口として発展し、現在も御蔵町・穀保町などの地名にその繁栄を偲ぶことができる。また土崎港には、越後屋（谷）・越中屋・越前屋・加賀屋・能登屋・若狭・金沢などの姓をもつ人が多く、日本海沿岸各地からの移住を物語る。

　土崎駅の南西約1km、国道7号線と県道56号線との交差点東側の地区が旧穀保町であり、湊御蔵とよばれる土蔵・板蔵などが立ち並んでいた。湊御蔵の前を雄物川が流れ、多くの沖仲仕が長屋に住み、川舟が横付けできる舟着き場があった。

秋田県立博物館 ⑰　〈M ▶ P. 126, 158〉秋田市金足鳰崎字後山52　P
018-873-4121　JR奥羽本線・男鹿線追分駅🚶15分

　追分駅の北側に男潟・女潟という2つの沼があり、一帯が秋田県

秋田県立博物館

人文・科学の総合博物館

立小泉潟公園として整備されている。女潟湿原植物群落(県天然)には希少種も多く,ヒシモドキの北限地となっている。女潟に隣接して,林泉回遊式日本庭園の水心苑がある。

　小泉潟公園の中央部に,秋田県立博物館がある。1975(昭和50)年に人文・自然科学の総合博物館として開館し,1990(平成8)年には「菅江真澄資料センター」と「秋田の先覚記念室」が設置された。人面付環状注口土器・磨製石斧(ともに国重文),久保田城下絵図・紙本金地著色男鹿図屏風(ともに県文化)など,貴重な資料を多数所蔵する。

旧奈良家住宅 ⑱
018-873-5009

〈M▶P.126, 158〉秋田市金足小泉字上前8 Ｐ
JR奥羽本線・男鹿線追分駅 🚶25分

18世紀に建てられた豪農の住宅

　秋田県立博物館から男潟の東岸沿いに北へ800mほど行くと,旧奈良家住宅(国重文)がある。奈良家は,弘治年間(1555～58)に大和国(現,奈良県)から移住したと伝えられる豪農・大地主で,住宅は,現在秋田県立博物館の分館として公開されている。宝暦年間(1751～64)の建造と伝えられている。深い茅葺き屋根の大規模な建物で,間取りは主棟中央前面に広い居間をおき,その奥に寝室を並べ,一部土間に張り出した台所を配している。座敷前面には玄関を突出させた中門をもつ両中門造となっている。床の間まわりや欄間などの意匠には洗練されたものがあり,座敷の縁回りには土縁を構えている。

　この住宅は県中央部日本海沿いの典型的な大型民家であり,鉋仕上げ・太い指物と貫などに先駆的な工法がみられる。軒が高く量感豊かな茅葺き屋根が四方を圧する姿は,東日本の民家の雄とよぶに相応しい。また敷地内には,明治時代から大正時代に建てられた新住居・座敷蔵・文庫蔵,南米蔵・北米蔵・味噌蔵のほか,明治天

『種蒔く人』

コラム

大正デモクラシーの種を蒔く

　フランスのパリに留学していた土崎港出身の小牧近江（本名近江谷駉）は，1919（大正8）年に帰国し，1921年2月15日に，土崎小学校の同級生の今野賢三（作家）・金子洋文（作家）のほか，近江谷友治（土崎港・小牧の伯父），畠山松治郎（八郎潟町・小牧の従兄弟），安田養蔵（八郎潟町），山川亮（東京）によって，日本最初のプロレタリア雑誌『種蒔く人』が創刊された。発行は「東京赤坂区青山北町1-8小牧近江方」となっているが，印刷は土崎の寺林印刷所である。発売禁止処分を受けた同年4月17日発行の第3号までが土崎で印刷された（土崎版）。その後本拠を東京に移し，10月に再刊（東京版）し，1923（大正12）年10月まで刊行され，多くのプロレタリア作家を育てた。プロレタリア文学運動は，翌年発行の『文芸戦線』に引き継がれた。

　第一次世界大戦後，パリでバルビュスらがおこした国際平和運動クラルテを経験して帰国した小牧近江は，日本でも平和運動を推し進めようとし，社会主義への志向を強めていた金子洋文とともに無産階級文学を志していた今野賢三や近江谷友治・畠山松治郎らによびかけ，『種蒔く人』を発刊した。

　彼らの意図は，階級的な立場に立つプロレタリア文学運動を通して，科学的な社会主義の達成を目指したものであった。普選運動・労働運動・小作争議などと結びつき，理念だけでなく実践的な運動として歓迎された。

　1964（昭和39）年，秋田市立土崎図書館に，創刊号の表紙を刻んだ「種蒔く人」顕彰碑が建立された。

種蒔く人の像

皇の東北巡行の際（1881年）に建てられた北野小休所があり，いずれも国の登録文化財となっている。

　江戸時代後期の国学者・紀行家菅江真澄は，奈良家住宅に宿泊し，金足地区について日記『軒の山吹』を残しているが，この辺りの民家では3月24日の北野天神（潟上市）の宵宮には，住宅や蔵・倉庫，厠などあらゆる建物の屋根に，団子とヤマブキの花を挿す風習があると記している。最近，県立博物館では旧奈良家住宅を利用して，「山吹を葺く」風習を復活させた。

　追分駅から北東へ5kmほど行った金足黒川には，江戸時代末期

追分駅周辺の史跡

に建てられた三浦家住宅(主屋・文庫蔵・土蔵・米蔵・味噌蔵・馬小屋・表門・鎮守社, 国重文)がある。三浦家は, 1589(天正17)年の湊合戦のおり, 湊安東氏側について, 浦城(八郎潟町)にこもり, 檜山安東氏の軍勢に攻撃されて自害した三浦義豊(三浦盛長と記す史料もある)の子孫と伝えられている。

秋田県立博物館から南東5kmほどの上新城道川に道川神社がある。字名の愛染(相染)から愛染明王堂(菅江真澄著『勝地臨毫出羽国秋田郡』)とよばれていた。木造愛染明王坐像(像高68.2cm, 平安時代後期)があり, 本尊であったと考えられる。道川神社には木造毘沙門天立像(117.6cm, 平安時代後期)・木造金剛夜叉明王坐像(86.5cm, 鎌倉時代後期)・不動明王立像(114.1cm, 平安時代後期)も所蔵されており, 4体とも県の文化財である。

上新城石名坂には龍泉寺跡がある。江戸時代, 龍泉寺(真言宗)は佐竹氏の祈願所であったが, 明治時代に能代市に移転した。この寺には, 金銅造薬師如来立像(65.6cm, 鎌倉時代, 県文化)と二の舞面(翁面, 県文化)・木造十一面観音菩薩立像(161cm, 江戸時代, 円空仏, 県文化)があり, いずれも上新城時代から所蔵されていた。二の舞面には「徳治二(1307)年」の銘がある。以上3点の工芸品は, 菅江真澄が1817(文化14)年に『しいの葉』に記録している。『日本三代実録』貞観8(866)年の条の「出羽国の瑜伽寺, 定額となす」との記事から, 菅江真澄は上新城湯カ又(現, 湯ノ里)にこの寺があったと比定している(『筆のまにまに』)。上新城中学校の近くには, 上代窯跡(末沢窯跡, 県史跡)もある。上新城地区は秋田市寺内の秋田城跡から約8kmも離れているが, 奈良~鎌倉時代には秋田城と関係のある仏教施設の集積地であったとも考えられる。

❹ 太平山麓を歩く

秋田市の北東に花開いた薬師・三吉信仰。

太平山三吉神社 ⑲
18-834-3443（奥宮）

〈M▶P.126〉秋田市太平山谷（奥宮）／広面字赤沼3-2（里宮） 🅿

奥宮：JR秋田新幹線・奥羽本線・羽越本線秋田駅🚗1時間（旭又口まで）🚶4時間。ほかに木曽石口・野田口・丸舞口のコースもある。

里宮：JR秋田駅🚌太平山三吉神社入口🚶3分

梵天奉納で名高い三吉さん

　秋田市の北東に聳える太平山は奥岳（1171m）を主峰とし、宝蔵岳・剣岳・中岳・前岳などがほぼ東西に連なり、旭岳・笹森・赤倉岳・馬場目岳が屈曲しながら南北に伸びる山塊であり、太平山県立自然公園となっている。稜線は秋田市・北秋田郡・南秋田郡の境界となっており、太平山から流れくだる川は上小阿仁川・馬場目川のほか、秋田市内を流れる川として、旭川・太平川・岩見川などがあり、仁別峡・三内峡などの渓谷美をなす。全山が秋田杉（植林が多い）や、ブナなどの広葉樹に覆われ、山頂付近には高山植物もみられる。

　奥岳山頂には、太平山三吉神社の奥宮が鎮座する。役小角の創建、坂上田村麻呂の再建と伝えられている。現在の祭神は大己貴大神・少彦名大神・三吉霊神であるが、古くは薬師如来をまつり、疫病鎮撫・豊作祈願の山として、また地主神の三吉霊神は商売繁盛・勝利成功の神として崇敬を集めた。1781（天明元）年には、秋田藩8代藩主佐竹義敦により、赤沼の地に太平山の雪をみるための雪見御殿が建てられ、1868（慶応4）年には、太平山遙拝殿が設けられた。これが現在の里宮である。これとは別に、秋田市八日町（現、大町5丁目）の辰伝之助が木曽石から中岳までの登山路を開発

太平山三吉神社

太平山麓を歩く

し，八田木曽石に1868年に太平山神社を建立した。現在の三吉神社であり，「木曽石の三吉さん」として親しまれている。

三吉神社のおもな祭典は，5月7・8日の春の例大祭，10月16・17日の秋の例大祭であるが，いちばん華やかで賑わいをみせるのは，1月17日の梵天奉納祭である。近在の集落では，約1.8mの杉丸太に大きな竹籠をかぶせ，極彩色の布や五色の紙で飾った梵天をつくる。1月17日の早朝から梵天奉納が始まる。梵天をかついだ若者が鳥居目指していっせいに駆け込むと，それを阻もうとする若者と押し合いになる。一般参詣者は梵天の飾りを手に入れようとして揉み合いとなる。五穀豊饒や家内安全を祈願しての奉納であるが，現在は商売繁盛を願う企業梵天もみられるようになった。

境内には三吉神社資料館があり，江戸時代初期からの奥宮の棟札や梵天祭の資料などが展示されている。

補陀寺 ❷⓪
018-827-2326

〈M ▶ P. 126, 164〉秋田市山内字松原26　P
JR秋田駅🚌仁別線補陀寺前🚶3分

秋田市最古の曹洞宗寺院

補陀寺前バス停左手の小高い丘に巨大な杉並木がみえ，のぼって行くと見事な山門に至る。亀像山補陀寺（曹洞宗）である。寺伝によると，1349（貞和5）年，大本山總持寺祖院（石川県）で学んだ月泉良印が後醍醐天皇の側近万里小路藤房を伴って東北にくだり，津軽十三湊（現，青森県五所川原市十三湖付近）の豪族安東盛季を開基として比内桧原（現，大館市）に創建し，まもなく現在地の北東山頂に移したという。良印は正法寺（岩手県奥州市）に移り，藤房が無等良雄と号し，2世となった。市内には良雄を開山とする寺として，正應寺（太平）・西来院（寺内）・嶺梅院（土崎）の3カ寺がある。

江戸時代になっても佐竹氏の庇護の下に多くの末寺を有し

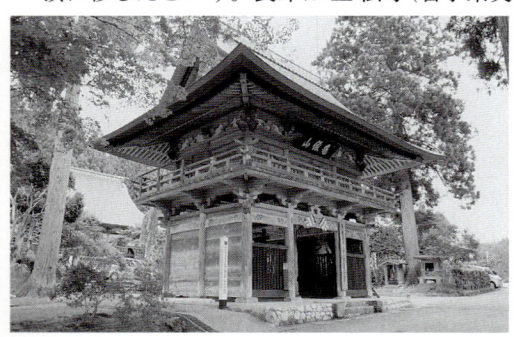

補陀寺山門

た。寺は1622(元和8)年に焼失し、1645(正保2)年に現在地に再建された。本堂と山門は秋田市指定文化財である。

藤倉水源地水道施設 ㉑

〈M▶P.126, 164〉 秋田市山内字上台・字大畑
JR秋田駅🚌仁別リゾート公園線釣りセンター前🚶10分

秋田の近代化遺産

補陀寺から旭川に沿って北東へ3.5kmほど行くと、藤倉神社(祭神天照大神 ほか)がある。藤倉観音ともよばれ、秋田6郡の三十三観音霊場の22番札所でもある。明治時代初期、神仏分離により藤倉神社となった。

さらに北東に進むと、旭川の左岸に藤倉水源地水道施設(国重文)がみえてくる。1911(明治44)年に秋田市が完成させた上水道専用の貯水・取水用ダムで、1973(昭和48)年まで使用されていた。本堰堤の上部には赤い鉄製トラス橋が架かり、木々の緑と調和した景色が素晴らしい。堰堤・管理塔・放水路は、いずれも国の重要文化財に指定されている。

仁別国民の森 ㉒
018-827-2322

〈M▶P.126〉 秋田市仁別字務沢国有林 P
JR秋田駅🚌60分

秋田杉天然木に囲まれた空間

藤倉水源地から北東に進むと高い峠があり、真下に仁別集落がみえてくる。集落に入ってすぐ右折すると、旭川治水ダムの右側に太平山リゾート公園がある。

仁別集落に戻って、旭川沿いの曲がりくねった林道をのぼると仁別国民の森に着く。一帯は天然秋田杉に囲まれた空間で、その中心にあるのが仁別森林博物館である。館内には、秋田杉の標本・樹木の種子・林業関係機器・秋田杉木工品など1000点以上の展示物がある。とくに、秋田杉・ブナ・メタセコシヤ(スギ科の針葉樹で絶滅種)の化石や鳥獣の剝製約100種は必見である。なお、森林博物

仁別集落

太平山麓を歩く

館は冬季(11月～4月下旬)は降雪のため休館となる。

さらに奥に進むと、旭又キャンプ場がある。太平山登山路旭又口の起点であり、3～4時間で登頂できる。6～10月までは太平山三吉神社経営の山小屋に管理人が常駐している。里宮に宿泊することが可能かどうかなどを確認してからの登山をすすめたい。

嵯峨家住宅 ㉓ 〈M ▶ P.126, 164〉秋田市太平目長崎字上目長崎217
JR秋田駅🚌太平線太平小学校前🚶1分

市立太平小学校と向かい合うように、大きな茅葺き屋根の嵯峨家住宅(国重文)がある。嵯峨家の裏山は安東氏の家臣大江(一部)氏の居館舞鶴館の跡と推定され、室町時代、嵯峨氏は大江氏の家臣であったと伝えられている。江戸時代、肝煎をつとめた嵯峨家の主屋(附 南米蔵)は、金足の旧奈良家住宅とよく似た両中門造であり、秋田地方民家の代表的な豪農住宅である。

太平目長崎から太平川沿いに東に進むと、箕作りで有名な黒沢集落に至る。昭和20年代には、100戸ほどからなる集落のほとんどの世帯が箕作りに携わり、箕を背に北海道・東北一円に行商していた。集落の北東に産土神勝手神社(祭神受鬘神)がある。奈良県吉野町の勝手神社から遷したものと語られている。神社の氏子に男の子が生まれると木の弓矢を奉納し、女の子が生まれるとショウブを植える風習がある。この風習は吉野町の勝手神社と水分神社のものと同じである。太平山三吉神社が役小角の創建と伝えられるなど、太平地区は吉野山とゆかりの濃い土地柄である。

さらに東進すると、太平山登山路野田口がある。ここには番楽面を神体とする生面神社がある。山伏修験系の山谷番楽が伝わる。野田から県道28号線を約1km南下すると、旧河辺町岩見三内地区(現、

嵯峨家住宅

秋田を代表する豪農住宅

勝手神社

秋田市)の中心部に着く。ここから県道308号線を約5kmほど北東に進むと、岩谷山の麓に秋田県健康増進交流センター・ユフォーレがある。ユフォーレは太平山登山路丸舞口の起点でもある。車10分，徒歩で4時間ほどで山頂に至る。

　岩谷山(366m)は坂上田村麻呂伝説，薬師信仰の山である。田村麻呂に追われた蝦夷の首領大滝丸が隠れたという洞窟があり，薬師如来がまつられている。ユフォーレから山頂へは徒歩約30分で登頂できる。山頂からは秋田市の中心部が一望できる。

　ユフォーレからさらに北東に進むと，筑紫森(392m)がみえてくる。全山流紋岩からなり，柱状節理と板状節理が奇観を呈する大岩脈(筑紫森岩脈，国天然)である。火山岩が冷却・固化する際の体積収縮にともなって，冷却面に対し垂直に柱状節理を，平行に板状節理を生じさせたと考えられている。柱状節理の断面は不等辺五角形，太さは下部で30～40cm，上部で10cm以下となる。節理の傾斜は下部では急傾斜，上部でほぼ水平となる。山の登山口まで車で行くことができ，そこから徒歩30分ほどで登頂できる。岩谷山同様，秋田市内が眺望できる。

筑紫森岩脈

　筑紫森の東側に岩見ダムがあり，ここから三内峡が始まる。

　太平山・岩谷山・筑紫森の三山に登拝する「三山掛け」が，江戸時代から昭和30年代まで行われていた。秋田市の北西部・旧南秋田郡地区には太平講・三吉講という講中があり，毎年8月は三山掛けで賑わったが，今は廃れた。

　岩見三内地区の中心部に戻り，岩見川沿いに約6km東行すると，

太平山麓を歩く

山内から太平の史跡

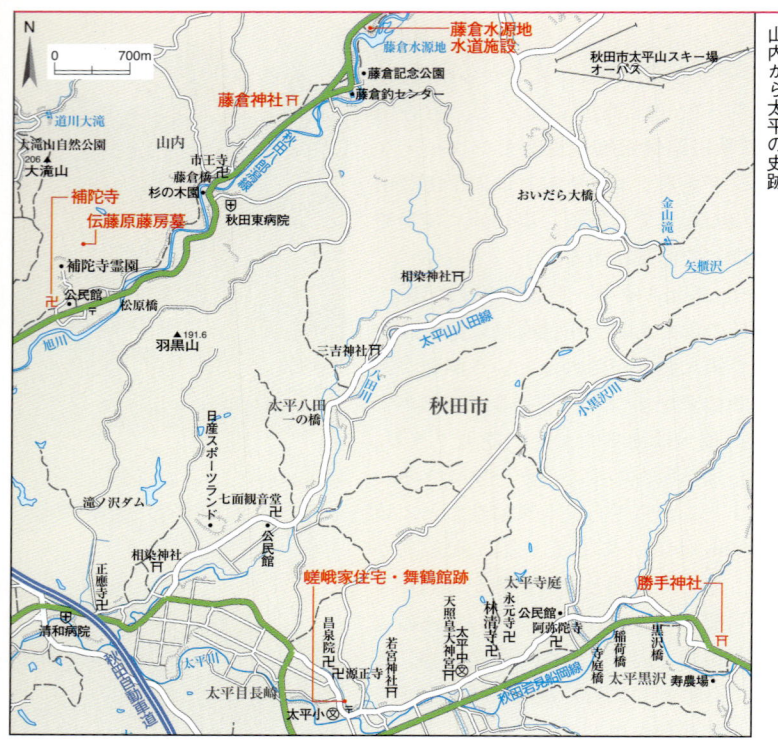

河辺へそ公園がある。秋田県の中心部であることから秋田のへそとして公園がつくられた。へそ公園の東に,秋田市の最東端の鵜養(うやしない)集落がある。鵜養集落を貫く岩見川には,岨谷・殿淵(とのぶち)・伏伸(ふのし)・舟作(ふなさく)の景勝地を含む岩見峡がある。

大張野開拓地(おおばりのかいたくち) ㉔

2度開発された村

〈M ▶ P.126〉秋田市河辺大張野
JR奥羽本線大張野駅 30分,またはJR奥羽本線和田(かだ)駅 10分

JR和田駅から7km,車で10分ほど行った岩見川の左岸に広がる大張野は広大な台地で,江戸時代には数戸の家とわずかの水田があるだけであり,周辺の集落の薪炭用の雑木と採草地として利用されるだけであった。明治維新で禄(ろく)を失った旧秋田藩士羽生(はにゅう)氏熟ら132人は,士族授産(しぞくじゅさん)を目的に秋成社(しゅうせいしゃ)を結成し,多額の政府資金と資金援助を得て,機業・牧畜・養蚕(ようさん)などを計画し,その1つが大張野開

164　秋田市

拓であった。1880(明治13)年50戸の士族が移住し、西洋式大農法を取り入れて、馬鈴薯・大豆・燕麦・桑・陸稲などが栽培された。また農業指導者育成のために設けられた私立大張野農学校では、牧畜獣医術の講義、農産物の品質改良の研究などが行われ、「開墾農学校」とよばれた。

『羽陰恩故誌』によれば、大張野開拓の成果は、開墾総反別271町5反歩、移住戸数52戸、人口250人、開墾費用1万5000円となっている。しかし、世界的な不況のなか、資金難と作物の自然環境への不適などにより経営が立ち行かなくなり、1904年、秋成社は解散した。開拓した農地は、再び原野・山林と化した。

第二次世界大戦終結とともに、外地からの引揚者の受け入れ、食料増産のため、再び開墾が始まり、1948(昭和23)年〜58年に19戸が入植し、陸稲・蔬菜(とくにハクサイ)から酪農・養豚などに活路を見出しているが、現在ほとんどが兼業農家となっている。なお、1881(明治14)年には、東北巡行中の明治天皇が視察に訪れており、明治天皇行在所跡の記念碑が建っている。

旧黒澤家住宅㉕　〈M▶P.126〉秋田市楢山字石塚谷地297-99(一つ森公園内)　P
018-831-0285
JR秋田駅🚗15分

秋田藩上級藩士の邸宅

秋田駅の東南、一つ森公園内に、1988(昭和63)年に東根小屋町(現、中通3丁目)から移築された旧黒澤家住宅(国重文)がある。17世紀後半に芳賀家の屋敷として建てられた後、1829(文政12)年には江戸時代最後の居住者黒澤家が入った。現在の建物配置などは江戸時代と同一であり、久保田城下の上級武家屋敷の構成を知ることのできる遺構として、主屋(附氏神堂)・表門・土蔵・米蔵・木小屋のすべてが国の重要文化財に指定されている。

旧黒澤家住宅

太平山麓を歩く

雄物川に沿って ❺

雄物川沿いに広がる清水の町と民謡の里。

湧水の里新屋 ㉖

〈M▶P. 126, 167〉秋田市新屋
JR羽越本線新屋駅🚶3分、またはJR秋田新幹線・奥羽本線・羽越本線秋田駅🚌新屋線・新屋西線新屋🚶1分

清水をいかした町

　新屋は標高28mの海岸砂丘をすぐ西に控えた，雄物川左岸に位置する。1938(昭和13)年，雄物川の流路変更により，新屋地区と勝平地区に分断された。『吾妻鏡』に大河兼任と由利維平が毛々左田で戦ったとみえるが，毛々左田は現在の新屋・浜田・豊岩地区に比定されている。『享保郡邑記』にも百三段村は勝平山の麓にあったが，山崩れのために移転し，新屋村と称したと記されている。

　新屋駅から西へ200mほど行くと，日吉神社(祭神大山咋神)がある。807(大同2)年の坂上田村麻呂創建とも，永治年間(1141〜42)，由利維久再建とも伝えられる。その後も由利地区の諸豪族から，多くの寄進を受けた記録がある。江戸時代は藩主佐竹氏の崇敬を受けた。南側を由利街道が通っており，神社近くには「関町」「関町後」の地名が残る。5月24・25日が例祭日，6月の第1日曜日には鹿島流しが行われる。

　日吉神社から北へ進むと，新屋の中心街表町・元町と続く。新屋は豊かな湧水で知られ，醸造業が発達し，今も江戸時代から続く清酒・味噌・醤油などの醸造所が多い。表町の森九商店工場・仕込蔵・主屋，元町の国萬歳酒造酛場・作業場・室・南仕込蔵・北仕込蔵・主屋・洋館は，国の登録文化財となっている。なお湧水の多くは，水源地の砂丘地帯が住宅地となったことから，飲料水に適さなくなり，現在は新屋郵便局前の「長命の名水」だけが一般に公開されている。

　元町の西隣が栗田町であり，町の北端に栗田神社がある。日本海に面した新屋は古くから飛砂の害に悩まされていたが，1797(寛政9)年，秋田藩士栗田定之丞が，藩命により砂留役に任じられ，山本郡浜田から河辺郡新屋まで，300万本のマツの植樹に成功した。没後の1828(文政11)年に割山(現，新屋割山町)に祠が建てられ，

新屋駅周辺の史跡

1857(安政4)年新屋船場町に社殿が建立され、1912(大正元)年、雄物川改修のため現在地に移転した。

日吉神社の南の新屋比内町は、幕末に新設された武家町であった。異国船接近に対する海岸防衛の目的で藩内の民間人を士分に取り立て、16戸を住まわせたのに始まる。隣接する大森山(124m)は、日本海・男鹿半島のみえる景勝地として、公園化されており、市営動物園もある。

元町の県道56号線を挟んで東側の新屋大川町に秋田公立美術工芸短期大学がある。校舎の一部は1934(昭和9)年、秋田県販売購買組合連合会(現、JA全農あきた)が建てた農業倉庫で、1939年に農林省に移管、1990(平成2)年まで国立新屋倉庫として使用された。1995年秋田市に委譲後、美術短大の実習棟一・二・三号棟、創作工房棟、大学開放センター工芸体験棟・地域交流棟・ギャラリー棟、秋田市立新屋図書館倉庫棟(いずれも国登録)として活用されている。

旧国立新屋倉庫

雄物川に沿って

雄物川沿いに県道65号線を東南に進むと，雄物川の南岸に広がる旧豊岩村である。豊巻には<u>豊平神社</u>(祭神 聖徳太子ほか)があり，室町時代の作とされる聖徳太子像がある。豊巻には，戦国時代に白華館(かだて)があった。安東氏が由利郡の羽川氏に備えて築いた館であり，一族の安東季林が居城した。小山(こやま)には<u>愛宕神社</u>(祭神火結神ほか)があり，小山地蔵尊とよばれている。漁業関連者の信仰が篤く，豊漁を祈った鱒萬本碑(ますまんぽんひ)などの寄進物が保存されている。

石井露月記念館 ㉗

〈M ▶ P. 126, 168〉秋田市雄和 妙法上大部48-1　[P]
JR秋田駅🚌雄和線市民センター 🚶1分

地方に生きた子規門下の優等生

　雄和市民センター近くの雄和公民館内に，俳人石井露月を顕彰する<u>石井露月記念館</u>が設けられている。1893(明治26)年，露月(本名石井祐治(ゆうじ))は，旧制秋田中学を中退して上京し，医学を学びながら正岡子規(まさおかしき)のもとで俳句を学び，子規のすすめで新聞『日本』の記者となった。1894年，露月は医師試験に合格して帰郷，故郷女々木(めめぎ)で開業した。また，医業のほか，貧しい住民の生活向上・青年教育・女々木文庫(現，<u>露月文庫</u>)の設立など多大な業績を残し，戸米(とめ)川村(がわむら)村議を二十数年つとめた。

　1899年頃までは上京の都度，子規や俳友たちと句会に連なった。1897(明治30)年，子規は俳句評論を『日本』に掲載し，「碧梧桐(へきごとう)，虚子(きょし)の外

秋田蕗

コラム

秋田音頭に唄われた秋田蕗

「秋田の国では雨が降っても唐傘などいらね,手頃な蕗の葉さっと差しかけ,さっさと出て行かえ」と秋田音頭に唄われた秋田蕗は,大きいもので葉柄2m・葉の直径1.5mもある大型のフキで,東北地方に自生する。現在仁井田地区のみで栽培されている。秋田藩5代藩主佐竹義峰は,江戸城内で「秋田には茎の太さが七年竹,葉は長柄の傘ほどのフキがある」と自慢し,後日,国元から取り寄せ,大勢の大名にみせて蕗料理を御馳走し,面目を施したという。このフキは大館の長木沢で採れたといわれており,仁井田の秋田蕗は天保年間(1830〜44)に,長木沢から移植されたと伝えられている。

秋田蕗は砂糖漬・味噌漬として食されるだけでなく,葉の形を布・紙に刷り染める秋田蕗摺などの工芸品にも使用される。

6月頃に行われる刈り取り作業は公開されており,多くの人が訪れる。

秋田蕗

にありて昨年の俳壇に異彩を放ちたる者を露月とす」と推奨した。

1900年には能代の島田五空らとともに,俳句誌『俳星』(子規命名)を創刊した。途中休刊もあったが現在も続いており,2008(平成20)年6月で通刊1056号を数える。毎年9月には雄和地域センターで石井露月顕彰全国俳句大会が開催される。

女々木の南に高尾山(383m)がある。山頂には,「女々木の権現様」とよばれる高尾神社(祭神大名持神)奥宮がある。麓の猫沢にある里宮から参道沿いに車でのぼることができ,8合目の横長根からは雄物川が眼下にみえる。里宮には露月の遺吟といわれる「花

石井露月生家

雄物川に沿って　　169

野ゆく　耳にきのふの　峡の声」、横長根には「秋立つか　雲の音聞け　山の上」の句碑が立つ。

雄和華の里 ㉘

〈M▶P.126, 168〉秋田市雄和妙法字糠塚21　P
JR秋田駅🚌雄和線雄和地域センター乗換え循環バス糠塚華の里🚶1分

民謡人、浅野梅若・長谷川久子の故郷

　雄和地域センターから県道46号線を秋田空港方向へ2kmほど行くと雄和華の里がある。秋田国際ダリヤ園、光悦洞美術館、馬屋片中門造・茅葺きの旧大宮家を移築・転用したレストラン、里の湯などがある。

　華の里の一角には1953(昭和28)年、本荘追分の唄い手として知られる民謡歌手長谷川久子(雄和平尾鳥出身)の顕彰碑がある。

　なお、雄和神ケ村出身の三味線名人浅野梅若(本名保二)は、秋田のみならず、全国各地から内弟子を受け入れて指導し、民謡の普及に尽力した。現在雄和では、嫁入りのときに唄われる「長持ち唄」を競う「全国長持唄大会」が毎年7月に行われる。また、毎年8月には「大正寺おけさ踊り」が行われる。この踊りは平戸(現、長崎県平戸市)で発生した「ハイヤ節」が北前船によって北上し、新潟の「オケサ」と複合して、雄物川を遡ってきたものと伝えられている。

豊島館跡 ㉙

〈M▶P.126〉秋田市河辺戸島字豊島館・河辺北野田高屋字薬師沢
JR秋田駅🚌岩見三内線豊成🚶20分

室町・戦国時代に翻弄された小さな砦

　豊成バス停から東の川沿いを約20分歩くと、岩見川と国道13号線の間の標高85mの台地上に、東西約100m・南北約200mの豊島館跡(県史跡)がある。城主は鎌倉時代初期の武将畠山重忠の子孫と称した豊島氏と伝えられている。天正年間(1573〜91)に豊島重村が安東愛季と争い、のち安東道季がこの城に移ったが、湊合戦(1589年)で敗北し仙北に逃れた。その後に檜山安東氏方の羽川新助が豊島新助と名乗って入城したが、佐竹氏の秋田入府(1602年)にともない廃城となった。

Senboku-heiya 仙北平野

田沢湖

角館祭りの曳山の激突

①土屋館跡	⑥唐松神社	⑪熊野神社	⑮仙北市立角館町平福記念美術館
②池田氏庭園	⑦荒川鉱山跡	⑫千屋の松・杉並木道	⑯ユキツバキ自生北限地帯
③古四王神社	⑧水神社	⑬角館城跡	⑰大蔵神社
④宝蔵寺	⑨清水の里六郷	⑭武家屋敷群	
⑤払田柵跡	⑩秋田諏訪宮		

仙北平野

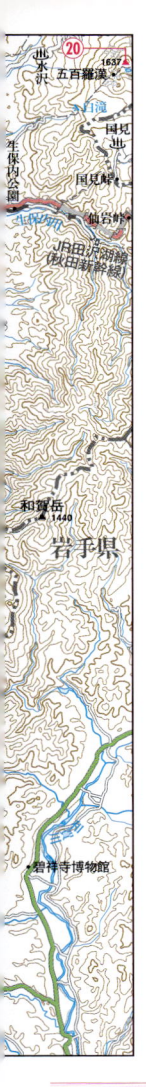

◎仙北平野散歩モデルコース

1. JR秋田新幹線・奥羽本線・田沢湖線大曲駅 20 古四王神社 10 土屋館跡 5 八幡神社 20 JR大曲駅 20 払田柵跡 20 JR大曲駅
2. JR秋田新幹線・田沢湖線・秋田内陸縦貫鉄道秋田内陸線角館駅 20 角館城跡 5 角館の武家屋敷群（石黒家・青柳家・岩橋家・河原田家・小田野家） 25 神明社 10 田町武家屋敷跡 15 JR・秋田内陸鉄道角館駅
3. JR田沢湖線田沢湖駅 15 レストハウス前 40（辰子像・御座石神社など） 15 JR田沢湖駅
　　　　　　　　　　　　（遊覧船）

⑱田沢湖　　　　　　㉒大国主神社
⑲草彅家住宅
⑳秋田駒ヶ岳高山植
　物帯
㉑玉川温泉の北投石

大仙市の周辺

1

古代を偲ぶ払田柵跡と安産祈願の唐松神社。中世の名残りを留める古四王神社。圧巻、真夏の競演全国花火大会。

土屋館跡 ❶
〈M ▶ P. 172, 175〉 大仙市大曲丸の内町
JR秋田新幹線・奥羽本線・田沢湖線大曲駅🚶10分

　大曲駅は、全国の新幹線駅のなかで唯一、列車の進行方向を反転させるスイッチバック方式を用いる珍しい駅である。駅前ロータリーから南に伸びる「花火通り」は、毎年、数十万人の観客を集める全国花火競技大会「大曲の花火」が行われる花火の街を象徴するネーミングで、活気あふれる商店街を構成している。

　花火通りを南へ500mほど行き、丸子橋の手前で右折すると、雄物川にそそぐ丸子川沿いに土塁跡が残る。この一帯が富樫氏の居城、土屋館跡と考えられている。

　富樫氏は、中世、加賀（現、石川県南部）の守護をつとめた名家だが、出羽に移った富樫氏はその一族である。主従17騎で加賀を飛び出し、1353（文和2）年に神宮寺に拠点を構え、1508（永正5）年、6代左衛門忠之が当地に移った。雄物川の水運と、南部地方の木材を始めとする豊富な資源流通の要衝を押さえる目的があったと推測される。

　この時期の奥羽地方は、豪族間の勢力争いが常態化しており、戦略上の要地をめぐる攻防が激しく続いていた。富樫氏もさらに地の利にすぐれた大曲に進出、15世紀に入って急速に力をつけてきた角館に拠点をおく戸沢氏の配下に加わり、内館城を築いた。この移動には、戸沢氏の後ろ楯があったとも考えられる。内館城は、のちに地名を冠して土屋館とよばれるようになり、富樫氏は、1570（元

もと加賀の名家富樫氏の城館跡
奈良当麻寺中将姫の曼荼羅図写し

八幡神社

仙北平野

亀元)年,上高畑の孔雀城に移るまで当城に拠った。

土屋館跡の北西方には,中世中頃に勧請されたという八幡神社があり,「元亨三(1323)年」銘の石造五重塔(県文化)が残る。この神社の立つ台地は,丸子川を城の南側の防御線とした土塁跡で,出水時の堤防にもなったとみられ,江戸時代後期に盛土の頭頂部が平坦につくり直されたと考えられる。

富樫氏が大曲にたどり着いて600年余り,今も大曲を中心に血脈を保っている。

大曲駅から南へ1.5kmほど行き,県道13号線に入ってさらに約5km行った大仙市角間川町に浄蓮寺(浄土宗)がある。

当寺には,奈良時代,中将姫が感得した蓮華の糸で織られたとされる綴織当麻曼荼羅(奈良県当麻寺所蔵,国宝)の写しである絹本著色当麻曼荼羅図(鎌倉時代作,国重文)が伝えられている。

構図は中央の内陣に阿弥陀仏を中心とする極楽浄土を描き,向かって右辺に十三観,左辺に観無量寿経と序文の説話,下辺に九品往生観が分けて描かれている。顔料の剥落がみられるものの,流麗な線描と破綻のない構成が秀逸と評価されている。

この図は,裏に貼付されている文政年間(1818〜30)の同寺の住職鑑与の墨書によれば,角間川の豪商北島三左衛門が宝暦年間(1751〜64)に,京都の透玄寺に伝わったものを購入して寄進したとされる。1935(昭和10)年11月から37年2月まで東京帝室博物館(現,東京国立博物館)に寄託し,文部省の指導を受けたことが記録されている。公開は通例,旧盆に同寺で行われる。

大仙市の周辺

池田氏庭園 ❷

〈M ▶ P. 172〉大仙市高梨字大嶋1
JR秋田新幹線・奥羽本線・田沢湖線大曲駅🚗15分

家紋の六角形をなす広大な池田氏庭園

大曲駅から県道50号線を北東へ約3km行くと、右手に池田氏庭園がある。

池田氏は明治時代から第二次世界大戦前まで旧高梨村（現、仙北市高梨）の村長をつとめ、山形県の本間氏、宮城県の斉藤氏と並ぶ大地主として知られている。田圃の所有面積だけで最盛期の明治時代初期には1200haもあった。敷地面積は約4.2ha、横手盆地の田園地帯にあって、上空からみると池田家の家紋である六角形をなし、周囲は石垣をともなう壕や土塁で囲まれている。敷地は浮島のような様相を呈していて、仙北平野の散村形態を今日によく残している。

1896（明治29）年、陸羽地震で家屋が倒壊したのを契機に、耕地整理事業にあわせて屋敷地を拡張、秋田市の千秋公園を設計した長岡安平の協力を得て、明治時代末期頃までに地割を行い、大正時代に完成した。

正門は堂々とした薬医門、屋敷を囲むように張りめぐらせた石垣の壕は長さ800mにもおよぶ。敷地内の母屋を取り巻く庭園には、各所に築山や滝口を設け、石灯籠・景石を配し、プール・運動広場などがあった。1922（大正11）年には私設の図書館として、県内初の鉄筋コンクリート造りの2階建て洋館も建てられた。

母屋は1952（昭和27）年2月に焼失し、その後、多くの施設も失われたが、庭園と母屋の基礎と敷石は残っている。

池田氏庭園

庭園は中島を有する池を中心としてつくられ、池の西岸に笠の直径4mの国内最大級とみられる巨大な雪見灯籠がある。内部には食堂兼音楽室、ビリヤード室などがあり、かつては一般にも開放されて

大曲の花火

コラム

夏の締めくくり、夜空に咲く大輪
明治から続く日本有数の花火全国大会

　全国に、花火の瞬間的な造形美を愛好する人は多い。花火は、日本人の心の琴線に触れる夏の風物詩であり、江戸時代から、人びとに多くの楽しみをもたらしてきた。

　しかし、大曲では少し違う。大曲は、夏場だけではなく、大げさに表現すれば、1年365日、どこかで花火が打ち上げられているといってもよいほど、花火に対する思い入れが深い花火の街なのである。

　毎年8月第4土曜日の夜、雄物川河川敷を打ち上げ場に、70万人もの観客を集めて行われる全国花火競技大会「大曲の花火」は、規模の大きさにおいても全国随一である。

　「大曲の花火」が産声をあげたのは、1910(明治43)年のことである。奥羽本線が開通して3年目、地元紙を発行していた仙北新報社(現、秋田民報社)が、大曲町の町民に開催をよびかけ、奥羽六県煙火共進会として上大町の諏訪神社で開催された。第二次世界大戦後の混乱期に一時中断したが、2006(平成18)年で80回を迎えた。何よりも地域の人たちの花火への思いやりの心情が支えてきたものであろう。

　部門別に行われる競技のなかでも、全国の花火師が「挑戦」の気構えで全国一を目指す、1963(昭和38)年から始められた「創造花火」は必見である。自由な発想、立体感と色彩、それに新しい花火芸術の極致を目指す興奮、そんな意気込みをみせてくれるこの競技大会が、日本一の観客動員を誇る花火大会へと成長させた。

　この地域には、菅江真澄の著作『月の出羽路』の「大曲の郷の民流」の挿絵にもみえるように、江戸時代から花火の製造が盛んで、打ち上げの機会が多く、神社の祭典には花火を打ち上げるのが通例となっていた。それを「大会」という形式で、明治時代後半に定着させたアイディアは、大曲の人の一種の才覚でもあろうか。

いた。内装の壁紙は、国会議事堂に使われていたものと同じ種類の金唐革紙が使われている。洋館、薬医門のほか米蔵や味噌蔵など、5つの蔵が当時の面影を現代に伝えている。

　池田氏庭園は、近代造園の先駆者である長岡が関与した庭園として、観賞上・学術上の価値がきわめて高いと評価され、2006(平成18)年に国の名勝に指定された。

　個人住宅であり、日常生活の場であることから一般公開はしていなかったが、2006年以降、池田家からの承諾を受けて、毎年春と秋

の2回特別公開されている。日程は毎年異なるため、見学に際しては大仙市教育委員会文化財保護課まで問い合わせられたい。

古四王神社 ❸

〈M▶P.172, 175〉大仙市大曲古四王際30 **P**
JR秋田新幹線・奥羽本線・田沢湖線大曲駅🚌横手行追分
🚶15分、または秋田自動車道大曲IC🚗10分

釘を1本も使わない飛騨大工建造の本殿

　秋田自動車道大曲ICから、国道13号線和合ICに通じる国道105号線大曲西道路の沿道、大仙市の中心部大曲から南西3kmほどの、田圃に囲まれた高畑の一角に、古四王神社（祭神大彦命）がある。

　高畑一帯は古代から、「越国」とよばれた現在の北陸地方・山形県庄内地方からの移住、交易などがあったと推測され、約4km東には、平安時代の城柵・官衙施設と推定される払田柵跡がある。

　古四王神社の名称から、古代、「越国」に生活拠点をもった人びとの集団が当地に定住し、その祖神をまつったものとも考えられる。

　「富樫氏戒名帳」によれば、室町時代末期、戸沢氏の被官富樫左衛門太郎勝家は、1570（元亀元）年にこの地に孔雀城を築いて土屋館から移ったといい、同年、古四王神社の造営を奉行したと伝えられる。

　本殿（国重文）は一間社入母屋造・柿葺き、妻入で、向拝正面に唐破風がつく。桁行・梁間とも8.4尺（約2.5m）の正方形で、軒下の組み物など細部にわたって、ほかにはあまりみられない様式をもつ。妻入様式は全国的に多くみられるが、当社は、豪快な組合せ建築と優美な彫刻の建造物であり、禅宗様式を取り入れた珍しい社殿である。また棟札から、大工は飛騨古川（現、岐阜県飛騨市古川町）出身の「甚兵衛」と判明しており、建物全体に釘が1本も使われていない。地方に残されたこの時期の様式としては、不破（岐阜県）

古四王神社

以東に数例みかけるにとどまり，東北地方では唯一の例である。

宝蔵寺 ❹
0187-72-4042

〈M ► P. 172〉 大仙市神宮寺字神宮寺227
JR奥羽本線神宮寺駅🚶10分

富樫氏とともに加賀から移転 町のシンボル大ケヤキ

　神宮寺駅から南西へ向かい，国道13号線を越えて200mほど行くと，旧羽州街道に突き当る。左折して商店街のゆったりした道筋を200mほど進むと，右側に白宮山宝蔵寺（曹洞宗）の山門がみえる。

　宝蔵寺は，1353（文和2）年，当地に移住してきた富樫氏が，翌年，加賀（現，石川県南部）から移した寺で，この際，加賀時代の寺の初代宝山宗珍僧正も移り住んだと伝えられる。加賀の出自を思わせるような山号をもち，1382（永徳2）年に伽藍を造営した。仙北地域ではもっとも早い，県内でも秋田市の補陀寺についで古い曹洞宗寺院である。

　本堂前に聳える大ケヤキは，幹回り11m・樹高35m，推定樹齢600年以上と伝えられ，創建時に植えられたものといわれる。巨鳥のような枝を広げた堂々たる姿は，宝蔵寺だけではなく，神宮寺の町のシンボルとして，市民に親しまれている。なお境内には，1845（弘化2）年に建てられた天保の飢饉（1833〜39年）の犠牲者供養碑も現存する。

宝蔵寺の大ケヤキ

払田柵跡 ❺
0187-69-2397
（払田柵総合案内所）

〈M ► P. 172〉 大仙市払田・仙北郡美郷町千屋
JR秋田新幹線・奥羽本線・田沢湖線大曲駅🚌15分，またはJR大曲駅🚶大曲バスターミナル🚌千屋行秋田県埋蔵文化財センター前🚶すぐ

発掘によって明らかになるヤマト政権と蝦夷の接点

　大曲駅の東約6km，仙北平野の田園地帯の真ん中に，払田柵跡（国史跡）がある。「払田柵」の名称は，地名によって便宜上付されたもので，『続日本紀』などの史書でも存在が確認できないことから，その位置づけをめぐっては，長い間，研究者の間で議論が続けられてきた。

　1906（明治39）年，耕地整理の際に，仙北郡千屋村（現，美郷町千

大仙市の周辺　　179

払田柵南門

払田柵跡

屋)の田圃から、200本余りの柵木が列状に並んで発見されたのが発端だった。1929(昭和4)年、当時六郷町長だった後藤寅之助(宙外)が遺跡の5000分の1の測量図(『仙北郡高梨村拂田柵址略図』)を作成して文部省に報告、1931年、発掘調査を前に、国の史跡に指定された。しかし、第二次世界大戦のために発掘作業は休止、戦後、県が中心になって発掘調査が再開され、1974年には遺跡の隣接地に秋田県埋蔵文化財センターがおかれた。

遺跡は、東西約1370m・南北約780mの長楕円形状に広がり、長森と真山の2つの丘陵を柵木塀が取り囲んでいる。この外郭柵木塀の東西南北それぞれに八脚門が設けられ、外郭線は角材を列状に挿し込んでいること、その内側にある内郭線は築地や土塀、石塁などの連続する構造であることが判明している。このうち、外郭南門を始め、政庁礎石群・角材列・外柵大路(幅12m)・石垣などが復元されている。

古代、ヤマト政権が蝦夷とよばれた東北地方の人びとをどのようにしてその勢力下に組み込んでいったのか、宮城県や岩手県などの発掘調査で少しずつ明らかになってきた。しかし、現在の秋田・山形県にあたる奥羽山脈の西側では、人びとがどのような形でヤマト政権と接触し、支配下におかれていったのか、まだ不明な点も多い。

この遺跡は、古代官衙(地方官庁)だったと資料に残されていないこともあって、その役割について、憶説を交えながら多くの話題を提供した。

払田柵跡の発掘調査は現在も継続中であり、出土品の一部は埋蔵文化財センター本所(南調査課)内の特別展示室に納められ、展示されている。また、外郭南門そばの払田柵総合案内所では、大型スクリーンやジオラマによって遺跡の概要をわかりやすく解説している。

コラム

刈和野の大綱引き

祭

小正月の作占いと商売繁盛を願い上・下2町が満月の夜大綱の引き合い

　JR奥羽本線刈和野駅の駅舎脇にある駐輪場の階上、ガラス張りになった建物の中に、大蛇のような藁束が格納されている。初めて目にする人は、その光景に驚くことだろう。

　この巨大な藁束は、旧暦1月15日(現在は2月10日)の夜、刈和野が上町(二日町)と下町(五日町)の2地区に分かれて行う大綱引きの引綱である。大綱は連年で使用されることはなく、毎年、正月が過ぎると、各地区から新藁7000束を集めて綱づくりが行われる。長さは、雄綱42尋(約64m)・雌綱33尋(約50m)、それぞれ直径約72cm・重さはあわせて10tある。

　刈和野の大綱引き(国民俗)は500年以上の伝統をもつ、全国でも最大級の綱引き神事で、地域の人たちの誇りともなっている。平将門の子孫という長山氏の氏神である市神の祭事として始まったと伝えられ、かつては二日町と五日町による市場開設権をめぐる勝負だった。しかし、近年は、上町が勝つと米の値段があがり、下町が勝つと豊作といわれるように、作占いの要素も加えられた。

　市神は、1966(昭和41)年に町の中央にある浮島神社に合祀された。もともと浮島神社は市神とは縁が薄いが、地元の人たちは、「綱」に縁を感じて、年に一度、小正月の満月の夜(旧暦1月15日)を待ちわびている。

　祭事の当日は、昼に浮島神社で神事を行った後、二日町と五日町の境界の中心「ドップ」とよばれる場所に、とぐろ状におかれた大綱まで市神を奉戴し、夕方、再度祈禱を行う。その後、大町通りにおいて、雄綱は二日町側、雌綱は五日町側に伸ばして小綱をつけ、駆け引きのあった後、2つの大綱を結び合わせる。大綱引きの主宰者である建元の合図で、引き合いの指揮者サントウ(提灯)振りの「ジョーヤサノー」の掛け声にあわせて引き合いが開始され、およそ30分で決着がつく。なお、引き合いの際は、嫁いだ者も養子に出た者も、必ず生家のある地区の綱を引くというきまりである。

　引き合いが終わると、大綱は木槌でほどいて浮島神社の境内に積まれるが、近年は一度神社に奉納して神事を完全に終えた後、駅前に展示され、町の観光ピーアールの役割をはたすようになった。

唐松神社 ❻
018-892-3002

〈M▶P.172〉大仙市協和境字下台84
JR奥羽本線羽後境駅🚶10分

　羽後境駅前から100mほど直進すると、旧国道13号線に出る。左折して南へ向かい、造り酒屋の旧家などが軒を連ねる商店街を通り

大仙市の周辺　　181

唐松神社杉並木

> 秋田物部氏が代々の神職
> 子授けと安産の神「唐松さん」

抜けると，右手に推定樹齢300年という唐松神社のスギ並木（県天然）が続いている。

唐松神社（祭神香具土神・宮毘姫命・息長帯姫命）は，秋田に移ったといわれる古代有力豪族の物部氏一族の後裔が代々神職をつとめてきた。同家に伝わる「秋田物部文書」には，982（天元5）年，物部膽咋連が神功皇后の腹帯を得てまつったのが創建とあり，1057（天喜5）年に源義家が再建したとされている。江戸時代には秋田藩主佐竹氏の庇護も厚く，一般には「唐松さん」と親称され，腹帯をまつるという伝承から，子授けと安産の神として今も尊崇されている。また，かつては県南を中心とする各地に唐松講があり，講員は，年に1度は境の唐松神社に参拝することが慣例となっていた。春と秋の2回，県南一帯を「唐松さんのお獅子」が巡回，巡回先の鎮守祭礼などよりも賑わったという。

杉並木の参道を進むと，社殿がみえる。参道は，普通，何段かのぼって拝殿前に出る場合が多いが，この神社は徐々にさがって，その底に社殿が建てられたという印象である。

参道の突き当りには拝殿があり，拝殿の中に奥殿がおかれている。奥殿は一間社流造・柿葺き。四隅に円柱を用い，三方に高欄付きの廻し縁をめぐらしている。室町時代中期の造営とみられる優美なたたずまいの建物である。なお，奥殿と当社が所蔵する県内最古の木造蛇頭神楽面は，県の文化財に指定されている。

荒川鉱山跡 ❼　〈M ► P. 172〉大仙市協和荒川
JR奥羽本線羽後境駅🚌角館行川前🚶30分

> 佐竹氏が力をそそいだ鉱山開発の1つ

関ヶ原の戦いのあと，1602（慶長7）年，久保田（現，秋田市）に移った佐竹氏は，藩内の鉱山開発に力をそそいだが，現在，荒川鉱山跡とよばれている一帯は思わしくなかった。

江戸時代，尾改沢鉱山とよばれていたこの地で銅鉱床が発見され

荒川鉱山跡

たのは、1700(元禄13)年のことである。久保田町の商人川村庄右衛門によって稼行された。佐竹氏がこの地に入部して98年後のことであった。

藩は産出銅を確保するため1738(元文3)年、直山として管理する。しかし、1743(寛保3)年、わずか5年で解消する。産出量が原因なのか、ほかに事情があったのか不明である。

それから130年余りの休山を経て明治時代を迎える。明治新政府は新しい技術を導入、工部省の担当で県の南端で稼働していた院内鉱山寮院内支庁の分局をこの地において試掘、その結果をみて1876(明治9)年、採掘権を岩手県盛岡市在住の瀬川安五郎に移譲、銅鉱床の整備と採掘が復活した。以来20年、1896年に瀬川は三菱合資会社に権利を譲渡、三菱系の企業が周辺の小さな鉱山などを併合して採掘を続けた。

明治時代以降、全国から参入の労働力で産出量も増加したが、大正時代に入ると採掘に機械化が導入され、産出量はふえ続けたものの、雇用労働者の数が削減された。労働者のなかには、この時期に鉱山を離れ、周辺の町場などに移り住む人も多かった。

昭和時代に入ると資源の枯渇が現実となり、1940(昭和15)年休山、現在に至っている。この鉱山が荒川鉱山とよばれるようになったのは、瀬川がかかわることになった1876年以降である。

平成時代に入り、協和町(現、大仙市)が坑道を整備して観光施設に転換、「マインロード荒川」として1993(平成5)年に開園したが、旧坑道の崩落などもあり、2006年に閉鎖した。鉱山資料などは、廃坑から約2km手前の国道46号線沿いの大盛館に展示されている。

水神社 ❽ 〈M ▶ P. 172〉大仙市豊川字観音堂17 P
JR秋田新幹線・田沢湖線・秋田内陸縦貫鉄道秋田内陸線角館駅
🚌六郷行南観音堂 🚶すぐ

角館駅の南約5km、豊かな伏流水に恵まれた広大な田園地帯が

豊かな水に恵まれた地域の氏神　秋田県内唯一の国宝を収蔵

旧中仙町豊川である。奥羽山脈と平行して走る県道11号線と，これに直交する県道306号線との交差点の南側，斉内川右岸の杉並木の先に神社がある。この地の豊かさをそのまま社号にした水神社（祭神水波能賣神）である。地域の人びとから篤く信仰されているこの神社に，県内唯一の国宝線刻千手観音等鏡像が納められている。

1677（延宝5）年，野中村の三采女谷地三十刈（現，大仙市豊岡三棟）に，上花園村（現，仙北市角館町）の草彌理左衛門が藩の許可を得て，開田のための用水路を開削，この作業に加わっていた横堀村（現，大仙市横堀）の肝煎川原仁衛門の子である弥十郎が鏡ともみえる円形の板のようなものを，地下5尺（約1.5m）ほどの所から掘りおこした。弥十郎はこれを持ち帰り，家の内神様としてまつったという。

作業も無事終了，藩主の佐竹家に開田の作業を終えた報告として参上した理左衛門の使いが，藩主の佐竹義処にこの円形の板状のものを持参言上したところ，これが堰より掘り出した鏡であれば，堰神（水の配分を司る）として大事にまつるようにとの仰せがあった。藩の重役は「古き茅葺きの堂があったら，まずこれに安置するように」と祭祀料として3石の米を寄付，その後，藩の援助を得てあらたに一宇を建立した。その後，何回かの改修を経て，現在の水神社の境内地となった。

鏡は青銅製の八稜鏡で，直径13.5cm・厚さ6mm・重さ525g，錫の鍍金を施し，中央に千手観音菩薩立像，周囲に観音八部衆，両側に婆蘇仙や功徳天の姿が，精巧な蹴彫り技法を用いた鏨彫りで施されている。背面には宝相華文が浮彫りされ，その内側に水鳥と蝶があしらわれ，これに重ねて，崇紀，仏師僧，大具主延

水神社

雄物川舟運と角間川

コラム

穀倉地帯と藩の中心部を結ぶ「下り舟」生活用品の供給、「上り舟」が活躍

　秋田県の最南端，湯沢市院内の沢筋に源を発する雄物川は延長129.8km，秋田市で日本海にそそぐ。県内を流れる川では，もっとも流域面積（4710km²）が広い。近世には「御物川」と書き，『享保郡邑記』には，「仙北三郡の御物成（年貢などの貢物）をば舟にてつみ下す川なれば御物川という」とある。雄物川は秋田藩にとって，穀倉地帯の雄勝・平鹿・仙北3郡（現，湯沢市・横手市・仙北市）の米を久保田城下（現，秋田市）まで運ぶための重要な水上交通路であった。

　大仙市角間川町は，雄物川と大きな支流の1つ横手川との合流点に位置する。ここから水量が多くなるため，江戸時代初期以降，積荷の入替え拠点として栄えた。寛文年間から正徳年間（1661～1716）にかけては河港整備が進んで，保管倉庫・舟人足の施設がふえていった。もっとも繁栄をきわめたのは，文化・文政年間（1804～30）で，この時期に角間川の河港としての形が完成した。

　「下り舟」は久保田城下に藩財政を支えた米を運び，「上り舟」は仙北以南3郡に生活用品や食品，とくに塩・砂糖・海産物を供給した。下り舟では年貢米のほかに，「商米」という品目も記録されていることから，一般商品としての米も運んだとみられる。また，角館佐竹氏（佐竹北家）の『北家御日記』には，初冬に，上り舟でハタハタが運ばれてきたとある。ハタハタは，秋田では正月を迎えるのに欠かせないものとして大事にされている魚である。

　角間川の河港は，明治時代に入ってからも需要度は高かったが，明治30年代には奥羽本線の延伸計画がなされた。1904（明治37）年に開通予定の奥羽本線が角間川を通れば，河港の仕事がなくなると，地元や川運従事者の間で猛烈な反対運動がおきた。政府もこの運動に対応してルート変更した。近代を象徴する鉄道を拒否して角間川の繁栄は終息したのだが，今も，文化を培った町並みや遺構に，歴史の重さが感じられる。

暦僧仁祐女具主藤　源　安女子と3行に分けられた銘が刻まれている。

　平安時代の優品と認められて，1953（昭和28）年，文化財保護法により国宝に指定，名称を端華蝶八稜鏡から線刻千手観音等鏡像に改められた。この鏡は毎年，8月に行われる水神社の例大祭日のみ一般公開される。なお，レプリカが大仙市中仙市民会館（Don-Pal）に常設展示されている。

大仙市の周辺

2 仙北平野を歩く

奥羽山脈の伏流水が生活を潤す清水の六郷。奇祭・小正月の竹打ち。豊かに広がる米どころの田園風景。

清水の里六郷 ❾

〈M ▶ P. 172, 187〉 仙北郡美郷町六郷
JR秋田新幹線・奥羽本線・田沢湖線大曲駅🚌横手行六郷営業所🚶すぐ

「百清水」とよばれる豊かな水の里

　仙北平野のほぼ中央，有数の穀倉地帯に位置する美郷町六郷は，古くから「百清水」とよばれるほど，豊かな湧水に恵まれた土地として知られる。環境省選定の「名水百選」にも選ばれた60カ所以上の湧水には，「御台所清水」「座頭清水」「藤清水」などの名がつけられている。この六郷湧水群は奥羽山脈の伏流水であり，地元の人びとの生活に深くかかわっている。ミネラル分を多く含み，飲みやすいのが特徴で，現在でも六郷では，公共水道があるにもかかわらず，どの家でも生活用水として井戸水を使っている。また，この名水とこれに育まれた米を用いて酒を醸造する蔵元もある。

　六郷は，2月11〜15日に行われる六郷のカマクラ行事（国民俗）によっても全国に知られている。小正月行事で，11日に子どもたちが緑・黄・赤・白・青の順に継ぎ合わせた半紙に文字を書くことから始まる。12日には，「天筆」とよばれるこの書き初めを青竹に吊るして軒先に飾る。13日と14日は道端などに雪を40cmほどの厚さに四角く積み上げた「鳥追い小屋」をつくり，その上に茅を編んだ莚を載せ，中に「かまくら大明神」をまつる。子どもたちは中に入って，甘酒や菓子を食べて夜を過ごす。その後，「鳥追い」「どんど焼き」と続く。

　締めくくりは15日である。夜7時過ぎから，町の真ん中にある秋田諏訪宮と道1本隔てた「かまくら畑」に，長い青竹をかつぎヘルメットな

六郷湧水群（御台所清水）

美郷町中心部の史跡

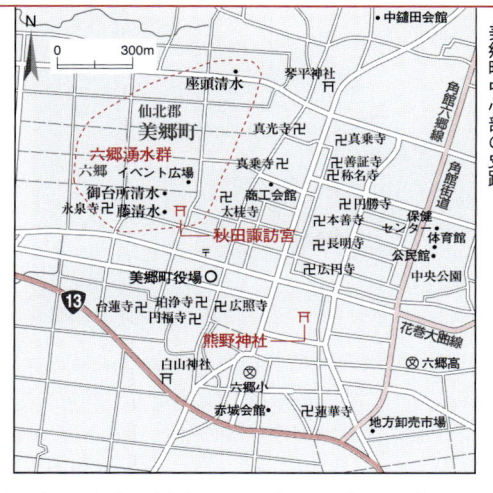

どで防備した男たちが集まってくる。「竹打ち」の開始である。南北両軍に分かれた町の男たちが大きな焚き火を囲んで、戦いの開始を待つ。正月飾りなどがバリバリと音を立てて燃えさかり、火の粉が舞い散って、会場はしだいに緊張感が増してくる。午後8時、サイレンの音とともに、竹を打ち合う音と若者の雄叫びが冬の夜空に響きわたると、興奮は一気に高まる。竹打ちは3度行われ、町内の長老たちなどで構成された判定係が統率や勢いなどの全体をみて、どちらが勝ったのかを判定して終わる。北が勝てば豊作、南が勝てば米価上昇とされている。

秋田諏訪宮 ⓾
0187-84-0300

〈M▶P. 172, 187〉 仙北郡美郷町六郷字本道町19
JR秋田新幹線・奥羽本線・田沢湖線大曲駅🚌横手行六郷大町🚶5分

八幡神を氏神とする佐竹氏から贈られた社名

　六郷には寺が多く、現在は地区全体で27カ寺あるが、明治時代初期の廃仏毀釈以前には50カ寺以上あったという。1602(慶長7)年、佐竹氏が出羽へ転封されたとき、当主義宣の父義重は常陸(現、茨城県)から出羽に先行、六郷に滞留した。その際、新しい領地の動静を見極める手段の1つとして、寺院を優遇し、これを通して情報を得ようとしたと伝わる。佐竹氏が領民支配において、寺院統制を重視したことをうかがわせる。

　また、在地の古社を大事にしたことも、領民の信頼を得る重要な手段だったのだろう。もともと佐竹氏は石清水八幡と鶴岡八幡の2社の八幡神を氏神としていたが、秋田の諏訪信仰の中心として、六郷の諏訪神社に「秋田諏訪宮」の名を贈り、社殿を改修し、社領も寄進した。この改修の際の棟札が残されている。

　秋田諏訪宮には、「縁起書」が2通残され、1625(寛永2)年の縁

仙北平野を歩く　187

秋田諏訪宮

起書によると、初代藩主佐竹義宣が領内視察の際に当社に参詣し、「諏訪の大神」をまつる社であることを知ると、「仏を信じる者、神を信ぜざらんや」といって、社領の寄進などを約束したと記されている。また、「応変自在の神として、神を離れて仏なく、仏離れて神なし。諸人高く眼をつけよ、信心は磨ける玉の如し」とも述べたと記されている。

秋田諏訪宮（祭神健御名方富命・八坂刀女命ほか）は、縁起書によれば、延暦年間（782～806）または大同年間（806～810）の創建といわれているが、定かではない。

集落の中央に位置する当社は、2月11～15日に行われる六郷のカマクラ行事において、「竹打ち」の会場となる「かまくら畑」とは道を隔てて隣り合っており、古くからの住民の信仰が篤かったものであろう。例祭は毎年8月24日に行われる。

熊野神社 ⓫　〈M▶P. 172, 187〉仙北郡美郷町六郷字米町33　P
0187-84-2152　JR秋田新幹線・奥羽本線・田沢湖線大曲駅🚌横手行六郷高校入口🚶10分

伝坂上田村麻呂創建の神社
歌垣の名残りを伝える行事

国道13号線沿いの美郷町六郷は、江戸時代から陸運の拠点として栄え、奥羽地方諸大名の参勤交代時の宿泊地となっていた。秋田藩の参勤交代は、久保田を出て2日目に当地に止宿することが多かった。

秋田諏訪宮の南東約600m、寺町の南に熊野神社（祭神伊邪那岐命・伊邪那美命・事解男命・速玉男命）がある。社伝によれば、807（大同2）年、坂上田村麻呂が創建したとされている。この神社の社殿内で毎年8月23日、夜更けまで熱気をこめて行われるのが、掛け歌行事である。

掛け歌は、古代、特定の日時・場所に若い男女が集い、求愛の歌謡を掛け合った歌垣の名残りといわれる。江戸時代、仙北地方では、

熊野神社

多くの神社で「お盛り」(秋田県における,一般的な祭礼の呼称)が行われ,男性・女性とも宵宮には社殿で「お籠もり」をしたが,その際に,籠もっている人同士でしばしば夜更けまで歌の掛け合いがなされた。

　熊野神社の掛け歌行事は,1953(昭和28)年,社殿改築の記念行事として始められた。現在は「仙北荷方節」の節回しを使って,2人の歌い手による対戦形式で行われている。一方が機知に富んだ質問をすると,他方が即座にこれに答え,歌の節に乗せた「会話」のように即興的な応答が展開し,双方の掛け合いが終わった時点でその優劣を審査員が判定する。1945年頃までは全国に残されていたこの行事も,近年,民謡へのなじみが薄れてきたこともあって,県内では当社と横手市の金沢八幡宮の2社に伝わるのみとなった。

千屋の松・杉並木道 ⑫

〈M▶P.172〉仙北郡美郷町千屋
JR秋田新幹線・奥羽本線・田沢湖線大曲駅🚌千畑行千屋小学校前🚶すぐ

新・日本街路樹100景の1つ
国天然の千屋断層

　千屋小学校前バス停すぐの所に,坂本理一郎の田園都市構想に基づき植樹され,「新・日本街路樹100景」の1つに選定されている千屋の松・杉並木道がある。

　坂本理一郎は,1861(文久元)年,奥羽山脈の一峰をなす真昼山の麓,千屋村小森の地主坂本藤兵衛の子として生まれた。幼少より学問をことのほか好み,1877(明治10)年に16歳で上京,漢学や農学に加え,英語まで習得するという勉強熱心さだった。20歳で郷里に帰り,教員・郡会議員を経て,29歳で県議会議員に当選。1894年には衆議院議員,1904年には貴族院議員に当選した。

　しかし,地方農村の立ち遅れを憂えた坂本は,1907年に貴族院議員の職を辞して,故郷の千屋村に戻り,地域改造の計画を提言した。それは,原野を開拓して集落の中心地に公共の建造物を集中させ,そこから放射状に道路を配し,両側に街路樹としてマツとスギを植

樹するという構想だった。

　ヨーロッパ風の町づくりを，仙北平野の真ん中で実践するという計画は，当時の多くの人たちの想像を超える大胆なものだったが，経費のほとんどを坂本自身が負担し実行に移された。この空間と自然の調和田園都市構想に基づく「村づくり」は，現代に至ってもなお，高く評価されている。

　現在，松・杉並木道のほか，集中方式で建てられた公共建造物のうち，旧千屋村役場庁舎や旧千屋小学校本堂分校，集会所などの建物が残されており，旧千屋小学校本堂分校は現在，千畑郷土資料館として利用されている。また，近年，一帯が「千屋並木緑地環境保全地域」に指定された。

　なお，坂本は東嶽と号して，漢詩と囲碁をよくし，1917（大正6）年，57歳で没した。1923年には一丈木公園に銅像が建立されている。字中小森に残る生家は，坂本東嶽邸として公開され，遺品などを展示している。

　坂本東嶽邸の約300m北東に千屋断層がある。この断層崖は，1896（明治29）年8月31日に発生し，千屋や六郷などの仙北平野東南地域一帯に大きな被害をもたらした，陸羽地震（真昼地震）をおこした活断層である。陸羽地震により地表地震断層を出現させたことから，地形学や地震学的な調査が行われてきた。

　1988（昭和63）年，東京大学地震研究所などによって発掘調査が行われた際に，水田土壌の東側に地盤がのし上がった逆断層の動きが確認された。逆断層は，山側が平野側に対して低角でのし上がったもので，垂直落差は美郷町一丈木で最大3.5mに達する。トレンチ調査の結果によれば，千屋断層の再来周期は数千年，断層の変位速度は2万3000年あたり20mとされている。

　この調査によって，千屋断層は断層活動を知るうえで，非常に貴重であると認められ，1995（平成7）年2月，国の天然記念物に指定された。

❸ 角館町と奥北浦の周辺

町並み保存の角館・武家屋敷群、檜木内川堤のサクラ。日本最深の田沢湖と辰子伝承が織りなす駒ヶ岳山麓。

角館城跡と武家屋敷群 ⓭⓮

〈M▶P.172, 192〉仙北市角館町古城山／角館町表町下丁、角館町東勝楽丁
JR秋田新幹線・田沢湖線・秋田縦貫内陸鉄道秋田内陸線角館駅🚶20分／15分

蘆名氏居住の山上の館
保存地区の角館武家屋敷群

　角館駅から西へ約700m直進し、角館郵便局のある丁字路を右折すると、約300m先に木立に囲まれた景観が望める。角館の武家屋敷群である。この道筋が藩政期、商人らが住んでいた外町から武士居住地の内町へ向かう主要な道筋であった。現在の仙北市角館分庁舎前にあたる、外町と内町を区分する位置には、東西300m・南北24mの空地が設けられ、「火除け」とよばれた。

　この空地の先の通りが東勝楽丁（約350m）で、その北に、枡形とよばれる鉤型の曲がり角でつながる表町下丁、さらに上丁（2丁あわせて約350m）と続く。この道筋の北端を東西に国道46号線が通っている。蘆名氏（断絶後は佐竹北家）の館跡は、国道を横断した所に江戸時代の敷地そのまま（土蔵1棟のみ残る。現在は天理教分教会が立つ）残されている。

　この背後に聳える、標高160mの古城山が角館城跡である。角館城は、佐竹氏の入部以前に角館を統治していた戸沢氏が、1423（応永30）年に築城したと「戸沢家譜」は伝えている。関ヶ原の戦い(1600年)後に常陸（現、茨城県）より転封を命じられ、1602（慶長7）年に出羽入りした佐竹氏は翌年、一族の蘆名氏をこの地においた。蘆名氏は戸沢氏の残した角館城に居住したが、1620（元和6）年、一国一城令(1615年)による城郭破却が幕府の命で行われたのを機

角館の武家屋敷群

角館町と奥北浦の周辺

角館の史跡

に、南面する山麓に館を移した。

蘆名氏は館の移転と同時に、角館の町割を行うことを決断、旧地（現、仙北市田沢湖神代本町）からおよそ3kmほど離れたこの地に、家臣団の居住地「内町」と町人地「外町」に区画した城下町の建設を始めた。

この内町は、道路の長さ・幅をかえることなく現在まで残され、1976（昭和51）年9月、重要伝統的建造物群保存地区（種別は武家町）に選定された。

1603（慶長8）年、蘆名氏は、秋田藩佐竹氏の家臣として角館に移ることを命じられた。蘆名氏の家臣団もともに角館に入ったが、彼らは蘆名氏の出自の会津（現、福島県会津若松市）から従った人たちだった。その多くは、南会津一帯に割拠し、しだいに蘆名氏の配下に組み込まれた土豪であった。

蘆名氏の家臣には、角館に移ってからも苗字に、かつて領地としていた土地の名をそのまま使っている者が多い。青柳家・針生家・河原田家は南会津にその地名を残している。角館に移った蘆名氏は、会津より従った家臣団を優位に屋敷の配置を行った。

移封当初は、家臣の屋敷は城の周辺に配置されるのみであったが、角館の新しい城下町の構築時には、家臣団の身分の上下を勘案して

樺細工

コラム

産

武士が伝えて300年 民芸として昭和前期に評価定着

　樹木の皮は、古代から細く裂いて紐などの素材として用いられていた。サクラの樹皮は、縄文時代中期にはすでに使用の痕跡が認められている。
　角館の樺細工は、天明年間（1781〜89）、佐竹北家家臣の藤村彦六という武士が県北西部の阿仁地方で技法を習得、それ以後、武士たちの間に技法が広まったと伝えられる。武家屋敷には樺細工の印籠が多く残されていて、いずれも使用された痕跡が顕著である。
　角館においては、いわゆる「手すさび」として武士の間で広まったものと思われ、丁寧な技法がみられる。1805（文化2）年、江戸浅草鳥越の久保田新田藩（佐竹壱岐守家）下屋敷から角館の佐竹北家に宛てて、樺細工を所望してきたことが『北家御日記』に記されており、この時期、すでに角館の樺細工が珍重されていたとみられる。さらに隣接する他の藩などに商品として認識されるのは、天保年間（1830〜44）以降だが、藩が特産物として樺細工の生産を奨励したのではなく、あくまでも下級武士が自身の生活のための副業として生産していたにすぎなかった。それだけに、産地形成には、明治時代を待たなければならなかった。
　明治時代に入って、秩禄処分（1876年）により収入のなくなった武士たちが生計を立てるために、この技法を本業とするようになり、製品を販売する問屋もできた。主力商品は印籠を改良した煙草胴乱や菓子器、箪笥や手箱などで、明治時代なかばには、全国各地で開かれるようになった勧業博覧会などに積極的に出展、大正時代までに全国的な市場を確保していった。
　昭和時代に入ると、筒型の工法と新しい接着剤が開発され、茶筒の生産が始まった。煙草胴乱の売れ行き不振を救ったのが茶筒で、以来、これを主力商品として販売網を広げた。これらの新しい時代に合った製品の開発には、大正時代から昭和時代にかけて、民芸運動を提唱した柳宗悦の指導が大きかった。
　角館の樺細工は、1976（昭和51）年、伝統的工芸産業品に認定された。現在、角館町表町下丁の仙北市立角館樺細工伝承館では、伝統を守る拠点として、樺細工の歴史を紹介するとともに、製作実演を行っている。

屋敷地を決めたと伝えられている。このことは、現在残されている武家屋敷の位置からも読みとれる。表町下丁の青柳家（県文化）は蘆名氏譜代の武士で、蘆名氏断続後、佐竹北家の組下となった。青柳家はこの道筋の中央東側に、佐竹北家の用人をつとめた石黒家はそ

の北側と，蘆名氏の館から近い位置に配された。ともに薬医門をもち，玄関と出入りの通路が分離されている構造で，格式を重んじている。

　中級武士の岩橋家（県文化）は，この2家から南に寄った，東勝楽丁の北端に近い位置にある。佐竹氏とともに蘆名氏が出羽に移る際，一時，津軽藩に仕官，蘆名氏が角館に移ってから再び家臣団に戻ったことが，屋敷地の選定に影響したとも推測されている。また河原田家は現在，東勝楽丁にあるが，1887（明治20）年に移転したもので（同家の記録による），それ以前は裏町（表町通りの東側に並行）の中央部に屋敷を有していた。針生家は東勝楽丁の西側に並行する小人町（当時は御仲間町）に居を構えていた。

　武家屋敷の構造は平屋造で，上級武士の屋敷は門と玄関がほぼ直線上に設けられ，その左右いずれかに，普段の出入りのための通用門として用いられる小さな潜り戸が設けられている。角館の武家屋敷の構造物のうち，もっとも格式が高いとされたのは薬医門である。薬医門をもたない屋敷であっても正門の扉が開かれるのは，新年や上役の来訪時など特別な場合だけで，年間のほとんどは閉ざされていた。屋敷の間取りは，8畳の表座敷に内縁側をまわし，二方が白砂を敷いた庭に面し，その庭に外から直接入れるよう門脇に潜り戸を設けている。この座敷は公的な用向きにのみ使われた。奥には，家人が生活する寝室と居間（8畳が多い），家族や使用人の食事のための板敷きの台所があり，台所には，囲炉裏が設えられていた。当主以外はここが生活の中心だった。県内の武家屋敷の建物の形式は，茅葺きで馬小屋を外に張り出した「曲家」とよばれる農家の造りに近いが，角館の場合，ウマの個人所有が50年ほどで改められ，秋田藩の直接管理となったので，建替え時（耐用およそ30年ほど）の際に取り払った屋敷が多い。

　現在まで残された武家屋敷は7戸，うち重要伝統的建造物群保存地区の地域内に残されているのは，前記の青柳家・石黒家・河原田家・岩橋家に加えて小田野家（東勝楽丁）の5家と，復元されて公民館として利用されている小野崎家である。また，郷校弘道書院の詰役（教師）などをつとめた須藤半五郎の生家旧松本家住宅主屋（県文

角館祭りのやま行事

コラム

江戸期中頃からの鎮守の祭り
担ぎヤマが明治の電線敷設で曳きヤマに

　毎年9月7日の宵宮から9日の深夜まで，各町内から曳き出されたヤマの激突が繰り返される角館のお祭り（角館祭りのやま行事，国民俗）は，元来，江戸時代初期からこの町の鎮守だった成就院薬師堂の祭礼である。

　この祭りは，僧による祈禱とともに，信者が山を模した大型の「つくりもの」をかついで町内をまわったのが始まりであると考えられる。この祭りが12月に行われていたために，1732（享保17）年，参詣もままならないと氏子が領主の佐竹北家に訴え，8月7・8日への変更を聞き入れられたことから，以後，多少の日時に前後はあったものの，この日取りで行われている。神明社が祭りに加わったのは，明治時代初期の神仏分離令がきっかけで，それに対応して，3日間に延長されたのである。

　山型の「つくりもの」は，高さ20mほどの大きな「おみこし」状の担ぎ山と，直径8cmほどの車を取りつけた曳山があって，担ぎ山は町内などの氏子のグループが，曳山は地主や大きな商人が経費を負担して曳き出すということが多かった。明治時代末期頃になって，電線が町の中に引かれたことにより，高い山の動きが制限されたことから，車を4輪取りつけた曳山の形式が全体に広まった。これにともない，町内のヤマだけが出され，個人の小型のものはみられなくなった。

　ヤマには武者人形が飾られ，「飾山囃子」の囃子方と踊り手が乗り，前面の舞台で神明社や薬師堂での奉納舞，佐竹邸へ出向いての披露，町内の祭りの中心となる御旅所「張番」などで舞われる。

　現在，町内単位で18台の曳山が繰り出される。曳山同士が出会った際に通行の権利をめぐって行われる道譲りの「交渉」と，その決裂からおきる「ぶつかり合い」がこの祭りの醍醐味である。重さ約3tの曳山1台に約80人の曳き手がおり，この曳山が状況によっては3台，4台と連鎖して激突する様子は，じつに迫力があり，圧倒される。

角館祭りの曳山

化）は，重要伝統的建造物群保存地区外の小人町にある。
　佐竹氏直臣の家臣団が住んでいた所が田町で，ここが田町とよばれるようになったのは1871（明治4）年の廃藩置県後，戸長役場が

設置されたときに「田町役場」と名づけられたからである。田町武家屋敷跡に現存する屋敷は,いずれも明治時代以降の改築で,江戸時代の建造物は残されていない。代表的な西宮家も明治時代後半から大正時代にかけて建造されたものである。

　また,武家屋敷地域の道筋には,シダレザクラが植えられている。総数約450本で,そのうち152本が国の天然記念物に指定されており,満開時期の4月下旬から5月上旬には,全国から多くの観光客が訪れる。シダレザクラの樹齢は250〜300年で,寛文年間(1661〜73)に佐竹北家2代佐竹義明に興入れした三条西家の女が,京都から持参した苗木が起源であるという伝承がある。

仙北市立 角館町平福記念美術館 ⓯
0187-54-3888

〈M ▶ P. 172, 192〉 仙北市角館町表町上丁4-4
JR秋田新幹線・田沢湖線・秋田縦貫内陸鉄道秋田内陸線角館駅 🚶30分

平福穂庵・百穂父子由来の美術館
日本さくら名所100選の並木

　角館の武家屋敷群から国道46号線を左折し,つぎの交差点を左折すると仙北市立角館町平福記念美術館がある。旧角館町が1987(昭和62)年に,町づくり対策特別事業の一環として建設を計画,翌年3月に竣工し,同年4月に開館した。設計者は国立能楽堂(東京都渋谷区),法政大学(55・58年館,東京都千代田区)などの設計で知られる大江宏である。

　敷地は江戸時代の佐竹北家家臣の屋敷跡で,1925(大正14)年に旧制県立角館中学校が建てられた。第二次世界大戦後は県立角館高校として存続していたが,1973(昭和48)年に校舎改築を機に移転したため,美術館建設計画当時は空地となっていた。

　館名は,角館町出身で近代日本画の巨匠といわれる平福穂庵とその子で,旧制角館中学校設立に貢献した百穂父子に由来する。

　旧角館町は江戸時代中期,時代に先駆けて江戸での洋画の技法を取入れ,秋田蘭画の技法を確立した小田野直武の出身地でもあり,佐竹北家6代当主佐竹義躬や秋田藩8代藩主佐竹義敦らが,直武の教えにより蘭画を描いた。

　館では穂庵・百穂や小田野直武の作品を常設展示しているほか,地元出身画家の企画展なども行っている。

檜木内川堤のサクラ

　平福記念美術館から国道46号線を左折して200mほど行くと，仙北市角館町の中心部を流れる檜木内川に行き当る。この川の左岸堤防上の市道に，檜木内川堤（サクラ）として国の名勝に指定されたソメイヨシノの並木が続く。延長は国内の桜並木では最長級の1950m，総本数408本で，1933（昭和8）年から34年にかけて植栽された。

　堤防構築作業中に，住民の提起により桜並木の植栽が始められた。1933年でこの植栽作業は終了することになっていたが，同年12月23日の皇太子（今上天皇）生誕を受けて，下流部分の200mほどのサクラを34年の春に植え増しし，「皇太子殿下ご生誕記念のサクラ」とよばれるようになった。

　樹齢およそ80年，樹勢はきわめて盛んで枝張りも広く，満開時期の4月下旬には，豪華絢爛な姿をみせる。

　市内の武家屋敷地を中心に植えられているシダレザクラ（国天然）とともに，社団法人日本さくらの会選定の「日本さくら名所100選」に選ばれている。

ユキツバキ自生北限地帯 ⑯

〈M▶P.172〉仙北市田沢湖岡崎字院内国有林内
JR田沢湖線神代駅🚗10分（大蔵神社手前）
🚶30分

田沢湖の外輪山一帯にユキツバキ群落

　典型的なカルデラ湖である田沢湖の外輪山一帯には，珍しい自然の草花や樹木が多い。その1つが，南麓を流れくだる東又沢の上流，約6haに広がるユキツバキ群落である。

　ユキツバキは冷温帯の照葉樹で，北陸地方から東北地方にかけて広く分布している。県内でも奥羽山脈の西側斜面に多くみられるが，当地がユキツバキの自生北限地帯であり，1963（昭和38）年，県の天然記念物に指定された。

　当地に多く群生するヤブツバキが小高木であるのに対し，ユキツバキは灌木で，斜面や雪の重みにも耐えられるように，柔軟な枝を

北限のユキツバキ

もつのが特長である。毎年5月上旬，鮮やかな赤色の小さな花が，山腹を覆うように一斉に咲く様子はじつに壮観であり，訪れる人に艶然と微笑みかけているように

もみえる。

大蔵神社 ⑰

〈M ► P. 172〉 仙北市田沢湖岡崎字院内
JR田沢湖線神代駅🚗10分，降車後🚶40分

江戸時代には大蔵観音信仰の隆盛で，藩内の名所に

　JR神代駅から県道181号線を北西へ3kmほど行き，交差点を右折して約1.5km進んだ右手にある大蔵神社の境内に，大蔵観音とよばれる観音堂がある。大蔵観音とよばれた理由は，この山稜の一角が「大蔵山」とよばれていたからだと地元では説明するが，堂の建立後，大蔵神社が勧請されたことにより，通称されるようになったといったほうがいいようである。

　大蔵神社の境内には，中世，蓮花寺という寺があり，その観音堂にはかつて古い時代の観音像がまつられていたと伝えられるが，現在は失われている。その由縁については，詳しく伝えられてはいない。観音信仰の聖地であったことを伝える説話が，数例聞かれるところからすれば，この地に往来した修験や行人によって庵や堂が営まれ，その中心として蓮花寺が創建されたのだろう。いつ頃廃寺となったものか，現存跡もない。

　江戸時代，藩と修験・行人との間でもめ事がおきたとき，佐竹氏はその折衝に大蔵観音を利用して調整することを考え，直接の話し合いはしない方針をもっていた。当然，藩主らの参拝で威厳を保つという形式を整え，1785（天明5）年に8代藩主となった佐竹義和の書が奉納されていることをみても，その役割を察することができる。

　江戸時代後期頃，大蔵観音信仰の隆盛するなかで，田沢湖の風光明媚さや辰子伝説に魅かれた多くの文人が訪れて，詩歌や紀行文を著し，ますます藩内の名所として知られるようになった。しかし，

コラム

辰子伝説

伝

日本最深の田沢湖　美女から湖の主へ辰子の変身

　田沢湖の外輪山の南側，岡崎字院内には，田沢湖の誕生にまつわる辰子伝説が伝えられている。

　いつの頃のことか，この地の金ガ沢とよばれる所に常光坊という修験がいた。その娘の辰子（亀鶴子）は，自身の美しさを永遠にとどめたいと大蔵観音に願をかけた。そして，満願となる100日目の夜に，北方にあるきれいな泉の水を飲めば成就するとのお告げを得た。

　そこで辰子は，泉を探して山中をさまよったもののみつからず，のどの渇きに耐えきれず，岩の間から流れている沢水を飲んだ。ところが，いくら飲んでも渇きがとまらず，沢水を飲み干さんばかりに腹這いになったとき，突然，天地も砕けるような大雨が降り，みるみる窪地の水かさが増して湖があらわれた。

　湖面に映った辰子の顔は，大きな竜に変身していた。驚きながらも，湖の主になる宿命を感じた辰子は，湖底に身を沈めた。一方，その行方を追っていた母は，やがて湖畔で娘辰子にめぐり会った。母が，水中から竜の姿になってあらわれた娘に「帰ってこい」とよびかけ，手にしていた松明を投げ込むと，それはマスにかわり，湖の中心に向かって泳ぎ去った。これが，キノシリマス（クニマスの地元での呼称）となったという。

　このような伝説をもつ田沢湖は，そこはかとない幽玄さを秘め，青い水をたたえて，日本一の深度を誇っている。

近年では観音堂を訪れる人は少なく，ひっそりとしている。

田沢湖 ⑱　〈M▶P.172〉仙北市田沢湖・西木町
JR秋田新幹線・田沢湖線田沢湖駅🚌田沢湖一周線・乳頭線ほか
田沢湖畔🚶すぐ

国内1位の深度を誇るカルデラ湖

　田沢湖は，県東端中央部に位置するカルデラ湖である。ほぼ円形をなし，周囲約20km。最大深度は約425.5mで，国内第1位を誇る。湖面の標高は250mであるので，湖底は海面下ということになる。

　以前は，湖に流入する河川がなく，湖底からの湧水と周囲の小さな沢水を水源としており，淡水魚も多く，漁業で生計を立てる人もいた。また，年間の水量はほぼ一定で水質もよく，北海道の摩周湖と透明度を競っていた。しかし，1940（昭和15）年，電源開発のため，北側を流れる玉川から導水路を開削し，強酸性の水が流れ込んだことで，淡水魚は死滅。陸封によるサケの変種で，この湖の固有

田沢湖と辰子像

種であったクニマスは絶滅した。

田沢湖畔バス停から北へ3分ほど行くと，仙北市田沢湖郷土資料館がある。資料館には，絶滅したクニマスなど，かつて田沢湖に生息した淡水魚の標本のほか，国の重要有形民俗文化財に指定されている田沢湖のまるきぶねが展示されている。

丸木舟は漁労具として使用された刳り舟で，田沢湖ではスギやヒノキ，マツ材が利用され，長さは5mから7mほどであった。指定された「まるきぶね」は，長さ3m・直径60cmほどのスギを切り，現場でざっと荒彫りをしたあと家に持ち帰って仕上げをしたものと思われる。3人程度で10日間ほどで制作したものと推定されている。艫は太く，高いあがりをみせ，底部の幅よりも側面上部が狭く，しぼられた形になっている。

また，田沢湖の約6km南西にある大沼ではキッツ（木櫃）とよばれる箱形の刳り舟が，春から夏にかけてジュンサイ採りのために使用されていた。キッツは大木の幹を割り貫いてつくった小舟の一種である。スギでつくられた長さ3m・幅60cmのキッツが，大沼の箱形くりぶね（きっつ）として国の重要有形民俗文化財に指定され，秋田市のノースアジア大学所有雪国民俗館に展示されている。同館には，戸外で働く際の作業用覆面コレクション（国民俗）もある。

草彅家住宅 ⑲

〈M ▶ P.172〉 仙北市田沢湖生保内下堂田18
JR田沢湖線田沢湖駅🚃 向 生保内線堂田会館前🚶 6分

主屋と土間が国重文 典型的な曲家形式の民家

草彅家住宅は奥羽山脈から流れ出す玉川の左岸，堂田集落の南端に位置しており，周辺は水田が開かれている。主屋と土間の2棟が重要文化財である。同家によれば，主屋修理の際に破魔矢が発見され，それに天保年間（1830〜44）の年号があったと伝えている。主屋は寄棟造・茅葺きで，桁行18m・梁間9.7m。南面して西側の土間との境に大戸口を開く。ここを入ると，幅1間（約1.8m）の狭い土

仙北民謡

コラム

「仙北」冠した民謡が色濃く残る江戸期のヒト・モノの交流伝える

　東北地方全体が民謡の残存率が高いことは，よく知られているところだが，そのなかでも狭い地域に土地の名をつけられて歌い継がれているのは，太平洋に面した福島県相馬地方と秋田県仙北地方に多い。

　秋田民謡には，東の岩手県南部から移入されたものも多く，とくに，奥羽山脈に接した県東端の仙北地方に多く伝存している。それらの民謡は，仙岩峠を越えて伝播したと考えられる。南部と秋田は，奥羽山脈に隔てられているため，もともと交通の便はよくなかった。中世なかばまでは，雫石から葛根田川を遡り，八幡平の南端を越えて秋田に入る，古くからの修験者往来の道が利用され，多くの物資・文物がもたらされていたようである。

　しかし，民謡に関していえば，中世の様式は残されていない。ほとんどが七七七五調の江戸時代に生まれた民謡で，五七五七調などの古調の民謡は，ほんの少し，歌詞を現代に近い言葉におき換えて，わずかに伝えられるだけである。この不思議な現象は，現在も秋田・岩手間の基幹道となっている仙岩峠の開削がもたらしたものであろう。仙岩峠は，江戸時代には参勤交代から商人の往来まで盛んに利用された峠道で，おそらく，江戸時代なかばに「南部道」として整備されたと考えられる。この整備により，さらに多くの旅人が峠を越し，多くの新しい文物が急激に流入したであろう。

　具体的に仙北地方の民謡の伝播状況をみてみよう。旧田沢湖町（現，仙北市）に伝えられた「生保内節」は，この地から外に伝播した形跡がなく，古調を保っている。また，江戸時代，腕のよさで知られた気仙大工が秋田まで足を伸ばすようになると，海辺の地方に宮城県民謡「大漁節」が伝えられ，さらに彼らの活動の後を追うように，雫石地方に「西山節」，峠を越えて「あねこもさ」となって角館を中心とした仙北北部に残されている。民謡が伝わる経過を示しているようである。

間が土庇状に続き，土間沿いに下手には28畳の「だいどこ」（台所）があり，ここに板敷きの大きな囲炉裏が切ってある。

　太い柱と高い差物からは仕上げの丁寧さがみてとれる。天井は張らず，二重梁をみせ，「だいどこ」の裏に小さな「なんど」（納戸）が3部屋続き，座敷から4室を食い違いに配している。柱の密度が高く，柱間は東側1間を吹き通しにしている。建造当初はこの南寄りの一角に，大きな馬屋があったという。

秋田・仙北地方の典型的な曲家形式の農家であり，意匠や建築手法に，幕末期の上層農家の特徴をみることができる。

秋田駒ヶ岳高山植物帯 ⑳

〈M ▶ P.173〉仙北市田沢湖生保内駒ヶ岳
JR田沢湖線田沢湖駅🚌駒ヶ岳線登山口

> 駒ヶ岳の名にかかわる高山植物コマクサが人気

秋田と岩手の県境に聳える駒ヶ岳は，主峰男女岳（1637.4m），男岳・女岳・横岳・小岳などの総称である。高山植物の多いことでよく知られ，秋田駒ヶ岳高山植物帯として国の天然記念物に指定されている。とくに7月なかばから8月上旬頃まで，小岳東側の「大焼砂」を中心に咲くコマクサの群落が人気である。

花々は雪解けの5月上旬から咲き始める。春の訪れを告げるのはショウジョウバカマ，暖かさが増すにつれチングルマ・エゾツツジ・キンポウゲと続く。夏の前触れはニッコウキスゲの大群落で，登山道脇にあでやかに咲き誇る。この時期，頂上直下の阿弥陀池の周辺がもっとも賑わいを増す。

コマクサは「駒ヶ岳」という山の名にかかわるともいわれ，人気が高い。外輪山を形成する旧噴火口（女岳）の中心部，古い時代の噴火の際に噴出した赤黒い砂礫地一帯に，地表からおよそ10cmほど茎と葉を伸ばして可憐な姿をみせる。また，水辺などではコバイケイソウが優美な姿をみせる。

秋には，トウゲブキが黄色の花をつけ，ガンコウランやシラタマノキなどの実が紫色を濃くしている。

秋田駒ヶ岳

駒ヶ岳の8合目付近（1100m）まで，自動車の通行が可能な道路が開かれているが，夏場の登山には専用バスに乗車することになっており，自家用車の乗入れは禁止になる。

盆の供養ざさら

コラム 芸

三頭の獅子が舞う盆供養
佐竹氏、秋田国替に同道伝承も

県内に伝承されている「一人立ち三頭獅子」舞のほとんどが,「盆の供養ざさら」とよばれている。秋田市や県北の一部にも残されているが,もっとも伝承件数が多いのが仙北地域で,大仙市長野・太田町,仙北市角館町・田沢湖・西木町で,「ささら組」として30組ほど数えられる。

演舞は旧暦8月13日から20日まで行われるが,近年,日数が短縮される傾向にある。「供養」の名称どおり,盆の先祖供養のために舞われる。舞手は,木製または和紙を何重にも貼り合わせてつくった獅子頭をかぶり,胴太鼓を腹にくくりつけ,ニワトリの羽を頭部に飾る。そこから垂らす髪を模したものは干した海藻で,異形の者のあらわれる予感を示してもいる。秋田の「ささら」は,佐竹氏との関係を色濃く説明することが多い。佐竹氏転封の際,常陸(現,茨城県)からの道中に,この「ささら」を先立てた行列で,太鼓の音を響かせながら新しい領地に入ったという伝承が多い。

一般的に,旧領常陸を指す「お国ささら」などの呼び名もあって,伝承されているささら組のほぼ全部が,このような由来をもっているものの,すべてのささらが常陸から伝承されたとは考えられない。たとえば,仙北市西木町の戸沢ささら(県民俗)のように,佐竹氏支配以前から定着していたとの由緒を伝え,着衣や道具に南部氏領の特徴を色濃く残すものもある。

佐竹氏の「お国入り」行動は慎重をきわめていて,新任地での一揆などがおきないよう,派手な道具立てで秋田入りすることはなかったと考えられる。しかし,県内のささらのすべてが関東系ではないとしても,佐竹氏が庇護したことは,演じる際の背景の幕に佐竹氏の家紋を染めたものを使用することを許したことでも知られる。演じる側は,庇護を得るべく佐竹氏とのつながりを強調したのであろう。

仙北地域に伝承されるささらの大半が,県の文化財に指定されている。

玉川温泉の北投石 ㉑

酸性の強い温泉水からの貴重な沈殿物

〈M▶裏見返し地図〉仙北市田沢湖玉川字渋黒沢
JR田沢湖線田沢湖駅🚌玉川温泉行終点

　仙北市田沢湖町から国道341号線経由でおよそ45km。冬の積雪期(その年の降雪状況によるが11月中旬から4月中旬まで)以外は,JR田沢湖線田沢湖駅から定期バスが運行されている。

　秋田と岩手の県境,奥羽山脈に広がる八幡平を水源とする渋黒川に,玉川温泉から流れ出す温泉水が流れている。このため川水はき

わめて酸性が強い。遊離塩酸を多く含有していて，川底に厚い皮殻層を形成している。これがこの地と台湾の北投温泉の2カ所にしか生成しない貴重な鉱物北投石(国特別天然)であることが判明したのは，1898(明治31)年のことだった。以来，多くの研究者がこの泉源付近の沈殿物を調査した。

北投石は鉛，ストロンチウム・カルシウムを含む重晶石(硫酸バリウム)の一種である。泉源周辺では厚さが5cm以上のものもみられる。多くは繊維状集合体からなる褐色と白色の層が交互に重なってできたもので，放射性をもつ。これはラジウム・トリウムなどの放射性元素によるもので，白色層の放射能がもっとも強いとされている。

発見の経緯は，1898年に桜井広三郎により報告されたあと，1906年に台湾総督府鉱物課技師岡本要八郎によって，台湾の北投温泉で発見された褐色の沈殿物と同種のものであることが突き止められた。さらに1912(大正元)年に，東京帝国大学(現，東京大学)教授神保小虎らにより北投石と命名，1920年に至って秋田鉱山専門学校(現，秋田大学)教授大橋良一により，北投石と同じであると報告された。

北投石のレプリカは，秋田県営玉川温泉ビジターセンター(字渋黒沢 TEL0187-49-2277)でみることができる。

大国主神社 ㉒

〈M▶P.172〉仙北市西木町西明寺字堂林 P
秋田縦貫内陸鉄道秋田内陸線八津駅 🚶10分

大黒天を祭神にする神社
北条時頼の廻国伝説を伝える

八津駅で降りると，里山の景観が広がる。この一帯が，旧西明寺村である。「西明寺」という地名は，廻国伝承で知られる鎌倉幕府5代執権北条時頼の法号最明寺入道にちなむものとみられ，良田の多い当地が，北条得宗家領とされていたことを示すものであろう。また，八幡太郎(源 義家)伝説も色濃く残されている。

八津駅の東側を流れる檜木内川を渡ると，国道105号線に突き当る。右折して1.5kmほど行くと，こんもりとした木立に囲まれて大国主神社がある。大国主神社は，三七日山光明寺と号する真言宗寺院であったが，明治時代初期の神仏分離によって，大国主命(大黒天)を祭神とする神社となり，名称を改めた。

光明寺は，北条時頼が廻国の途中，愛妾唐糸姫を失い，失意のな

大国主神社

かで三七日忌(き)を迎え、その供養(くよう)のために建立(こんりゅう)した一堂に始まるといい、「堂村」の字名もこれに由来すると伝えられる。

阿弥陀堂と通称される本殿(県文化)は、明和(めいわ)年間(1764〜72)頃の建築とみられ、入母屋造(いりもや)・茅葺(こんりゅう...)きで、桁行・梁間とも3間。回し縁の構造が施され、堂の正面には「三七日山」の扁額(へんがく)を揚げている。堂内には、鎌倉時代の木造阿弥陀如来坐像(にょらい)・薬師(やくし)如来立像・勢至菩薩立像(せいしぼさつ)(木造弥陀・薬師・勢至、県文化)、木食作(もくじき)木造大黒天像(だいこくてん)がまつられている。また、三間一戸(さんげんいっこ)の山門(県文化)には、仁王(におう)像を安置する。

Kennan 県南

横手城跡

湯沢の絵どうろうまつり

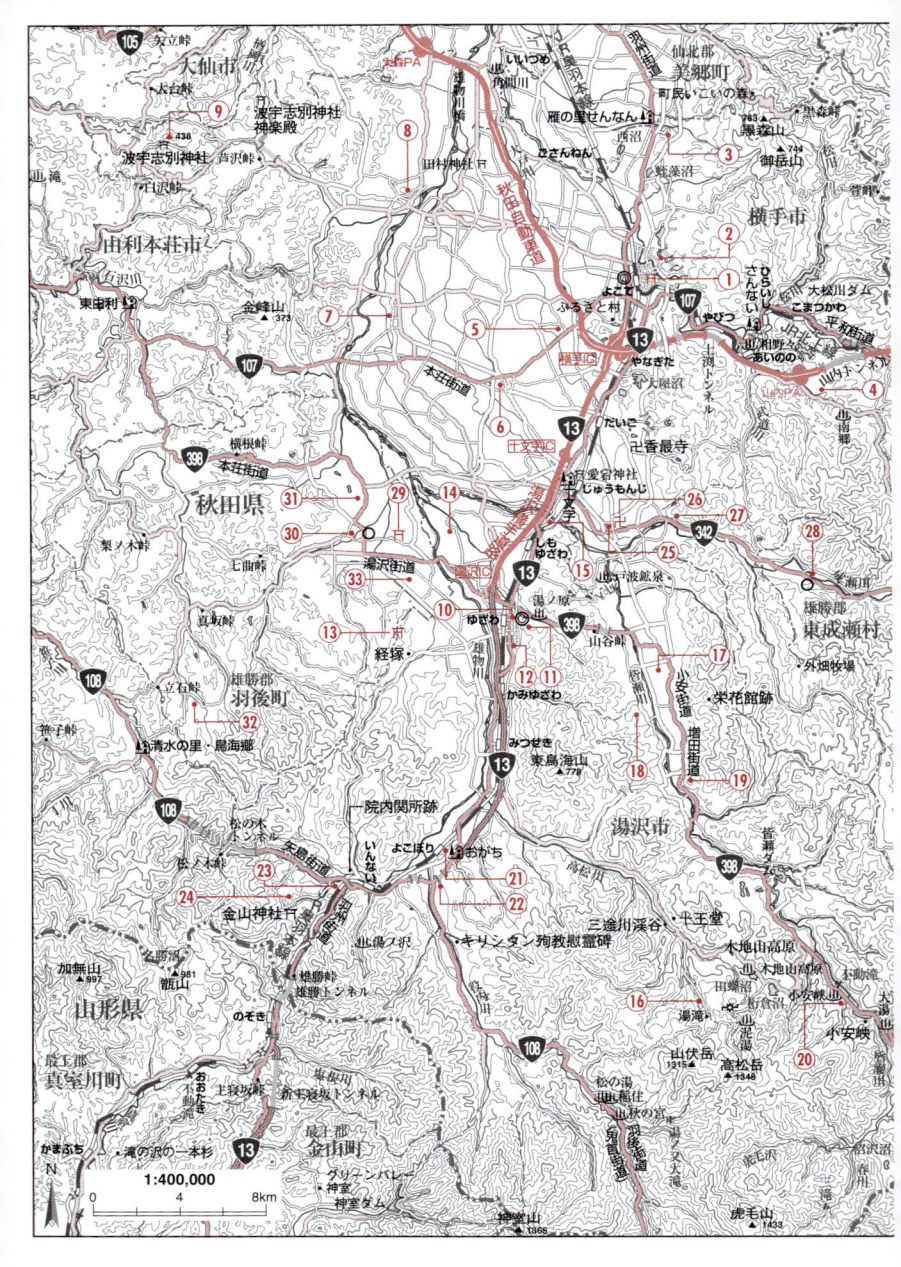

県南

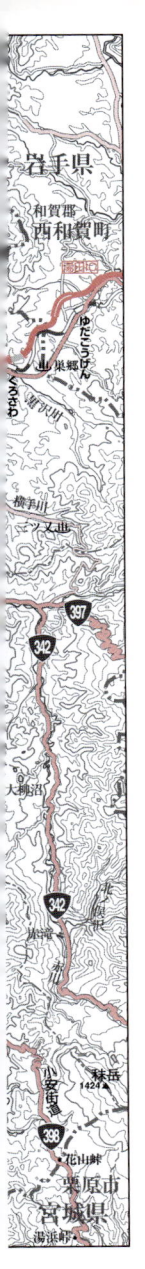

◎県南散歩モデルコース

1. JR奥羽本線・北上線横手駅_20_吉田城跡_10_浅舞の御役屋門_10_沼柵跡_40_大森城跡_35_JR横手駅

2. JR奥羽本線湯沢駅_10_旧雄勝郡会議事堂_10_両関酒造_5_秋田銘醸株式会社_10_湯沢市役所(御屋敷跡)_2_力水_25_湯沢城跡_30_湯沢市立湯沢図書館_10_清涼寺_3_旧石井家_12_一里塚_20_安乗寺_10_JR湯沢駅

3. JR奥羽本線湯沢駅_10_松岡聖ケ沢経塚_20_白山姫神社_15_了翁禅師生誕之地_4_一字一石塔経塚_15_岩崎城跡_10_JR湯沢駅

4. JR奥羽本線湯沢駅_45_三途川渓谷・十王堂_25_泥湯温泉_10_川原毛地獄山_60_JR湯沢駅

5. JR奥羽本線湯沢駅_25_川連漆器資料館_5_与惣右衛門堰顕彰碑_10_稲庭城跡(今昔館)_5_広沢寺_20_小安御番所跡・小安峡_55_JR湯沢駅

6. JR奥羽本線横堀駅_5_小町堂_3_賀川玄廸生誕地碑_5_戸部一憨斎墓_3_熊野神社磨崖_15_キリシタン殉教慰霊碑_10_院内銀山異人館_3_院内関所跡_3_岩井堂洞窟_6_旧院内銀山跡_15_JR奥羽本線院内駅

7. JR奥羽本線湯沢駅_35_増田城跡・二本杉の塚_30_満福寺_5_久蔵塚_5_真人公園_5_真人桟道_10_小貫山堰_45_JR湯沢駅

---

①横手神明社
②横手城跡
③金沢柵跡
④筏の大スギ
⑤吉田城跡
⑥浅舞の御役屋門
⑦沼柵跡
⑧大森城跡
⑨保呂羽山
⑩旧雄勝郡会議事堂
⑪湯沢城跡
⑫一里塚
⑬白山姫神社
⑭了翁禅師生誕之地
⑮岩崎城跡
⑯川原毛地獄山
⑰川連漆器資料館
⑱与惣右衛門堰顕彰碑
⑲稲庭城跡
⑳小安御番所跡
㉑小町の郷
㉒熊野神社磨崖
㉓岩井堂洞窟
㉔旧院内銀山跡
㉕増田城跡
㉖満福寺
㉗真人桟道
㉘小貫山堰
㉙三輪神社・須賀神社
㉚佐藤信淵誕生地
㉛雄勝城跡
㉜仙道番楽
㉝野中人形芝居

1 横手市と雄平

県内でも屈指の穀倉地帯である横手市と雄平地域は、後三年合戦の舞台になるなど、武士たちの争いが絶えなかった。

横手神明社 ❶ 〈M▶P.208〉横手市神明町7-2 P
JR奥羽本線・北上線横手駅 徒歩10分

鎌倉時代の貴重な銅錫杖頭

県内には八幡神社についで神明社が多い。明治時代初期に636社あったが、明治時代末期の行政指導で425社が合併し、1915（大正4）年までに211社となった。さらに、1955（昭和30）年の宗教法人登記年には、171社に減少した。

神明社の総本社格は、伊勢神宮（内宮〈皇大神宮〉・外宮〈豊受大神宮〉、三重県伊勢市）である。内宮の祭神は天照大神、外宮は天照大神に毎日食事を出す豊受大神で、「豊」は豊富、「受」は食物を意味する。米作地帯の秋田では、内宮が稲作の神として受け入れられたとみられている。江戸時代には県内の村々でも伊勢講をつくり、資金を出し合って代表者が参拝した記録が残る。

横手神明社（祭神天照皇大神ほか8神）は、1716（享保元）年に勧請された。祭神が多いのは、1910（明治43）年に10社を合併したためである。

当社が所蔵する銅錫杖頭（国重文）は、柄部に「正元元（1259）年」の刻銘を有する大型のもので、総高が30cmを超える。錫杖は一般に、僧侶の遊行・托鉢や法会に際して用いられる僧具・梵音具である。縦長の輪形や阿弥陀三尊の細微な鋳技、全体の端正な作風からも、数少ない鎌倉時代の錫杖として貴重なものである。

横手駅から南西約2kmに秋田ふるさと村があり、その中に秋田県立近代美術館がある。ここには、秋田蘭画の技法を確立した小田野直武の「絹本著色不忍池図」「絹本著色唐太宗花鳥図」（ともに国重文）を始め、近代以降の県内作家の美術作品を収集・展示している。

横手城跡 ❷ 〈M▶P.208〉横手市城山町29-1 P
JR奥羽本線・北上線横手駅 大曲行大町 徒歩20分

横手駅の北東1.3kmほどの所に、横手城（朝倉城）跡がある。奥州合戦（1189年）後、出羽雄勝郡の地頭として入部した小野寺氏は、

かまくら

コラム 行

幻想的な小正月行事で子どもが主役

　秋田の冬の行事として知られる「かまくら」は，水神様（オシズサマ）をまつる小正月行事で，400年以上の長い歴史をもっている。毎年2月15・16日（もとは旧暦1月15・16日）に行われ，かつては2晩は子どもたちの晴れ舞台であった。雪を積み上げてつくった高さ2mほどの雪室（ゆきむろ）に水神様をまつり，夕方になると蠟燭（ろうそく）を灯して明るくする。その室の中で，子どもたちは餅を焼いたり，甘酒を温めたりして，訪れる人たちに「はいってたんせ」「餅をあがってたんせ」とよびかける。

　『秋田風俗問状答（ふうぞくといじょうのこたえ）』（1814〈文化11〉年）には「この行事十五日を用う。此日（このひ）には，左義長（さぎちょう）をし侍（はべ）る。是（これ）を鎌倉と申す也（なり）。鎌倉の体（てい）は，二日，三日ばかり前より門外に雪にて四壁をつくり厚さ一尺（しゃく），二尺にし，水そそぎ，氷かためて，それへ其日（そのひ）には茅（かや）を積み，門松，飾藁（かざりわら）などみな積みて（中略），やや日暮る頃より，机に餅と神酒（みき）を供し，火きて焚付（たきつ）る也。火の燼（まちま）ちに燃え上がるを待やて」と記されている。これは当時の武家屋敷で行われた「かまくら」で，新年にあたり，災難を取り除いて子どもの成長を祈る行事として行われていた。明治時代に入ってからは，しだいにその姿を消したが，第二次世界大戦後，再び盛んになった。

　水神様は，町部では「おしずの神さん」とよばれ，「奉斎水神大神御玉串」などと刷られた紙のお札を家々に配っている。昔，横手は水不足に苦しんだので，水の心配がないようにと，子どもたちによって水神祭が受け継がれてきたのである。1936（昭和11）年，雪の夜のこの行事を目にした，ドイツの建築家ブルーノ・タウトは，その著書『日本美の再発見』のなかで，「素晴らしい美しさだ。私はいまだかつてこんな美しいものはみたことがない」と書いている。

　なお，横手市ふれあいセンターかまくら館には，－10℃に保たれた室内に，実物のかまくらが展示されており，実際に中に入ることもできる。

眼下に雄物川，彼方に鳥海山がみえる景勝地

南北朝時代には稲庭（いなにわ）城主となり，広大な穀倉地帯である横手盆地などを得て勢力を伸ばした。道有（みちとも）のときには，山北（仙北・平鹿・雄勝3郡）（せんぼく・ひらか）を領有するまでになり，初め愛宕山（あたごやま）の西に朝草刈城（あさくさかりじょう）を築き，ついで平城（ひらじょう）に移った。そして，1554（天文23）年頃，小野寺氏13代景道（かげみち）（輝道（てるみち））が現在地に横手城を築いた。城のある朝倉山（107m）を囲むように横手川が流れ，背後に奥羽山脈が続く天然の要害であり，城普請（しろぶしん）には石塁（せきるい）を使わず，土居削崖にしてニラを植え，敵兵が這い

横手市と雄平

横手城本丸跡

のぼってくるのを防いだので，韮城ともよばれた。

だが，14代義道は，豊臣秀吉から領地安堵の朱印状を与えられたものの，関ヶ原の戦い(1600年)で西軍に与したため改易となり，最上家一時預かり後，1601(慶長6)年に石見国津和野(現，島根県津和野町)へ配流され，1645(正保2)年に没した。

1602(慶長7)年，常陸水戸(現，茨城県水戸市)から出羽秋田へ転封になった佐竹義宣は，横手城を久保田城の支城とし，仙台藩(現，宮城県仙台市ほか)より出奔し家臣となっていた伊達政宗の大叔父伊達盛重をおいた。その後，須田氏が3代，戸村氏が8代，城代として居城し，江戸時代の県南地方の領国支配の拠点となった。1615(元和元)年の一国一城令では，大館城とともに幕府から正式に支城と認められ，破却を免れた。しかし，戊辰戦争のさなか，1868(慶応4)年8月11日の夕刻，約4000人の仙台・庄内藩(現，山形県鶴岡市ほか)連合軍の総攻撃を受け，本丸・二の丸とも砲火で炎上して落城し，城士21人が討死した。

横手城跡は，1908(明治41)年に横手公園となった。芝公園(東京都港区)・千秋公園(秋田市)などを設計した長岡安平により，その後，数回にわたって整備された。現在，本丸跡には秋田神社・石坂洋次郎の「若い人」文学碑，二の丸跡には3層の天守閣風の展望台・郷土資料館が立っている。また，城跡の南東の一角に，「宇都宮釣天井」の話で知られる本多上野介正純の墓碑がある。正純は，江戸幕府開幕の功臣として初代将軍徳川家康の信任が厚かったが，2代将軍秀忠暗殺の疑いをかけられ，由利郡や仙北大沢に配流された後，子正勝とともに佐竹家預かりの身となった。横手に幽居された正純は，1637(寛永14)年に没した。位牌は，田中町の正平寺(曹洞宗)にある。

石坂洋次郎

コラム 人

「百万人の作家」とよばれた流行作家

　小説家石坂洋次郎は，1900(明治33)年に青森県弘前市に生まれた。慶應義塾大学文学部国文科を卒業後，青森県立弘前高等女学校(現，青森県立弘前中央高校)の教員を経て，1926(大正15)年に秋田県立横手高等女学校(現，秋田県立横手城南高校)に赴任した。

　教員のかたわら執筆活動を続け，1927(昭和2)年に『三田文学』に発表した「海を見に行く」で注目された。1929年，秋田県立横手中学校(現，秋田県立横手高校)に転任，1933年『三田文学』5月号に「若い人」第1回の140枚が掲載されると，ほとんどの月評誌がこれを賞賛した。同誌に断続掲載して圧倒的好評を博し，1937年に初版が発行され，同年を最初に，第二次世界大戦後も繰り返し映画化・ドラマ化された。そして，1936年に発表した「麦死なず」によって，昭和文学の有力な作家の仲間入りをした。

　右翼団体の圧力を受け，1938年に横手中学校を退職して上京，本格的な作家生活に入り，「暁の合唱」「美しい暦」などを発表した。第二次世界大戦中には，陸軍報道班員としてフィリピンに派遣された。戦後まもない1947年に，『朝日新聞』に連載した青春小説「青い山脈」が爆発的な人気をよび，「百万人の作家」と称される流行作家になった。その後，『石中先生行状記』『山のかなたに』『山と川のある町』『陽のあたる坂道』『光る海』など，つぎつぎとベストセラーを生み出した。『山と川のある町』などは，教員生活を送った横手が舞台となっている。

　石坂は，1986年静養先の静岡県伊東市で没した。現在，横手城本丸跡には1976年に建立された石坂洋次郎の「若い人」文学碑が立ち，横手市幸町には1988年に開館した石坂洋次郎文学記念館がある。記念館では，直筆原稿・遺墨などが展示され，書斎も復元されている。

金沢柵跡 ❸

後三年合戦の悲劇　清原氏の滅亡

〈M ▶ P. 208, 215〉横手市金沢中野字権五郎塚ほか　P
JR奥羽本線・北上線横手駅　🚌大曲行金沢公園前　🚶15分

　金沢公園前バス停から右手の山の方にのぼって行くと，金沢公園がある。ここが，後三年合戦(1083〜87年)の舞台になった金沢柵跡である。

　平安時代，奥羽の二大豪族といえば，陸奥の安倍氏と，出羽の清原氏であった。清原氏は金沢柵を中心に，横手盆地などを地盤に勢力を伸ばしてきた。1051(永承6)年，前九年合戦(〜1062年)がおきたとき，陸奥守源頼義に協力を要請された清原光頼は，弟の

金沢柵跡

武則に兵1万余をつけ、多賀城へ送った。兵3000余で苦戦していた頼義は、これで力を得て安倍氏を滅ぼし、武則はこの功によって鎮守府将軍となり、胆沢城に移った。以後、清原氏は陸奥・出羽にまたがって領地を拡大したが、陸奥に勢力の伸長を画す源頼義・義家父子の術策もあり、武則の孫真衡の代になって一族に内紛がおき、これに陸奥守源義家が介入して後三年合戦が始まった。

内紛は、嫡宗家の真衡と、異母兄弟の清衡・家衡の間におきた。真衡が義家に救援を求めたので和議となり、義家の仲介により、旧安倍氏領奥六郡が清衡と家衡に折半して与えられた。しかし、この処置に不満をもった家衡は、清衡を急襲した。妻子は殺害したが清衡本人には逃げられたため、家衡は、出羽国の沼柵(現、横手市雄物川町沼館)に帰り、戦いの準備を始めた。清衡の求めに応じて、義家軍が出羽に攻めてくると、家衡は叔父武衡の助言で、沼柵から金沢柵に本拠地を移した。

金沢柵の中心は独立した岩山からなり、周囲約4kmは断崖で、北側に厨川が流れており、天然の要害をなしていた。また、柵の守りはかたく、義家軍も攻めあぐね、実弟で佐竹氏の祖とされる新羅三郎義光も応援にきた。その後、戦況は、清原氏一族の吉彦秀武が義家側に寝返り、その進言により兵糧攻めを実行してから家衡側が不利になり、1087(寛治元)年11月14日の明け方に陥落した。武衡・家衡は潜行・逃亡中に討たれるなど、同族は全員が殺された。後三年合戦の後、清衡は実父の姓である藤原に復し、平泉(岩手県西磐井郡)に拠点を構え、奥州藤原氏の祖となった。

現在はサクラやツツジの名所にもなっている金沢柵跡には、かつての戦いの跡が残っている。山頂近くの二の丸跡にある金沢八幡宮は、清衡が義家の命により、1093年、京都の石清水八幡宮を勧請し

金沢柵跡周辺の史跡

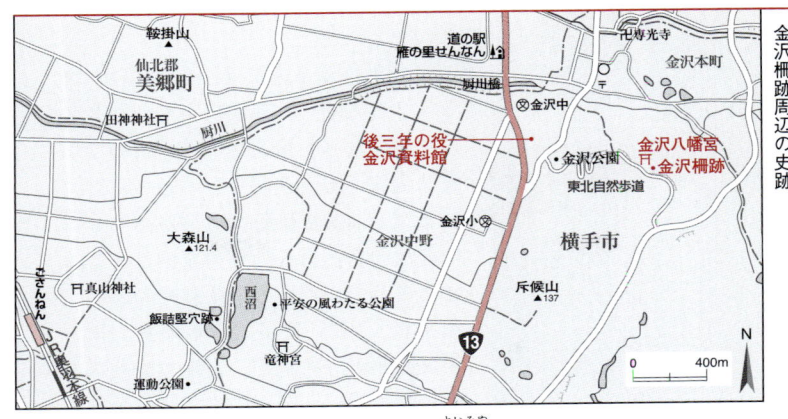

て創建したとされ,毎年9月14日の祭典宵宮に行われる掛け歌行事(県民俗)で知られる。16歳で初陣し,多くの敵を討ち取った鎌倉権五郎景政が義家の命で敵兵を弔った所という景政功名塚や,焼米の出土した兵糧倉跡など,多くの史跡がある。また,金沢柵へ向かう途中,義家が雁の列の乱れをみて伏兵を知った場所といわれるのは,柵の南西にある西沼立馬郊である。

金沢公園前バス停から大曲市に向かって100mほど行き,左折すると,国道13号線東側に後三年の役金沢資料館がある。三重宝塔を模した建物内部には,金沢柵跡出土品・縄張図を始め,金沢八幡宮所蔵の大般若波羅蜜多経478巻(県文化)・佐竹義重所用甲冑などが展示されている。

筏の大スギ ❹

〈M▶P.208〉横手市山内筏字植田表56
JR北上線相野々駅🚌三ツ又行筏🚶10分

悪病を退散させる樹齢1000年の大スギ

相野々駅から県道40号線を南東へ約2km行くと,筏集落に入る。堀川向かいの山裾にみえる二又に分かれた大きなスギが,番神の大スギ(筏の大スギ,県天然)である。このスギは,高さ43m・周囲11.2mあり,樹齢1000年以上といわれている。樹木の一部に,乳房の形をした瘤がある。

大スギがある三十番神社(比叡山神社)は,808(大同3)年の創建と伝えられる。神社と大スギには,悪病退散の霊験があるといわれる。かつてこの辺り一帯は,疫病のために死に絶えかけたことがあったという。それ以降,筏集落の人びとは,12月28日から1月2

横手市と雄平　215

筏の大スギ

日まで集落ぐるみで精進(しょうじん)を行い、1月2日の朝、神前に供えていたクルミ餅を食べて精進を終え、初めて嫁は集落へ出入りができるとされた。20年ほど前まではその習慣があり、山の民の自然崇拝の貴重な例として注目されていた。三十番神社の名の由来は、1575(天正(てんしょう)3)年の夏、横手城主小野寺景道(かげみち)が、当地へ狩りにきて道に迷い、暗闇の中で難儀をしていたときに、30基の神灯が昼のように山道を照らしたので、無事に城へ帰ることができたことによるといわれている。

　なお、相野々駅周辺は旧山内村の中心である。日本酒造りに欠かせない「山内杜氏(さんないとうじ)」の里であり、「いもの子」の名で知られる山内里芋(さといも)の産地でもある。また、駅から南東へ14kmほど行くと三ツ又温泉に至る。

2 平鹿路を行く

平鹿には，小野寺氏一族の城館跡が点在する。伝統をもつ霜月神楽が雪の降る夜に舞われる。

吉田城跡 ❺ ― 遺構の破壊を免れた平城跡

〈M▶P. 208, 220〉横手市平鹿町上吉田間内字吉田
JR奥羽本線・北上線横手駅🚌二井山行・大沢上丁行川登
🚶15分

　横手駅から西へ向かい，中山丘陵を抜けると横手盆地の中央部に入り，大穀倉地帯となる。川登バス停から北へ2kmほど行くと，中世，県南を支配していた小野寺氏の城館跡とされる吉田城跡（県史跡）がある。吉田城は横手城の支城であり，その大手口を押さえる平鹿郡内の要衝だったが，1601（慶長6）年，小野寺氏の改易によって破却された。

　吉田城跡は東西約120m・南北約100mのほぼ方形に広がり，高さ約3mの土塁をめぐらし，その四隅に物見櫓を配置していたと考えられている。また，城の西を大戸川，東を新堰が流れ，外堀の役目をはたしていた。最近まで山林と墓地であったために遺構の大規模な破壊を免れ，県内に残る約10カ所の平城跡のなかでも，保存状態のよいものの1つとなっている。なお，城跡の北側に，上吉田出身の民権家柴田浅五郎を顕彰する「秋田の自由民権発祥の地」碑が，1981（昭和56）年に建てられた。

　吉田城跡のある上吉田地区の南西1.5kmには，下藤根遺跡と，その真南に中藤根遺跡がある。ともに奈良時代後半から平安時代前期にかけての集落遺跡とみられる。竪穴住居群が発見され，土師器・須恵器などが出土した。

吉田城跡

平鹿路を行く　217

浅舞の御役屋門 ❻

〈M▶P.208, 220〉横手市平鹿町浅舞字浅舞221-1
JR奥羽本線・北上線横手駅🚌本荘行・大沢上丁行
浅舞栄町🚶5分

農書を藩に提出した浄因の碑もある

御役屋門

浅舞は皆瀬川の扇状地の末端に位置する，湧水が多く，肥沃な地域である。室町時代末期頃，浅舞館に本拠をおく浅舞氏によって支配され，戦国時代には小野寺氏の傘下に入った。太閤検地の際には，浅舞一揆の拠点になった。一揆の指導者小野寺友光の墓碑と坐像は，龍泉寺（曹洞宗）にある。浅舞は江戸時代には，羽州街道の脇街道で，大曲から湯沢へ抜ける沼館街道沿いの町として栄え，1795（寛政7）年には，秋田藩主佐竹義和が御役屋（郡奉行所）を設置した。1799年に改修された組み物なしの切妻造四脚門の御役屋門は，現在，浅舞感恩講保育園の正門となっている。保育園の敷地内には，樹齢500年以上という浅舞のケヤキ（県天然）もある。

町の南側には和洋2つの庭園からなる浅舞公園があり，春はサクラ，初夏は約3万株のアヤメが咲き，「あやめまつり」には多くの人が訪れる。隣接地には，堀を配した浅舞八幡神社があり，9月15日の祭典には，飾山車十数台が繰り出される。また，農書『羽陽秋北水土録』10巻（1788年）を藩に提出した浄因は，御役屋門の西方にある玄福寺（真宗大谷派）の10世で，前庭には浄因の碑が立っている。

浅舞に東接する醍醐（JR奥羽本線醍醐駅周辺）も早くから開けた所で，地区の南端に聳える明沢金峰山を中心に，歴史的遺物を多く残す。金峰山は中世の修験霊場で，明沢の香最寺（曹洞宗）に元亨碑，樋ノ口の善福寺（曹洞宗）に貞和碑とよばれる板碑が現存する。また，縄文時代中期の遺跡が，4カ所に残っている。なお，樋ノ口

秋田立志会

コラム

自由民権運動を秋田に根づかせる

　1880(明治13)年8月、平鹿郡吉田村(現、横手市平鹿町)出身の農民柴田浅五郎を中心に、自由民権運動を行った秋田立志会が結成された。浅五郎は、土佐立志会で民権を学び、国会期成同盟を傍聴するなどの経験を踏まえ、旧藩時代の渋江内膳や介川作美らを顧問格に迎え、この政社を発足させた。

　当時、地主・小作関係の進展で苦しい生活をしていた農民たちに、貧富の差を解消して平等な「おならし」の世をつくろうとする訴えは広く受け入れられ、短期間のうちに参加者が急増した。1880年11月の国会期成同盟第2回大会には、2645人の代表として柴田浅五郎ら3人を出席させるまでに発展した。しかし一方では、新しい動きについていけない渋江らの有力会員が脱落したが、それを契機に警察が農民に対して圧力をかけたため、会員の脱会があいつぎ、活動資金が枯渇した。

　そのような状況のなか、1881年の5月と6月に、平鹿郡内で2件の強盗・殺人事件がおこった。いずれも秋田の自由民権運動の中心であった立志会の会員による犯行とされ、立志会の指導者柴田浅五郎以下63人が逮捕された。浅五郎は、強盗教唆・内乱陰謀で懲役10年の判決を受けた。だが、国会期成同盟(1880年11月)に出席し、東北上州有志会(1881年3月)で憲法草案の起草を同志と約束している最中の逮捕は、冤罪の感を免れえない。浅五郎は1889(明治22)年明治憲法発布の日に大赦を受けて帰宅したが、のちに精神に異常をきたし、不遇なうちに1893年に没した。

　のちに秋田立志会は秋田自民党として民権運動を続け、平鹿・雄勝両郡に400人を超える党員を数え、一時は全国でも屈指の自由党員の多い地域となった。この民権運動と農民運動のうねりは、その後の福島・群馬・秩父事件へとつながっていった。

自由民権の碑

に荒処の沼入り梵天行事(国選択)が伝えられている。荒処の厳島神社の5月1日の祭礼に行われる、豊作と家内安全を祈願する行事である。年男やその年に家屋を新造した者、子どもが生まれた人などが、注連縄と御幣とで飾った俵(梵天)を先端につけた長木を、

平鹿路を行く　　219

平鹿町周辺の史跡

法螺を吹き鳴らされ、笛・太鼓・手摺鐘の囃子が演奏されるなか、弁天沼の中央に打ち立てる。

なお、平鹿地域は米だけでなく、平鹿りんごの産地としても知られる。明治時代初期に伊藤謙吉により、当地の水田単作農業に対して警鐘が鳴らされ、リンゴの栽培研究が始まり、ついで藤原利三郎によって営農化が図られたことで、リンゴ産地としての地位が確立した。現在、秋田県果樹試験場が醍醐字街道下にあり、リンゴの品種改良などの研究を続けている。

沼柵跡 ❼

〈M▶P.208〉横手市雄物川町沼館
JR奥羽本線・北上線横手駅🚌二井山行横道角🚶2分

後三年合戦の戦場となった水城

旧雄物川町の中心をなす沼館は、西側を流れる雄物川と、かつて東側を流れていた皆瀬川とが形成した台地で、その一帯が後三年合戦（1083〜87年）の戦場となった沼柵跡と考えられている。沼柵は清原家衡の居館で、雄物川を天然の堀として利用した水城であった。

沼柵跡

1086(応徳3)年,異父兄清原清衡は陸奥守源義家に助けを求め,数千の兵を率いて家衡の根拠地沼柵を攻めたが落せず,寒さと飢えも加わり,苦戦した。その後,家衡は,叔父武衡のすすめで金沢柵に立てこもったが,義家軍の兵糧攻めで金沢柵は落城し,奥羽一円を領有していた清原氏は滅亡した。清衡は実父藤原経清(前九年合戦〈1051～62年〉で処刑)の姓に復し,奥州藤原氏の祖となり,のちに居を移して,平泉文化の礎を築くことになった。

その後,沼館庄司次郎の居館となり,戦国時代には,雄勝・平鹿2郡を領有した小野寺氏により,沼館城と改称した。12代稙道は,庶流大築地氏をこの城におき,湯沢城に移ったというが,1552(天文21)年から横手城を小野寺宗家の居城とした小野寺景道(輝道)も,横手城を攻略するまでの基地として,沼館城に拠ったと伝えられる。太閤検地によって,沼館は太閤蔵入地(直轄地)となり,1601(慶長6)年の小野寺氏改易とともに城は破却された。

小野寺氏時代の名残りとして,土塁に囲まれた雄勝山蔵光院(真言宗)があり,敷地が本丸跡と伝えられる。

沼館から大曲方面へ進むと,薄井地区である。天保の飢饉中,最大の凶作年で「巳年のケカチ(飢渇)」とよばれた1833(天保4)年,山形・仙台・盛岡藩から逃亡してきた農民113人が,河原で餓死するという惨事があった。その後,薄井に郷和会地蔵講中が生まれ,遠く南部地方の山々が見渡せる地に無縁塚地蔵尊堂を建て,延命地蔵をまつった。

水に恵まれた薄井地区は,鎌倉時代から開田が進められた穀倉地帯であった。しかし,米どころは,また小作人を苦しめた。大正時代末期,理不尽な地主の収奪に抗し,小作争議を指導した島田平兵衛を顕彰する島兵の碑が,高畑の青龍山東泉寺(曹洞宗)にある。

大森城跡 ❽ 太閤検地の本拠地となった大森城

〈M ▶ P.208〉横手市大森町高口下水戸堤 Ⓟ
JR奥羽本線・北上線横手駅🚌前田行大森🚶10分

　横手駅から県道29号線を西へ約12km、雄物川に架かる上大橋を渡ると旧大森町に入る。北側にみえる山が大森城跡で、現在は大森公園となっている。大森城は、雄勝・平鹿・仙北3郡を領有した小野寺道高が、文明年間（1469〜87）に築いた山城で、初め岩淵城と称した。のちに横手城主小野寺氏14代義道の弟大森五郎康道の居城となり、大森城と改称された。太閤検地の際、出羽には上杉景勝と大谷刑部が派遣され、大森城は上杉氏の山北3郡の検地の本拠地となった。小野寺氏の領地の3分の1にあたる1万5800石が太閤蔵入地に設定され、大森城には年貢と、刀狩りによって没収となった武具が保管された。義道は関ヶ原の戦い（1600年）では西軍の上杉氏についたため、東軍徳川方についた最上・秋田・戸沢・本堂氏ら東北諸大名の挟撃を受け、領内の支城の多くが陥落して降伏した。1601（慶長6）年の改易処分で、宗家の兄義道とともに、康道も石見国津和野（現、島根県津和野町）預けとなり、大森城には最上氏が入ったが、1620（元和6）年頃に廃城となった。

　大森城の本丸跡には大森神社が立っている。城跡の麓を流れる五ヶ村堰（山城堰）は、佐竹東家の知行時代に、12年の難工事の末、1676（延宝4）年に完成したもので、豊かな水は今も川西地区の水田を潤している。南麓にある龍淵山大慈寺（曹洞宗）は、佐竹東家の菩提寺であり、墓もある。

大森城跡

保呂羽山 ❾

〈M ▶ P.208〉横手市大森町八沢木
JR奥羽本線・北上線横手駅🚌前田行終点🚶90分

　前田バス停から、山道を約4kmのぼると、標高438mの保呂羽山

保呂羽山

の山頂に着く。標高の低いなだらかな山稜の続く出羽山地のなかにあって、三角形の山容は際立ってみえる。

頂上には、『延喜式』式内社の波宇志別神社(祭神大己貴命ほか)がある。創建は明らかでないが、『出羽国風土略記』に、慶長年間(1596〜1615)には羽宇志別神社があったことが記されている。保呂羽山そのものを神体とする山岳信仰はその後も連綿と続き、地主神として、横手地域や由利の人たちに崇敬されてきた。祭祀は、創建以来大友氏がつとめてきたという。

保呂羽山の参道口は、4つあった。木ノ根坂には、波宇志別神社の里宮がある。毎年11月7日夕刻から翌朝にかけて行われる保呂羽山の霜月神楽(国民俗)は、1200年余の伝統をもつとされる神事である。保呂羽山・御嶽山・高岳山の3神を勧請するために大幣を立てた神壇と、注連縄をめぐらした神楽座の間に、あらたなナラ材の親杭8本で支えた湯釜が2つ据えられる。太鼓・笛・鉦の囃子にのり、33の次第に従って、夜を徹して神楽が行われる。3神を招来する神歌と巫女舞から始まり、続いて神職によって1年間の収穫に感謝する祝詞があげられる。その後は、新しい年への祈りへと祭りはかわっていく。最後に豊作祈願の祝詞が奏上され、恵比寿に導かれて神々が去る。

宮脇には、波宇志別神社神楽殿(国重文)がある。室町時代中期の建築とみられ、母屋の前後に庇を延ばす両流造の形式は、全国でも類例が少なく貴重である。

芸能史上でも貴重な霜月神楽

平鹿路を行く

③ 湯沢市中心部

羽州街道の宿場町、歴史を刻む一里塚、奇景と霊山の川原毛、大蔵経収集と日本初の図書館を設立した了翁禅師誕生の地。

旧雄勝郡会議事堂 ⑩

〈M ▶ P. 208, 225〉湯沢市北荒町2-20
JR奥羽本線湯沢駅 🚶 10分

明治の遺産郡会議事堂　外国人技師が設計の議事堂

旧雄勝郡会議事堂

湯沢駅前から国道13号線を越えて最初の信号のある交差点付近は、南に行けば大町、左は柳町で、江戸時代には羽州街道湯沢宿の中心地として賑わった所である。北へ50mほど行くと、右手に市民プラザの建物がみえ、そこを右に入ると旧雄勝郡会議事堂（県文化）がある。

1878(明治11)年三新法といわれた府県会規則・郡区町村編制法・地方税規則が公布されると、全国各郡には郡役所がおかれた。

1888年の町村制施行を受けて、1890年には雄勝郡でも郡会議員選挙が行われ、翌年、旧雄勝郡会議事堂が新築された。その隣には郡役所も建てられたが、建物は、1960(昭和35)年、市役所庁舎の建設で解体された。各町村の自治機能整備により県庁の出先機関と化したため、1923(大正12)年には廃止され、議事堂もその役割を失った。

両関酒造

旧雄勝郡会議事堂は建築面積241.8m²の2階建て洋風建築

で，屋根は方形の寄棟造，白い下見板張の外壁と上げ下げ窓が異国情緒のある雰囲気を漂わせている。設計は院内銀山のドイツ人技師，工事請負人は湯沢町根小屋町（現，佐竹町）の大工安倍孫四郎である。郡役所廃止後，公会堂・町役場・公民館・図書館などに利用されていたが，1975（昭和50）年，県内に残る代表的な明治時代の洋風官舎として県の文化財に指定，1984年には全面改修が施された。

市民プラザから北へ700mほど行くと，右手に湯沢を代表する造り酒屋の1つ両関酒造がある。1874（明治7）年の創業で，本館と1・2・3・4号蔵は，国の登録文化財になっている。湯沢は，院内銀山という大消費地が近くにあり，加えて，米・湧水にもめぐまれ，酒造りが発展した。明治時代初期，町には11軒の造り酒屋があった。1905年の奥羽線開通により他県産の酒が大量に入ってくるようになると，さらに酒造りの研究が進められた。国の醸造試験場に出向いて新しい技術を学んだり，原料米の改良，県外への積極的な宣伝が行われたが，それらの活動の先頭にあったのが両関酒造である。

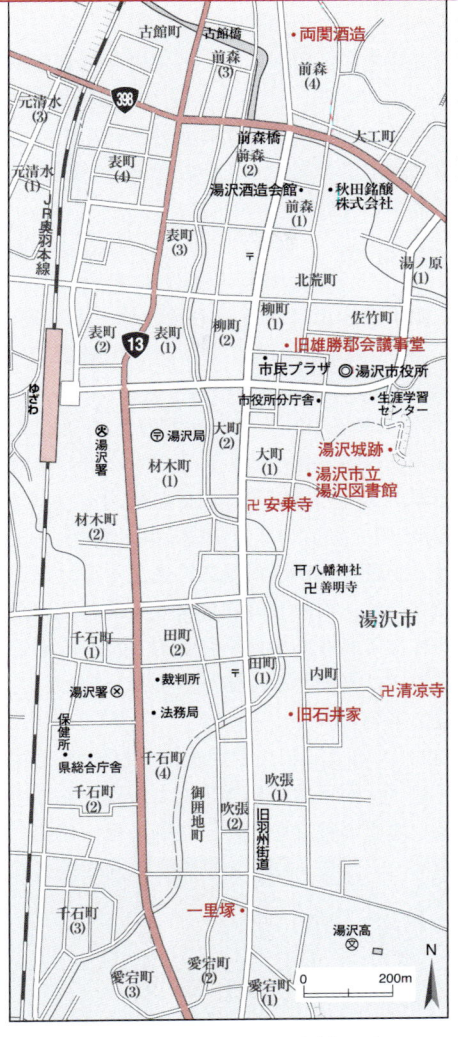

湯沢市中心部の史跡

湯沢市中心部   225

両関酒造から引き返し、前森橋を渡ると左手に湯沢酒造会館があり、そこの東側に「美酒爛漫」の銘柄で知られる秋田銘醸株式会社がある。第一次世界大戦後の不況を乗り切るため、1922（大正11）年に県民出資で誕生した会社である。現在、市内には7軒の造り酒屋が営業している。

湯沢城跡 ⓫ 〈M▶P. 208, 225〉 湯沢市古館山
JR奥羽本線湯沢駅🚶40分

　古館山の山上にある湯沢城跡は、市街地の東方、標高約200mのなだらかな山地の端にある。その縄張は、東西約400m・南北約600mにおよぶ連郭式の山城である。

　1189（文治5）年、源頼朝の奥州藤原氏征討の際、軍功によって雄勝郡地頭職を与えられたのが小野寺重道であった。その孫経道のとき、庄内大泉（現、山形県鶴岡市）から稲庭に入部し、1277（建治3）年頃、経道の3男道定が湯沢城を築いたと伝えられる。湯沢城は、小野寺氏が県南地方に進出する足がかりとなった城であった。小野寺氏は、南北朝時代には安東氏と戦ったり、南部氏の勢力下におかれたこともあり、一時衰退したが、泰道が再興したといわれる。小野寺氏は湯沢から沼館を経て、1554（天文23）年頃景道（輝道）が横手城を築いた。

　1590（天正18）年、太閤検地に反対する浅舞城主小野寺友光を始め、地侍が百姓を巻き込んで一揆をおこすと、一揆鎮圧の名の下に最上義光の侵攻を受け、攻防の末、1595（文禄4）年9月、湯沢城は落城した。最上軍は、大手門の堅固なことを知って、北から攻撃をしかけたといわれる。大手門跡は、内舘町から現在の細小路を入った辺りとみられ、北の市役所側はそれにくらべて地形もなだらか

眺望はるか悲運の城跡　短歌でなごむ湯沢城跡

湯沢城跡

になっている。

　城跡に至る道は幾つかあるが、中央公園内にある名水「力水」の湧出口からのぼるのがよい。二の丸・空堀・堀切跡を経て、山頂の五社壇・本丸・見張台跡まで歩いて25分ほどである。城跡西端の見張台跡からは、市街はもちろん雄勝野が一望できる。

　1620(元和6)年、一国一城令(1615年)に従い城が破却されると、城の北側の山裾に御屋敷が設けられ、佐竹南家の義種が城代(のち所預)として入った。御屋敷は200m四方で、西側と北側には土塁が築かれ、堀がめぐらされていたが、これらの遺構は現存しない。現在、御屋敷跡には、湯沢市役所・生涯学習センター・商工会議所などが立つ。

　湯沢城本丸跡に立つ、「ふるさとを愛するものはふるさとの　土になれよと啼く閑古鳥」と刻まれた帯屋久太郎の歌碑は、1939(昭和14)年に建立されたものである。湯沢出身の帯屋久太郎(本名山内久太郎)は、短歌・俳句・小説などの分野で活躍し、1909(明治42)年、キリスト教日本聖公会の伝道師として湯沢にきていた山村暮鳥と、文芸同人誌「北斗」を刊行した。

一里塚 ⑫　〈M▶P. 208, 225〉湯沢市愛宕町2-264
　　　　　JR奥羽本線湯沢駅 ⏱30分

　湯沢は旧羽州街道に沿って南北に伸びる宿場町である。街道沿いは外町とよばれ、町人が住んだ。前森町・柳町・大町・田町・吹張の5町が続く。街道に沿った東側の通り一帯は内町とよばれ、武家の居住区であり、佐竹南家の御屋敷があった。

　吹張の南のはずれには、1604(慶長9)年に設けられた一里塚(県史跡)がある。一里塚は、かつて旧街道の両側にあったが、現在は西側のみが残っている。塚の底部は約33m、塚上には巨大な根を張った樹高約20mの槻の木が聳え、「槻木さん」の名で親しまれている。

　大町の安乗寺(真宗大谷派)には、戊辰戦争(1868〜69年)で戦病死した16歳の長州藩(現、山口県)士岡田兵槌の墓や、麗沢舎教師門田友太郎・下野辨三の墓などがある。

　湯沢市役所分庁舎の横から南へ歩むと内舘町で、湯沢市立湯沢図

羽州街道の宿場町　旅の歴史を語る一里塚

湯沢市中心部　227

一里塚槻の木

書館がある。ここには「佐竹南家御日記」(県文化)が所蔵されている。秋田藩では、藩主一族の南家・北家・東家・西家などの所預に、日記をつけることを義務づけていた。公用日記として唯一現存するもので、1682(天和2)～1868(慶応4)年までの藩内の動向が271冊にまとめられており、江戸時代の政治・経済・文化などを知る貴重な史料となっている。

　図書館を過ぎて八幡神社前を通りさらに南へ行き、東側の坂をのぼると、佐竹南家代々の当主が眠る揚沢山清涼寺(曹洞宗)がある。佐竹氏の出羽移封にともない、常陸府中(現、茨城県石岡市)から移され、南家の菩提寺となった。かつては清涼寺山門のある通りを上町、坂の下の通りを下町とよんだ。今は内町とよんでいる旧下町の通りを200mほど行くと、右手に屋根付きの門がある武家屋敷がみえてくる。南家につぐ高禄であった組下200石の旧石井家である。最後の当主石井信は、1882(明治15)年～88年までの短い期間であったが、武石敬治・山脇文太郎らと田町の後藤伊八宅(のち、安乗寺)に英学塾麗沢舎を開いた。

　旧石井家を後にさらに南へ行くと、新町通りに突き当る。左折すれば山の手に県立湯沢高校があり、右折して行くと旧国道13号線(羽州街道)へ出る。

武家屋敷の面影

湯沢の三大まつり

コラム

みちのくの歴史がはぐくむ三大まつり
絵灯籠が夢つむぐ七夕まつり

　宮城県の仙台七夕は吹流しに特徴があるが、湯沢の七夕は「絵どうろうまつり」として有名である。毎年8月5〜7日の3日間開催され、約20万人の人出がある。1702（元禄15）年五摂家の1つ鷹司家の臣牧義広の女で13歳で輿入れしたとされる、佐竹南家7代義安夫人を慰めるため、京の風習をいかして始められたという。初めは竹に短冊を吊していただけであったが、明治時代に入ると地口絵灯籠が飾られ、大正・昭和と時代が推移するなかで、しだいに大型のものが製作され、昭和30年代以降、灯籠の絵も豪華なものになってきた。絵柄が美人画というところも、七夕に風情を添えている。

　絵灯籠の中心は旧国道沿いの大町・柳町、それに駅前のサンロードや中央通りである。車を通行止めにするため、灯籠は道路を遮断するような形でポールやロープを使って吊り下げられる。

　毎年8月第4日曜日に行われる大名行列は、愛宕神社の祭典の余興として奉納された。その起源は詳らかでない。この日1日だけ町人たちは南家の了解のもと、侍に扮して町を練り歩いたという。5つの外町（前森町・柳町・大町・田町・吹張）が交代で当番をつとめた（現在は大名行列保存会）。行列は10万石の格式を備え、殿様役の馬を中心に、約400人の行列が数百mも続く。先頭を進む奴の「化粧振」も演じられる。

　毎年2月第2土・日曜日に行われる犬っこまつりは、小正月行事で、前年の収穫に感謝し、その年の豊作を祈願するのが目的であった。各家々では、シンコモチ（米の粉団子）でつくったイヌやカメなどを門口や障子の桟に飾って泥棒除けとする風習があった。現在は、市役所前の中央広場につくられた大きな雪の堂や犬っこの雪像が、イベントの会場となっており、本来の目的が薄れ観光イベントとなっている。

湯沢の七夕

白山姫神社 ⓭　〈M▶P.208〉湯沢市松岡字聖ケ沢42　P
JR奥羽本線湯沢駅🚗10分、または🚌切畑行・石塚行外堀🚶40分

　湯沢市の中心部から西を眺めると、ゆるやかな尾根の北端に、台形状の山が突き出したようになってみえる。標高289.1mの白山で

湯沢市中心部　229

白山姫神社

山岳修験の地白山
田村麻呂伝説の女神像

ある。南山麓に鳥居があり、山頂には白山姫神社がまつられている。

山麓の集落は、江戸時代には松岡郷とよばれており、その中心にあったのが坊中村である。かつて、ここに金峯山神宮寺万福院と号する寺があった。最初法相宗であったが、天台、真言と改めた。坊中には、18坊の大伽藍があったといわれ、白山山頂は大和(現、奈良県)の金峯山に見立てた修験の行場でもあった。

鳥居をくぐって山に入ると、山頂で道は丁字路になる。左へ曲れば毘沙門天をまつる宮、右へ曲れば白山姫神社(祭神伊邪那美神ほか)に着く。神社までは、麓から40分ほどかかる。伝承では白山姫神社は、坂上田村麻呂が阿黒(悪路)王を退治して創建されたといわれる。神社には坂上田村麻呂が安置したと伝える女神像(県文化)がある。ケヤキの一木造で両腕が欠損しているが、鎌倉時代初期の作とみられる。女神像は毎年8月19日の例祭に公開される。

白山信仰のおおもとは、石川・福井・岐阜の3県にまたがる白山(の神)をまつる石川県白山市の白山比咩神社である。白山をめぐる伝説は、田村麻呂に彩られる。切畑集落には、平泉(岩手県西磐井郡)から逃げてきた阿黒王が阿黒岩に隠れ住み、田村麻呂に討たれたという。白山が信仰の地であったことは、松岡聖ケ沢の経塚から「元暦元(1184)年」銘の銅製経筒が発見されたことでもわかる。経塚は、麓の鳥居をくぐって、右手の駐車場を抜けた林の中にあり、周囲の木は伐採され、塚の部分が木立になっているのですぐわかる。

近世、白山は、松岡鉱山の鉱山開発で賑わった。元禄年間(1688～1704)には、雄勝郡郡山村(現、羽後町)出身の経世家佐藤信淵の祖父信景(不昧軒)もここで働き、『山相秘録』を著している。鉱脈に断層があり、しばしば休山に追い込まれたが、1906(明治39)年には藤田組の経営となり、新鉱脈も発見されて従業員400人を超え、

松岡分教場などの山内施設も整えられた。1935(昭和10)年, あらたな鉱脈も発見されず閉山した。

なお松岡には,「松岡の七不思議」という言い伝えがあった。たとえば, 正月7日までは他村の者を入れず, もし訪ねてきたときは, 郷のはずれの外堀で濁酒3杯を飲ませ, トウガラシ3本を食べさせたうえで, 水垢離を取らせたという。七不思議の1つ白山の狐火などとともに, 第二次世界大戦後も語られた。

了翁禅師生誕之地 ⓮

〈M▶P.208〉湯沢市八幡字前田16-2
JR奥羽本線湯沢駅🚗10分

大蔵経収集、図書館を創設した了翁禅師

湯沢駅から白子川沿いに6kmほど北上すると, 八幡集落に入ってすぐの道端に「了翁禅師生誕之地」の碑が立つ。1630(寛永7)年, 八幡村に生まれた了翁は, 幼児期に肉親と死別し, 12歳のとき, 雄勝郡岩井川村(現, 東成瀬村)の龍泉寺(曹洞宗)に寺子に出された。寺に出入りする浪人斎藤自得のすすめで出家したといわれ, 同寺には, 1940(昭和15)年に建立された「了翁禅師剃髪之所」の碑が立つ。

14歳で修行の旅に出た了翁は, 須川岳(栗駒山)を越えて平泉の中尊寺に入り, 藤原氏3代が奉納した大蔵経の散逸を目の当りにし, その収集を決意した。その後, 新しい知識を求めて諸国行脚を始め, 23歳のとき, 明の黄檗僧隠元が来日することを知り, 長崎に向かった。隠元の弟子となった了翁は師を助け, 江戸幕府4代将軍徳川家綱から寄進された京都の宇治和田の地に, 黄檗山萬福寺を創建すべく尽力した。

しかし, 生涯の目標である大蔵経の収集は, 経済的な問題から達成できないでいた。また, 愛欲の煩悩の根元であるとして睾丸をみずから切除し, 続いて砕指の苦行によって左手の小指を失ったために, その傷の痛みに苦しんでいた。ある夜, 了翁は, 長崎興福寺の

「了翁禅師生誕之地」の碑

僧如定が秘薬万能丸の製法を授けるという夢をみて、薬を調合し、これにより回復した。了翁は、この薬に「錦袋円」と名づけると、人を使って江戸で売り始め、その収益で天海版大蔵経6323巻を買い求め、1670(寛文10)年、江戸上野の不忍池に小島を築いて経堂を建てて納めた。さらに、1682(天和2)年には東叡山寛永寺(現、東京都台東区)内に勧学寮と文庫を建てた。これはわが国最初の公開図書館となり、講堂では禅師の講義も行われた。寛永寺には、了翁禅師55歳の姿を刻した石の寿像が安置されている。

1689(元禄2)年、了翁は郷里の八幡神社に浄財を寄進して神社を再興した。このとき、上野寛永寺の輪王寺宮天真法親王より賜った菊の御紋入りの八色八筋の旗も奉納した。

1702年、73歳となった了翁は、最後の帰郷を決意、同年、八幡村を訪ねて、雄物川から1000個の石を拾い集め、一つ一つに経文を書き記し、災害防止と諸霊の供養のため、一字一石塔経塚を築いた。生誕地の東40mほどの所にある経塚には、現在、ミズナラとヤチダモの大木が、周囲を圧するように聳えている。なお、この経塚は八色八筋の旗とともに、市の文化財に指定されている。

岩崎城跡 ⓯

〈M ▶ P. 208〉湯沢市岩崎字千年　P（道路沿い山裾の空地）
JR奥羽本線湯沢駅🚗10分

岩崎城跡は、湯沢市の北端舌状に延びる天が台山(315m)の突端にある。山裾を流れる皆瀬川の向こうは横手市になる。岩崎城は、古くは妙見城ともよばれた。中世、小野寺氏の支配下にあって岩崎城を守ったのは岩崎河内守義高であり、その名は戸部一憨斎の『奥羽永慶軍記』にも登場する。しかし、1595(文禄4)年、最上義光との戦いで落城し、河内守も討死した。城跡は、1905(明治38)年の奥羽線開通にともない、尾根が掘削・分断されており、出丸跡推定地が千歳公園となっている。現在、公園内には能恵姫像や町の功労者高橋七之助の彰徳碑などがあり、それらを眺めながら散策するのも楽しい。

旧羽州街道道端の鳥居をくぐって階段をのぼると、八幡神社に至る。境内脇からさらにのぼれば大きな広場があり、この奥に玉子井戸がある。

玉子石あわれ、竜神信仰と能恵姫伝説

岩崎城跡

　伝説によれば，岩崎河内守の女能恵姫は，生まれて100日すぎた頃，昼夜泣き続けていたが，庭のマツの木の根元にあった卵形の石を拾って守り石としてから泣きやみ，すくすくと育った。姫が3歳になった頃庭で遊んでいると，どこからともなくヘビがあらわれるようになった。ある日，養育係が「姫の用便を片付けてくれたら，姫をお前にやる」とヘビにいうと，ヘビはそれを食べて去った。16歳になった姫は，川連城主蔵人道基との婚約が整い，11月吉日の輿入れが決まった。当日，姫の一行が皆瀬川を渡ると，天気が急変して雷鳴とどろき滝巻がおこり，舟も人も激流に飲まれ，姫の姿も消えていた。後日，川に山刀を落とした者が水に入ると，川底の岩穴に大蛇といる姫の姿があった。

　皆瀬川流域の集落は，この川から水を引いて稲作や醸造業に利用してきた。水争いもおこり，水神社（公園の北端）をまつった。能恵姫も合祀されている。竜神への信仰と結びつく伝説の1つと考えられる。1992（平成4）年，地域の人びとが井戸を清掃すると，底から多くの石にまじって，白くてかたい卵形の石が発見された。玉子井戸の台座には，水利にかかわった村々の名が刻まれている。岩崎地区では，近年，能恵姫竜神太鼓も始められ，子どもたちに継承されている。また，毎年11月の初丑の日には，水神社へ恵比寿俵を奉納する裸祭りが行われる。水神社近くのマツの木に安置されているワラでつくられた巨大な人形は，村を疫病から守るため，村の入口に立てられる武神「鹿島様」である。毎年6町内から奉納される。1985（昭和60）年3月には，国立歴史民俗博物館（千葉県佐倉市）に展示され（〜2008年6月），1986年国際文化交流でアメリカのワシントン市のフェスティバルにも出品された。

川原毛地獄山 ⓰

〈M ▶ P. 208〉湯沢市高松字川原毛　P（川原地獄・泥湯温泉）

JR奥羽本線湯沢駅🚌泥湯温泉行終点🚶30分，または🚗60分

奇景が生み出す霊界伝説　霊山から変貌の景勝地

　川原毛硫黄山（約650〜850m）は，湯沢市中心部から南東へ約26km行った，栗駒国定公園の一部をなす活火山である。硫黄山に向かう途中，県道51号線沿いに三途川渓谷がある。もとは，3つの渓流が合流する地点であることから，三津川とよばれた。川原毛硫黄山は，硫黄の噴出によって樹木も成長せず，その荒涼とした景観と硫化水素などを噴き出す硫気孔の音から地獄山ともよばれ，これに対して三途川の名が生まれた。

　川原毛は，古くから霊山・修験の場として知られ，恐山（青森県むつ市）や立山（富山県立山町）とともに三大霊山ともいわれてきた。麓に天台宗の霊通山前湯寺が建立されたのは，807（大同2）年といわれる。慈覚大師もこの地を訪れ，地蔵菩薩を奉献したと伝えられるが，あまりに雪深い地であったため，寺はいつしか無住となった。1393（明徳4）年，衰頽の極みにあった前湯寺を三途川の畔に移建したのが，栴壇上人であった。かつて川原毛前湯寺にあった姥像も寺とともに移されたため，これ以後，前湯寺は優婆堂ともよばれた。上人は死期を悟ると，ウシの背で1000駄の薪を寺の北30mほど離れた丘の上に運ばせ火を放ち，その火中に身を投じた。

　その後，前湯寺は，小野寺道広によって稲庭に移され，嶺通山広沢寺と号し，三途川の前湯寺の跡には十王堂が建立された。十王とは，冥府で死者を裁く十王のことで，堂内には，信奉者が奉納したさまざまな十王像が安置されている。堂は三途川を渡る手前右

川原毛地獄山

手の林の中にあり，三途川には新しい橋ができ，橋上から眺める景観が素晴らしい。

　川原毛硫黄山に行くには，2つのコースがある。1つは，三途川を過ぎて間もなく，右手の湯尻沢(ゆじりさわ)への道を南下するコースである。途中，創建時の前湯寺跡には，1987(昭和62)年に建てられた石造の巨大な地蔵菩薩像が立っている。ここまで歩いて60分，車なら15分かかる。この先は，車が進入できないため，さらに30分ほど歩く。地蔵菩薩像から右手に20分ほど歩くと，高温の湧泉(ゆうせん)と沢水が合流して滝となって流れ落ちる大湯滝(おおゆ)がある。夏に山を訪れれば，天然の露天風呂を楽しむことができる。

　もう1つのコースは，三途川から県道51・310号線を南下して泥湯温泉から北上するコースである。温泉の駐車場から歩くと30分，車なら12分ほどで山頂まで行ける。急カーブと急傾斜の道をのぼりきった先には，地獄山の名にふさわしい黄白色の風景が飛び込んでくる。ここを訪れた江戸時代後期の国学者・紀行家菅江真澄(すがえますみ)は，そのときの記録を『高松日記(たかまつ)』や『勝地臨毫(しょうちりんごう)　出羽国雄勝郡』に残している。真澄を驚かせたという轟音(ごうおん)は，今では聞こえない。

湯沢市東部 ④

小野寺氏出発の地稲庭城、江戸時代からの名物稲庭うどん、沈金と蒔絵の伝統川連漆器、四季の峡谷美と小安温泉。

川連漆器資料館 ⓱
0183-42-2410
〈M ▶ P.208, 237〉湯沢市川連町字大舘中野141 P
JR奥羽本線湯沢駅 小安温泉行稲川中学校前 5分

伝統の技が輝く川連漆器 沈金と蒔絵が彩る匠の技

　稲川中学校前バス停から西へ600mほど行くと、川連漆器資料館がある。川連漆器の歴史や製造工程を紹介するとともに、多くの作品が展示されている。

　川連漆器は、秋田県の伝統工芸品として全国的に知られ、県産業界でも主位を示める。椀や膳などの実用漆器にはブナ材が使用され、廉価で堅牢であることから、市場での評判が高い。川連漆器最大の特徴は、沈金技術といわれる。その技法は、江戸時代末期に中野藤兵衛・高橋卯兵衛らによって考案された。

　川連漆器の歴史は詳らかでないが、中世、稲庭に入部した小野寺道則が、古四王野尻に館を築いたことから大舘とよばれ、道則が家臣の内職に漆塗りをさせたのが始まりといわれる。のちに信州や会津系の木地師が高松の木地山に入ってくるが、この人びとは小椋姓を名乗って、桁倉沼の畔に居を構えた。文化年間(1804～18)のことといわれ、木地山は周辺の村人から信州山とよばれた。彼らは、辺鄙な木地山を離れて、大舘村に移住したと考えられる。

　大舘村は、皆瀬川の上流で伐り出されたブナ材の陸揚地として活況を呈した。この地方が良質の漆の生産地であったことも、木地師集落を形成する大きな条件となったと考えられる。元禄～天明年間(1688～1789)には、木地師は大舘に20軒、久保に9軒もあって、

川連漆器塗りの作業

椀などを製作していた。素木の食器は、1829（文政12）年塗師屋によって塗料が施され、漆製品が誕生した。

川連漆器が京木地師の流れを汲んでいるとされるのは、塗りの原料の朱やベンガラ、石黄・青・漆などを、直接、京から取り寄せていたことによる。嘉永年間（1848～54）に川連漆器を商業的生産にまで発展させたのは、肝煎で在方商人の高橋利兵衛であった。販売は領内だけでなく、土崎湊（現、秋田市）から海路で京・大坂方面にまで移出され、製品も板物とよばれる膳や重箱などに拡充された。1849（嘉永2）年、高橋利兵衛は会津若松（福島県）から蒔絵師角田東斎を招き、金蒔絵の手法を伝授された。

明治時代以降、技術向上の研鑽を積むとともに、工程の分業化が進められた。1938（昭和13）年には川連漆器工業組合が設立され、現在は加入製造企業170社・従業者617人となっている。2009（平成21）年に地場産業の漆器の振興をはかるため、湯沢市川連漆器伝統工芸館（川連町大舘中野142）が建設された。

なお、川連漆器資料館から北へ800mほど行った所には、木地師に崇敬の篤い日吉神社（祭神大己貴神）がある。

川連町から稲庭町の史跡

与惣右衛門堰顕彰碑 ⑱

〈M▶P.208, 237〉湯沢市三梨町 京政
JR奥羽本線湯沢駅🚌小安温泉行 薭田 🚶30分

目を見張る土木技術 生涯をかけた大事業

川連漆器資料館から国道398号線に出て，南へ1kmほど行くと下宿集落に至る。当時は，中世，三梨城（沼田城）の城下町として栄えた。初代城主は三梨善四郎道実，稲庭城主小野寺氏11代晴道の子といわれる。下宿を過ぎると，御嶽堂集落に入る。西方150mほどの水田の中に，ナシの古木がある。このナシの木は一房に3つの実を結ぶことから三梨とよばれ，町名の由来になっている。樹齢200年ともいわれ，現在では幹が空洞化し，支柱を添えている。

薭田集落のJA稲川営農センターから西へ入って，清水小屋橋を渡った向こう岸の河岸段丘には，飯田・羽竜・宮田・京政・上久保などの集落が点在する。京政集落の南端，堰の畔には，1908（明治41）年に造立された「与惣右衛門堰疎水記念碑」が立つ。江戸時代後期の国学者・紀行家菅江真澄の『雪の出羽路雄勝郡』によれば，京政という地名は，同名の座頭の塚があったことから名づけられたという。かつて，この地区は水利の便が悪く，荒れ地となっていた。1650（慶安3）年，京政の麻生与惣右衛門は同志を募り，秋田藩に願い出て許可を得，用水路の開削工事を始めた。取水は，朝月岳の麓の皆瀬川から得ることにした。ここから流れくだる水は水圧のために起伏のある地面を走っていたが，上久保集落の蛇の崎丘で，海底から噴出した溶岩からなるかたい岩盤に突き当り，工事は難航した。そこで与惣右衛門は，鎮守の京政の稲荷神社に事業の成功を祈願し，百昼百夜の参拝の甲斐あってか，夢の中に神のお告げがあり，雪の上に残るキツネの足跡をたどって水路を発見したといわれる。彼は鏨と玄翁をもって岩に立ち向かい，上久保から飯田へと下

与惣右衛門堰の碑

流に向かって工事が進められ，1701（元禄4）年，ようやく堰が完成した。延長6km，堰によって潤された水田面積は80ha，工期は51年におよぶ大工事であった。現在，与惣右衛門が掘った隧道は，幅2m・長さ10mほどが当時のまま残されている。

堰は改修を加えられながら，明治時代に至った。1894（明治27）年8月，秋田県全域を襲った長雨による洪水で与惣右衛門堰も決壊，多大な被害を出した。村人たちは相談の結果，再び堰の改修に取り組み，これによって開田面積約4ha，湿田は乾田へとかわった。1984（昭和59）年，村人たちは農業用水の確保と水路の永久保全を願って，町や県へ陳情し，全長7kmにわたって舗装工事が行われた。

稲庭城跡 ⑲
0183-43-2929（今昔館）

〈M▶P. 208, 237〉湯沢市稲庭町 字古舘前平
JR奥羽本線湯沢駅🚌小安温泉行下早坂🚶すぐ

小野寺氏発展の要稲庭城　眺望豊かな稲庭城

与惣右衛門堰から岩城橋を渡り，国道398号へ出て南へ向かう。町の中心部を抜け早坂のカーブにさしかかると，左手の館山の山上に稲庭城跡がある。並び立つ2つの城跡碑の背後から続く九十九折りの山道をのぼれば，15分ほどで稲庭城二の丸跡に至るが，この道を利用する人はほとんどいない。現在は，麓と山頂を結ぶスロープカーも設けられている。

1989（平成元）年，稲庭城二の丸跡の一角に，今昔館とよばれる城を模した建物が建設された。3層4階からなる現代稲庭城には，川連漆器・稲庭うどんなどの製造工程の解説や各地の漆器，高野与八こけしなどが展示されている。今昔館の近くにある夫婦松の近くには，1901（明治34）年造立の「古城碑」が立つ。二の丸跡から増田方面を望む眺望は素晴らしく，尾根伝いに奥へ進むと本丸跡がある。

稲庭城は別名を鶴が城とも称する，標高352mの館山山頂に築かれた山城であった。源頼朝が奥州藤原氏を征討した際，小野寺道綱・重道父子は軍功により，小野寺

稲庭城跡（今昔館）

湯沢市東部　239

重道に雄勝郡地頭職が与えられた。重道から3代後の経道のとき，初めて稲庭に入部したといわれる。稲庭城は，小野寺氏が県南に進出する要となった城であり，また，城の山裾を小安街道が通り，陸奥と通じる戦略上の要衝地でもあった。その後，県南地方各地に一族を配し，横手城に本拠を移して勢力を拡張した小野寺氏であったが，文禄・慶長年間(1592～1615)に，山形の最上義光の侵攻を受け，1600年，川連城・三梨城とともに稲庭城も落城した。伝説によれば，城内は水の便が悪く，麓まで汲みにおりなければいけなかったことも落城を早める一因となった，といわれる。今でも，稲庭城の2つの城跡碑の立つ所より100mほど手前の国道脇に，「長楽寺清水」が湧き出ている。

　三梨町と境をなす東の山の尾根に栄花館跡がある。伝説によれば，坂上田村麻呂は，蝦夷の高丸・大嶽丸・阿黒(悪路)王征討後，万一に備えて服部采女を当地においた。その家は富み，人びとは館を栄花館とよんだが，子孫は江戸時代に罪を得て欠所となったという。

　稲庭城跡から南へ1kmほど行った小沢集落に，小野寺氏の菩提所であった嶺通山広沢寺(曹洞宗)がある。この寺は，もと三途川の畔にあった霊通山前湯寺を移したもので，境内には小野寺道広・晴道・道縄・道長らの墓や五輪塔が残る。

小安御番所跡 ⑳　〈M▶P.208〉湯沢市皆瀬小安温泉
JR奥羽本線湯沢駅🚌小安温泉行終点🚶2分

稲庭城跡から国道398号線を南へ13kmほど行くと，小安温泉バス停のすぐ先に小安御番所跡がある。小安街道とよばれた国道398号線は，古くは蝦夷征討のため，陸奥から出羽への進攻路として利用され

軍事・交易の歴史街道
峡谷の名湯小安温泉

小安御番所跡

稲庭うどん

コラム 食

> 藩主も賞した稲庭うどん　手練り手綯いで味は格別

　湯沢市稲庭町は，全国に知られる稲庭うどんの生産地である。それだけに町内には，稲庭うどんの製造業者が30軒以上もある。栗駒山系の伏流水を使い，手練り・手綯いでつくられ，なめらかさとコシの強さが特徴である。稲庭うどんの創業者佐藤市兵衛は，干しうどん・白ひげそうめん・粟そうめんなどを製し，1690（元禄3）年，久保田藩の御用を承った。しかし，その子孫は廃業した。その後，1752（宝暦2）年，佐藤吉佐衛門も藩の御用を承っている。

　明治時代以降の製造業者で知られたのが13代佐藤吉佐衛門と佐藤養助で，政府要人からも買い上げがあった。戦前までは庶民の口に入らなかった稲庭うどんも，一子相伝とされてきた生産技術を7代佐藤養助が門戸開放し，企業化をはかった。うまいものは売れるの言葉通り，メディアも取り上げ，今では全国的に知られるようになった。

　多くのうどん製造業者が競っているなかで，佐藤養助商店ではうどん手づくり体験コースを開設している。冬季に参加する場合は，予約が必要となる。なお，希望すれば本社工場で製麺の様子を見学できる。

た。地元に残る口碑から推して，坂上田村麻呂や源義家も通ったとみられる，軍事上の要路であった。

　この道は，近世に入ると物資流通の道となった。江戸時代，秋田藩領から仙台藩（現，宮城県仙台市ほか）領へ抜ける道は，文字越と花山越とがあった。前者は小安から大湯・花山峠へと進み，湯浜温泉から東へ折れて文字村へ抜け，後者は湯浜温泉から四段長根を通って寒湯（花山）御番所へ出る。現在の国道398号線は四段長根を通っている。秋田藩では，1682（天和2）年，小安一ノ渡に番所を設け，佐竹南家の組下4人が1カ月交替で勤務にあたった。その後，番所は桂沢・湯本と移転し，1868（明治元）年に廃止となった。秋田藩では脇街道の国境に5カ所の番所を設けたが，小安もその1つである。現在，国道に面して立つ御番所の門は，1984（昭和59）年8月，花山御番所を参考にして新しくつくられた。

　仙台藩気仙沼の村役人（御郡棟梁）熊谷新右衛門が書き記した『秋田日記』は，1837（天保8）年，米の買い付けで秋田入りしたときの日記である。温泉宿での料理のうち，生物は卵だけとみえ，山

深い村であったことがわかる。また，1707（宝永4）年，佐竹南家6代義敵の継室慶寿院が，110人ほどの供を連れて小安温泉に出かけたと「佐竹南家御日記」に記されている。同日記によれば，秋田藩9代藩主佐竹義和も，地方巡回の途中に立ち寄った。なお，菅江真澄の『雪の出羽路雄勝郡』によれば，江戸時代には小安温泉といわず，「鶴温泉」といったようである。

　幕末の頃，小安温泉には11軒の温泉宿があった。現在は民宿も含め，18軒の宿がある。番所の手前の坂道をくだると不動橋があり，不動滝がみられる。昔，川向こうに渡る橋は不動橋だけであったが，小安温泉の入口に河原湯橋が架かって，橋上から小安峡を一望できる。また，峡谷におりて散策道を歩くと，四季折々の景色が楽しめる。国道から300mほど入った所にある市営の「とことん山」には，露天風呂やキャンプ場が設けられている。

湯沢市南部 ❺

縄文時代早期を語る岩井堂遺跡、産出量を誇った院内銀山、六歌仙の1人小町伝説を色濃く伝える小町の郷。

小町の郷 ㉑

〈M▶P.208, 244〉湯沢市小野字橋本90　P（道の駅おがち）
JR奥羽本線横堀駅🚗5分

伝説の息づく小町の郷　雅がよみがえる小町まつり

　横堀駅の北方1kmほどの所が、六歌仙の1人で絶世の美女であったといわれる小野小町伝説の残る小町の郷の中心地である。

　小野小町に関する遺跡が文献上初めて確認できるのは、横堀の戸部一憨斎（正直）が元禄年間（1688～1704）に書いた『奥羽永慶軍記』といわれる。江戸時代後期の国学者・紀行家菅江真澄も、旅日記『小野のふるさと』や地誌『雪の出羽路雄勝郡』に書き記している。

　伝説によれば、小野小町は、809（大同4）年に出羽国福富荘桐木田で雄勝郡司小野良実の子として生まれたという。小町は、歌舞・管絃の道にすぐれ、若くして宮廷に入り、時の帝の寵愛を受けた。36歳のとき、故郷忘れがたく小野に帰ってくると庵に住み、日々和歌を詠じて過ごしていた。まもなく小町を追って深草少将が小野の里にくだり、平城の長鮮寺（廃寺）に住んで、小町に恋の歌を送り続けるようになった。この頃、疱瘡を患っていた小町はすぐには会わず、「手植えした芍薬の株が衰えたので、毎日1株ずつ植えて100株にしてほしい。それが成就したとき、お会いしましょう」と返事をした。しかし、100本目を植える日、大雨によって少将は柴橋とともに流され、亡くなってしまった。

　小町伝説をめぐるコースは、幾つもある。小野宮内集落にある赤と緑で彩られた小町堂は、1995（平成7）年に再建されたもので、小町の霊をまつっている。かつてこの辺りは一面が田圃で、その一角に深草少将が芍薬を手植えしたという柴垣に囲まれた芍薬塚があっ

小町堂

243

小町の郷周辺の史跡

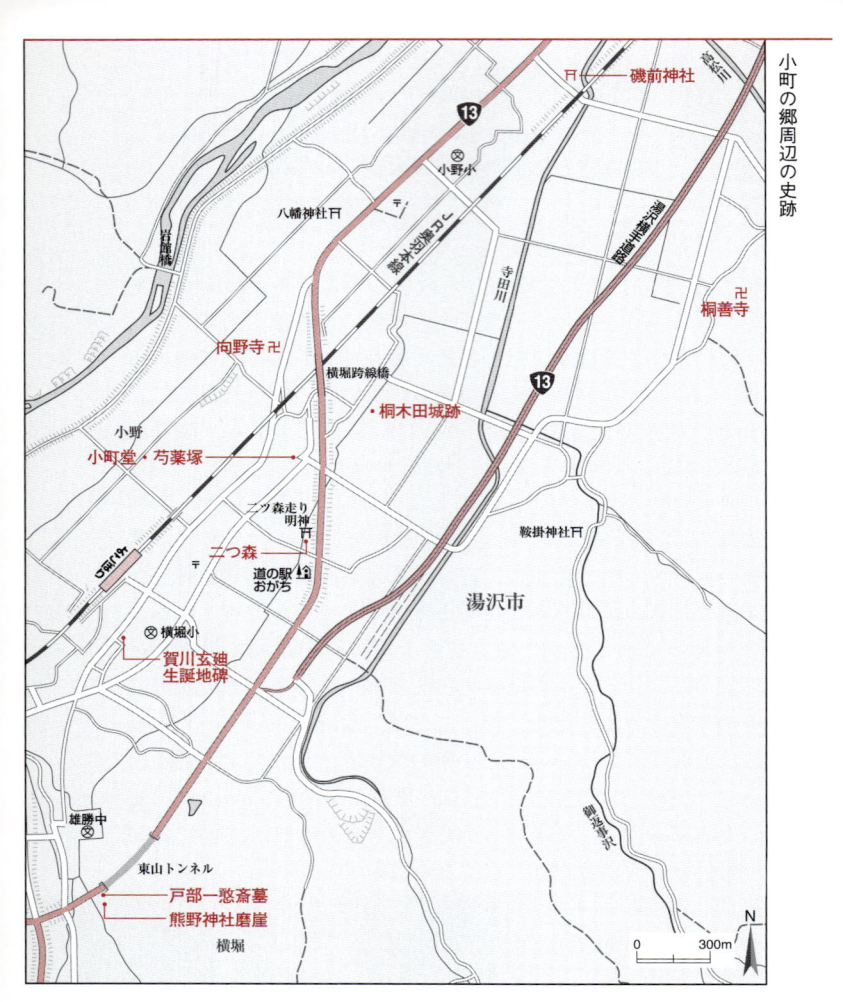

たが，現在は標柱が立つのみである。小町堂の裏手に抜け，線路を越えて北へ向かうと向野寺(こうやじ)(曹洞宗)がある。小町の菩提寺(ぼだいじ)といわれ，現在は無住だが，小町自作と伝える木彫の小町像が残されている。国道13号線に出て北へ進み，桑崎(くわがさき)集落のはずれから150mほど東へ入ると，川の手前に，小町が疱瘡を病んだときに顔を洗ったという清水のある磯前神社(いそざき)に至る。さらに田の中の道を東へ進むと平城集落で，桐善寺(とうぜんじ)(曹洞宗)の山門近くに，長鮮寺跡から移された深草少

244　県南

将供養碑といわれる板碑が立つ。少将が小町からの返事を待ったと伝わる御返事集落を左手にみながら，田圃の中の道を南西へ進むと，途中に小野良実の館跡といわれ，小町が産湯を使ったとされる井戸のある桐木田城跡がある。小町堂の前に戻って国道を南へ進むと，右手に二つ森がみえてくる。大きい森を男森，小さい方を女森とよび，深草少将と小町を葬った所といわれる。近くには，屋根が市目笠のデザインになっている，道の駅おがち「小町の郷」がある。伝説の郷のコース巡りは，車で1時間ぐらいかかる。

　小野地区では，毎年6月第2日曜日に小町まつりが行われ，公募で選ばれた7人の若い女性が，小町に扮して和歌を朗詠し，小町堂に詣でる。

熊野神社磨崖 ㉒ 〈M▶P.208, 244〉湯沢市横堀字板橋40
JR奥羽本線横堀駅🚗5分降車後🚶2分

本州最北端にある、年代判明県内最古の磨崖

　横堀駅の南約250m，市立横堀小学校前に神明社があり，その横に賀川玄廸の生誕地碑が立つ。玄廸は，1739（元文4）年に横堀に生まれ，1758（宝暦8）年京へのぼり，賀川玄悦の門で産科学を学び，師の養子となった。その後，『産翼論』などを著し，玄悦とともに近代産科学の基礎を築いた。

　横堀駅の南約1.2km，国道13号線東山トンネルの南側山際に熊野神社（祭神伊邪那岐命）があり，社殿裏手の岩壁に磨崖（県史跡）がある。年代がわかるものでは県内最古のものである。車の場合は，市立雄勝中学校の近くにおいて100mほど歩かなければいけない。

　この磨崖には，「元亨二（1322）年」の紀年銘が残る。岩壁上部には，蓮座の中に阿弥陀・観音・勢至の三尊を意味する梵字が刻まれている。その下の文字は，磨滅してはっきりしない。このような碑の造立目的は，死者の供養か，逆修供養のためであった。板碑の存在は各地で知られているが，磨崖としては県内唯一，本州最北端のものといわれ，中世仏教文化の伝播経路を探るうえで貴重な史跡である。なお，東山トンネル南口から国道108号線沿いの旧県道を南へ進むと，赤塚集落の赤塚神社には「暦応元（1338）年」銘の，寺沢集落には「嘉暦二（1327）年」銘の石造塔婆がある。

　東山トンネルのそばの共同墓地には，『奥羽永慶軍記』の著者で

熊野神社磨崖

著述家の戸部一憨斎の墓がある。一憨斎（正直）は、生涯を諸国遍歴に費やし、その見聞を軍記物語や見聞記などにまとめた。45歳で仏門に入り、仙台の万寿院（廃寺）で修行後、晩年は郷里に帰った。『院内銀山記』も彼の著作といわれる。

寺沢集落を抜けて旧県道が国道108号線に合流する所に、役内川に架かる寺沢橋がある。その手前、左手に200mほどのぼった丘陵の斜面に、1968（昭和43）年に地元有志によって建てられたキリシタン殉教慰霊碑が立つ。碑の裏側には、1624（寛永元）年、秋田藩でキリシタン弾圧が行われたとき、寺沢在住の信者15人が捕らえられ、久保田城外谷内佐渡（現、秋田市）で処刑されたと刻まれている。信者の中には、院内銀山で働いていた朝鮮人も含まれていたという。慰霊碑の近くには、1859（安政6）年に地元の人びとによって建てられた、石造の北向き観音がある。腕に幼いキリストを抱いた聖母マリア像である。

国道107号線の寺沢橋を渡り、秋ノ宮地区山居野に鰤状珪石（鰤状珪石および噴泉塔で国天然）がある。国道から1kmほど行った場所だが、道が悪く車で行くのはむずかしい。鰤状石は盗採されてみることができない。希望者は雄勝自然休養村管理センター（湯沢市秋ノ宮殿上1-38　TEL0183-56-2559）に連絡すれば、実物をみることができる。

岩井堂洞窟 ㉓

〈M▶P.208〉湯沢市上院内字岩井堂
JR奥羽本線院内駅🚗6分、または院内駅🚶30分

院内駅から街中を通る旧国道を西へ1kmほど進むと、奥羽本線の踏切と国道108号線の跨線橋の出合う手前右手に院内関所跡がある。佐竹氏は出羽へ国替となると、それまでの有屋峠の通行を廃して杉峠（雄勝峠）をあらたに開削し、1648（慶安元）年には関所を設け、キリシタンや犯罪人の通行を取り締まった。1713（正徳3）年、江

縄文時代早期の住居遺跡
尖底深鉢形土器が出土

岩井堂洞窟

戸幕府の命で番所に改められ、大山若狭守(おおやまわかさのかみ)の組下(くみした)が警備にあたっていた。現在ある関所門は復元されたかなり小さいもので、番所自体も現在地の南西約300mの所にあった。関所跡の後方には、戊辰(ぼしん)戦争(1868～69年)のとき、秋田藩領に潜入して捕らえられ斬殺された、仙台藩士青山六之丞(あおやまろくのじょう)の慰霊碑が立つ。

踏切を渡ると国道13号線に出る。ここを北へくだって右手国道108号線に入って約150m進むと、左側に標柱が立っているのが目に入る。手入れされた草地を少し行くと、岩井堂洞窟(国史跡)に到達する。洞窟は山尾根の裾(すそ)部に露出する全長80mの凝灰岩壁(ぎょうかいがんへき)でできた大小4つの洞窟からなっている。大小4つの洞窟が並んでおり、第1・第2洞窟の中には、地元の人が稲荷社(いなりしゃ)をまつっている。地中の遺跡は大部分が埋め戻され、解説板が設置されている。

当地は雄物(おもの)川最上流に合流する雄勝川右岸に位置し、縄文時代早期頃は、洞窟のすぐ近くまで川が流れていたとみられる。明治時代から土器などの出土が認められていたが、1962(昭和37)年、湯沢北高校教諭の山下孫継らによって初めて発掘調査され、1963年から途中中止もあったが、県・町の教育委員会により1976年まで8次にわたる調査が行われた。その結果、最終調査が行われた第4窟は13層からなることが判明し、第1・3・5・7・9・11・13層に遺物が含まれていることが確認された。出土遺物には、縄文時代早期の押型文(がたもん)土器・貝殻(かいがら)文土器・沈線(ちんせん)文土器などがある。第7層からは縄文時代早期末の尖底深鉢(せんていふかばち)形土器が出土、第9層では自然石で囲った炉(ろ)もみつかり、尖底深鉢形土器の破片から火が使用されたこともわかった。

第1層は平安時代初期とみられ、長期間にわたって洞窟が住居として使用されていたことが推測できる。岩井堂洞窟は、秋田県の早期縄文土器を研究するうえで欠くことのできない遺跡である。

旧院内銀山跡 ㉔

〈M▶P.208〉湯沢市院内銀山町 P
JR奥羽本線院内駅🚗15分，または院内駅🚶60分

開坑300年、日本有数の鉱山　先人を偲ぶ銀山まつり

1989（平成元）年，JR東日本と雄勝町（現，湯沢市）は，院内駅と併設して，院内銀山異人館を建設した。駅舎をかねた赤レンガ造りの２階建ての建物は，1879（明治12）年に政府から派遣されたドイツ人技師の住まいを再現したものである。１階には「PRルーム」があり，２階は歴史資料展示室となっている。院内銀山のジオラマや採鉱道具のほか，岩井堂洞窟出土の縄文時代早期の尖底土器なども展示されている。

院内銀山は，1606（慶長11）年，村山宗兵衛によって発見された。最盛期には，人口１万5000人におよぶ大鉱山となり，佐渡金山（現，新潟県）・石見銀山（現，島根県）・生野銀山（現，兵庫県）などとともにヨーロッパにも知られた。最初，藩直営であったが，1725（享保10）年直山から請山となり，1817（文化14）年直山になるまで，浮沈を繰り返しながら幕末に至った。1885（明治18）年，明治政府より古河市兵衛に払い下げられ民間経営となり，景気が盛り返した。しかし，1906年に五番坑内で火災が発生，100余人の坑夫が犠牲となり，また煙害による公害などで大正時代末期から採掘を中止。1934（昭和９）年に採掘を再開したが，1954（昭和29）年に閉山となった。

院内駅から国道13号線を経て国道108号線に入り西へ約４km，左折して橋を渡った所に十分一御番所跡がある。ここからが江戸時代の銀山町で，院内銀山に出入りする者は，銀山に入る諸物資に10分の１（１割）の物品税が課せられた。番所跡の隣に石段のついた異人館跡がみえてくる。さらに木立の中の細い道を進むと，右手の山の斜面に墓石群が立ち並ぶ。三番共葬墓地には，約500基，院内銀山

旧院内銀山跡（墓地）

248　県南

跡には約700基の墓石がある。近年、地元の銀山史跡保存顕彰会によって整備され、墓石の文字も読めるようになった。さらに進めば主鈴坂、そこをくだって橋を渡った向かいの山の斜面には、銀山の鎮守金山神社(祭神金山彦命)がある。現在の社殿は、1830(文政13)年に造営されたものである。神社前から100mほど行くと、右手に1881(明治14)年に明治天皇が訪れた御幸坑(五番坑)跡、左手の山には御台所跡がある。五番坑の近くには、正楽寺や西光寺跡などもある。

江戸時代から明治時代にかけて、この谷間には鉱山労働者の家が立ち並んでいた。御幸坑前の道を奥に進むと、銀山発見者の村山宗兵衛の墓や、銀山発見の端緒となった不動滝があり、その先に大仙山が聳えている。ここから流れる川が雄物川の源流である。なお、御幸坑より奥は土地所有者が立ち入り禁止にしている。見学を希望する場合は許可を得る必要がある(立石林業株式会社〈上院内長倉 TEL0183-52-2185〉)。

旧院内銀山跡は県の史跡となっており、地元の銀山史跡保存顕彰会によって、毎年9月21日(鉱山記念日)には銀山まつりが開催され、県内外から多くの人が訪れ、賑わっている。

❻ 国道342号線沿い

人柱伝説の増田城，二階山門のある満福寺，贅を尽くした内蔵，
信仰が生んだ真人桟道，執念で穿つ小貫山堰。

増田城跡と満福寺 ㉕㉖
0182-45-5101（満福寺）

〈M▶P.208, 251〉横手市増田町増田字土肥館141／増田字田町58
JR奥羽本線湯沢駅🚌東成瀬行平和通り角🚶5分

人柱伝説を伝える増田城跡
歴史を語る満福寺山門

　平和通り角バス停から南へ行き，秋田銀行増田支店のある丁字路を左折すると，周囲を圧するように聳えるスギの巨木が目に飛び込んでくる。この一帯が増田城跡であり，現在は市立増田小学校や増田地域局の敷地となっている。グラウンド北西隅に土塁の一部が残っている。

　増田は，古くから陸奥国（現，福島・宮城・岩手・青森県，秋田県の一部）へ至る交通の基点として重視されてきた。増田城を築いたのは，小笠原義冬といわれる。甲斐国一宮（一説に信濃国）小笠原氏の一族であるが，南部氏を頼って陸奥に下向した。最初，三又城（湯沢市駒形町三又字高山）に入ったが，稲庭に本拠を構えていた小野寺氏に圧迫され，増田城へ移った。

　小笠原義冬は，金沢八幡宮蔵写経（大般若波羅蜜多経478巻，県文化）の奉納者の1人としても知られ，1363（貞治2）年，増田城を築くにあたっては，幼い娘をウシの背中にくくりつけ人柱としたと伝えられる。増田小学校の一隅にある二本杉の塚がその場所といわれ，スギの1本は落雷によって枯れ，根元だけが残っている。また，1924（大正13）年，増田小学校新築の際，南側の土塁から1基の板碑（県文化）が発見されている。現在，校庭に立つ「貞治二年六月九

増田城跡の二本杉の塚

250　県南

増田町の史跡

「日」の銘のある碑は青御影石製で、高さ178.8cm・幅39.4cm。上部にハスの花と大日如来種字が刻まれており、正寿禅尼という女性を弔う碑のようであるが、小笠原氏と関係のある人物かははっきりしない。

　小笠原氏が増田城を退去した後、小野寺氏の家臣土肥次郎高平が入り、この城は土肥館とよばれた。しかし、1590(天正18)年、小野寺氏が最上義光に攻められると、土肥氏も最上氏の軍門にくだった。仙北郡楢岡(現、大仙市)に移った小笠原氏は、戸沢氏の重臣となり江戸時代に至った。

　増田小学校から東へ進むと、七日町・中町と続く「くらしっくロード」に出る。通りの左右に、日の丸酒造(1689年創業)、勇駒酒造(1754年創業)の酒蔵や木造3階建ての素封家石田理吉旧邸(1937年建造)などが立ち並ぶ。北へ進むと、本町・新町通りとの交差点に至り、そのすぐ北西に佐藤養助漆蔵資料館がある。この建物は元豪商小泉家の内蔵で、幕末から大正時代にかけて造成された総漆塗りの内蔵の内部に、稲庭うどんに関する資料が展示されている。

　本町・新町通りの交差点を北へ進むと、まもなく道路から200mほど入った所に満福寺(曹洞宗)がある。貞治年間(1362～68)、増田城を築いた小笠原義冬が祈願所として天台宗清光院を開創、小笠原氏退去後、城主となった土肥高平が三又にあった満福寺を移して改

国道342号線沿い　　251

満福寺山門

宗し、再興したものである。本尊阿弥陀如来は、鎌倉時代末期から南北朝時代の作とみられ、県指定文化財となっている。また、2層からなる山門の額には、表に「増田山」、裏に「宝暦十三(1763)年」の紀年銘が記されている。

真人桟道 ㉗ 〈M ▶ P.208, 251〉横手市増田町真人山

JR奥羽本線湯沢駅🚌東成瀬行真人橋🚶すぐ、または🚗20分

信仰一路が生んだ桟道 久蔵を育むリンゴの里

満福寺の東方約2.5km、真人山西麓の真人公園には、並木路子の「リンゴの唄碑」と顕彰碑が立つ。「リンゴの唄」はサトウハチローの作詞で、雄物川町沼館(現、横手市雄物川町)出身の映画監督佐々木康が製作した『そよかぜ』(1945年)の主題歌として大流行した。公園内の沼では、毎年8月16日、たらいこぎ選手権大会があり、県外からの参加者も多く賑わいをみせる。

真人山の南側山裾には、成瀬川が東から西へと流れている。このため、かつて人びとは、真人山の北側を迂回するか、危険を承知で崖の縁を歩かねばならず、川に転落して命を落とす者もいた。江戸時代後期、この難所に真人桟道(市助落とし)とよばれる道を開削したのが、亀田村(現、増田町亀田)の久蔵であった。

桶職人であった久蔵は信仰心が篤く、隣村の明沢(現、平鹿町醍醐)にある木翁山香最寺の州巌和尚の法話を聴いているとき、人のために尽くそうと決意した。そして、1771(明和8)年、1人で成瀬川から石を拾い、岩を砕き土砂を盛って、真人の

久蔵頌徳碑

難所に道づくりを始めた。最初，笑ってみていた村人も，神仏に祈りながら日夜を分かたず作業を続ける久蔵の姿に感激して，協力するようになり，1776（安永5）年に道が完成した。久蔵は，完成のあかつきには，命を絶って神に感謝すると心に決めていたので，みずから穴を掘って，その中で断食を行い，48日目絶命した。

畑の中にみえる大きなスギの木は，久蔵塚である。村人が久蔵の供養のために塚をつくり，塚上に1本のスギを植えたものといい，塚のかたわらに顕彰碑とともに子孫が建てた「義人沼沢久蔵翁之墓」の墓標が立つ。

また，真人公園から南下し，真人橋の手前で左手の山道をのぼると，成瀬川を見下ろす平らな場所に久蔵頌徳碑がある。1842（天保13）年，京都の人で，六部の政次郎が当地で一夜の宿をとったとき，久蔵の話を聞いて感動し，村人に寄進を募って建てたものである。なお，成瀬川沿いに国道342号線が開通し，道路整備されたために，久蔵のつくった道がどこなのかは明らかではない。

小貫山堰 ㉘

〈M▶P.208〉雄勝郡東成瀬村田子内字滝ノ沢
JR奥羽本線湯沢駅🚌東成瀬行塞ノ神🚶15分

八九郎の執念が穿つ小貫山堰　滝打たれの行ある不動滝

真人公園から国道342号線へ出て，東方へ5kmほど行くと，東成瀬村である。滝ノ沢集落から村道に入り集落を抜けると，まもなく左手に不動滝がみえてくる。道端を流れる小貫山堰は，ここで滝の裏側の岩盤を刳り貫いた隧道を抜ける。隧道は全長約60m，秋田藩士小貫山八九郎（忠兵衛）が，玄翁と鏨を使って1人で成し遂げたといわれる。

東成瀬村の総面積の93％は山林原野で，平野は成瀬川流域のみである。そのため，村には多くの堰がつくられており，個人名のつく堰はいずれも個人の労苦で完成したことを示す。

かつて，小貫山堰が流れる滝ノ沢・菅生田・湯ノ沢集落は，河岸段丘上にあって荒野となっていた。ここを水田にできたらと考えたのが，村の肝煎理兵衛であった。藩への願い出によって，当地を知行地とする小貫山八九郎が派遣されたのは，1674（延宝2）年のことである。

江戸時代初期，秋田藩では開田政策を進めていた。新田の収穫高

国道342号線沿い

小貫山堰

は、藩と使役従事者、村とで三等分して受け取ることができたが、藩からは開田費用は一切支給されず、小山堰の場合も八九郎がすべて負担した。最初、村人も参加した工事であったが、不動滝の岩盤を刳り貫く際、あまりの困難さに、村人は徐々に去って、ついには八九郎ただ1人となってしまった。工事は1日に数cmしか進まず、村人は作業に没頭する彼を狂人とみなしたという。しかし、八九郎は、8年かけて隧道を完成させた。

　八九郎が掘削した隧道は、1954(昭和29)年改修工事で手を加えられ、往時の姿を偲ぶことができない。かつては隧道の所々に、空気穴があったといわれる。村立東成瀬小学校裏手の成瀬川から取水した水路は、滝ノ沢から横手市増田町湯ノ沢まで全長2kmにもおよぶ。ここから水路はさらに分流し、約80haの水田を潤している。滝ノ沢の東成瀬村滝ノ沢生産組合果実集出荷所兼研修センター前の広場には、1898(明治31)年に建てられた「小貫山氏之記念碑」と「改修記念碑」がある。

　毎年8月に不動滝で観光イベント「仙人修行」の1つ「滝打たれの行」が開催され、県内外からの参加者で賑わう。3日間の開催期間のうち、坐禅や断食、エコツアーなども行われる。また、不動滝と川向かいの田子内集落には「ふるさと館」があり、民具や農具が展示され、伝習室では藁細工や蔓細工などの体験学習もできる。館のそばには、東成瀬のシンボルの大きな仙人像が立ち、来訪者を歓迎してくれる。

7 羽後路を西へ

幕末の経世学者佐藤信淵生誕の地羽後は，代々受け継がれてきた仙道番楽・野中芝居など，郷土芸能の盛んな地でもある。

三輪神社・須賀神社 ㉙
0183-62-4825

〈M▶P. 208, 256〉雄勝郡羽後町 杉宮字宮 林1／杉宮字大門89
JR奥羽本線湯沢駅🚌西馬音内行杉の宮前🚶すぐ

源義家ゆかりの三輪神社「あぐり」伝説の元稲田稲荷神社

　湯沢駅から国道398号線に出て，出羽山地の麓を目指して北へ向かうと，鳥海山が遠く美しい姿をみせる。雄物川に架かる柳田橋を渡り，2つ目の交差点を右折すると，羽後町杉宮に至る。杉宮という地名が象徴するように，昔は鬱蒼とした老杉の神社の杜が続いていたが，現在はほとんど伐採され，畑にかわり淋しくなった。

　杉の宮前バス停で降りるとすぐに，三輪神社(祭神大物主神)がある。養老年間(717～724)に雄勝城の造営や雄勝村の開発とともに創建されたと伝えられ，奥州藤原氏・小野寺氏・佐竹氏ら代々の領主の信仰篤く，その庇護を受けてきた。現在の本殿(附宮殿1基・棟札3枚，国重文)は，1591(天正19)年に改築されたものである。1962(昭和37)・63年の修理の際，銅板葺き屋根に葺き替えられたが，三間社流造・太い柱と大面をとった角柱，向拝・斗栱など，室町時代前期の建築様式を残している。

江戸時代末期頃の記録とみられる宝物帳の武具の部に，「一つ，八幡太郎義家公鎧通御剣，右は金沢山城御征伐の節奉納一本」と記されており，後三年合戦(1083～87年)の戦勝記念に，源義家が鎧通と大雁股を奉納したものと考えられる。

　境内社須賀神社本殿(附棟札2枚，国重文)は三輪神社本殿の左側にあり，桁行2間・梁間3間の入母屋造・妻入で向拝に唐破風がつく。1644(正保4)年の建造である。境内左手に江戸時代の鐘楼があるが，当社の別当吉祥院(廃寺)のものである。

　三輪神社から西へ900mほど行くと，元

三輪神社

三輪神社周辺の史跡

稲田稲荷神社（祭神豊受比売命）がある。通称はあぐりこ神社。昔から安産の神様として知られ、女性の参拝者が多かった。赤い鳥居とキツネの石像が、老杉の聳える境内に並んでいる。かつては三輪神社の末社で、時代は不明であるが古河寺があったといわれている。

江戸時代後期の国学者・紀行家菅江真澄の『雪の出羽路雄勝郡』によれば、1715（正徳5）年7月にここに遣わされた神狐は、安具理子とよばれる女狐で、たくさんの女子狐を産んで育てた。そのため、女子が続けて生まれた場合、「もう飽きた」という意味の「あぐり」と名づければ、必ず男子が授かるという伝説が広がったという。なお、社宝の黒塗金箔押机（県文化）は、1599（慶長4）年に岩手の人小田嶋藤五郎が奉納したものといわれている。

佐藤信淵誕生地 ㉚

〈M▶P.208, 256〉雄勝郡羽後町西馬音内字裏町
JR奥羽本線湯沢駅🚌西馬音内行北都銀行角🚶2分

幕末の経世学者生誕の地 信淵自筆本を収蔵する資料館

佐藤信淵は、1769（明和6）年に出羽国西馬音内前郷村（現、羽後町西馬音内）に生まれた。農政・経済・海防・地理・天文学などの分野における業績のほか、新しい統一国家の姿を具体的に描いたことで知られる。信淵の兵学が第二次世界大戦中に多く取り上げられ、帝国主義的に利用されたが、本領は農学にあり、農業社会論・社会政策・哲学・重農主義にわたり、多くの書を著した。なお、現在も町民の信淵に対する追慕は深く、西馬音内報効義会などを中心に、顕彰活動が行われている。

体育館前バス停から本町方面に進んですぐの十字路を右折し、羽後町役場を過ぎて左手にガソリンスタンドのある小路を左折すると、右手の川原田公園内に対川荘がある。当町の大地主柴田家が1895（明治28）年に建てた別荘で、蓑虫山人・寺崎広業・河東碧梧桐・

県南

佐藤信淵の墓

安岡正篤らの文人墨客が来訪し宿泊した。別荘地内に自然石に彫られた碧梧桐の「菊一色折るまじと思う」などの句碑がある。対川荘の入口左手にある、間口4mほどの鉄筋コンクリート造りの小さな建物が信淵文庫である。信淵関係資料や遺品が収蔵されていたが、現在は羽後町歴史民俗資料館に移されている。1920(大正9)年、信淵から農事土木を学んだという三重県の竹川政胖が秘蔵してきた、信淵自筆本写本69点を中心に収められている。

佐藤信淵誕生地は、町内に2カ所ある。1つは対川荘から300mほど行くと、裏町に生誕地の碑が建てられており、その奥に信淵神社もある。もう1つは、隣の西新成地区郡山にあり、ここにも誕生地の碑が立つ。これは、信淵自身がその著書に「わが故郷は出羽国雄勝郡西馬音内の郡山村というところなり」、また「秋田領西馬音内浦(現在は裏)町はわが故郷にて」と記しているためである。

裏町の生誕地の碑から北へ100mほど行くと、寺町に延命山宝泉寺(曹洞宗)がある。山門の右手に東郷平八郎揮毫の「佐藤五代の碑」が立ち、石の鞘堂には半分風化した、信淵の祖父佐藤信景(不昧軒)の墓が安置されている。

雄勝城跡 ㉛　〈M ▶ P.208〉雄勝郡羽後町足田字門田
JR奥羽本線湯沢駅🚌大沢行土館🚶5分

蝦夷制圧に造営された柵 調査困難な「幻の雄勝城跡」

東新成地区の通称雲雀野とよばれる高原一帯に、足田遺跡として一時有名になった雄勝城跡がある。ヤマト政権は、「胆沢の賊」とよばれた強大な蝦夷勢力制圧のために、733(天平5)年、秋田村高清水に出羽柵を移設し、759(天平宝字3)年には、多賀城(宮城県)と秋田城(760年頃に出羽柵が改変されたといわれる)とをつなぐ道を開くために、中間基地として大規模な城柵を造営した。これが雄勝城(柵)である。

1912(大正元)年に県史編纂主任長井金風が、また1922年に郷土史

羽後路を西へ　257

足田遺跡(雄勝城跡)

家深沢多市らが調査研究を行ったが,遺跡は発見されていない。1961(昭和36)〜74年,羽後町の郷土史家柿崎隆興や岩手大学教授板橋源らの努力によって,7次におよぶ発掘調査が進められた。遺跡東側の南北657mに渡る柵列,東門の柱穴,10カ所の窯跡が確認され,土器などが出土した。また,岩土の断崖や湿地帯などを天然の城壁として活用し,見通しのよい丘に望楼を建てていたと推定される遺構もみられた。遺跡は東西約1.5km・南北約1kmの不正三角形に広がり,岩城堤が設けられ,遺跡の全範囲から土器が発見されるため,有事の際は数百人の兵士が城に立てこもって防衛にあたったものと考えられる。雄勝・平鹿の経営における最大の拠点であった雄勝城は,この足田の城柵と,兵士の屯所・官人の居住区からなっていたと考えられる。しかし,開発による遺跡の破壊がひどく,十分な調査ができず遺跡の全容の把握が困難であることから「幻の雄勝城跡」とよばれる。

西馬音内から西へ向かうと,元西地区世の沢山に西馬音内城跡(県史跡)がある。西馬音内川の川岸に近い小高い丘に位置し,西側に矢島街道を見下ろす,天然の要害である。1277(建治3)年,小野寺経道の2男道直が居城として築いたといわれる。1601(慶長6)年,雄勝・平鹿2郡の城がことごとく山形の最上義光の軍門にくだったとき,城主茂道は敵軍に包囲されて城に放火し,落城した。現在,地元有志によって結成された小野寺公顕彰会の奉仕作業により,遺跡を訪れる歴史散歩のコースが用意されている。

仙道番楽 ㉜ 〈M ▶ P.208〉雄勝郡羽後町上仙道字中村
JR奥羽本線湯沢駅🚌仙道方面行久保🚶30分

久保バス停からY字路を左に進み2kmほど行くと,上仙道地区に着く。当地区の中村集落には,1964(昭和39)年に県の無形民俗文化財に指定された仙道番楽が伝えられている。慶長年間(1596〜

西馬音内の盆踊

コラム

行

賑やかな囃子としなやかな手振り、幻想的な美しさ

　毎年8月16日から3日間、羽後町西馬音内字本町の目抜き通りで、西馬音内の盆踊（国民俗）が行われる。囃子は盆踊会館2階の張り出しに特設された櫓で演奏され、通りの十数カ所に篝火を焚き、これを囲んで踊りの列が並ぶ。宵闇迫る頃、櫓から寄せ太鼓が鳴り響くと、豆絞りの手拭いを粋な鉢巻風に頭に結んで、踊り浴衣を着た子どもたちが踊り始める。やがて夜が深まるにつれ、濃い藍染めの踊り浴衣や艶やかな端縫い衣装に、編笠や彦三頭布（黒布の覆面、亡者踊りを表現）をかぶった男女が位置を入れ替わりながら踊り、輪が大きく広がってくる。

　西馬音内の盆踊の起源や沿革については、明らかではない。正応年間（1288～93）に源親上人によってもたらされ、豊年踊りとして始まったという説や、1593（文禄2）年、西馬音内城で自刃した矢嶋城主大井五郎満安の慰霊のために踊られたというが、すべて口碑によるもので文献記録はない。

　この盆踊りの特徴は、流麗で優美な上方風の洗練された振りと、明快で野趣味に満ちた地方色豊かな囃子とが織りなす、絶妙なバランスの美にある。

　囃子詞（地口）には、

〽お盆恋しや　篝火恋し　まして踊り子　なお恋し（甚句）
〽月は更けゆく　踊りは冴える　雲井はるかに　雁の声（甚句）

などがある。音頭と甚句（がんけ）の2種があり、音頭は方言で明るく活発に歌われ、甚句は一抹の哀調を帯びてしっとりと歌われる。踊りも、その情趣をよく表現している。

西馬音内盆踊

町内各神社の祭典で演じられる慶長年間創始の神楽

1615）、修験者によって行われた神楽舞に始まるといわれ、以来、地元の人びとに代々受け継がれてきた。

　仙道番楽は、4月中旬の「幕開き」に始まり、地区の神社の祭典や新築の地固め、慰霊祭などの際に演じられる。秋祭りがすむと、「幕納め」で終わる。演目は表12番あり、獅子舞・鶏舞・武士舞などのほか、五条が橋・花車の舞（安珍清姫）などがおもなものである。囃子は太鼓1・摺鉦2・笛1で、楽手は舞手のそばに座して演奏する。掛け歌は、主として太鼓打ちが歌う。現在、仙道番楽保存会は後継者育成に力を入れている。

羽後路を西へ　　259

仙道番楽

中村集落から北東7kmほどの飯沢に、鈴木家住宅主屋（附普請文書1冊）・土蔵（附棟札1枚・家相図1舗・普請文書3冊、ともに国重文）がある。鈴木家は、鈴木三郎重家が土着して、帰農したと伝えられている。寄棟造、厩部分が入母屋で、1650～1700年頃の建造と推定されている。

野中人形芝居 ㉝

〈M▶P.208〉雄勝郡羽後町野中
JR奥羽本線湯沢駅🚌西馬音内方面行清水🚶30分

猿倉人形芝居を源流とする親指・小指に挟んで遣う人形芝居

　清水バス停から東へ30分ほど歩くと、野中集落に着く。当地に伝わる野中人形芝居は、由利郡鳥海村猿倉（現、由利本荘市鳥海町猿倉）で明治時代初期に始まった猿倉人形芝居を源流とする。創始者の真坂藤吉が野中へ養子に入り、大正・昭和年間（1912～89）を通して弟子を養成して一座を興し、野中人形芝居と称して活躍した。現在は、藤吉（芸名吉田勝若）の長男鈴木栄太郎の率いる一座が演じている。

　この人形芝居の操法は指人形挟み式で、遣い手の指の間に頭のノド木を挟み、人形の左右の手を遣い手の親指と小指に嵌め込んで遣う。囃子は、太鼓・摺鉦・三味線などからなる。演目は「鑑鉄和尚傘踊り」「岩見重太郎ひひ退治」「鬼神のお松」などがある。1996（平成8）年11月28日、当地の鈴木栄太郎一座・由利本荘市の木内勇吉一座・北秋田市の吉田千代勝一座が伝承する人形芝居が、猿倉人形芝居として国の記録作成等の措置を講ずべき無形の民俗文化財に指定された。野中人形芝居の定期公演は毎年1月と8月に、貝沢柳原にある民話伝承館（むかしがたり館）の常設劇場で行われる。

Yuri **由利**

鳥海山

新山神社の裸参り

由利

◎由利散歩モデルコース

1. JR羽越本線羽後亀田駅 20 妙慶寺 10 龍門寺 20 亀田陣屋跡 15 亀田織工場 20 JR羽後亀田駅
2. JR羽越本線・由利高原鉄道鳥海山ろく線羽後本荘駅 15 鶴舞公園(本荘城跡) 10 永泉寺 15 由利橋(子吉川) 20 新山神社 30 赤田の大仏 20 JR羽後本荘駅
3. JR羽越本線金浦駅 10 勢至公園 5 金浦山神社 20 由利海岸波除石垣 20 浄蓮寺 10 JR金浦駅 5 JR羽越本線象潟駅 20 蚶満寺 20 JR象潟駅
4. 由利高原鉄道鳥海山ろく線矢島駅 15 八森城跡 5 龍源寺 3 福王寺 20 JR矢島駅 20 義烈良民の墓 10 土田家住宅 20 JR矢島駅

①高城城跡　⑧本陣猪股家　⑮勢至公園　㉒瑞光寺
②亀田陣屋跡　⑨新山神社　⑯金浦山神社　㉓八森城跡
③龍門寺　⑩赤田の大仏　⑰由利海岸波除石垣　㉔龍源寺
④妙慶寺　⑪永傳寺　⑱浄蓮寺　㉕福王寺
⑤赤尾津・光禅寺　⑫諏訪神社　⑲蚶満寺　㉖義烈良民の墓
⑥本荘城跡　⑬禅林寺　⑳金峰神社　㉗土田家住宅
⑦永泉寺　⑭斎藤宇一郎記念館　㉑奈曽の白瀑谷　㉘百宅集落

亀田から本荘へ

1市7町が合併して由利本荘市が誕生した。この地域には城跡や寺院が多く，散歩には最適。

高城城跡・亀田陣屋跡 ❶❷

〈M▶P.262, 264〉由利本荘市岩城下蛇田／岩城亀田亀田町
JR羽越本線羽後亀田駅🚌亀田行亀田大町🚶30分／🚶5分

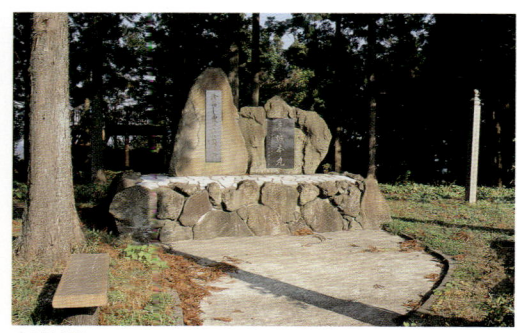

信濃川中島から入封した岩城氏の亀田陣屋跡

高城城跡

羽後亀田駅の東約2.5km，高城山（天鷺山，170m）を中心とする舌状台地に高城城（赤尾津城）跡がある。1467（応仁元）年，信濃国（現，長野県）大井氏の一族で，由利十二頭である赤尾津氏が高城山に館を築き，ここを拠点に赤尾津（現，由利本荘市松ヶ崎周辺）を支配した。

関ヶ原の戦い（1600年）後，由利地方を得た山形の最上義光は，1602（慶長7）年，代官として家臣の楯岡豊前守満茂を配置した。しかし，当地が由利地方の中心地ではなかったため，1610年には子

羽後亀田駅周辺の史跡

264　由利

由利十二頭

コラム

由利十二頭はのちに由利五人衆となる

　由利十二頭は十二党ともよばれ，戦国時代に由利地方に割拠した土豪の総称である。仁賀保氏(旧仁賀保町)・子吉氏(旧本荘市子吉)・潟保氏(旧西目町)・滝沢氏(旧由利町)・矢島氏(旧矢島町)・到米氏(旧東由利町玉米)・下村氏(旧東由利町蔵)・石沢氏(旧本荘市柳生)・打越氏(旧本荘市内越)・赤尾津氏(旧岩城町亀田)・羽根川氏(秋田市下羽根川)・岩屋氏(旧大内町)・鮎川氏(旧本荘市南部・由利町)・芹田氏(旧仁賀保町平沢)である。

　彼らの系譜は，由利氏の子孫とする滝沢氏をのぞき，ほとんどが信濃国(現，長野県)の小笠原・大井・根井各氏の子孫と称している。また，由利地方に入った時期はそれぞれ，1394(応永元)年あるいは，1467(応仁元)年ともいう。しかし，研究上は鎌倉時代に小笠原氏が由利郡地頭職に補任されたときに，その支配のために移住し，そのまま土着したと考えられている。

　戦国時代になると，十二頭は勢力の拡大を狙って小競り合いを繰り返したが，その中心は仁賀保・矢島両氏であった。しかし，豊臣秀吉による由利五人衆(仁賀保・赤尾津・滝沢・内越・岩屋)の設定により，由利十二頭は消滅した。

吉川河口の本荘に本荘城(鶴舞城)を築いて移った。1622(元和8)年の最上氏改易後は，一時，本多正純の所領となったが，翌年，佐竹氏一族の岩城吉隆が信濃川中島(現，長野県長野市)から入封。以後，当地は明治時代に至るまで岩城氏によって支配されたが，1624(寛永元)年，吉隆が高城山西麓に亀田陣屋を構えたことで，高城城は居城としての機能を失った。

　現在，城跡は高城山城跡公園となっている。本丸下まで車でのぼることができ，山頂からは亀田の町を眼下に，遠くに松ケ崎や日本海を望むことができる。本丸・二の丸跡などの遺構がよく確認できる。また，最上家臣団の移住地は，今も北西麓に亀田最上町として残る。

　市立亀田小学校と天鷺神社のある一帯が，亀田陣屋(亀田城・天鷺城)跡である。建物は戊辰戦争(1868～69年)の際に焼失し，敷地は桑畑にされた。現在は住宅地となっており，わずかに内濠跡が小さな池として残っている。

亀田から本荘へ　265

龍門寺と妙慶寺 ❸❹

0184-72-2373／0184-72-2037

〈M▶P. 262, 264〉由利本荘市岩城赤平字向山25／岩城亀田最上町字最上104

JR羽越本線羽後亀田駅🚃亀田行亀田大町🚶10分／最上町🚶2分

真田幸村の女が開基したと伝わる妙慶寺

亀田陣屋跡と衣川を挟んで対岸の向山の麓に，岩城氏の菩提寺禅勝山龍門寺（曹洞宗）がある。1628（寛永5）年に出羽亀田藩2代藩主岩城宣隆が，岩城氏発祥の地である現在の福島県いわき市平

亀田藩主岩城家墓所（龍門寺）

の龍門寺を勧請，檜山（現，能代市）の多宝院住職鶴翁呑亀を招いて中興し，翌年，寺領60石を寄進した。1759（宝暦9）年築の山門前には，「不許葷酒入山門」と，「禁芸術売買之輩」の戒壇石がある。

寺を取り囲む森林の中に，広壮な七堂伽藍が並んでいたが，3度の火災で焼失し，現在の本堂は1960（昭和35）年の再建である。本堂裏手には，火難を免れた歴代藩主の霊廟が，五輪塔とともに並んでいる（亀田藩主岩城家墓所，県史跡）。龍門寺には3代重隆像（木造岩城伊予守重隆公坐像，県文化）や8代隆喜像も安置されている。

亀田陣屋跡の西700mほどの所にある顕性山妙慶寺（日蓮宗）は，1629（寛永6）年に藩主岩城重隆の生母顕性院によ

顕性院の墓（妙慶寺）

266　由利

馬場為八郎碑(妙慶寺)

って開基されたという。顕性院は俗名お田の方(本名はお直)といい，真田幸村の女と伝えられる。当時，多賀谷重経の養嗣子であった佐竹義宣の弟宣家(のち岩城氏に入り宣隆と名乗る)は，正室と不和で，兄義宣と京にのぼったときにお直を見初めて，継室に迎えたという。

顕性院は熱心な日蓮宗の信者で，越後の妙慶寺から日砌上人を招いて開山し，のち亀田に移し，寺領170石が与えられるという。山門を入って正面に立つ宝物殿には，1635年に没した顕性院の遺品が収められており，甲冑・蒔絵衣桁(ともに県文化)などがある。また，境内に墓がある。なお境内には，江戸時代後期のシーボルト事件で亀田に配流され，この地で没したオランダ通詞馬場為八郎の碑もあり，宝物殿には，為八郎の遺品もある。

赤尾津と光禅寺 ❺
0184-28-2157(光禅寺)

〈M▶P.262, 264〉由利本荘市松ケ崎字光禅寺前105
JR羽越本線羽後亀田駅 🚶15分

北前船も出入りした衣川の河口が松ケ崎

亀田を西流する金洗川と合流し，日本海にそそぐ衣川の河口一帯が松ケ崎で，大野ともいう。当地は，中世，赤尾津郷に属していた。「津」とは港のことであり，赤尾津郷はこの衣川河口の津を中心とする松ケ崎とその周辺集落を含む地域であったとみられ，江戸時代には，北前船の寄港地の1つとして栄えた。

中世，当地に勢力を張ったのが，由利十二頭の赤尾津氏である。亀田の高城城を拠点としたが，亀田駅の東にみえる薬師長根にも，築館(大野城)とよばれる中世の館跡があり，赤尾津氏との関係が推測されている。

光禅寺

亀田から本荘へ

羽後亀田駅から国道341号線を海岸に向かい金洗橋を渡ると、まもなく左手に加賀の大乗寺（石川県金沢市）末の直覚山光禅寺（曹洞宗）がある。1395（応永2）年に直翁呈機によって創建された、赤尾津氏の菩提寺と伝えられている。また、金洗川を挟んで羽後亀田駅の南側にある西方寺（曹洞宗）も直翁の開創というが、その年代ははっきりしない。境内には、出羽亀田藩主岩城氏が、旧領の平（現、福島県いわき市）から移したという地蔵堂が立っている。

本荘城跡 ❻ 〈M▶P.262, 273〉由利本荘市尾崎
JR羽越本線・由利高原鉄道鳥海山ろく線羽後本荘駅 徒歩15分

由利支配の拠点となった城跡

羽後本荘駅から西へ500mほど行き左折すると、市役所や本荘公園がある。この一帯が本荘城（鶴舞城）跡で、市役所と消防署の敷地が三の丸跡にあたる。本丸跡は旧県社本荘神社の境内地となっており、戊辰戦争（1868〜69年）の勤王碑が立つ。城跡からは、東・西・北の三方を囲むように、市街の中央を流れる子吉川、広々とした本荘平野、その向こうに鳥海山がみえて、まさに由利の支配拠点にふさわしい立地である。

1602（慶長7）年、佐竹氏の出羽転封を機に領知替えが行われ、由利郡4万石に加増交換された最上義光は、代官として楯岡満茂を任命した。楯岡氏は、1603年に赤尾津の高城城に入り由利支配の拠点としたが、その後、1613年から翌年にかけて、子吉川下流の子吉郷尾崎山にあらたに築城し、城下の町割を行った。楯岡氏の本姓が本城氏であったので城は本城城とよばれ、城下町も本城と称されたという。これが、当地が由利地方の中心地として発展する契機となった。

1622（元和8）年の最上氏改易にともない楯岡氏が退去した後、かつて仙北郡六郷領主で常陸府中（現、茨城県石岡市

本荘城跡

亀田織

コラム

産

ゼンマイ綿を使った珍しい織物

亀田織は、旧岩城町亀田（現、由利本荘市）に伝わる織物で、亀田地織ともいう。江戸時代は下級武士や商家の内職として行われ、綿から紡ぎ、織物としていたが、5，6軒の専業者もあらわれた。

明治維新後、亀田の富田で、水車を利用して綿織物を製造していた本荘の佐藤雄次郎が、ゼンマイの若芽につくゼンマイ綿で紡いだ糸を縦糸に、綿糸を横糸にした太織を、1890（明治23）年に売り出して大好評を得た。このゼンマイ織は、従来の木綿織にくらべて、柔軟性・保湿性・防虫性にすぐれ、単衣地などに適していた。また価格も安いため、明治時代末期から大正時代にかけて、国内はもとより満州（現、中国東北部）や台湾にも出荷された。

その後、フランネルの出現で、ゼンマイ織の生産は衰微したが、近年、地元産業の見直しで、再び注目されている。

に配されていた六郷兵庫頭政乗が入部し、本荘と改めた。楯岡氏時代の城は、本丸・二の丸・三の丸からなる山城だったが、六郷氏は城郭を整備縮小し、本格的な町づくりに努めた。以来、本荘は、江戸時代を通じて六郷氏2万石の城下町として発展した。登城口だった蓬莱橋は現存しているが、城の建物は戊辰戦争で焼失した。

永泉寺 ⑦
0184-22-0044
〈M▶P.262, 273〉由利本荘市給人町44 Ｐ
JR羽越本線・由利高原鉄道鳥海山ろく線羽後本荘駅🚶20分

総ケヤキ造りで彫刻も精巧な山門

本荘公園から西へ600mほど行くと、老松に囲まれた竜洞山永泉寺（曹洞宗）がある。本荘藩主六郷家の菩提所で、累代の墓所もある。

永泉寺については、六郷氏が1623（元和9）年に、仙北郡六郷の永泉寺を移したという史料がある。しかし、寺伝では、1639（寛永16）年に六郷政乗の子政勝が、同家の菩提所として創建したとされる。六郷氏から与えられた寺領は200石で、領内曹洞宗の僧録所でもあった。

永泉寺は数度の火難に遭っているが、1863（文久3）年から1865（慶応元）年にかけて、11代藩主六郷政鑑のときに建造された山門（県文化）は類焼を免れている。高さ約8mのこの楼門は、善宝寺（山形県鶴岡市）の彫刻を手掛けた庄内の工匠によるもので、二重の総ケヤキ造り、木組みの確かさ、彫刻の精巧さなど、その技法は

亀田から本荘へ

永泉寺山門

見事である。楼門の階上には釈迦三尊像がまつられ、板壁には増田象江・牧野雪僊・鈴木梅山・阿部永暉ら六郷家お抱えの画人によって、極彩色で天女や鳳凰などが描かれている。また、京仏師七条左京の作とされる彩色木造の十六羅漢像がある。最近、仏像群の中から、円空仏がみつかった。

本陣猪股家 ❽ 〈M ▶ P. 262, 271〉由利本荘市舘字石沢
JR羽越本線・由利高原鉄道鳥海山ろく線羽後本荘駅🚌横手行石沢🚶1分

本荘城下から旧由利郡東由利町（現、由利本荘市）を抜け、旧平鹿郡雄物川町大町（現、横手市）・雄勝郡羽後町西馬音内を経て湯沢市に至る道が、江戸時代の本荘街道である。この街道は、湯沢を通る羽州街道と、本荘を通る北国街道を結ぶ内陸横断路であり、秋田・矢島・本荘3藩領を貫く要路であった。

本荘市街から国道107号線を南東へ7kmほど行くと、舘集落に至る。ここは旧石沢郷舘村で、集落の中ほど、石沢郵便局のすぐ南側に立派な門構えの猪股家がある。猪股家は、藩主の参勤交代時に本陣となった。本荘街道に面して大門と通用門の2つがあり、大門は藩主専用の門であった。敷石伝いに土縁に行き、土縁をあがると二の間・書院が並ぶ。その南側の奥、休息所となる鷹の間には浴室・

本陣猪股家

本陣猪股家を今に伝える

便所がつく。二の間の奥には、警護の藩士が待機していた槍の間が続く。

猪股家から東へ5分ほど歩くと、石沢郷の産土神をまつる神明社がある。この周辺には石沢館という中世の館があったというが、現在は田地になっていて遺構は確認できない。舘集落の東方に旧湯沢村があり、大蔵寺（曹洞宗）がある。この地にいた大日坊という修験者が、高野田（現、由利本荘市）に結んだ草庵に始まるといわれる。由利十二頭の石沢氏が、1394（応永元）年に香華院と号する寺院として開創し、1625（寛永2）年、本荘城下の永泉寺11世華嶽舜栄の勧請によって開山された。

大蔵寺から再び国道を越えて舘集落へ戻り、山裾を西へ20分ほど歩くと、新山崎という山麓の突端部に出る。この近くに、新四郎地蔵尊がある。1784（天明4）年に当地方でおこった石沢騒動とよばれる村方騒動の首謀者として、1787年に処刑された栗山村（現、由利本荘市）の新四郎をまつったものである。

旧石沢郷周辺の史跡

亀田から本荘へ

2 芋川に沿って

保呂羽山に源を発して石脇で子吉川にそそぐ芋川は、山林と豊かな水田の中を流れる。流域には城跡と寺院が多い。

新山神社 ❾ 〈M▶P.262, 273〉由利本荘市石脇字東山4 P
JR羽越本線・由利高原鉄道鳥海山ろく線羽後本荘駅🚌岩谷行石脇新町🚶20分

真冬に若者たちが裸参りする奇祭

　石脇新町バス停から新山公園に向かい、公園にのぼると小高い山の上に新山神社(祭神倉稲魂神ほか)がある。創建年代は明らかではないが、戦国時代、由利十二頭の赤尾津氏が陣営したことから兵火にかかったと伝わるので、それ以前から存在していたらしい。1610(慶長15)年、領主最上氏の代官楯岡豊前守満茂によって再興され、1623(元和9)年に出羽亀田藩領になってからも領主の崇敬を受けてきた。1873(明治6)年には、郷社となった。

　真冬の奇祭として有名な裸参りは、毎年1月16日に行われる。この神事は慶長年間(1596～1615)頃に始まったといわれ、若者の元服行事をかね、その年の五穀豊穣を祈願する。厳寒のなかで神水をかぶって身を清め、社殿を目指して約2kmの参道を駆けのぼり、梵天を奉納する。

　新山公園から南へ出て、きた道を戻ると、由利橋の北側に、1981(昭和56)年に開館した本荘郷土資料館があり、由利本荘市域の歴史・民俗資料を展示している。資料館からさらに南へ行き、子吉川に架かる由利橋手前の石脇新町交差点を東へ行くと、国道105号線の近く、子吉川と芋川の合流点に菖蒲崎貝塚がある。一部は水面下にあり、1974(昭和49)年に縄文時代早期の貝塚として確認され、1984年には貝塚調査法による範囲確認調査が実施された。貝層の

新山神社

芋川沿いの史跡

99％以上は汽水性のヤマトシジミで占められており，土器・石器・板状木製品，魚骨（おもにウグイ）などが出土した。2006（平成18）年，この貝塚出土の土器から，炭化した麻の実10粒（7600年前）が発見されている。麻を煮炊きした例は，国内初で全国唯一のものである。

赤田の大仏 ⑩
あかた　　だいぶつ
0184-22-1349

〈M ▶ P. 262, 273〉 由利本荘市赤田字上田 表115 Ｐ
JR羽越本線・由利高原鳥海山ろく線羽後本荘駅🚶20分，
または羽後交通本荘営業所🚌赤田線赤田大仏前🚶1分

像高約8ｍの「赤田の大仏」をまつる

　赤田大仏前バス停の西側に，天然秋田杉の老木に囲まれて，正法山長谷寺（曹洞宗）がある。開基は是山泰覚である。是山は，1732（享保17）年に赤田村に生まれた。出羽亀田藩家老の町田家に奉公した後，亀田龍門寺23世義天泰存に師事して得度した。25歳のとき，荒廃していた松ケ崎の光禅寺の住持となり，再興につくした。再興後，赤田不動院に閑居し，63歳のときに長谷寺を建立した。長谷寺は藩の祈願所とされ，寺領50石が寄進された。
　本堂左手の山裾に，高さ21ｍ余りの上下ともに高欄のついた二重屋根，垂木造の堂があり，この中に「赤田の大仏」の名で親しま

芋川に沿って　　273

長谷寺大仏殿

れている木造十一面観世音菩薩立像がまつられている。像高約7.9m、台座を入れると10mはある。スギの寄木造で、背後には千体仏が並んでいる。初代の大仏は、1784（天明4）年に是山の発願で、大和国長谷寺（奈良県桜井市）の観音を勧請し、2年かけて造立され、1794（寛政6）年に完成した大仏殿に収められていた。しかし、1888（明治21）年、客殿の牌前から出火し、堂塔伽藍のすべてを焼失。現在の大仏は、1892年、旧本荘市（現、由利本荘市）の佐々木藤吉の寄進により、秋田市の仏師松田善造の手で千体仏とともに復元されたもので、もとの仏像と同様にスギの寄木造である。大仏殿は1901年の再建で、彫刻は旧本荘市の工匠小川松四郎の作である。

毎年8月22日に行われる赤田大仏祭り（県民俗）は、是山の頃から続く、神仏習合の名残りをとどめる珍しい祭典である。21日に大仏殿を出た神輿が、赤田川の対岸鳥前寺集落の神明社に1泊し、翌日、神楽囃子に送られて大仏殿に戻るのを、多くの人びとが礼拝する。

赤田の大仏（長谷寺）

永傳寺と諏訪神社 ⓫⓬
0184-65-3234（永傳寺）

〈M▶P.262, 273〉由利本荘市岩谷麓字水上162
P／岩谷麓字水上116 P
JR羽越本線羽後岩谷駅🚶30分

産土神として信仰される諏訪神社

戦国時代、岩谷は由利十二頭の岩屋氏によって支配されていたが、その拠点とされ、城下町として発達したのが現在の岩谷麓集落であ

永傳寺

る。近くの高台に、古館（岩谷館）跡がある。築城は、1467（応仁元）年に岩屋左兵衛尉によるとも、永禄年間（1558〜70）に岩屋朝盛によるともいわれ、諸説ある。

羽後岩谷駅から北東へ1.5kmほど行くと、岩屋氏の菩提寺岩松山永傳寺（曹洞宗）がある。岩手県奥州市水沢区の正法寺の末寺で、1405（応永12）年、霊翁良英によって開創されたと伝えられている。境内に、岩屋氏の墓石や位牌がある。寺宝の本尊釈迦如来像は、鎌倉時代の作といわれる。

永傳寺と隣り合うように諏訪神社（祭神建御名方命ほか）がある。応永年間（1394〜1428）に小笠原右兵衛（岩屋内記）が、信濃国（現、長野県）谷地田城から出羽国由利郡にくだり、岩谷に入ったとき、鎮守として下諏訪神社（長野県諏訪郡下諏訪町）を勧請して建てたという。元和年間（1615〜24）頃から、岩谷麓村の産土神として信仰されるようになった。

芋川に沿って

③ ねむの里

県内で最初にサクラが満開になる勢至公園があり、温暖な地域からは、すぐれた人材が育っている。ネムの木が多い。

禅林寺 ⓭　〈M▶P. 262, 278〉にかほ市院内字城前75　P
0184-36-2577　JR羽越本線仁賀保駅🚌院内行終点🚶5分

正月年占行事で知られる七高神社

　仁賀保駅のバス停から院内行に乗り、終点が院内で、由利十二頭の中心的な存在であった仁賀保氏の居城山根館跡（院内館跡、県史跡）がある。

　山根館跡からくだって三差路を右に行くと、賀祥山禅林寺（曹洞宗）がある。もとは真言宗で、天長年間（824～834）に創建され、迦葉庵と称した。その後、1085（応徳2）年頃に由利太郎維安が堂宇を建てた。1394（応永元）年、加賀の大乗寺（石川県金沢市）6世の直翁呈機が曹洞宗に改宗開山、旧寺号を継承し、現在の名称にしたという。5世松山呈音のとき、仁賀保氏初代となる大井友挙が帰依して菩提所とし、寺領50石を寄進した。1651（慶安4）年に現在地に移ったが、1757（宝暦7）年に火災で焼失し、1767（明和4）に現在の本堂が再建された。境内には、「由利太郎墓」と刻まれた自然石や、友挙と仁賀保氏一族の墓がある。

　禅林寺の北隣に七高神社（祭神天照大神ほか）がある。縁起によると、745（天平17）年に鳥海山が噴火した際に、鳥海山の神霊を七高神社に合祀したという。中世以降、由利氏・仁賀保氏とも領内53カ村の総鎮守として崇敬した。

　現在の例祭日は6月17日で、1月1～7日に行われる御門松・大御饌・御散飯の特殊神事（七高神社の正月年占行事、県選択）は、1468（応仁2）年頃から神職をつとめる樋高家に受け継がれている。

斎藤宇一郎記念館 ⓮　〈M▶P. 262〉にかほ市平沢字中町79　P
0184-35-4057　JR羽越本線仁賀保駅🚶5分

乾田と馬耕の農業を普及させる

　仁賀保駅から港へ向かって200mほど行くと、斎藤宇一郎記念館がある。1866（慶応2）年、地主の家に生まれた斎藤宇一郎は、東京帝国大学農科大学林学科（現、東京大学農学部）を卒業した後、明治学院教授・農商務省を経て、33歳で故郷の平沢に帰った。当時、秋田では湿田を鍬で耕していたが、乾田と馬耕による農業の普及に努

斎藤宇一郎記念館

め，増産と労働負担の緩和につながった。また宇一郎は，1902(明治35)年から連続8回衆議院議員に当選し，この間，憲政会代議士会会長もつとめている。

1926(大正15)年に没した後，斎藤宇一郎記念会が設立され，1943(昭和18)年に同会が記念館を建設した。現在の記念館は，当初の建物を解体し，1981年に開館した勤労青少年ホーム内の第一展示室に設立したもので，宇一郎の遺品・書籍のほか，検地帳・切支丹宗門改帳などからなる「仁賀保家文書」，山根館の復元模型なども収蔵・展示している。とくに馬耕具・製鉄用具は，乾田馬耕の貴重な資料である

勢至公園と金浦山神社 ⑮⑯

〈M▶P. 262, 278〉 にかほ市金浦字上林
P／金浦字木ノ浦山18
JR羽越本線金浦駅🚶10分

大物のタラをかついで奉納

金浦駅から北へ500mほど行くと勢至公園がある。金浦は県内でもっとも温暖な所で，県内のサクラの開花はこの勢至公園から始まる。公園内の竹嶋潟には，安政年間(1854〜60)に琵琶湖の竹生島を擬して築かれたという島が浮かび，竹嶋潟の南約500mには観音潟がある。観音潟に隣接する勢至山には，西国三十三観音霊場になぞらえて，33体の観音像が散在している。公園内に群生するタブノキは，南金浦のマルバグミ，前川のタブノキ・白椿とともに，県指定の天然記念物である。

勢至公園の県道290号線を挟んで西側に，金浦山神社(祭神豊受大神ほか)がある。この神社は，別名タラ祭りとよばれるカケヨ

金浦山神社

ねむの里　277

金浦駅周辺の史跡

（掛魚）祭りで知られている。祭りの起源は享保年間(1716～36)といわれ，獲れたタラのなかから，いちばんの大物を，旧暦12月15日に神社に奉納する行事であった。現在は毎年2月4日，その年の豊漁と漁の安全を祈願する漁師たちが，大ダラをかついで金浦山神社に奉納する。

由利海岸波除石垣 ⓱

〈M ▶ P. 262, 278〉にかほ市芹田・飛
JR羽越本線金浦駅🚶30分

強風や塩害から農作物を守った石垣

金浦山神社から西へ約700m進んで突き当りを右折し，海岸沿いに1kmほど北上した，旧仁賀保町芹田と旧金浦町飛の海岸にまたがる由利海岸波除石垣(国史跡)は，江戸時代に築かれた石垣である。大竹集落の大竹自治会が所蔵し，19世紀前半の作成とみられる，長さ約7mの「由利南部海岸図」(県文化)には，芹田から飛までの石垣が描かれている。金浦町教育委員会が1986(昭和61)年に調査し，江戸時代の産業・土木を知るうえで重要な遺跡であると判明，1988年に芹田の石垣，1993(平成5)年に飛の石垣が県の史跡に指定され，1997年に両石垣は一括して国の史跡となった。

波除石垣は，波浪で浸食される海岸の保全と，強風や塩害から農地や農作物を守り，北国街道の決壊を防止することにあった。この地域の海岸は岩礁で，荒波があたると「塩霧」とよばれるしぶきとなり，田畑や人家に大きな被害を与えていた。古文書の中には，塩霧のため本荘藩に，年貢米の軽減を願い出た願書がある。

石垣の築造年代は不明だが，1782(天明2)年の修理願口上書の写しが現存しているので，18世紀以前の築造と推定されている。本荘

由利海岸波除石垣

藩の助成で築かれたので,その石高2万石にちなみ,地元では万石堤とよばれたという。

石垣は自然石を積み上げたもので,表面は径30〜50cm前後の石を用い,内部には小割石や砂利を詰めた。随所に水抜きがあり,農業用水などの排水に支障が出ないように工夫されている。

浄蓮寺 ⑱
0184-38-2295

〈M▶P. 262, 278〉にかほ市金浦字南 金浦226 P
JR羽越本線金浦駅 🚶10分

南極探検をした白瀬中尉の生家

金浦駅から西へ300mほど行くと,法寿山浄蓮寺（浄土真宗）がある。『浄蓮寺縁起』によると,16世紀,佐々木源氏の流れを汲むという白瀬氏一族は,近江国（現,滋賀県）に居住していた。石山合戦（1570〜80年）に参加したが敗れ,一族は能登（現,石川県北部）に逃れて白瀬集落をつくった。その後,織田信長の北越真宗迫害の際に白瀬氏一族が金浦に逃れ,1575（天正3）年に草庵を結んだのが浄蓮寺の始まりという。この寺は,日本人初の南極探検に成功した白瀬矗中尉と,ヨット白鷗号で世界を一周した白瀬京子（矗の弟の孫）の生家でもある。

白瀬矗は,1861（文久元）年,浄蓮寺13世知道の長男として生まれた。11歳頃には寺子屋の師匠に感化され探検家を志し,18歳で上京して陸軍に入隊した。1893（明治26）年から千島探検に参加した後,足かけ4年,占守島で孤島生活を体験。日露戦争（1904〜05年）に従軍し,中尉に昇進した。1910年,204tの木造帆船開南丸で,一行27人とともに東京の芝浦港から出航,辛苦の末,1912年に南極大陸に上陸。極点には

「白瀬矗出生之地」碑（浄蓮寺）

ねむの里 279

白瀬南極探検隊記念館

到達できなかったが，南緯80度5分・西経165度37分の地点に立ち，「大和雪原」と名づけて帰国した。芝浦の歓迎式には約5万人が集まったという。しかし，南極探検後の白瀬は，南極行きの借金返済のため，苦難に満ちた生活を強いられた。1946(昭和21)年に間借り先の愛知県西加茂郡拳母町(現，豊田市)の鮮魚店の一室で死去したときは，南極探検を行った白瀬中尉であることを誰も知らず，寂しい葬儀だったといわれる。

　白瀬矗の墓は，浄蓮寺境内の海のみえる見晴らしのよい丘に立っており，遺品などは，にかほ市黒川に建てられた白瀬南極探検隊記念館に展示されている。また，毎年1月28日には探検成功を記念して「白瀬中尉をしのぶ集い」が催され，海洋少年団らが参加し，雪中行進などが行われる。

蚶満寺 ⓳
0184-43-3153　〈M▶P.262〉にかほ市象潟町象潟島2　[P]
JR羽越本線象潟駅🚶20分

松尾芭蕉の『おくのほそ道』で広く知られる

　象潟駅から国道7号線を北へ行くと，かつての九十九島の1つ象潟島に立っている皇宮山蚶満寺(曹洞宗)がみえる。853(仁寿3)年，天台宗の慈覚大師(円仁)の開創と伝えられ，のちに真言宗に転じ，サンスクリット語で不動明王を意味する「カンマン」を寺号とし，京都の御室御所(仁和寺)から「蚶満」の額を受けたという。また，鎌倉幕府5代執権北条時頼(最明寺入道)が寺領を寄進したとの文書を伝え，現在まで寺紋に，北条家の家紋である三ツ鱗紋を使用している。その後，衰微の途をたどるが，1587(天正15)年に地元の金又左衛門らの懇請で，由利本荘市松ケ崎の光禅寺9世栄林示幸が，曹洞宗に改めて復興した。

　1689(元禄2)年，蚶満寺を訪れた松尾芭蕉は，「此の寺の方丈に座して簾を巻けば，風景一眼の中に尽きて，南に鳥海天をささえ，その影うつりて江にあり。西はうやむやの関路を限り，東に堤

象潟

コラム

地震で隆起し 今は米作地帯

　象潟(国天然)は、約2600年前に、鳥海山から噴出した泥流で広く覆われていたが、海水の浸食によって泥層が削られて、多数の岩島が分離して残り、東西約2km・南北約3kmの範囲に、大小多くの潟湖ができた。潟湖には、マツの生い茂る多くの島々が浮かび、八十八潟・九十九島とよばれた。背景の鳥海山もまた、美しかったことだろう。

　いつの頃からか、潟湖は「きさ潟」とよばれ、また潟湖周辺の土地は「汐越(塩越)」と称されるようになった。この景勝地は早くから都にも知られ、能因法師が「世の中はかくても経けりきさ潟の海士の苫やをわが宿にして」と詠んで以後、象潟は歌枕として用いられるようになり、中世・近世を通じて、歌人・文人墨客が来遊し、多くの和歌・俳句・紀行文などを残している。なかでも、1689(元禄2)年にこの地を訪れた松尾芭蕉は、「松島は笑うが如く、象潟は憾むが如し、寂しさに悲しさを加えて、地勢魂をなやますに似たり」(『おくのほそ道』)と記した。また、潟の畔に咲くネムの花が雨に濡れそぼった情景を、中国春秋時代の美女西施にたとえて「象潟や雨に西施がねぶの花」と詠んでいる。

　ところが、1804(文化元)年の象潟地震(M7.1)で、海底が約2.4m隆起したため、象潟は一夜で陸地化して、小丘や沼の点在する湿地となった。

　本荘藩では、この3年後に、前川村(現、にかほ市前川)付近から開田作業を行った。しかし、蚶満寺の僧覚林による開田反対運動がおこったため、藩営事業としては中止されたが、その後も藩の財政的援助を得て工事は進められ、1820(文政3)年までに300石余りの新田が開かれた。現在は、旧象潟町の主要米作地帯となっており、水田のなかに点在するマツが、九十九島の面影を伝えている。

　また、にかほ市象潟町字中島台の鳥海山獅子ケ鼻湿原植物群落及び新山溶岩流末端崖と湧水群(国天然)は、象潟と同様に鳥海山の影響を受けながら、別の風景をみせてくれる。鳥海山の伏流水が「湧池」と「出壺」からあふれ出る清水の周辺には、約160種類のコケが密生している。コケが水のなかでからまり、「鳥海マリモ」とよばれている。

九十九島

ねむの里

蚶満寺山門

を築きて，秋田に通う道はるかに，海北にかまえて浪うち入る所を汐こしという」と『おくのほそ道』に記している。
　境内には，猿丸太夫姿見の井戸・北条時頼手植えの躑躅(咲かずのツツジ)・夜泣きの椿という当寺七不思議に由来する遺跡のほか，多くの碑がある。また山門と袖掛地蔵堂は江戸時代中期の築とみられ，寺宝には狩野探幽筆とされる稚児文珠像(県文化)がある。

金峰神社と奈曽の白瀑谷 ⑳㉑

〈M▶P.262〉にかほ市象潟町小滝
JR羽越本線象潟駅🚌横岡行白滝前🚶
10分

鳥海修験の拠点として栄えた金峰神社

　象潟駅から鳥海山に向かって，県道58号線を5kmほど行くと小滝集落に着く。江戸時代，小滝地区は過半が幕府領であり，1831（天保2）年からは旗本(交代寄合)生駒氏領となり，明治維新を迎えた。

　古くから小滝は鳥海修験の拠点の1つであり，集落には先達をかねた修験が住み，鳥海山象潟口の登拝者の宿泊や案内をする修験の里であった。江戸時代には，院主(別当)と称した龍頭寺を中心に，観照院などに属する修験が活動していた。庄内蕨岡(現，山形県遊佐町)の配下として，仁賀保・金浦など近在の村の坊修験(散在山伏)を支配していたのが小滝修験であった。

　白滝前バス停前の，奈曽の白瀑谷を見下ろす場所に，金峰神社(祭神 少彦名神)がある。一伝では，円仁による創建ともいわれるが，縁起伝承はさまざまで，いずれも山岳信仰と神仏習合の要素が混在した内容になっている。もとは蔵王権現と称したが，1869（明治2）年に神仏を分離し，金峰神社と改称した。

　神社の鳥居を入るとすぐ左の広場に，方形の土壇がある。チョウクライロ山と称するもので，6月第2土曜日の例祭に，ここで小滝

金峰神社

のチョウクライロ舞(国民俗)が奉納されるが、この壇以外で行ってはならないという厳しいきまりがある。しかし現在は、雨天時には伝承館で行っている。

　神事は行列から始まる。チョウクライロ山を3周し、神輿(みこし)を山に向けて安置する。囃子(はやし)は山に向かって笏拍子(しゃくびょうし)を奏し、各種の舞に入る。チョウクライロ舞の舞人は、「みこ」とよばれる小滝集落の7〜15歳くらいまでの男子で、女装して仮面をつけ、扇子(せんす)・薙刀(なぎなた)・木剣・撥(ばち)などを使い分け、7種類の舞を舞う。舞の内容は、世の人びとの豊潤幸福・延命長寿を祈念するもので、舞が終わると、参拝者は先を争って舞台の注連縄(しめなわ)を切り、舞人の花笠の花を奪い合う。

　数多くの社宝は、宝物殿に収蔵されている。そのなかでも、木造狛犬(こまいぬ)1対・木造蔵王権現立像3軀・木造観音菩薩(ぼさつ)立像1軀は、県の文化財に指定されている。観音菩薩立像は像高3.8mのスギの一木造(いちぼくづくり)で、平安時代の様式を残した鎌倉時代初期の作とみられる。

　境内に聳(そび)える天然秋田杉の老木の間から石段をおりると、奈曽の白瀑谷(国名勝)が眼前にある。鳥海山に源を発した奈曽川は、奈曽渓谷と白瀑谷を経て日本海にそそぐ。瀑布(ばくふ)は高さ26m・幅11m、かつてこの滝壺付近は、鳥海修験の行者(ぎょうじゃ)たちの行場でもあった。

　小滝から2kmほど東に行くと横岡集落で、1月15日から16日未明にかけて行われる上郷の小正月(こしょうがつ)行事(国民俗)は、子どもたちが祭主(さいしゅ)である。ワラ小屋づくり・小屋焼き・鳥追いなどを行い、男児たちが一番鳥から三番鳥までの鳥追い歌をうたって集落をまわる。この一連の行事は、県内でもこの地域だけで行われる。

ねむの里

鳥海山麓

鳥海山麓に源を発する子吉川沿いには，城跡や寺院が多い。
百宅マタギの里からは，猿倉人形芝居が生まれている。

瑞光寺 ㉒
0184-53-3211
〈M▶P.262〉 由利本荘市町村字木戸口54 P
由利高原鉄道鳥海山ろく線鮎川駅🚶30分

境内に唐の使節万箇将軍の墓が

　鮎川駅から西へ向かって歩き，鮎川を渡ると町村集落に入り，その南端に慈雲山瑞光寺（曹洞宗）がある。創建は1492（明応元）年とも，1350（観応元）年ともいわれる。天平年間（729～749）に唐の使節の万箇将軍が，帰国の途中に暴風雨に遭い，由利海岸に漂着し，この地で没したという。寺の後ろの山端に，ヤブツバキに囲まれて万箇将軍の墓とされる無縫塔がある。また，弘法大師（空海）や慈覚大師（円仁）も足をとどめ，このときに円仁が彫刻したという地蔵像・布袋像が寺宝として伝えられている。

　鎌倉時代末期には，鳥海弥三郎の陣屋となり，由利仲八郎政春の兵火で焼かれた。1394（応永元）年に蒲田館主鮎川氏の密教系の祈願所となったが，1492（明応元）年，加賀の大乗寺（石川県金沢市）の明峰素哲を開山として勧請し，曹洞宗に改宗した。その後，荒廃したが，1576（天正4）年に，鮎川氏の家臣淵名豊前守親友が再興したという。現在の本堂は，1952（昭和27）年の再建である。

八森城跡 ㉓
〈M▶P.262, 285〉 由利本荘市矢島町城内 P
由利高原鉄道鳥海山ろく線矢島駅🚶15分

八森城跡城主の交代が多かった

　矢島駅を出てまもなく右折し，川を渡った後，西に行って西宮神社付近から北上し，矢島小学校・矢島高校方面に向かうと，台地に出る。ここは「平成の大合併」前の矢島町役場跡地で，江戸時代にはこの舌状台地一帯に，生駒氏の陣屋と家臣の屋敷町があった。陣屋

八森城跡

矢島駅周辺の史跡

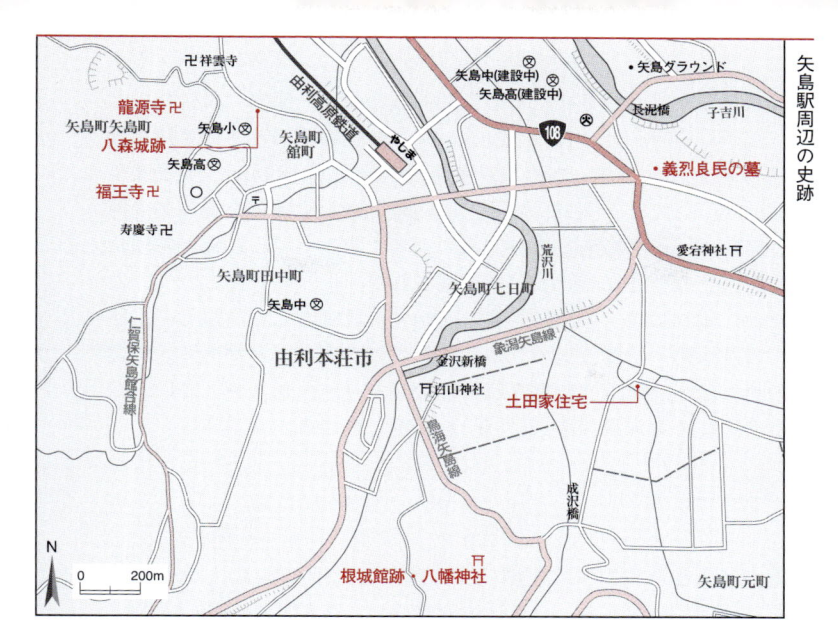

跡は八森城跡とよばれ、現在は市立矢島小学校が立っている。校門付近の老松の並木、水濠や土塁・石垣に、昔の面影を残している。

矢島は、古くは津雲出郷とよばれ、戦国時代には、由利十二頭の一方の旗頭矢島(大井)氏の根拠地であった。大井氏は信濃源氏小笠原氏の一族で、応仁年間(1467〜69)頃当地に入って矢島姓を称し、開発を進めていたとみられる。その後、文禄年間(1592〜96)に八森城を築き、根城館(荒沢字根城館)から居城を移したといわれる。現在、根城館跡の一角に立つ八幡神社の本殿が、県の文化財に指定されている。

矢島氏が滅亡した後は、1602(慶長7)年に由利郡を領した最上義光の代官楯岡豊前守満茂の弟長門守満広が居城した。1622(元和8)年の最上氏改易により、翌年には由利十二頭の打越左近光隆が、常陸国行方郡新宮(現、茨城県行方市)から矢島3000石の領主として入部した。1635(寛永12)年に打越光久が没し断絶すると、矢島は上り高として庄内藩(現、山形県)酒井氏の預かり地となっていたが、1640年、生駒高俊が讃岐(現、香川県)16万6000石から矢島1万石に移封され、陣屋をおいた。2代高清は、弟俊明に伊勢居地(仁賀保)

鳥海山麓

2000石を与えて分家させたために8000石となり、旗本(交代寄合)として江戸に定府した。1777(安永6)年、8代親睦のときに江戸在勤の任が解かれ、以後、参勤交代を行った。13代親敬は、戊辰戦争(1868〜69年)では勤王方に属し、庄内藩と激しく戦闘を交え矢島陣屋を奪われたが、のち1万5200石の大名に取り立てられた。陣屋は、廃藩置県を経て1873(明治6)年に廃された。

なお、城跡には、幕末に筑波の天狗党の謀師として活躍した土田衡平の記念碑、斎藤佳三の「ふるさと」の音楽碑などがある。矢島駅の裏には矢島郷土文化保存伝習施設があり、魚形文刻石(県文化)3点と、薬師堂宮殿残闕(県文化)を所蔵している。

龍源寺と福王寺 ㉔㉕
0184-55-2233/0184-56-2393

〈M▶P. 262, 285〉由利本荘市矢島町城内字田屋の下26 P／字田屋の下54 P
由利高原鉄道鳥海山ろく線矢島駅 🚶20分

生駒氏の菩提寺と祈願寺

市立矢島小学校のすぐ西側に、打越左近光隆が建立した金嶺山龍源寺(曹洞宗)がある。打越氏の断絶後は、生駒氏の菩提寺となり、初代高俊はここに葬られたが、2代高清以降の歴代当主は、江戸浅草の海禅寺(東京都台東区)に葬られている。

龍源寺創建以前、当地には大井氏の菩提寺嶺松山高建寺(曹洞宗)があった。龍源寺建立の際、打越氏が中山に方100間の土地を与えて移したといわれ、その後さらに移転して、現在は矢島町立石にある。

龍源寺の南200mほどの所に、鳥海山福王寺(真言宗)がある。創建年代ははっきりしないが、もとは真言宗当山派修験の本山、京都醍醐寺の末寺として、鳥海修験の中心的役割をはたした。江戸時代の矢島修験は18坊をもち、福王寺はその総取締役である学頭をつとめ、

龍源寺

生駒氏の祈願寺としても崇敬された。
　当初は本尊として薬師如来をまつっていたが，明治時代初期に京都智積院の末寺となり智山派に属したため，現在は胎蔵界大日如来をまつる。なお，戊辰戦争（1868〜69年）で堂塔伽藍・諸記録を焼失し，現在の本堂はその後の再建である。また，矢島領6代領主生駒親賢が1769（明和6）年に寄進した梵鐘は，時鐘として打ち鳴らされていたが，第二次世界大戦中に供出された。

義烈良民の墓 ㉖　〈M▶P. 262, 285〉由利本荘市矢島町元町字新町
由利高原鉄道鳥海山ろく線矢島駅🚶20分

秋田を代表する一揆で、犠牲者も多い

　仁左衛門一揆は，1677（延宝5）年，矢島領の郡奉行らが財政立て直しのために，検地によって年貢の増額を実施したことに起因する。鳥海山麓の豪雪寒冷の土地は収穫が少ないうえ，当時は凶作が数年間続いており，農民たちは苦しい生活を強いられていた。そこに重税が課されたため，この地で暮らすことを諦めて逃散する者があいつぎ，田畑は荒れ果て，村々は悲惨な状態となった。

　この状態を黙ってみていられなくなった笹子の佐藤仁左衛門は，ひそかに同志を集めて相談を重ね，江戸の領主生駒親興に免租を求めて直訴した。その結果，一揆をめぐって家臣の間で意見が分かれ，ついに派閥の抗争に発展し，大きく紛糾した。仁左衛門たちの数度の直訴も実を結ばず，仁左衛門は山の中におびき出されて謀殺され，首は獄門にかけられた。また，一揆に参加した農民10人は，子吉川近くの裸森とよばれる小高い丘で，小石詰・磔・斬首などの刑に処された。

　後年，処刑者の霊を弔うため，刑場跡に「義烈良民の墓」を建てた。矢島駅の東800ｍ，国道108号線新町交差点の東側にある。

　また，鳥海町下笹子本屋敷の仁左衛門屋敷跡には，1890（明治23）年に建てられた「義民佐藤仁左衛門碑」が立つ。妻が首を奪ってきて埋めたと伝えられる下笹子の間

義烈良民の墓

鳥海山麓

木の平山中には，仁左衛門をまつる青田神社がある。

土田家住宅 ㉗

〈M▶P.262, 285〉由利本荘市矢島町元町字相庭舘 P
由利高原鉄道鳥海山ろく線矢島駅🚶20分

県内最古の民家で古い面影を残す

土田家住宅

旧矢島町の子吉川西岸の平坦地で，もっとも早く開発されたのが元町集落だという。今も農村地帯で，水田が豊かに広がっている。その一角，矢島駅の南東1kmほどの所に，江戸時代初期の農家の面影を伝える土田家住宅(国重文)がある。土田家は菩提寺の過去帳によると，「旭将軍木曽義仲之臣四天王之随一，根井小弥太行親」の子孫と伝えられる旧家である。

現在の住宅は，1678(延宝6)年に没した土田氏の初代が建てたと伝えられている。増・改築を受けているものの古態をよく残し，文化庁の調査でも17世紀を下限とする建築と推定され，県内最古の民家といわれる。寄棟造・茅葺き，馬屋を前に突き出した中門造(もとは直屋)で，蛤刃の鉈で仕上げた太い柱と，細めの梁で構成されている。

百宅集落 ㉘

〈M▶P.262〉由利本荘市鳥海町百宅
由利高原鉄道鳥海山ろく線矢島駅🚌百宅行終点🚶20分

鳥海山麓の桃源郷とよばれた百宅

矢島駅から県道70号線を南へ10kmほど行くと，鳥海町中直根に至る。字前ノ沢には，由利十二頭の矢島(大井)五郎の家臣根井正重が，1594(文禄3)年に開創したと伝わる正重寺(曹洞宗)がある。当寺では，毎年8月23日，仁左衛門一揆の犠牲者を供養する義民祭が行われている。また，正重寺の西方には，県の天然記念物に指定されているイチイがある。

中直根からさらに南下し，上直根に入った所で県道を離れて市道をのぼると，細長い山峡の集落に着く。百宅集落である。平安時代，

猿倉人形芝居

コラム
芸
秋田を代表する郷土芸能の1つ

猿倉人形芝居（国選択）を創案した池田与八は、現在の由利本荘市鳥海町百宅の出身で、少年時代から芸事が好きだったという。東京浅草の文楽人形や、飴売り芸人の人形操りなどを参考に、古い手妻（手品）式を取り入れた指人形をつくり出した。同郷の真坂藤吉・丸田今朝蔵らを弟子に、明治時代の中期から本格的な巡業を始めた。

初めは与八の出身地から百宅人形とよばれ、また、秋田人形・秋田文楽・秋田活動人形・劇動人形ともよばれたが、弟子の真坂藤吉の出身地にちなんだ猿倉人形芝居の名称が名高い。昭和時代初期までは、多くの弟子たちがそれぞれ独立した移動劇団を結成して全国の祭典などで公演し、人気を博したという。

人形の操り方は、人指と中指の間に頭のノド木を挟み込み、首が前後左右に振れるように工夫し、両手で1人2体を使うのが特徴である。手妻式による首・小道具の早変わりや曲芸踊りなどは、この人形芝居独特の味わいとおもしろさである。台詞も人形遣いが同時に2役をこなし、人形首・衣裳・小道具はすべて自作である。三味線・太鼓・摺鉦の囃子も、民謡調で楽しい。

演目は、「鬼神のお松」「岩見重太郎ひひ退治」「自雷也」などの講談ものが多い。秋田弁の台詞回しに、野趣とユーモアがあふれた、秋田を代表する郷土芸能である。1972（昭和47）年にはフランスでの国際人形劇祭、1974年には国立劇場で公演している。

猿倉人形芝居は現在、由利本荘市の木内勇吉一座、北秋田市の吉田千代勝一座、羽後町の鈴木栄太郎一座（野中人形芝居）の3座が継承している。

猿倉人形芝居

弘法大師が巡錫したときに、「悠に百宅の人が住める所」といったところから、百宅の地名がおこったと伝えられている当地には、このほかにも弘法大師にまつわる伝説が多い。大師が修業したという洞穴や衣干しの岩があり、高野台という地名も残る。こうした伝説は、鳥海修験の修験者によって持ち込まれ、広められたものであろう。

百宅は、昔から平家の落人集落といわれ、マタギ集落としても知

百宅集落

られていた。鳥海山麓の奥深い原生林には、クマやカモシカなど多くの動物がいたことだろう。かつては鳥海の桃源郷（とうげんきょう）とよばれた百宅も、現在は多くの人たちが転出し、過疎（かそ）が進行している。

　百宅バス停から玉田（たまだ）川に沿って約40分ほど歩くと、法体の滝（ほったい）がある。道路が整備されているので、車でも行くことができるが、冬季は閉鎖している。滝は3段に形成され、落差11mの一の滝、2.4mの二の滝、42mの三の滝と、全体で流長約100m・落差57.4mにおよぶ。二の滝付近や滝の上にある大小数多くの甌穴（おうけつ）とともに、県の名勝・天然記念物に指定されている。

あとがき

　最初の文庫版『秋田県の歴史散歩』は，1975(昭和50)年の刊行である。その改訂版である新書版は1989(平成元)年の刊行で，今回は19年目の改訂である。文庫版からすると，33年間も『秋田県の歴史散歩』とかかわってきた。

　今回の改訂版の編集に着手するにあたって，過去の2回の反省から2つのことを行った。1つは，執筆者が原稿と一緒に渡してくれる写真があまりにもバラバラなので，1人に依頼することにした。また，編集の任を背負うには，全県を歩き，執筆者が書く現場を見ておかないと十分にやれないと考えた。写真の撮影をお願いした知人の車で，11日間かけて県内をまわった。執筆をお願いした時にも現地に行ったので，かなり県内を歩いたことになる。

　そして感じたことは，高速道路網の発展や開発などで，地域が大きく変貌していることだった。都市近郊には大型店が進出しているが，都市の市街地ではシャッターを閉ざしている店舗が多い。県内で大きな面積を占める農山漁村では，荒れた森林や潰れた田圃が多くなり，過疎化と高齢化が押し寄せている。これに「平成の大合併」で地名が変わり，知らない土地を歩いているような思いをした。このような変化のなかで，規模の大きな文化財は大切にされ，大きな行事にはたくさんの人が集まっている。しかし，山間僻地のあまり知られていない文化財は手入れされていないし，村に伝わってきた祭りは消えているものが多い。文化財行政の網からこぼれ落ちる，無名の小さな文化財にも目配りをしていくことが大切になっている。こうした時代の流れのなかで，全面改訂された本書がそのことにも感づかせるとともに，県内の歴史や文化を訪ねる時に役立って欲しいと願っている。

　　2008年6月

『秋田県の歴史散歩』編集委員長
野添憲治

【秋田県のあゆみ】

　本県の歴史と県民性は，風土と深く関係している。宮城音弥は『日本人の性格』のなかで，秋田の県民性として，「鈍い・向こう見ず・情熱的・忍耐強い・豪放」を挙げている。また，祖父江孝男は『県民性』で，本県を含めた東北地方一帯の県民性として，「内向的・ひっこみじあん・陰気・保守的・粘り強い」という点を挙げた後，「秋田人は秋田犬によく似ているといわれる。ものごとになかなか決断つかず，したがってとりかかるまで大変だが，いったん重い腰をあげると粘りぬく」と書いている。本県出身者には，納得のできる特性だが，これらを形成したのは風土が基本をなしていると同時に，これまでの歴史も忘れることができない。

　中世以前の秋田は，遅れた文化と経済しかもたない狂暴な「化外の民」の住む地として，支配者から絶えず侵略され，長く差別を受けた。明治維新のときは新政府軍に与して戊辰戦争(1868〜69年)を戦い抜きながら，戦後処理ではまったく評価されず，「白河以北一山百文」(白河の関〈現，福島県白河市〉より北〈東北地方〉は，一山で100文ぐらいの値打ちしかない)の扱いを受けた。大正・昭和時代の不況期には窮乏生活を生き抜くため，農村では娘を売る者が後を絶たず，第二次世界大戦中は農山村の2・3男の多くが徴兵され，その多くが戦死した。敗戦直後は，戦災者や外地からの引揚者の移住・開拓地となり，やがて高度経済成長が進むにつれて人的資源の供給地として期待され，「金の卵」ともてはやされた新制中学卒業者の集団就職や，出稼ぎという形で多くの労働力が都市部に流出した。このような歴史的背景のなかで形成された秋田県民の精神史の深層を頭におきながら，本県のあゆみをたどってみよう。

原始

　小林達雄は，形が不定形で，剝片に細加工を施した程度の石器を特徴とする時期を旧石器時代Ⅰ期，ナイフ形石器を特徴とする時期を旧石器時代Ⅱ期，細石刃を特徴とする時期を旧石器時代Ⅲ期と区分している。県内では，第Ⅰ期の遺跡は現在のところ確認されていない。第Ⅱ期の遺跡は米ケ森Ⅰ・Ⅱ遺跡(大仙市)，風無台Ⅱ遺跡，松木台Ⅱ遺跡，下堤G遺跡(以上秋田市)，此掛沢Ⅱ遺跡(能代市)などがあり，第Ⅲ期の遺跡は米ケ森Ⅲ遺跡(大仙市)，矢櫃遺跡(雄勝郡東成瀬村)などがある。第Ⅱ期は約1万4000年〜2万5000年前と推測され，本県にも今から約2万年ほど前に人が住んでいたと考えられている。

　縄文時代の遺跡は，県内各地から発見されている。出土する土器の特徴をみると，県北の米代川水系の能代市や大館市などでは，円筒土器が多く，県南の雄物川水系の中流から上流にあたる大仙市・横手市・湯沢市では，大木式土器が多い。雄物川河口の秋田市や旧仙北郡田沢湖町(現，仙北市)周辺では両者が混在しており，2つの異なる土器様式の接触地域であることがわかる。本県の特徴的な縄文時代の遺跡

は2つある。その1つは1980(昭和55)年に発掘された杉沢台遺跡(能代市)で、S107の整理番号のついた竪穴住居跡は長径31m・短径8.8mあり、日本最大の規模を誇っている。同じ場所に3回も建て替えられ、6つの炉はかなり使い込んだ痕があることや、住居としては遺物の出土が少ないことから、単なる住居跡ではなく、特別な用途をもつ建物だったのではないかと考えられている。もう1つは、大湯環状列石(鹿角市)である。1931年、耕地整理の際に発見され、縄文時代後期前半の日本最大の環状配石遺構(ストーンサークル)をもつ遺跡として知られる。野中堂遺跡と万座遺跡の2遺跡からなり、配石はほぼ同一である。内外2重の同心円状に石が配され、外帯の直径は40m以上ある。内帯は11以上の配石がなされ、外帯と内帯の間に放射状に細長い石が並べられている。この遺跡をめぐっては、祭祀遺跡や墳墓説などさまざまな意見が出たが、現在では集合体的な墳墓とする説が強い。そのほか、県内の日本海側には、貝塚が9カ所確認されている。

弥生文化の特徴は水稲耕作にある。北九州西部などではかなり早くから始まったと考えられているが、東北地方北部は積雪寒冷地帯であるほか、縄文文化の影響を強く受けた人びとが生活していたので、かなり遅れて伝わったと推定されてきた。県内で籾痕のついた土器片が発見された例は、志藤沢遺跡(男鹿市)と新間遺跡(南秋田郡井川町)の2カ所と少ない。弥生時代の住居跡は、長い間発見されていなかったが、1982年に男鹿市払戸の横長根A遺跡で、県内で初めて、竪穴住居跡1棟・土壙墓10基の遺構が確認され、住居跡の床面から炭化米が検出された。これによって、八郎潟西岸の湿地帯で陸稲栽培が行われていたことが実証された。また、1983年に山本郡三種町鵜川字大曲家の上の地滑り対策工事にともなう発掘調査で出土した土器底破片からも、籾痕のほかに稲の稈(茎)などがみつかっている。しかし、弥生時代の水田跡は、県内では今なお未確認である。

古代

弥生時代が終わりを告げる頃になると、特定の権力をもった個人が、埋葬施設として古墳を築造するようになった。本県の場合は、1981年に、埋没家屋の遺跡として広く知られている小谷地遺跡(男鹿市脇本)から、県内では初例となる古墳時代の住居の遺構と遺物が発見され、県内で初めて土師器が出土した。同時代の竪穴住居跡は、オホン清水北遺跡(横手市)や沼田遺跡(由利本荘市)でも発見された。古墳の副葬品としてよくみられる子持勾玉(古墳時代中期)が由利本荘市で出土しており、古墳の存在を裏づけるものとして注目されている。

東北地方では、豊かな自然に囲まれながら、狩猟・漁労・採取などを主体とした生活を長期間続けたことによって、農業生産から生じる階層分化が遅れると同時に、内部からの政治的社会の成立も遅れる結果になったと考えられる。国家統一を進めていたヤマト政権からは、本県も含めた東北地方北部の3県は、「蝦夷」の住む未開の地とみなされていた。かつては蝦夷＝アイヌ説が唱えられていたが、最近では、

ヤマト政権に臣隷しない方臣を指す,という説が有力になっている。だが,ヤマト政権に組み入れられるのが遅かった日本海側にも,しだいに征服の手が伸びてきた。647(大化3)年に渟足柵(新潟県新潟市中央区沼垂),翌年には磐舟柵(同県村上市岩船)がつくられ,これらを拠点としながら阿倍比羅夫の遠征が行われた。

『日本書紀』の斉明天皇4(658)年条に,比羅夫が180艘という大船団を率いて北上し,齶田浦(現,秋田市土崎付近)に上陸すると,恩荷という族長が進み出て,「私たちが弓矢をもっているのは,肉食をするために使うためで,官軍に反抗するためではない。齶田浦の神にかけて,清い心で朝廷に仕えたい」と,誓ったと記されている。「齶田浦の神」は,現在は秋田城跡の一画にある古四王神社と推定されているが,このときに比羅夫は,渟代・津軽の2郡をおき,郡領を定めている。また,「有間の浜」に蝦夷のおもだった人を集め,大宴会を催したといわれ,この有間の浜を,青森県の深浦か十三湖辺りとする説がある。比羅夫は,660年に再び秋田・青森に遠征してきているが,こうして秋田も,朝廷の支配下に組み込まれていった。

712(和銅5)年には出羽国がおかれた。その中心となった出羽柵は,山形県の最上川河口辺りにあったと考えられている。733(天平5)年には,秋田市寺内の高清水に移され,のちに秋田城とよばれた。さらに内陸部に雄勝柵などが設けられ,律令国家の強力な北方開拓と同化政策が進むにつれ,逆に在地民の抵抗も強くなった。平和に暮らしていた地域に,開拓と称して征服者たちが入り込み,横暴な行為を繰り返すものだから,在地民が抵抗するのも当然であった。774(宝亀5)年に陸奥・出羽両国でおこった大反乱は,坂上田村麻呂や文室綿麻呂らが,約20年後にようやく収束させた。また,878(元慶2)年におきた元慶の乱では,秋田城までおそわれており,939(天慶2)年におきた天慶の乱のときも,秋田城の官舎などが焼き払われている。このほかにも幾つかの反乱があったと記録されている。こうした反乱は,878年に鎮圧のため朝廷から出羽権守に任ぜられてきた藤原保則が,「私に租税を増し,恣に徭賦を加え」るためにおこると指摘したほど,苛酷な悪政に起因するところが大きかった。

朝廷の北の地に対する支配力は,たび重なる鎮圧にもかかわらず,それほど強固なものではなかった。そのため,蜂起が繰り返されるたびに同族的なつながりを強めるようになり,そのなかから知恵と力のある者が,豪族として成長していった。出羽国の豪族として知られるのが,11世紀頃から台頭してくる清原氏である。清原氏は雄勝・平鹿・山本の3郡を支配し,現在の横手市付近に根拠地をおいた。

同じ頃,隣の陸奥国で大きな勢力をもっていたのが,安倍氏であった。安倍氏は奥六郡(岩手県の旧胆沢・和賀・江刺・紫波・稗貫・岩手郡)を支配する豪族で,国司とも対立し,朝廷に従おうとしなかったため,1056(天喜4)年の阿久利川事件を契機に,陸奥守源頼義に安倍氏討伐の宣旨がくだった。しかし,頼義は安倍軍

に大敗し，清原氏に援助を頼んだ。清原武則は一族1万数千の軍勢を率いて参戦した。これが前九年合戦である。東北の豪族同士の戦いとなったが，1062（康平5）年に安倍氏が滅んで終わった。この前九年合戦の功で，清原武則は鎮守府将軍に任ぜられ陸奥国と出羽国を支配した。

　1083（永保3）年，清原一族の真衡・家衡・清衡の間でおこった内紛に，頼義の子の陸奥守義家が介入し，大規模な戦いとなった。この後三年合戦は，金沢柵（横手市金沢）を中心に展開された。戦いは1087（寛治元）年に家衡が敗死して終わり，支配者は清衡に移った。清衡は，実父の姓藤原に復して嘉保年間（1094〜96）に平泉（岩手県西磐井郡）へ移り，奥州藤原氏は北方の王者として，3代約100年にわたって君臨する。この時代の秋田は，河田次郎が贄柵（大館市二井田），秋田三郎致文が秋田郡，由利中八維平が由利地方，大河兼任が現在の山本郡と南秋田郡を，藤原氏の郎従として支配していた。

中世

　1189（文治5）年，源頼朝の軍勢との戦いに敗れた奥州藤原氏4代泰衡は，贄柵の河田次郎を頼ったが，次郎に殺害された。その首を頼朝に持参した次郎も，主人を殺した罪で処刑された。奥州藤原氏を滅ぼした頼朝は，手柄のあった武将に恩賞を与えたり，泰衡の旧郎従の所領を安堵して支配下におこうとしたが，頼朝の支配に反抗する勢力も多かった。その代表的な人物が，現在の山本郡・南秋田郡を領していた大河兼任であった。兼任は主人泰衡の弔合戦と称し，鎌倉を目指して出陣したが，平泉衣川（岩手県西磐井郡）で幕府軍に敗れ，逃亡中に樵夫らに殺され，その意志ははたせなかった。

　こうして出羽国を全面的に支配下に組み入れた頼朝は，雄勝郡を小野寺氏，比内郡を浅利氏，鹿角郡を安保・秋元・奈良氏，男鹿・秋田郡を橘公業に，それぞれ所領として与え，地頭に任命した。しかし，頼朝が1199（正治元）年に世を去り，北条氏の執権政治が始まると，北条氏に忌まれた橘氏は，鎌倉時代末期に秋田から去った。その後，しばらくは橘氏の旧領を支配する豪族はあらわれなかったようだが，こうした弱い部分をねらって，津軽から秋田に進出してきたのが安倍氏の後裔を称する安東氏であった。

　安東氏の出自は謎と疑問点が多いが，口承によると，前九年合戦で滅んだ安倍貞任の子で3歳の高星丸が，父の戦死後，乳母に抱かれて藤崎（現，青森県）に逃れ，土着したという。その子孫が代々安東太郎，または藤崎太郎を称したという。安東氏がいつ頃十三湊（現，青森県五所川原市十三湖付近）に移って福島城を築いたのかは明らかでないが，一説には安東氏は頼朝に領土を安堵された，地頭的な存在であったともいう。さらに北条氏得宗家の被官として蝦夷管領に任ぜられ，同氏の庇護の下に，十三湊を拠点として日本海を舞台に活躍し，「関東御免の津軽船」20隻を有していたという。その一族に内紛がおこり，安東家は下国家と上国家に分裂

した。14世紀末には、下国家の一族安東鹿季が現在の秋田市土崎に進出して城を築き、湊安東氏の基礎をつくった。下国家宗家の義季は南部義政に攻められて松前(現、北海道松前町)に逃れたが、15世紀中頃に政季が檜山(能代市)に入り、その子の忠季が1495(明応4)年に檜山城を築いた。檜山安東氏の東には浅利氏、湊安東氏の東には小野寺氏、南には庄内の武藤氏や最上氏らがいて、諸氏は絶えず抗争を繰り返した。

戦国時代は出羽でも、抗争と下剋上の渦巻いた時代であった。この時代の県南の有力者は、小野寺氏であった。とくに景道(輝道)の代に勢力を広げ、一時は真室川(山形県最上郡)までも支配下に入れたが、その子義道の代になると、戸沢氏ら仙北地方の勢力の離反などで内部から崩壊していった。小野寺氏とは逆に、確実に戦国大名へと進んだのが、安東氏であった。秋田に定着した安東氏は、檜山家と湊家間で対立したが、愛季のときに両家は統合された。愛季は浅利氏を討って服属させる一方で、小野寺氏勢の侵入にも備えながら、さらに織田信長や豊臣秀吉に忠誠を誓うというように、時代の流れをみる視野をもっていた。しかし、1587(天正15)年に愛季が死に、その子の実季が12,3歳の若さで家督を継ぐと、また内紛がおこった(湊合戦)。これで勝利を収めた実季はいっそう領主権を強め、1591年頃には秋田城介を名乗るようになった。

出羽国内の豪族が争いを繰り返している1590年に、豊臣秀吉から発せられた小田原出陣の命により、秋田・小野寺・戸沢氏や由利十二頭諸氏が参陣し、朱印状を得て所領を安堵された。しかし、秀吉は旧領をそのまま安堵するのではなく、いったん太閤蔵入地(直轄地)とした後、改めて与えるという方策をとった。そのために秀吉は、小田原攻略の後に奥羽各地で総検地を行ったが、これに反対して大一揆がおこり、約2万4000人が参加したともいわれている。また、豊富な秋田杉材の豊臣政権への運上は、1593(文禄2)年に始まり、1595年になって、伏見作事板として固定する。そのほかにも、大豆・米・鉱石などの運上も多くなり、土崎・能代の2湊はいっそう繁盛していった。

近世

1600(慶長5)年の関ヶ原の戦い後、秋田の諸大名にも大きな変化があった。天下の実権を握った徳川家康は、新しい政権を定着させるために、全国規模で大幅な論功行賞を実施し、こうした動きのなかで、秋田ではこれまでの支配者がすべてかわってしまった(表参照)。

だが、このまま安定したわけではなく、秋田氏はのちに陸奥国三春(現、福島県田村郡三春町)へ領地替えとなり存続したが、当主の実季は伊勢国朝熊(現、三重県伊勢市)の永松寺に蟄居を命ぜられ、そこで死んだ。また、小野寺義道は改易となり、石見(現、島根県)の津和野城に預けられ、同地で死んだ。

佐竹義宣が家康から国替の朱印状を与えられて秋田に入部したのは、1602(慶

旧領主	移封・改易		新領主
秋田氏	常陸国宍戸へ	1602(慶長7)年	
小野寺氏	領地没収	1601(慶長6)年	
最上義光(代官楯岡豊前 守満茂)			佐竹義宣
戸沢氏	常陸国松岡へ	1602(慶長7)年	
六郷氏	〃 府中へ	〃	
本堂氏	〃 志筑へ	〃	
仁賀保氏	〃 武田へ	1603(慶長8)年	
打越氏	不明	不明	
赤尾津氏			最上義光
滝沢氏	最上氏の家臣になる		
岩屋氏			
南部氏			南部利直

長7)年であるが、知行の石高は示されていなかった。20万5800石と決定するのは、1664(寛文4)年、子の義隆の代のことで、旧領の常陸54万5000石からすると、その半分にも満たない大左遷であった。入部した義宣は、実季の居城だった土崎湊に本拠地をおくが、久保田神明山(現在の秋田市千秋公園)に築城して移り、城下町久保田の町割に着手した。

佐竹氏は、藩財政の逼迫を解決するため、新田開発を奨励し、米の増収を図った。また、米と並んで藩財政を支えたのが、木材と鉱山であった。木材は県北の米代川流域の天然秋田杉が全国に知られ、大量のスギ材が京都・大坂・江戸などに移出された。鉱山も数多く開発されたが、とくに大規模に行われたのが院内銀山や阿仁銅山であった。院内銀山では、最盛期にあたる慶長年間(1596〜1610)には約1万人が働き、1日に銀1000枚ができたと伝わっている。阿仁銅山も藩の直営となった1730(享保15)年の大坂廻銅は140万斤といわれ、全国第1位の産銅に達し、この当時の山内人口は約2万人と伝わっている。これらはおおいに藩財政をうるおしたが、その豊かさが庶民の生活にまでおよぶことはほとんどなかった。

江戸時代を通じて、秋田では、安藤昌益・佐藤信淵・平田篤胤らの学者が生まれ、秋田蘭画といった文化がはぐくまれた反面、キリシタン弾圧や百姓一揆なども数多く発生している。天保の飢饉(1833〜39年)では、藩内の死者が5万2000人とも、十数万人ともいわれる大きな被害を受けた。藩財政が絶えず逼迫していたこともあって搾取が厳しく、庶民は非常に貧しい暮らしを強いられた。とくに幕末には、藩財政の悪化がそのまま庶民にかぶせられたので、生活はいっそう苦しいものとなった。こうした状況におかれた庶民や下級武士たちの、悪政をはね返し自分たちの生活を守っていこうとする力は、幕末になるほど高まっていったものの、開花す

ることはなかった。

近代・現代

　長く続いた江戸幕府も1867(慶応3)年に倒れ、翌年には戊辰戦争が始まった。東北地方の諸藩は奥羽越列藩同盟を結んで新政府に抵抗したが、秋田藩は最終的に新政府軍についた。そのため、三方から攻められる結果となり、領土の3分の2が戦場となって田畑は荒らされ、焼かれた家は5000戸近くにのぼり、多くの死傷者が出た。これほどの大きな犠牲を払ったこともあり、勤王雄藩として新政府の大きな論功行賞を期待したが、薩長の壁は厚く、その結果はみじめなものであった。しかも、八坂丸事件・贋金事件・志賀事件・初岡事件などの事件がつぎつぎとおこり、これが藩の自壊作用をいっそう強めたと同時に、明治時代になってもなかなか立ち直れない原因となった。

　1871(明治4)年7月の廃藩置県によって、秋田地方の諸藩は県となり、さらに11月には県の統合が行われ、由利3県(亀田・本荘・矢島)、雄勝1県(岩崎)、それに江刺県の一部であった鹿角郡をあわせて、秋田県が誕生した。旧秋田藩主の佐竹義堯は旧藩領との関係を断ち切るため、東京移住を命ぜられた。本県最初の地方官は、旧佐賀藩士で明治天皇の侍従をつとめた島義勇で、1872年2月6日に来県し、3月13日に久保田城本丸で秋田県の開庁式を挙行した。

　明治時代から昭和時代初期にかけての本県は、表面的には着実に発展してきたといえるだろう。秋田県種子交換会(のちの種苗交換会)を1978(明治11)年から開催するなど、農業面にも力を入れたほか、木材業や鉱業の発展にも努力した。油田の開発も行い、1935(昭和10)年に成功した八橋油田の油量は、全国産油量の66%を占めるまでになった。奥羽線が1905(明治38)年に、羽越線が1924(大正13)に全通し、東京や大阪などとの交流もいっそう盛んになった。井坂直幹の手で秋田木材株式会社が1907(明治40)年に創立され、この秋田木材を核として能代の木材業界は大きく発展し、やがて能代は「東洋一の木都」とよばれるまでになった。

　だが、江戸時代からのさまざまな問題を解決しないで明治時代に積み移し、そのまま急速に近代化へと突き進んだひずみは、明治時代末期から大正時代にかけてあらわれ始めた。県内の山林や田畑の地主層への集中化が進んだこともあって、阿仁前田を始め、県内各地で数多くの小作争議が発生したほか、小坂鉱山の煙害争議にみられるように、農民と労働者が一体となった激しい抵抗もおこった。やがて昭和恐慌に入るとひずみは悲劇となり、1930(昭和5)年をみると、この1年間だけで1万3000人にのぼる移住や出稼ぎ者があったほか、1934年には約1万人の農村地帯の娘たちが、わずか20〜30円で売られていき、当時の新聞には、「農村にすでに娘なし」と書かれた。一方では、こうした社会情況を反映し、日本初のプロレタリア雑誌『種蒔く人』が1921(大正10)年に秋田市土崎で創刊されたり、北方教育運動の根となった『北方教育』が、1930年に同市で発行されるというように、新しい動きが

生まれた。

　日中戦争から太平洋戦争にかけては，多くの働き盛りの男子が兵役にとられ，その留守を守る年配者や女性たちの懸命な努力が続けられた。しかし，出征した者の多くが，南方や玉砕した島々で戦死した。敗戦後には民主化の波が押し寄せ，農地改革が行われるなど，秋田の農村も大きくかわった。さらに，日本で2番目に大きい八郎潟が干拓されて大潟村が誕生したり，秋田湾地区が新産業都市の指定を受けるなど，行政による大規模な開発計画も進められたが，中核となる企業が定着しなかったため，途中で立ち消えとなった。また，工場誘致なども盛んに行われたものの，1961年に農業基本法が実施されると出稼ぎ者が多くなり，高度経済成長期には年間に10万人を超える出稼ぎ者が都市部に流出した。さらに，県内には若者が定着する職場が少なかったため，農業と木材業の基幹産業にかげりがみえ始めると，多くの若者がふるさとを離れ，人口減少と高齢化が急激に進み始めた。江戸時代から続けられた鉱山開発は，県内各地の農村にカドミウム汚染をもたらし，天然秋田杉やブナ材などの乱伐は，河川の氾濫を引きおこした。道路や宅地開発，大規模なゴルフ場やスキー場の建設などがつぎつぎと行われた結果，多くの豊かな自然が消えつつある。

　美しい大自然にひたって，心おきなく史跡をめぐったり，文化財を観賞できるような環境を保ちながら，活気あふれた秋田県をどのようにつくりあげていくかという課題は行政に，また県民の一人ひとりにも課されている。

【地域の概観】

鹿角

　鹿角は県の東北端，県内第2の大河米代川の最上流域にあり，青森・岩手の両県と接する。『日本三代実録』に，夷俘たちが秋田城司に反乱をおこした元慶の乱（878年）の賊地として，「上津野」とみえるのが史料上の初見である。この乱は，陸奥鎮守府将軍小野春風によって鎮圧された。

　9世紀末頃から，奥羽の要衝地として，鹿角地域の重要性が増している。1189（文治5）年，源頼朝の平泉征討から逃れ，比内贄柵で旧臣河田次郎に殺害された藤原泰衡も，この道をたどっている。

　鎌倉時代には，源氏の御家人である関東武士団がつぎつぎに移住し割拠した。成田・安保・秋元・奈良氏は「鹿角四姓」とよばれて各地に勢力を張ったが，戦国時代に入ると，津軽から南下した安東，甲斐源氏の浅利，県南部から攻めのぼる小野寺の3氏による抗争の舞台となった。やがて江戸時代を迎えると，鹿角は陸中国に属し，盛岡藩領とされた。藩主の南部氏は，鹿角郡を花輪通（代官中野氏）・毛馬内通（代官桜庭氏）に分けて支配した。

　戊辰戦争（1868～69年）の際，盛岡藩は，東北諸藩とともに幕府擁護の側に立った。開戦とともに藩境を突破した盛岡藩軍は，たちまちのうちに秋田藩領十二所・扇田・大館を席捲し，大館城を自焼に追い込んだ。さらに米代川沿いに攻めくだり，景勝地きみまち阪付近まで攻め込むが，九州諸藩の援軍で力を盛り返した秋田藩軍に追い返され，開戦から約2ヵ月で降伏した。

　明治維新後，盛岡藩は，松代藩，九戸県，八戸県，三戸県，江刺県と目まぐるしく変遷し，そのなかで鹿角郡のみが切り離され，1871（明治4）年，かつての対戦国秋田県に編入された。1972（昭和47）年，花輪町・十和田町・尾去沢町・八幡平村が合併して現在の鹿角市が誕生した。このとき，名勝十和田湖を行政区域にもつ七滝村と合併した鹿角郡小坂町は，1町で1郡となり，両市町が「平成の大合併」を見送ったため，今もこの状況はかわっていない。

　鹿角は，古くから鉱山地帯として知られた。奈良東大寺の大仏鋳造に産金が使われたという白根鉱山の鉱脈に連なる尾去沢，第二次世界大戦前には産銅日本一を記録した小坂の2山を筆頭に，70近い大小鉱山の稼行があった。しかし現在，採掘中の鉱山は皆無となった。特産品としては，鹿角リンゴがある。

　また鹿角には，十和田八幡平国立公園，湯瀬・大湯・八幡平に代表される温泉群，縄文時代の遺跡大湯環状列石，花輪ばやし・大日堂舞楽などのすぐれた民俗芸能，明治の芝居小屋康楽館などがあり，観光資源の豊富さを誇る。近年はスキーの中心地として，しばしば全国規模の大会開催地となっている。

大館市

　大館市は米代川中流域に位置する。夏祭りに山腹で一文字の大きさ日本一の「大

文字」焼きが行われる鳳凰山が聳え，市民はふるさとの山と仰ぐ。西北郊には世界遺産の白神山地が迫り，その端に信仰の山田代岳が聳える。麓の早口川は，県内屈指のアユの釣り場である。

9世紀末頃，比内は「火内」とも書かれた。中世の領主は甲斐源氏の末流浅利氏で，旧比内町に独鈷(十狐)城を構えた。家臣の館跡は，市内に17カ所ほど確認されている。近世は，佐竹氏一族の小場氏(佐竹西家)が代々の領主で，その居城であった大館城は，1615(元和元)年の一国一城令の後も破却を免れ，戊辰戦争(1868～69年)で落城するまで機能した。南郊十二所には，南部氏への備えとして茂木氏が配されていた。戊辰戦争では兵馬に蹂躙され，ことに扇田と大館城下のほとんどが焼きつくされた。以後，旧市内は4度も大火に遭い，街の様子は大きく変貌した。

1951(昭和26)年，釈迦内村を合併して県内で3番目に市制が施行された。十二所・花岡両町などを併合した第2次合併を経て，さらに「平成の大合併」で比内・田代の両町をあわせ，かつての北秋田郡を鷹巣・阿仁部と鼎然する今の大館市となった。歴史的にも，1602(慶長7)年の佐竹氏入部以降は，県南の横手とともに南北の中枢であった大館は，今や人口8万3000人，県北の雄都，そして北東北3県の要衝たる地位に揺らぎはない。

米代川支流の長木川上流一帯は，日本三大美林に数えられる。その天然杉で栄えた木材産業と，私鉄で大館と結んでいた小坂・花岡両鉱山が，この地方の経済を支えてきたが，2つとも資源が枯渇，町は衰微の淵に立たされ，企業誘致に活路を求めている。第二次世界大戦後の一時期，釈迦内・松峯などで巨大な黒鉱帯が発見され，再び鉱業界は沸き立ったが，銅の国際価格の下落に押されてつぎつぎに閉山した。現在は鉱山で培った技術を廃棄物処理などに生かしながら，エコタウンとしての再生に賭けている。

忠犬ハチ公の出生地，比内地鶏の味が決め手といわれるきりたんぽの本場，「秋田音頭」にも唄われる伝統工芸の曲げわっぱ，木造教会としては日本最古の曲田福音聖堂(北鹿ハリストス正教会聖堂)，江戸時代の思想家安藤昌益や世界に知られたプロレタリア作家小林多喜二の生誕地などがあり，歴史・文化的な地である。

米代川中流

米代川は県北部を東から西に流れる大動脈で，延長136.3km。県内第2位の長流である。岩手県に源を発し，花輪盆地・大館盆地・鷹巣盆地・能代平野を貫流して，日本海にそそぐ。支川数も31と多く，古くから経済や文化，また物資や人を運ぶ役目をしていた。米代川流域は鉱山や天然秋田杉などの宝庫だったので，陸路が発達しない時代は，輸送に米代川が利用された。

この地域で出土する縄文時代の土器は円筒土器で，県南部とは異なっている。『日本書紀』によると，658(斉明天皇4)年に阿倍比羅夫が180艘を率いてくると，米代川河口の淳代(能代)・津軽まで北上してきた。しかし，すぐに中央政府の支配

下に収まったわけではない。878(元慶2)年の元慶の乱では秋田城がおそわれ，雄物川以北から米代川流域の12カ村が自治を要求しており，米代川流域の支配はまだゆるやかなものだった。平安時代後期には，奥州藤原氏の支配を受けるようになったが，その藤原氏も滅亡し，河田次郎の土着勢力も滅んだ。

中世になると，鎌倉幕府が地頭として派遣した甲斐源氏の浅利氏が米代川中流に勢力をもった。室町時代には，津軽の十三湊(現，青森県五所川原市十三湖付近)を根拠に勢力を伸ばしていた安東(下国家)氏が，一時北海道の松前に落ち延びていたが，やがて檜山(能代)に入ってきた。そして室町時代以降は，米代川上流の鹿角は南部，中流は独鈷(比内)の浅利，下流は檜山の安東の3氏が攻防を繰り返した。

戦国時代末期には安東(秋田)氏が，鹿角をのぞいた米代川流域一帯を手中にしたが，関ヶ原の戦い(1600年)の後に秋田氏は常陸国(現，茨城県)へ移封になり，かわって佐竹氏が転封され，明治時代まで続いた。

米代川流域の鉱石・天然秋田杉・米などは能代に運ばれ，さらに北前航路で各地に運ばれた。能代は河口港として発展し，米代川の舟運も盛んになり，二ツ井・荷上場・鷹巣・米内沢・大館・扇田・十二所などは川湊として栄えた。天保年間(1830〜44)の記録によると，米・大豆・銅・硫黄などが能代湊から積み出された。また，松前物(水産物・水産加工物)・砂糖・古手木綿・綿・日用雑貨品などが能代湊に荷揚げされた後，川舟で上流に運ばれた。流域各地で開かれた朝市や定期市に物資を運ぶ市掛船が月に2〜3回，各川湊を訪れたほか，天然秋田杉を丸太のまま組んだ筏が，毎日のように数十枚も上流から能代に流れくだった。尾去沢鉱山が繁栄したときには，米代川を「銅の道」と称したという。

しかし，1905(明治38)年に奥羽本線が開通してから，舟運は衰えた。また，地下資源の枯渇，天然秋田杉の大量伐採によって，資源で栄えた昔の面影はない。

男鹿

男鹿半島はもともとは島であったが，北は米代川，南は雄物川が運んできた流砂などの堆積物によって砂洲や砂丘ができ，八郎潟を抱くようにして現在の陸繋島を形成したといわれている。寒風山の頂上からみると，半島が形づくられた過程がよくわかる。大潟村の残存湖の周辺には縄文遺跡が多いが，志戸沢遺跡・横長根A遺跡(ともに旧南秋田郡若美町)などの弥生遺跡から，籾痕のついた土器や炭化米が出土し，県内ではもっとも早く稲作が始まった地域とみられている。

秋田が史書に初めて登場する『日本書紀』斉明天皇4(658)年条には，阿倍比羅夫が180艘を率いて遠征し齶田浦に艘を連ねたときに，恩荷という族長があらわれ，服従を誓ったことが記されている。この族長の名を男鹿の地名の由来とする説もあるが，はっきりしていない。

元慶の乱(878年)のときは，脇本(脇本)が賊地の1つに挙げられている。また，真山・本山には平安時代後期から天台宗寺院が建てられたが，室町時代には真言宗

に改宗し,熊野信仰と結びつき,修験道場の趣を強くしていった。

古代には蝦夷の村であったが,その後,秋田郡に包摂され,12世紀初頭に国衙領として独自の領域単位を構成したとみられ,『南部文書』『小鹿島文書』には「出羽国小鹿島」として記載されている。鎌倉時代初期には,橘 公業が地頭職を得て苗字の地とした。1189(文治5)年には大河兼任の乱がおきたが,翌年,鎮圧された。北条氏による執権政治が定着すると,北条得家家の被官で蝦夷管領となった安東氏の力が強まり,戦国時代には大名に成長した安東(秋田)氏の領国となった。

江戸時代,佐竹氏の治政下では半農半漁の寒村が多く,ふえすぎたシカの被害にも悩まされた。北前航路も湊が不備だったうえに,積み出しできる物資にも恵まれていなかったので,それほど恩恵を受けなかった。ただ,季節魚のハタハタや,八郎潟から獲れるワカサギ・フナ・エビ・シジミなどの潟魚は地元民だけではなく,周辺の住民の食生活を豊かにした。

明治時代以降は船川港の開発が進み,国鉄船川線も開通した。さらに,水産業の振興にも力がそそがれ,現在も当地方の主産業となっている。男鹿半島という風光明媚な自然,「男鹿のなまはげ」に代表される全国に知られた民俗行事などを伝承・保存しつつ,これらと総合的に発展させることが求められている。

なお,1954(昭和29)〜55年に半島各町村の合併が行われ,男鹿市が誕生した。その後,さらに合併を重ね,「平成の大合併」で南秋田郡若美町と合併したことにより,半島は男鹿市1市にまとまった。

秋田市

秋田市の遺跡は後期旧石器時代に遡ることができる。旭川・岩見川・猿田川などの流域の河川台地上の,地蔵田・古野・下堤・狸崎・松木台地区などに多くみられる。これらの遺跡は縄文・弥生時代の遺跡と重なって出土している。縄文時代中期の遺跡は,竪穴住居が集合体で発見されるケースが多く,寺内地区には児桜貝塚が形成された。弥生時代の遺跡としては,御所野の地蔵田遺跡がある。標高31mの舌状台地に,木柵に囲まれた中,3棟の竪穴住居が広場を囲むようにして立っていた。木柵の外には墓域もある。

秋田の文献上の初見は,斉明天皇4(658)年条の『日本書紀』であり,阿倍比羅夫が180の軍船を率いて齶田の蝦夷を服属させ,その長恩荷に冠位を授けたとある。727(神亀4)年には渤海の使節が出羽国に来着したとの記録が『続日本紀』にみられ,以後,同使節が頻繁に来着するようになる。733(天平5)年には出羽柵が庄内地区から秋田村高清水岡に移された(『続日本紀』)。しかし,830(天長7)年には大地震が発生,秋田城も四天王寺が倒壊した。878(元慶2)年,夷俘が反乱をおこし,焼打ちにされている。朝廷は,小野春風・藤原保則らを派遣し,鎮定した(『日本三代実録』)が,939(天慶2)年には俘囚が再び反乱した(『本朝世紀』など)。平安時代後期は清原氏の支配,平安時代末期から鎌倉時代初期には地頭 橘

公業の支配下にあった。1190(建久2)年には大河兼任が反乱, 百三段(新屋)が戦場となった(『吾妻鏡』)。

現在, 男鹿や八郎潟周辺に残る板碑の紀年銘はすべて北朝の年号であることから, 南北朝時代の動乱時, 秋田市一帯も北朝を支援する豪族の支配下にあったと推定される。この頃, 津軽十三湊(現, 青森県五所川原市十三湖付近)から安東氏が南下し, 応永年間(1395〜1428)には, 湊安東氏の祖安東鹿季が土崎に拠点をおいた。1349(貞和5)年には同氏により, 山内松原に補陀寺が建立された。現在市内に残る社寺は, この頃から建立が進んだ。1589(天正17)年, 檜山安東氏と湊安東氏が対立, 檜山安東氏の実季が勝利し, 実季は湊城に入って秋田城介を名乗り, 秋田氏と称した。関ヶ原の戦い後の1602(慶長7)年, 佐竹義宣が湊城に入り, 秋田実季は常陸国宍戸(現, 茨城県笠間市)へ移封され, その後, 実季の子俊季は, 陸奥国三春(現, 福島県田村郡三春町)へ移された。1603年, 義宣は神明山に久保田城の築城普請と町割を開始, 翌年には久保田城に移り, 居城した。

1868(慶応4)年, 戊辰戦争で秋田藩は新政府軍に参加し, 庄内・仙台・盛岡各軍に攻撃され, 藩の3分の2を占拠された。現在の市内椿台(雄和椿川)・羽川(下浜羽川)などでも戦闘が行われた。1871(明治4)年の廃藩置県により秋田県が誕生, 久保田は秋田と改称し, 県庁がおかれた。1889年秋田市が誕生した。

仙北平野

奥羽山脈北端を押さえる駒ヶ岳南麓の田沢湖から, 南に向かってゆるやかな傾斜が続く平野部が仙北地域である。横手盆地北部に広がる県南の穀倉地帯をなし, 秋田の県南域を貫流する雄物川を動脈に, 玉川など支流に沿って, 古くから秋田の米作を支えた地域だった。

古代, この地の存在を証明するのが, 仙北のほぼ中心地点, 大仙市払田におかれていた払田柵である。蝦夷の平定に派遣された坂上田村麻呂の名とともに, 往時を偲ばせる柵列や出土した木簡などの遺構や遺物が残されている。ヤマト政権支配地域と土着の「蝦夷」とよばれた人びととの, 最北端の接点だったとも考えられる。

この地は安倍氏が治めていたが, 1051(永承6)年, 朝廷軍の侵攻に安倍氏が抵抗して前九年合戦がおこった。戦いは11年続いた末に安倍氏が敗北, 実権は朝廷軍に与した清原氏に移った。1083(永保3)年, 清原氏の内紛で後三年合戦がおこり, 陸奥守源義家が介入して紛争を収めた。清原清衡は, その後, 平泉に移り, 実父の姓に復して奥州藤原氏の祖となる。

一方で, 後三年合戦と, 源・清原両氏の関係は, のちに源氏を棟梁と仰ぐ東国武士団の組織化をうながし, 源氏支配の基礎を築くことになったといってもいいだろう。こうした武士団の形成とともに, 中世の仙北は, 戸沢・富樫・前田・六郷らの小領主分割支配が続いたが, 戦国時代に至って戸沢氏が小領主を傘下に収めた。江戸時代に入ると, 1602(慶長7)年, 佐竹氏が常陸国水戸(現, 茨城県水戸市)か

ら移封され、明治維新までその支配地となった。

仙北は、雄物川で久保田(現、秋田市)につながり、米を運搬する舟運で栄えた。陸路は、北の仙岩峠(明治時代以前は国見峠)で盛岡藩領と接していた。現在の産業は米作を基本とした農業中心だが、近年、城下町の風情が残る角館の旧武家屋敷群や駒ヶ岳山麓の温泉群など、観光地として知られるようになり、県外からも多くの人びとが訪れるようになった。

県南

全国有数の米の主産地である秋田県のなかでも、仙北平野と雄平地域は、大穀倉地帯のよび方がもっとも適切な所である。雄物川という豊かな水の流れと、雄大な平野、物資や人間を運ぶ雄物の舟運などが、早くから農耕を可能にさせた。農耕を基調にしたこの地域の人びとの考えや暮らしは、今も脈々と流れている。

この広大な平野に人間が住むようになったのは古く、横手市の大乗院塚遺跡にみられるように、後期旧石器時代と推定されている。しかも平地だけではなく、平野を囲む周辺の高台にも、数多くの原始集落の遺跡や遺物が分布している。雄平の古代史は、雄勝城をまず挙げなければならない。多賀柵から秋田へ直進する基地として、759(天平宝字3)年に雄勝城が築かれた。これより先、733(天平5年)に雄勝郡がおかれていた。雄勝城築城の年、雄勝郡を割いて平鹿郡がおかれる。雄勝城の所在地は雄勝郡羽後町足田と比定されているものの、はっきりしていない。

平安時代には、開発領主として成長した清原氏が、豊かな穀倉地帯を基盤として台頭した。しかし、前九年合戦(1051〜62年)や後三年合戦(1083〜87年)にみられるように、東国武士団の抗争と肉親間の争いや、奥州藤原3代の起点となった。

中世になると小野寺氏が雄勝郡稲庭に拠り、しだいに勢力を拡大して横手に本城を築き、雄勝・平鹿・仙北3郡の領主となって、米どころの雄平地域を領有した。

江戸時代には、行政の中心を横手に固定し、雄物川の舟運を利用して、交換経済も拡大していった。だが、秋田藩はこれほど広大な穀倉地帯を領有し、多量の年貢米などを手中にしながら、さらに年貢増収を目的として、農民へ川連漆器を始め、秋田杉・桑・藍・楮などの産物を奨励した。農民たちは忙しい農作業の合間に、これらの生産にも力を入れなければならなかったが、自分の手で収穫した米のほとんどは年貢や小作米として取り上げられ、みずから食べることさえできなかった。

なお、小野寺氏は安東氏と抗争しながら、山形県にも進出したほど勢力を広げた。豊臣秀吉からは朱印状を与えられたが、関ヶ原の戦い(1600年)後の国替では、上杉方に与したとして、1601(慶長6)年、石見国津和野(現、島根県津和野町)へ流罪となり、大名の道を閉ざされた。その後は、常陸国水戸(現、茨城県水戸市)から転封された佐竹氏が、朝倉城(横手城)を久保田城の支城と定め、所預として伊達盛重をおいた。さらに須田氏が3代、戸村氏が8代、所預をつとめ県南を支配した。だが、戊辰戦争(1868〜69年)では、仙台・庄内両藩連合軍の総攻撃を受け、

地域の概観

1868(慶応4)年8月11日に落城した。

由利

秋田市から日本海に沿って南下すると、鳥海山がみえてくる。ここが秋田県の日本海沿いの最南部、由利である。県内ではもっとも温暖な地域で、春がいちばん早く訪れる。山菜も由利物がいちばん早く市場へ出るし、県内のサクラの開花便りは勢至公園から始まる。由利は南に鳥海山、東に出羽山地があり、それらの深い山懐に源を発する子吉川など幾つかの河川が、その流域に小平野を形成して日本海にそそいでいる。産業の1つは農業だが、江戸時代から「本荘米」とよばれる良質な米を生産していた。

古代、律令国家の出羽経営の際に、庄内と秋田を結ぶ基地として設けられたのが由理柵である。『続日本紀』の宝亀11(780)年の条に「由理柵」とあるのが、由利の史料上の初見である。所在地は定かではないものの、子吉川の下流域にあったものと考えられている。遺構は不明である。また、河口付近の由利本荘市古雪町は、中世は「古木」ともいわれ、その「古柵」から発する名称を受け継いでいる。『吾妻鏡』の建暦3(1213)年の条には、「由利郡」とある。

11世紀末以降は、この地方の開発領主であった由利氏が勢力を伸ばしたが、「譜代の郎従」として奥州藤原氏の配下にあった。鎌倉時代も由利氏は郡地頭に任ぜられていたが、和田合戦(1213年)で由利維久が失脚した後は、小笠原一族の大弐局の領地となった。南北朝時代に入ると、安芸国(現、広島県)の小早川氏の勢力も進出してきた。戦国時代には土着した小笠原氏の庶流を中心とした由利十二頭と称する小豪族が割拠し、戦乱に終始した。矢島・仁賀保・赤尾津氏らを核として抗争し、1582(天正10)年以降は庄内の大宝寺氏が侵入した。これに対応して小野寺氏の侵入もあり、由利は混乱をきわめた。

1590年の太閤検地後、由利五人衆(赤尾津・仁賀保・滝沢・打越・岩屋)が設定され、新由利支配体制ができた。1602(慶長7)年に最上義光の領地となり、その家臣の楯岡豊前守満茂が本荘の尾崎山に本荘城を築き、1622(元和8)年まで代官支配を続けた。その後、下野国宇都宮(現、栃木県宇都宮市)から本多正純が5万5000石で減転封されたが、わずか1年で横手に幽閉の身となった。その翌年、亀田の岩城氏領2万石、本荘の六郷氏領2万石、平沢の仁賀保氏領1万石、矢島の内越氏領3000石(1640〈寛永17〉年から生駒氏領1万石。のち交代寄合旗本生駒氏領8000石)となって幕末を迎えた。

由利の地は、秋田6郡を領知した秋田藩とは異なり、小藩・小豪族が抗争するという運命をたどった。それだけに領民たちの労苦もまた厳しかった。廃藩置県(1871年)後、本荘・亀田・矢島県を経て、秋田県由利郡となった。

なお、「平成の大合併」では、8市町村が合併した由利本荘市と、3町が合併してにかほ市が誕生した。

【文化財公開施設】　　　　　　　　　　　　　　　①内容，②休館日，③入館料

鹿角市鉱山歴史館　〒018-5202鹿角市尾去沢字獅子沢9-11　TEL0186-22-0123　①尾去沢鉱山など県内各鉱山の鉱石・採集用具，鉱山資料など，②無休，③無料

大湯ストーンサークル館　〒018-5421鹿角市十和田大湯字万座45　TEL0186-37-3822　①大湯環状列石や周辺遺跡の出土品，②4～10月：無休，11～3月：月曜日(祝日の場合は翌日)，③有料

鹿角市出土文化財管理センター　〒018-5421鹿角市十和田大湯字万座13　TEL0186-37-3822　①鹿角市内から出土した考古資料，②月曜日，年末年始，4～11月は無休，③無料

鹿角市先人顕彰館　〒018-5334鹿角市十和田毛馬内字柏崎3-2　TEL0186-35-5250　①内藤湖南・和井内貞行に関する資料など，②月曜日，祝日(土～月曜日の場合は直近の火曜日)，毎月末日，年末年始，③有料

小坂町立総合博物館郷土館　〒017-0201鹿角郡小坂町小坂字中前田48-1　TEL0186-29-4726　①小坂鉱山・十和田湖関係資料，②年末年始，③有料

小坂鉱山事務所　〒017-0202鹿角郡小坂町小坂鉱山字古館48-2　TEL0186-29-5522　①明治時代の建築技術の粋を結集して建てられた，国の重要文化財の旧小坂鉱山事務所を公開，②年末年始，③有料

康楽館　〒017-0202鹿角郡小坂町小坂鉱山字松ノ下2　TEL0186-29-3732　①小坂鉱山の厚生施設として生まれた現存する日本最古の現役芝居小屋を公開，国の重要文化財指定を受けた明治時代の和洋折衷建築，②年末年始，③有料

大館市民舞伝習館　〒018-5721大館市比内町独鈷字大日堂前10　TEL0186-56-2312(大日神社)　①旧比内町の考古・民俗資料，②月曜日，年末年始，③無料

大館市比内郷土民俗資料館　〒018-5701大館市比内町扇田字庚申岱8　TEL0186-55-1108　①旧比内町の考古・歴史・民俗資料，②日・月曜日，祝日，年末年始，③無料

大館郷土博物館　〒017-0012大館市釈迦内字獅子ヶ森1　TEL0186-48-2119　①大館市の考古，産業，美術工芸，曲げわっぱ資料など，②月曜日(祝日の場合は翌日)，年末年始，③有料

大館市立鳥潟会館　〒017-0005大館市花岡町字根井下156　TEL0186-46-1009　①鳥潟隆三らを輩出した鳥潟家の建物・庭園を公開。土蔵を改築した郷土資料庫には花岡村の肝煎をつとめた旧鳥潟家資料などを展示，②月曜日(祝日の場合は翌日)，年末年始，③無料(郷土資料庫)

社団法人秋田犬保存会・秋田犬会館博物室　〒017-8691大館市字三の丸13-1　TEL0186-42-2502　①秋田犬や老犬神社の資料など，②11月21日～4月20日の土曜日の午後，日曜日，祝日，年末年始，③無料

史跡内館文庫宝物館　〒018-3301北秋田市綴子上町字西館46　TEL0186-62-0471　①八幡宮綴子神社の社家武内氏が創設した庶民教育機関「内館塾」で使われていた教科書・書籍や古文書など，②12月25日～1月10日，③有料

阿仁町郷土文化保存伝承館　〒018-4613北秋田市阿仁銀山字下新町41-23　TEL0186-82-3658　①阿仁鉱山の資料，異人館，②月曜日，年末年始，③有料

北秋田市ふるさとセンター(マタギ資料館)　〒018-4731北秋田市阿仁打当字仙北渡道上ミ66-1　TEL0186-84-2458　①マタギ関係資料，②無休，臨時休館日，③有料

浜辺の歌音楽館　　〒018-4301北秋田市米内沢字寺の下17-4　TEL0186-72-3014　①成田為三関係の資料，②第3日曜日，第1・2・4月曜日，年末年始，③有料

藤里町歴史民俗資料館　　〒018-3201山本郡藤里町藤琴字下湯の沢29　TEL0185-79-1256・TEL0185-79-1379(農村改善センター)　①藤里町の考古・歴史・民俗資料など，②月曜日，12～3月(隣接の藤里町農村改善センターに申し込めばこの期間も見学可能)，③有料

井坂記念館　　〒016-0815能代市御指南町25　TEL0185-54-1289　①井坂直幹と木材産業関係資料，②火・木・土曜日，10月1日～3月31日(能代市教育委員会に申し込めばこの期間も見学可能)，③無料

霧山天神収蔵庫　　〒016-0151能代市檜山字檜山霧山下4　TEL0185-58-2109　①多賀谷氏および連歌関係資料，②例祭(5月25日)にのみ開館，③無料

能代市二ツ井町歴史資料館　　〒018-3102能代市二ツ井町小繋字湯ノ沢34-1　TEL0185-73-3036　①二ツ井町の考古・歴史資料など，②月曜日，12月1日～3月31日(能代市教育委員会に申し込めばこの期間も見学可能)，③有料

三種町琴丘歴史民俗資料館　　〒018-2104山本郡三種町鹿渡字東小瀬川51　TEL0185-87-2275　①旧琴丘町の考古・民俗資料など，②月曜日(祝日の場合は翌日)，第3水曜日(祝日の場合は前日か翌日)，年末年始，③有料

男鹿市若美ふるさと資料館　　〒010-0401男鹿市野石字大湯沢下1-41　TEL0185-47-2720　①旧若美町の考古・歴史資料など，②月曜日，祝日，年末年始，③有料

井川町歴史民俗資料館　　〒018-1512南秋田郡井川町北川尻字海老沢樋の口79-2　TEL018-874-4422　①井川町の歴史・民俗資料，②月曜日，祝日，③無料

昭和歴史民俗資料館　　〒018-1401潟上市昭和大久保字元木山根51　TEL018-855-5130　①旧昭和町の歴史資料を展示，八郎潟漁労用具収蔵庫を併設，②月曜日(祝日の場合は翌日)，③無料

潟上市郷土文化保存伝習館　　〒018-1416潟上市昭和豊川山田字家ノ上63　TEL018-877-6919　①石川理紀之助の著作・収集物を中心に，歴史・民俗・産業資料を展示，②月曜日(祝日の場合は翌日)，祝日の翌日，年末年始，③有料

秋田県立博物館　　〒010-0124秋田市金足鳰崎字後山52　TEL018-873-4121　①人文科学・自然科学7部門の資料展示。菅江真澄資料センターを併設，②月曜日(祝日の場合は翌日)，年末年始，③無料(特別展は有料)

旧奈良家住宅(秋田県立博物館分館)　　〒010-0955秋田市金足小泉字上前8　TEL018-873-5009　①国の重要文化財指定を受けた両中門造の農家，②月曜日(祝日の場合は翌日)，年末年始，③無料

秋田大学工学資源学部附属鉱業博物館　　〒010-8502秋田市手形字大沢28-2　TEL018-889-2461　①鉱物・鉱石・岩石・化石・宝貴石標本，石油・石炭採掘装置の模型など，②月曜日(祝日の場合は翌日)，年末年始，③有料

仁別森林博物館　　〒010-0824秋田市仁別字務沢国有林22林班　TEL018-827-2322　①天然秋田杉・秋田林業沿革資料など，②金曜日，11月上旬～4月下旬，③有料

秋田県立美術館・財団法人平野政吉美術館　　〒010-0875秋田市千秋明徳町3-7　TEL018-834-3050　①藤田嗣治の大壁画「秋田の行事」など，②月曜日(祝日の場合は翌日)，年

末年始，③有料

秋田市立佐竹史料館　〒010-0876秋田市千秋公園14　TEL018-832-7892　①佐竹氏・秋田藩関係資料，②年末年始，展示替え期間(不定期)，③有料

秋田市民俗芸能伝承館(ねぶり流し館)　〒010-0921秋田市大町1-3-30　TEL018-866-7091　①秋田市の竿燈・梵天・土崎神明社祭の曳山行事の山車などを常設展示。4～10月の土・日曜日と祝日の午後1時から竿燈の実演，②年末年始，③有料

秋田市立千秋美術館　〒010-0001秋田市中通2-3-8　TEL018-836-7860　①小田野直武・佐竹曙山の蘭画，平福穂庵・平福百穂・寺崎廣業などの日本画を展示，洋画家岡田謙三の記念館併設，②年末年始，③有料

秋田市立赤れんが郷土館　〒010-0921秋田市大町3-3-21　TEL018-864-6851　①国の重要文化財である旧秋田銀行本店本館を公開。版画家勝平得之の記念館，鍛金家関谷四郎の記念室を併設，②年末年始，展示替え期間，③有料

ノースアジア大学総合研究センター雪国民俗館　〒010-0058秋田市下北手桜字守沢46-1　TEL018-836-3313　①国の重要有形民俗文化財に指定されている作業用覆面コレクションなど，②日曜日，祝日，大学休業日，③無料

河辺農林漁業資料館　〒019-2742秋田市河辺三内字尼沢59-2　TEL018-883-2638　①旧河辺町の農具・古文書など，②土・日曜日，祝日，12月1日～3月31日，③有料

秋田城跡出土品所蔵庫　〒011-0939秋田市寺内大畑4-1　TEL018-846-9595　①史跡秋田城跡出土品，②土曜日午後，日曜日，祝日，12月1日～3月31日，③無料

雄和ふるさとセンター　〒010-1341秋田市雄和新波字寺沢32-8　TEL018-887-2112　①雄物川の舟運資料，②水曜日，年末年始，②有料

秋田県立農業科学館　〒014-0073大仙市内小友字中沢171-4　TEL0187-68-2300　①秋田県農業の過去・現在・未来に関する資料など，②月曜日，休日と県の記念日(8月29日)の翌日，年末年始，③無料

大盛館　〒019-2412大仙市協和荒川字川前9-1　TEL018-881-8035　①旧協和町の民俗資料，松田解子の資料など，②月曜日，祝日の翌日，12月29日～3月31日，③有料

大仙市大曲民俗資料館　〒014-0006大仙市花館中町2-58　TEL0187-63-8972(大仙市文化財保護課)　①雄物川・玉川の鮭漁，漁労用具類など，②申込みにより随時開館，③無料

秋田県埋蔵文化財センター　〒014-0802大仙市払田字牛嶋20　TEL0187-69-3331　①当センターが発掘調査した県内出土の埋蔵文化財など，②年末年始，③無料

払田柵総合案内所　〒014-0802大仙市払田字仲谷地95　TEL0187-69-2397　①国史跡払田柵跡の出土品，②月曜日，祝日，年末年始，③有料

大仙市仙北民俗資料館　〒014-0802大仙市払田字真山19-1　TEL0187-63-8972(大仙市文化財保護課)　①旧仙北町の歴史・民俗資料，②申込みにより随時開館，③有料

仙北市田沢湖郷土史料館　〒014-1204仙北市田沢湖田沢字春山197　TEL0187-43-0740　①玉川の強酸性水を流入させる前の田沢湖の魚類の標本や漁労具など，②火曜日(7月20日～8月31日は無休)，11月10日～4月19日，③有料

仙北市立角館樺細工伝承館　〒014-0331仙北市角館町表町下丁10-1　TEL0187-54-1700　①武家資料，樺細工の展示・実演・体験など，②年末年始，③有料

仙北市立角館町平福記念美術館　　〒014-0334仙北市角館町表町上丁4-4　TEL0187-54-3888　①日本画家平福穂庵・百穂父子の作品・資料など，②年末年始，③有料

仙北市西木山の幸資料館　　〒014-0511仙北市西木町西明寺字潟尻117　TEL0187-47-2007　①旧西木村の民俗資料と特用林産物など，②月曜日，祝日の翌日，11月上旬～4月下旬，③有料

美郷町郷土資料館　　〒019-1541仙北郡美郷町土崎字上野乙1-1　TEL0187-85-2610　①美郷町の農具・生活用具など，藁細工館を併設，②月曜日，12月1日～3月31日，③有料

美郷町学友館　　〒019-1404仙北郡美郷町六郷字安楽寺122　TEL0187-84-4040　①美郷町の考古・歴史資料，旧六郷町の文化財など，②月曜日，祝日，年末年始，③有料

秋田県立近代美術館　　〒013-0064横手市赤坂字富ヶ沢62-46　TEL0182-33-8855　①小田野直武らの秋田蘭画，平福穂庵・百穂の日本画，関谷四郎の鍛金作品などを収蔵・展示，②年末，1月中旬～下旬，③有料

石坂洋次郎文学記念館　　〒013-0005横手市幸町2-10　TEL0182-33-5052　①作家石坂洋次郎に関する資料，②月曜日(祝日の場合は翌日)，年末年始，③有料

後三年の役金沢資料館　　〒019-1314横手市金沢中野字根小屋102-4　TEL0182-37-3510　①後三年合戦の資料，「後三年合戦絵図」(模写)所蔵，絵図は上・中・下巻とあり，約4カ月毎に各巻を展示，②月曜日(祝日の場合は翌日)，年末年始，③有料

横手城郷土資料館　　〒013-0012横手市城山町29-1　TEL0182-32-1096　①横手城関係資料のほか，美術工芸品など，②12～3月(2月15・16日のかまくら開催時に臨時開館)，③有料

平鹿農村文化伝承館　　〒013-0105横手市平鹿町浅舞字上蒋沼25　TEL0182-24-1149　①旧平鹿町の民俗資料など，②月曜日，9月～6月上旬，③有料

雄物川郷土資料館　　〒013-0208横手市雄物川町沼館字高畑366　TEL0182-22-2793　①横手市内の考古・歴史・民俗資料など。「雄物川民家苑木戸五郎兵衛村」を併設，②月曜日(祝日の場合は翌日)，年末年始，③有料

ほろわの里資料館　　〒013-0561横手市大森町八沢木字宮脇74　TEL0182-26-6464　①国の重要無形民俗文化財の霜月神楽など，波宇志別神社関係の資料，②12～3月，③無料

十文字歴史資料展示室　　〒019-0522横手市十文字町字西上24-1　TEL0182-42-1345　①旧十文字町の歴史・民俗資料など，②第3をのぞく月曜日，第3日曜日，祝日，年末年始，③無料

横手市増田郷土資料館・まんが美術館　　〒019-0701横手市増田町増田字新町285(横手市増田ふれあいプラザ)　TEL0182-45-5556　①郷土資料館は旧増田町の考古・歴史・民俗資料などを収蔵展示，まんが資料館は原画などを収蔵展示，②月曜日(祝日の場合は直後の平日)，③無料(特別展は有料)

川連漆器資料館　　〒012-0131湯沢市川連町字大舘中野141　TEL0183-42-2410　①国の伝統的工芸品に指定された川連漆器の歴史と工程，作品展示，②日曜日，祝日，③無料

稲庭城(今昔館)　　〒012-0100湯沢市稲庭町字古館前平　TEL0183-43-2929　①小野寺氏関係資料，町の特産品，②火曜日，11月中旬～4月中旬，③有料

院内銀山異人館　　〒019-0111湯沢市上院内字小沢115　TEL0183-52-5143　①院内銀山の歴

史，鉱山町のジオラマ，旧雄勝町内出土の縄文土器，②月曜日(祝日の場合は翌日)，年末年始，③有料

東成瀬村ふる里館 〒019-0801雄勝郡東成瀬村田子内字上野67-2 TEL0182-47-2241 ①東成瀬村の民具・農具など，②月曜日，年末年始，③有料

羽後町歴史民俗資料館 〒012-1131雄勝郡羽後町西馬音内字上川原30-1 TEL0183-62-5004 ①羽後町の考古・歴史資料，西馬音内盆踊りの資料，②月曜日(祝日の場合は翌日)，年末年始，③有料

本荘郷土資料館 〒015-0011由利本荘市石脇字弁慶川5 TEL0184-24-3570 ①由利本荘市の歴史・民俗資料，市出身の書家・画家・工芸家の作品，②月曜日，年末年始，③有料

岩城歴史民俗資料館 〒018-1217由利本荘市岩城亀田亀田町字田町41 TEL0184-72-2048 ①羽後亀田藩政資料，歴史・民俗・産業資料など，②年末年始，③有料

妙慶寺宝物殿 〒018-1221由利本荘市岩城亀田最上町字最上 TEL0184-72-2037 ①寺宝の絵画・工芸品など，②無休，③志(こころざし)

大内歴史民俗資料館 〒018-0795由利本荘市岩谷町字日渡100 TEL0184-65-2210 ①旧大内町の考古・民俗資料など，②月曜日(祝日の場合は翌日)，年末年始，③無料

矢島郷土文化保存伝習施設 〒015-0404由利本荘市矢島町七日町字羽坂64-1 TEL0184-56-2202 ①旧矢島町・鳥海山の修験関係資料など，②月曜日(祝日の場合は翌日)，年末年始，③無料

にかほ市仁賀保勤労青少年ホーム展示室 〒018-0402にかほ市平沢字中町79 TEL0184-35-4711 ①斎藤宇一郎関係資料・旧仁賀保家関係資料など，②月曜日(祝日の場合は翌日)，年末年始，③有料

白瀬南極探検隊記念館 〒018-0302にかほ市黒川字岩潟15-3 TEL0184-38-3765 ①白瀬矗関係資料の展示，オーロラの実写映像など，②月曜日(祝日の場合は翌日)，年末年始，③有料

にかほ市象潟郷土資料館 〒018-0104にかほ市象潟町字狐森31-1 TEL0184-43-2005 ①旧象潟町の考古・歴史・民俗資料など，②月曜日(祝日の場合は翌日)，年末年始，③有料

【無形民俗文化財】

国指定

大日堂舞楽　　鹿角市八幡平(大日霊貴神社)　大日堂舞楽保存会　正月2日

上郷の小正月行事　　にかほ市象潟町　横岡サエの神保存会・大森サエの神保存会　1月15日

男鹿のナマハゲ　　男鹿市北浦(真山神社)　男鹿のナマハゲ保存会　1月16日，12月31日

刈和野の大綱引き　　大仙市刈和野(浮島神社)　刈和野大綱引き保存会　旧1月15日

六郷のカマクラ行事　　仙北郡美郷町六郷(諏訪神社)　六郷カマクラ保存会　2月11〜15日

小滝のチョウクライロ舞　　にかほ市象潟町小滝(金峰山神社)　鳥海山・小滝舞楽保存会　6月9日

東湖八坂神社祭のトウニン(統人)行事　　潟上市天王・男鹿市船越(東湖八坂神社)　東湖八坂神社崇敬会・船越町内会連合会　7月6・7日

土崎神明社祭の曳山行事　　秋田市土崎港(土崎神明社)　土崎神明社奉賛会　7月20・21日

秋田の竿灯　　秋田市山王大通り　秋田市竿灯会　8月3〜6日

根子番楽　　北秋田市阿仁根子　根子番楽保存会　8月14日

西馬音内の盆踊　　雄勝郡羽後町西馬音内　西馬音内盆踊保存会　8月16〜18日

毛馬内の盆踊　　鹿角市十和田毛馬内　毛馬内盆踊保存会　8月16〜24日

角館祭りのやま行事　　仙北市角館町(神明社)　角館のお祭り保存会　9月7〜10日

保呂羽山の霜月神楽　　横手市大森町(波宇志別神社)　保呂羽山霜月神楽保存会　11月7・8日

国選択(◎は県指定も受けているもの)

中里のカンデッコあげ行事◎　　仙北市西木町下檜木内(塞の神堂)　中里カンデッコあげ保存会　旧1月15日

阿仁地方の万灯火　　北秋田市・北秋田郡上小阿仁村　春彼岸の中日

荒処の沼入り梵天行事◎　　横手市平鹿町醍醐(厳島神社)　荒処沼入り梵天保存会　5月1日

綴子の大太鼓　　北秋田市綴子(八幡宮綴子神社)　綴子の大太鼓保存会　7月14・15日

本海番楽◎　　由利本荘市鳥海町　鳥海山麓の集落　鳥海町郷土芸能保存会　8月14〜16日

おやま囃子　　仙北市角館町　角館おやま囃子保存会　9月7〜9日

能代のナゴメハギ　　能代市浅内・中浅内・黒岡　浅内ナゴメハギ保存会　12月31日

猿倉人形芝居◎　　由利本荘市石脇字田尻・北秋田市増沢・雄勝郡羽後町野中　木内勇吉一座・吉田千代勝一座・鈴木栄太郎一座　不定期

秋田万歳◎　　秋田市　秋田万歳保存会(秋田市山王：吉田辰己，秋田市高陽幸町：加賀久之助)　不定期

八郎潟漁撈習俗　　秋田県

羽後のイタコの習俗　　秋田県

正月行事　　秋田県ほか

田植えに関する習俗　　秋田県ほか

狩猟習俗　　秋田県ほか

県指定

松館天満宮三台山獅子大権現舞	鹿角市八幡平(菅原神社)	松館天満宮舞楽保存会	4月25日
願人踊	南秋田郡八郎潟町一日市(諏訪神社)	一日市郷土芸術研究会	5月5日
鳥海山小滝番楽	にかほ市象潟町小滝(金峰神社)	小滝舞楽保存会	6月第2土曜日の前後,8月13日
木境大物忌神社の虫除け祭り	由利本荘市矢島町 子吉川河原	木境大物忌神社講中	7月8日
戸沢ささら	仙北市西木町上檜木内(産土神社)	戸沢ささら芸能保存振興会	7月13日,8月15日
伊勢居地番楽	にかほ市伊勢居地(延命地蔵堂)	伊勢居地番楽保存会	7月23日
富根報徳番楽	能代市二ツ井町飛根(愛宕神社)	報徳番楽保存会	7月23・24日
羽立大神楽	能代市二ツ井町飛根(愛宕神社)	羽立大神楽保存会	7月24日,8月15日
国見ささら	大仙市太田町国見(順慶地蔵)	国見ささら保存会	8月1〜20日
駒形のネブ流し行事	能代市二ツ井町駒形	駒形部落会	8月6日
常州下御供佐々楽	能代市扇田(開道神社)	道地佐々楽保存会	8月13日
坂ノ下番楽	由利本荘市矢島町坂之下(熊野神社)	坂ノ下番楽保存会	8月13日
阿仁前田獅子踊	北秋田市阿仁前田	阿仁前田獅子踊保存会	8月13・14日
切石ささら踊	能代市二ツ井町切石字山根	切石郷土芸能振興会	8月13・14日
志戸橋番楽	山本郡三種町志戸橋(七星神社)	志戸橋番楽保存会	8月13・14日
檜山舞	能代市母体(八幡神社)	檜山舞保存会	8月13〜15日
鳥海山日立舞	にかほ市象潟町横岡 横岡自治会館前	横岡番学保存会	8月13〜15日
下川原ささら	仙北市角館町岩瀬字下川原	下川原ささら保存会	8月13〜15日
東長野ささら・長野ささら	大仙市豊川東長野／長野(曹渓寺)	東長野ささら保存会／長野ささら保存会	8月13〜16日／8月13〜16日
冬師番楽	にかほ市冬師	冬師番楽保存会	8月14日
八沢木獅子舞	横手市大森町八沢木字前田	八沢木獅子舞保存会	8月14日
仁鮒ささら踊	能代市二ツ井町仁鮒	仁鮒郷土芸術保存会	8月14・15日
白岩ささら	仙北市角館町白岩(雲厳寺)	白岩若者会	8月14〜16日
釜ヶ台番楽	にかほ市釜ケ台	釜ケ台番楽保存会	8月14・20日
大湯大太鼓まつり	鹿角市十和田大湯	大湯大太鼓保存会	8月15日
屋敷番楽	由利本荘市西沢(屋敷集落舞楽堂)	屋敷番楽保存会	8月16日
福米沢送り盆行事	男鹿市福米沢	福米沢送り盆保存会	8月16日
横手の送り盆行事	横手市蛇の崎町 蛇の崎川原	横手送り盆まつり委員会	8月16日
仙道番楽	雄勝郡羽後町上仙道字仙道沢(白山神社)	仙道番楽保存会	8月17日
一日市盆踊	南秋田郡八郎潟町一日市 一日市上町大通り	一日市郷土芸術研究会	8月18〜20日
花輪ばやし	鹿角市花輪(幸稲神社)	花輪ばやし若者頭協議会	8月19・20日
赤田大仏祭り	由利本荘市赤田(長谷寺・神明社)	赤田町内会	8月21・22日
花輪の町踊り	鹿角市花輪各町	花輪町踊り保存会	8月下旬〜9月中旬

無形民俗文化財

仁井田番楽　　横手市十文字町仁井田(新山神社)　仁井田番楽保存会　9月7・8日
藤琴(志茂若・上若)豊作踊　　山本郡藤里町藤琴(浅間神社)　志茂若郷土芸術会・上若郷土芸能保存会　9月7・8日
金沢八幡宮掛け歌行事　　横手市金沢中野(金沢八幡宮)　金沢八幡宮伝統掛唄保存会　9月14・15日
大森親山獅子大権現舞　　鹿角市尾去沢(八幡神社)　大森親山獅子大権現舞保存会　9月15日
日役町獅子踊　　由利本荘市日役町(八幡神社)　日役町獅子踊保存会　9月15日

【おもな祭り】(国・県指定無形民俗文化財をのぞく)

三十番神社の大松明　　横手市山内筏(比叡山神社)　1月1日
梵天　　秋田市(太平山三吉神社)　1月17日
新山神社裸まいり　　由利本荘市　1月21日
掛魚まつり　　にかほ市(金浦山神社)　2月4日
上檜木内の紙風船上げ　　仙北市　2月10日
アメッコ市　　大館市大町中央通り　2月10・11日
火振りかまくら　　仙北市　2月13・14日
かまくら　　横手市　2月15・16日
犬っこまつり　　湯沢市　2月10・11日
川を渡るぼんでん　　大仙市(伊豆山神社)　2月17日
万灯火　　北秋田郡上小阿仁村　3月21日
合川まとび　　北秋田市合川　3月21日
星辻神社だるま祭り　　秋田市　4月12・13日
番楽競演会　　南秋田郡五城目町(神明社)　5月19日
旗っこ焼き　　大仙市(大日如来堂)　5月17日
小町まつり　　湯沢市(小町堂)　6月9・10日
作占い(田代岳の岳参り作占行事)　　大館市(田代岳)　7月2日
刻参り　　由利本荘市(白山神社)　7月24日
日吉神社祭典　　能代市(日吉神社)　7月26・27日
みこしの滝浴び　　山本郡八峰町(白瀑神社)　8月1日
能代七夕　　能代市　8月6・7日
花輪ねぶた　　鹿角市花輪　8月7・8日
横手送り盆まつり　　横手市　8月16日
扇田盆踊り(ハッタギ踊り)　　大館市比内町扇田　8月17・18日
一日市盆踊り　　南秋田郡八郎潟町　8月18～20日
全県かけ唄大会　　仙北郡美郷町(熊野神社)　8月23・24日
やしま八朔まつり　　由利本荘市(矢島神明社)　9月8・9日
八幡神社大祭　　能代市　9月14・15日
月山神社祭典　　横手市　9月14・15日
山田地蔵まつり　　大館市山田　旧暦10月末日の前日

十七夜　　雄勝郡羽後町　旧12月17日

【有形民俗文化財】

国指定
八郎潟漁撈用具78点・1隻　　　潟上市　重要民俗資料八郎潟漁撈用具収蔵庫
田沢湖のまるきぶね1隻　　仙北市　仙北市田沢湖郷土史料館
大沼の箱形くりぶね（きっつ）1隻　　ノースアジア大学　ノースアジア大学雪国民俗研究所
男鹿のまるきぶね1隻　　男鹿市　男鹿市民文化会館
作業用覆面コレクション59点　　ノースアジア大学　ノースアジア大学雪国民俗研究所

県指定
検地竿1口　　個人　秋田県立博物館
古樺細工12点　　秋田県　仙北市立角館樺細工伝承館ならびにふるさとセンター
阿仁マタギ用品126点　　北秋田市ほか　阿仁ふるさとセンター
尾去沢鉱山資料一括　　鹿角市　鹿角市鉱山歴史館
八郎潟出土くり船1隻　　潟上市　重要民俗資料八郎潟漁撈用具収蔵庫
材木ゾリ1点　　仙北郡美郷町　千畑郷土資料館
真山の万体仏　　個人　常在院
旧山田八幡神社獅子頭1頭および鉾1振　　個人　湯沢市山田
七高神社獅子頭1頭　　個人　七高神社
旧若宮八幡神社獅子頭2頭1対　　個人
御嶽神社獅子頭1頭　　御嶽神社　羽後町歴史民俗資料館
県内木造船資料13点　　秋田県　秋田県立博物館
秋田杣子造材之画1点　　秋田県　秋田県立博物館

【散歩便利帳】

[秋田県の教育委員会・観光担当部署など]
秋田県教育委員会　〒010-8580秋田市山王3-1-1　TEL018-860-5113
秋田県観光課　〒010-0570秋田市山王4-1-1　TEL018-850-2265
財団法人秋田観光コンベンション協会　〒010-0921秋田市大町2-3-27　TEL018-824-8686
社団法人秋田県観光連盟　〒010-0951秋田市山王4-1-2　TEL018-860-2267

[県外の観光問い合わせ事務所]
秋田県北海道事務所　〒060-0001札幌市中央区北一条西2丁目　北海道経済センター 4F
　TEL011-241-2002
秋田県東京事務所　〒102-0093東京都千代田区平河町2-6-3　都道府県会館7F
　TEL03-5212-9115
秋田県名古屋事務所　〒460-0008名古屋市中区栄4-1-1　中日ビル4F　TEL052-252-2412
秋田県大阪事務所　〒530-0001大阪市北区梅田1-3-1-900　大阪駅前第一ビル9F
　TEL06-6341-7897
きた東北発見プラザ　〒542-0081大阪市中央区南船場3-4-25　TEL06-4704-2626
秋田県福岡事務所　〒810-0001福岡市中央区天神2-8-24　住友生命福岡ビル1F
　TEL092-736-1122

[市町村の教育委員会・観光担当部署など]
〈秋田市〉
秋田市教育委員会　〒010-0951秋田市山王2-1-53　TEL018-866-2242
秋田市商工観光課　〒010-8560秋田市山王1-1-1　TEL018-866-2112
秋田市観光案内所　〒010-0001秋田市中通7-1-2　秋田駅構内　TEL018-832-7941

〈能代市〉
能代市教育委員会　〒018-3192能代市二ツ井町字上台1-1　TEL0185-73-3085
能代市観光振興課　〒016-8501能代市上町1-3　TEL0185-89-2179
能代観光協会　〒016-8501能代市上町1-3　能代市役所観光振興課内　TEL0185-89-1776
二ツ井町観光協会　〒018-3102能代市二ツ井町小繁字中島109-10　二ツ井総合観光センター内　TEL0185-73-5075

〈横手市〉
横手市教育委員会　〒013-0205横手市雄物川町今宿字鳴田1　TEL0182-22-2151
横手市観光物産課　〒019-0792横手市増田町増田字土肥館173　TEL0182-45-5519
社団法人横手市観光協会　〒013-8601横手市中央町8-12　TEL0182-33-7111
増田町観光協会　〒019-0792横手市増田町増田字土肥館173　TEL0182-45-5515
平鹿町観光協会　〒013-0105横手市平鹿町浅舞393　TEL0182-24-1118
雄物川町観光協会　〒013-0205横手市雄物川町今宿字鳴田1　TEL0182-22-2111
大森町観光協会　〒013-0514横手市大森町字中島268　TEL0182-26-2117
十文字町観光協会　〒019-0504横手市十文字町海道下16　TEL0182-42-2422
山内観光協会　〒019-1108横手市山内土渕字二瀬8-4　TEL0182-53-2934

〈大館市〉
大館市教育委員会　〒018-3595大館市早口字上野43-1　TEL0186-54-6911

大館市観光物産課　　〒017-8655大館市字中城20　TEL0186-49-3111
社団法人大館市観光協会　　〒017-0044大館市御成町1-3-1　TEL0186-42-4360
財団法人比内町観光開発公社　　〒018-5701大館市比内町扇田字新大堤下93-11　TEL0186-55-1000
〈男鹿市〉
男鹿市教育委員会　　〒010-0422男鹿市角間崎字家の下452　TEL0185-46-2111
男鹿市観光課　　〒010-0511男鹿市船川港船川字景台66-1　TEL0185-23-2111
社団法人男鹿市観光協会　　〒010-0511男鹿市船川港船川字新浜町1-1　TEL0185-24-4700
男鹿ふっと観光案内所　　〒010-0431男鹿市払戸字大堤127　TEL0185-46-3012
〈湯沢市〉
湯沢市教育委員会　　〒012-0105湯沢市川連町字平城120　TEL0183-42-2111
湯沢市商工観光課　　〒012-0827湯沢市表町1-1-31　TEL0183-79-5055
湯沢市観光協会　　〒012-0826湯沢市柳町1-1-13　市民プラザ内　TEL0183-73-0415
雄勝観光協会　　〒019-0204湯沢市横堀字下柴田39　TEL0183-52-2111
皆瀬観光協会　　〒012-0183湯沢市皆瀬字新処27-2　TEL0183-47-5080
〈鹿角市〉
鹿角市教育委員会　　〒018-5292鹿角市花輪字荒田4-1　TEL0186-30-0290
鹿角市観光商工課　　〒018-5292鹿角市花輪字荒田4-1　TEL0186-30-0248
社団法人十和田八幡平観光物産協会　　〒018-5201鹿角市花輪字新田11-4　鹿角観光ふるさと館あんとらあ内　TEL0186-23-2019
大湯温泉観光協会　　〒016-5421鹿角市十和田大湯字中田23-3　TEL0186-37-2960
〈由利本荘市〉
由利本荘市教育委員会　　〒015-0805由利本荘市油小路5-1　TEL0184-24-6282
由利本荘市観光振興課　　〒015-3501由利本荘市尾崎17　TEL0184-24-6376
由利本荘市観光協会　　〒015-8501由利本荘市尾崎17　TEL0184-24-6376
〈潟上市〉
潟上市教育委員会　　〒018-1502潟上市飯田川下虻川字八ツ口70　TEL018-877-7803
潟上市産業課　　〒010-0201潟上市天王字上江川47-100　TEL018-855-5120
潟上市観光協会　　〒018-1401潟上市昭和大久保字堤の上1-3　TEL018-855-5120
〈大仙市〉
大仙市教育委員会　　〒014-0062大仙市大曲上栄町2-16　TEL0187-63-1111
大仙市商工観光課　　〒014-8601大仙市大曲花園町1-1　TEL0187-63-1111
大仙市大曲観光物産協会　　〒014-8601大仙市大曲花園町1-1　TEL0187-63-1111
大仙市西仙北観光協会　　〒019-2192大仙市刈和野字本町5　TEL0187-75-2961
大仙市中仙観光協会　　〒014-0203大仙市北長野字茶畑108　TEL0187-56-2337
大仙市協和観光協会　　〒019-2411大仙市協和境字野田4　TEL018-892-2111
大仙市太田町観光協会　　〒019-1613大仙市太田町太田字新田田尻3-4　TEL0187-88-1633
大仙市仙北観光協会　　〒014-0805大仙市高梨字田茂木10　TEL0187-63-4172
大仙市観光情報センター　　〒014-0027大仙市大曲通町6-5　大曲駅構内　TEL0187-86-0888

〈北秋田市〉
北秋田市教育委員会　〒018-3312北秋田市花園町15-1　TEL0186-62-6616
北秋田市商工観光課　〒018-3360北秋田市花園町19-1　TEL0186-62-1111
北秋田市観光協会　〒018-3322北秋田市住吉町12-18　TEL0186-62-1850
総合観光案内所四季美館　〒018-4515北秋田市阿仁前田字大道上3-1　TEL0186-75-3188
〈にかほ市〉
にかほ市教育委員会　〒018-0311にかほ市金浦字南金浦49-2　TEL0184-38-2266
にかほ市産業課　〒018-0311にかほ市金浦字花潟93-1　TEL0184-38-4305
社団法人にかほ市観光協会　〒018-0108にかほ市象潟町字入湖の澗19-2　TEL0184-43-6608
由利地域観光振興会　〒018-0121にかほ市象潟町字大塩越73-1　道の駅象潟ねむの丘
　　TEL0184-32-5588
象潟駅観光案内所　〒018-0112にかほ市象潟町字家の後23　象潟駅構内
　　TEL0184-43-2174
〈仙北市〉
仙北市教育委員会　〒014-0392仙北市角館町東勝楽丁19　TEL0187-43-3381
仙北市観光課　〒014-0318仙北市角館町中町36　TEL0187-43-3362
角館観光協会　〒014-0314仙北市角館町上菅沢394-2　TEL0187-54-2700
社団法人田沢湖観光協会　〒014-1201仙北市田沢湖生保内字宮の後39　TEL0187-58-0063
西木観光協会　〒014-0592仙北市西木町上荒井字古堀田47　TEL0187-47-2116
仙北市観光情報センター　〒014-0369仙北市角館町上菅沢384-2　TEL0187-54-2700
仙北市田沢湖観光情報センター　〒014-1201仙北市田沢湖生保内字男坂6-8　田沢湖駅構内
　　TEL0187-43-2111
〈鹿角郡〉
小坂町教育委員会　〒017-0201小坂町小坂字砂森7-1　TEL0186-29-2342
小坂町産業課　〒017-0202小坂町小坂鉱山字古館46-2　TEL0186-29-3908
秋田県十和田観光協会　〒018-5511小坂町十和田湖字生出　TEL0176-75-2351
〈北秋田郡〉
上小阿仁村教育委員会　〒018-4421上小阿仁村小沢田字向川原60-3　TEL0186-60-9000
上小阿仁村林務商工課　〒013-4494上小阿仁村小沢田字向川原118　TEL0186-77-2221
〈山本郡〉
藤里町教育委員会　〒018-3201藤里町藤琴字家の後67　TEL0185-79-1327
藤里町事業課　〒018-3201藤里町藤琴字藤琴8　TEL0185-79-2111
三種町教育委員会　〒018-2104三種町鹿渡字東二本柳29-3　TEL0185-87-2111
三種町商工観光課　〒018-2401三種町鵜川字岩谷75　TEL0185-85-4830
三種町山本観光協会　〒018-2304三種町豊岡金田字森沢1-2　TEL0185-83-4587
三種町八竜観光協会　〒018-2401三種町鵜川字岩谷子8　TEL0185-85-4817
三種町琴丘観光協会　〒018-2104三種町鹿渡字二本柳29-3　TEL0185-87-2111
八峰町教育委員会　〒018-2641八峰町八森字中浜28　TEL0185-77-2816
八峰町産業振興課　〒018-2641八峰町八森字中浜63　TEL0185-70-4100
八峰町観光協会　〒018-2641八峰町八森字中浜63　TEL0185-77-2111

〈南秋田郡〉
五城目町教育委員会　　〒018-1792五城目町西磯ノ目1-1-1　TEL018-852-5372
五城目町産業課　　〒018-1792五城目町西磯ノ目1-1-1　TEL018-852-5222
五城目町観光協会　　〒018-1725五城目町西磯ノ目1-1-1　TEL018-852-5222
八郎潟町教育委員会　　〒018-1692八郎潟町字大道80　TEL018-875-5812
八郎潟町産業建設課　　〒018-1692八郎潟町字大道80　TEL018-875-5803
八郎潟町観光協会　　〒018-1616八郎潟町字大道80　TEL018-875-5802
井川町教育委員会　　〒018-1512井川町北川尻字海老沢樋ノ口79-2　TEL018-874-4424
井川町産業建設課　　〒018-1596井川町北川尻字海老沢樋ノ口79-1　TEL018-874-4418
大潟村教育委員会　　〒010-0443大潟村字中央1-21　TEL0185-45-3240
大潟村産業建設課　　〒010-0494大潟村字中央1-1　TEL0185-45-3653
財団法人大潟村観光物産振興公社　　〒010-0445大潟村字西5-16　TEL0185-45-2681
〈仙北郡〉
美郷町教育委員会　　〒019-1541美郷町土崎字上野乙170-10　TEL0187-84-1111
美郷町商工観光課　　〒019-1404美郷町六郷字上町21　TEL0187-84-4909
美郷町観光協会　　〒019-1404美郷町六郷字本道町22-4　TEL0187-84-0110
〈雄勝郡〉
羽後町教育委員会　　〒012-1131羽後町西馬音内字中野177　TEL0183-62-2111
羽後町企画商工課　　〒012-1131羽後町西馬音内字中野177　TEL0183-62-2111
羽後町観光物産協会　　〒012-1131羽後町西馬音内字中野177　TEL0183-62-2111
東成瀬村教育委員会　　〒019-0801東成瀬村田子内字仙人下30-1　TEL0182-47-3415
東成瀬村総務課　　〒019-0801東成瀬村田子内仙人下30-1　TEL0182-47-3401
東成瀬村観光協会　　〒019-0801東成瀬村田子内仙人下30-1　TEL0182-47-3407

【参考文献】

『秋田沿革史大成』上・下(復刻)　　橋本宗彦編　加賀谷書店　1973
『秋田県警察史』上・下　　秋田県警察史編さん委員会編　秋田県警察本部　1969・71
『秋田県鉱山誌』　　秋田県産業労働部鉱務課編　秋田県　1968
『秋田県史』全7巻　　秋田県編　秋田県　1915-17
『秋田県史』全16巻　　秋田県編　秋田県　1961-66
『秋田県社会運動の百年——その人と年表』　　小沢三千雄編　みしま書房　1977
『秋田県における朝鮮人強制連行——証言と調査の記録』　　野添憲治編著　社会評論社　2005
『秋田県農民運動史』　　秋田県農民運動史刊行委員会編　秋田県農民運動史刊行委員会　1990
『秋田県の紀年遺物』　　奈良修介編　小宮山出版　1976
『秋田県の百年』　　田口勝一郎　山川出版社　1983
『秋田県の歴史』　　今村義孝　山川出版社　1969
『秋田県の歴史』新版　　塩谷順耳ほか　山川出版社　2001
『秋田県文化財調査報告書第86集　秋田県の中世城館』　　秋田県教育委員会編　秋田県教育委員会　1981
『秋田県遊里史』　　佐藤清一郎　無明舎出版　1983
『秋田県林業史』上・下　　秋田県編　秋田県　1973-75
『秋田県労働運動史』全2巻　　秋田県編　秋田県　1986-87
『秋田県労農運動史』　　今野賢三編著　秋田県労農運動史刊行会　1954
『秋田人物風土記』全3巻　　秋田県広報協会編　昭和書院　1973
『秋田人名大事典』　　秋田魁新報社編　秋田魁新報社　1974
『秋田大百科事典』　　秋田魁新報社編　秋田魁新報社　1981
『秋田地方史の研究』　　今村教授退官記念会編　金沢文庫　1973
『秋田地方史論集』　　半田教授退官記念会編　みしま書房　1981
『秋田の自由民権——自由民権百年記念誌』　　秋田県自由民権百年記念実行委員会編　秋田文化出版社　1981
『秋田の先覚——近代秋田をつちかった人びと』全5巻　　秋田県秘書広報課編　秋田広報協会　1968-71
『秋田の明治百年』　　毎日新聞社秋田支局編　毎日新聞社秋田支局　1969
『秋田の歴史』　　新野直吉　秋田魁新報社　1982
『秋田の歴史』　　半田市太郎　秋田県地域社会研究所　1953
『秋田の歴史』　　読売新聞社秋田支局編　三浦書店　1965
『奥羽永慶軍記』上・下(戦国史料叢書)　　今村義孝校注　人物往来社　1966
『角川日本地名大辞典5　秋田県』　　新野直吉ほか編　角川書店　1980
『郷土考古学叢書3　秋田県の考古学』　　奈良修介ほか　吉川弘文館　1967
『郷土史事典・秋田県』改訂版　　柴田次雄ほか　昌平社　1982
『近世の秋田』　　国安寛監編著　秋田魁新報社　1991
『近代秋田の歴史と民衆』　　秋田近代史研究会編　秋田近代史研究会　1969

『近代の秋田』　　新野直吉編著　秋田魁新報社　1991
『昭和戦争期の国民学校』　戸田金一　吉川弘文館　1993
『シリーズ・花岡事件の人たち——中国人強制連行の記録』全4巻　　野添憲治　社会評論社　2007-08
『新秋田叢書』全15巻　井上隆明ほか編　歴史図書社　1971-72
『新秋田叢書』第2期全8巻　　新秋田叢書編集委員会編　歴史図書社　1972-74
『新秋田叢書』第3期全15巻　　新秋田叢書編集委員会編　歴史図書社　1976-79
『新編佐竹氏系図』　原武男編　加賀谷書店　1973
『菅江真澄全集』全12巻・別巻2巻　　内田武志ほか編　未来社　1971-81
『菅江真澄遊覧記』全5巻（平凡社ライブラリー）　　内田武志ほか編　平凡社　2000
『図説　秋田県の歴史』　田口勝一郎編　河出書房新社　1987
『日本海北部沿岸地方における砂防造林』（再刊）　　富樫兼治郎　財団法人林曹会　1964
『日本の古代遺跡24　秋田』　富樫泰時　保育社　1985
『日本の民俗5　秋田』　富木隆蔵　第一法規出版　1973
『日本歴史地名大系5　秋田県の地名』　　今村義孝編　平凡社　1980
『八十年の回顧——秋田営林局史』　　秋田営林局編　財団法人林曹会　1964
『復刻　秋田キリシタン史』　武藤鉄城　秋田文化出版社　1984
『文明の実業人——井坂直幹と近代的経営のエトス』　　石坂巖編　巖書店　1997
『明治・大正・昭和の郷土史4　秋田県』　　田口勝一郎ほか編　昌平社　1981
『論考　安藤昌益』　寺尾五郎　農山漁村文化協会　1992
『わが町の歴史・秋田』　今村義孝　文一総合出版　1981
『秋田県の歴史』　塩谷順耳　山川出版社　2010
『木村伊兵衛の秋田』　木村伊兵衛　朝日新聞社　2011
『東日本大震災』　秋田魁新報社　2011
『いま原発で何が起きているのか』　秋田魁新報社　2011

【年表】

時代	西暦	年号	事項
旧石器時代			風無台Ⅱ遺跡，米ケ森Ⅰ・Ⅱ遺跡，此掛沢Ⅱ遺跡，下堤G遺跡，国見遺跡，五把出山遺跡，新成遺跡
縄文時代			岩井堂洞窟，梨ノ木塚遺跡，大湯環状列石，藤株遺跡，麻生遺跡，大畑台遺跡，岸館遺跡，湯出野遺跡，宝龍台遺跡，柏子所貝塚，萱刈沢貝塚，女川貝塚，新屋浜貝塚，土花貝塚，杉沢台遺跡
弥生時代			志藤沢遺跡，横長根A遺跡，新間遺跡，松木台遺跡，宇津野遺跡，手取清水遺跡，湯ノ沢A遺跡
古墳時代			枯草坂古墳，中野古墳，小谷地遺跡，久保台古墳，小阿地古墳，山田古墳，菅崎古墳，上中村古墳，蝦夷塚古墳群
飛鳥時代	658	斉明4	阿倍比羅夫，180艘を率いて齶田・渟代を征し，渟代・津軽の2郡をおく
	659	5	比羅夫，180艘を率いて，後方羊蹄に郡領を定める
	660	6	比羅夫，200艘を率いて，粛慎を討つ
	708	和銅元	出羽郡を定める
奈良時代	712	5	出羽国をおく
	733	天平5	出羽柵を秋田村高清水岡に移し，雄勝村に郡を建てる
	737	9	陸奥按察使大野東人らが，陸奥国から秋田出羽柵に至る直路を通すため，雄勝村の征伐を請う
	759	天平宝字3	雄勝城を造営。雄勝・平鹿の2郡を設け，横河・雄勝・助河に山道駅路をおく
	771	宝亀2	渤海国使ら325人，野代湊に漂着。これを常陸国に移す
	775	6	出羽国で不穏な動きが続くため，国府を移そうと図る
	780	11	秋田城に鎮守専当国司1員を残し，秋田城・由理柵の保守を命ずる
平安時代	804	延暦23	秋田城制を停廃し，秋田郡をおく
	830	天長7	秋田地方に大地震が発生し，秋田城など被害を受ける
	870	貞観12	出羽国山本郡安隆寺を定額寺とする
	878	元慶2	夷俘，叛して秋田城を襲う(元慶の乱始まる)
	881	5	出羽国雄勝・平鹿・山本3郡の百姓の今年の調・庸を免ずる
	1000	長保2	秋田城造営の太政官符を出羽守藤原義理に下す
	1050	永承5	陸奥守藤原登任と秋田城介平重成，安倍頼長を討つが敗れる
	1051	6	陸奥守源頼義，安倍頼良を討つ(前九年合戦始まる)
	1062	康平5	源頼義の請いにより，出羽国山北の俘囚主清原武則ら出兵，厨川を陥れ，安倍貞任らを討つ(前九年合戦終わる)
	1083	永保3	清原真衡，吉彦秀武・清原(藤原)清衡・清原家衡らと戦う(後三年合戦始まる)

	1087	寛治元	陸奥守源義家，出羽国山北金沢柵を陥れ，清原武衡・家衡らを討つ（後三年合戦終わる）
	1170	嘉応2	陸奥・出羽押領使藤原秀衡，鎮守府将軍となる
	1189	文治5	藤原泰衡，比内郡贄柵で河田次郎に殺される。泰衡の郎従大河兼任，叛す
	1190	6	大河兼任，敗走の途中に陸奥国栗原寺付近で殺される
鎌倉時代	1213	建保元	由利維久，由利の所領を没収され，大弐局が由利郡領主となる
	1258	正嘉2	幕府，陸奥・出羽の地頭に，管内の夜盗や強盗の鎮圧を命ずる
	1309	延慶2	「延慶二年己酉」銘の板碑が建立される（北秋田市川井）
	1331	元徳3 元弘元	由利郡の源正光・滋野行家ら，津雲出郷（矢島）で薬師十二神将を鋳造する
	1333	正慶2 3	葉室光顕，出羽守となる
	1334	建武元	北条方の残党，小鹿島や秋田城に拠る
室町時代	1342	康永元 興国3	出羽国山本郡荒井村，和田繁晴の所領となる
	1349	貞和5 正平4	月泉良印，秋田郡松原に補陀寺を創建する
	1352	文和元 7	陸奥国和賀郡の和賀基義，山本郡安本郷・阿条字郷・雲志賀里郷の支配を安堵される
	1365	貞治4 20	雄勝郡三俣の満福寺で，貞治写経が始まる
	1427	応永34	小野寺氏，上洛して6代将軍足利義教に馬を贈る
	1430	永享2	足利義教，小野寺氏に書を与える
	1456	康正2	安東盛季，南部光政と戦う
	1550	天文19	浅利則頼，比内独鈷で死去
	1556	弘治2	清水治郎兵衛，野代（能代）に移り住み，その後に諸材木支配，惣町支配となる
	1559	永禄2	間杉五郎八，越前国敦賀から土崎に移る
	1562	5	安東愛季，扇田長岡城に浅利則祐を攻める
	1567	10	愛季，鹿角郡を奪う
	1569	12	南部晴政，鹿角郡を奪回
安土・桃山時代	1575	天正3	安東愛季，織田信長に鷹を献ずる
	1583	11	愛季，比内城主浅利義正を檜山城で誘殺する
	1589	17	豊島道季，実季に叛く（湊合戦）
	1590	18	角館の戸沢盛安，小田原に参陣。西馬音内城主の小野寺茂道，小田原に参陣するために，家臣から役銭を徴収。豊臣秀吉，上杉景勝に秋田地方の検地を命じ，年貢の額を定めるが，増田・川連・山田などで，検地反対の一揆おこる
	1591	19	秀吉，六郷・戸沢・小野寺・秋田の各氏に領知朱印状を与える

	1592	文禄元	戸沢・小野寺・秋田・六郷・滝沢・内越・本堂の各氏が,肥前名護屋に参陣
	1593	2	秀吉,秋田実季に杉の大割板を求める
	1595	4	実季,伏見作事用橋板820間を送る
	1597	慶長2	秀吉,実季を代官として伏見作事用杉板1000間を,山北・秋田・由利・津軽などの大名に割付ける
	1598	3	浅利頼平,大坂で没する
	1599	4	実季,徳川家康に鷹を献ずる
	1600	5	秋田・戸沢・小野寺の各氏,家康の命で上杉景勝軍と戦うため,米沢へ出陣。小野寺義道,秋田・由利・仙北地方の諸氏に,上杉方として攻撃される
	1601	6	義道,所領没収され,石見津和野藩坂崎氏に預けられる
	1602	7	常陸の佐竹義宣を出羽へ移封,秋田実季が常陸宍戸へ移封を命ぜられる。義宣,9月9日に土崎湊城に入る。山本郡六郷・金沢・大曲・戸蒔などで,佐竹入部反対の土豪・百姓一揆おこる
江戸時代	1603	8	佐竹義宣,久保田神明山に築城を始める。比内一揆,大阿仁一揆などおこる
	1604	9	義宣,久保田城へ移り,城下町の建設を始める
	1606	11	村山宗兵衛ら4人,院内銀山を開坑する
	1607	12	久保田城下の町割始まる
	1613	18	佐竹義宣,領内の総検地を行う(中竿)
	1614	19	阿仁金山を開坑する
	1620	元和6	一国一城令により,十二所・角館・湯沢・檜山城を破却し,館構えとする
	1622	8	最上義俊改易され,佐竹義宣,由利領を公収する
	1623	9	旧宇都宮藩主本多正純が由利から仙北大沢に移され,由利郡内も六郷政乗・岩城吉隆・仁賀保挙誠が分封
	1624	寛永元	秋田藩がキリシタン弾圧を始め,各地で火あぶりや斬首などの処刑行われる
	1633	10	佐竹義宣没し,養子義隆継ぐ
	1640	17	高松城主生駒高俊,讃岐高松を公収され,矢島1万石に移封
	1643	20	秋田藩,領内各所に唐船御番所を設ける
	1655	明暦元	秋田藩が初めて土崎湊から,東廻り廻船を江戸に出す
	1664	寛文4	佐竹義隆,初めて領知朱印状を与えられ,20万5800石となる
	1671	11	秋田藩,初めて郡奉行をおく
	1689	元禄2	松尾芭蕉,象潟に遊ぶ
	1697	10	秋田藩,史料編纂のため,御文書所を設立
	1698	11	戸部一憨斎(正直)『奥州永慶軍記』を完成
	1712	正徳2	秋田藩は林政改革を実施し,分収率を五公五民とする
	1737	元文2	秋田藩の鋳造座が許可され,久保田川尻村に鋳銭所を設け,翌

			年から鋳銭を始める
	1743	寛保3	能代大火,約1500軒焼失
	1745	延享2	幕命で秋田の鋳銭座が停止
	1757	宝暦7	銀札事件おこる
	1769	明和6	佐藤信淵,雄勝郡西馬音内に生まれる
	1773	安永2	平賀源内・吉田理兵衛が,鉱山再興のために招かれる。小田野直武,平賀源内と会う
	1776	5	平田篤胤,久保田に生まれる
	1789	寛政元	秋田藩校の創設が布達される
	1793	5	秋田藩校を「明道館」とする
	1795	7	平田篤胤,脱藩して江戸へのぼる
	1802	享和2	伊能忠敬,秋田地方を測量
	1804	文化元	象潟大地震,海底の隆起で象潟が陸地化する
	1811	8	菅江真澄,出羽6郡の地誌作成の内命を受ける。秋田藩校を「明徳館」と改称
	1828	文政11	感恩講設立
	1833	天保4	土崎湊で打ちこわしおこる
	1834	5	仙北郡前北浦の43カ村の農民群訴,藩に諸要求を出して打ちこわしを行う
	1835	6	能代で打ちこわしおこる
	1843	14	平田篤胤,久保田で没する
	1850	嘉永3	佐藤信淵,江戸で没する
	1856	安政3	古川忠行,「惟新館」を開く
	1865	慶応元	秋田藩,砲術館の新築に着手
	1867	3	秋田藩,幕府へ財政の窮乏を訴え,領内の産銅を外国に売り,軍艦・兵器を購入する許可を請う
明治時代	1868	明治元(慶応4)	秋田藩,出羽の触頭となる。秋田藩家老戸村十太夫,白石会議に出席,盟約書に調印。秋田藩の壮士ら,仙台藩使者を殺害。出羽国を分け,羽前・羽後とする
	1869	2	版籍奉還により,佐竹義堯が知藩事に任命される
	1870	3	岩崎藩の村々で百姓一揆おこる。能代大火,700戸焼失
	1871	4	秋田県が誕生
	1872	5	旧久保田城に秋田県庁開庁。旧佐賀藩士の島義勇,初代県令
	1873	6	伝習学校(秋田師範学校の前身)を設立する
	1874	7	平鹿郡阿気村ほか6カ村で,徴兵反対の騒擾おこる
	1878	11	第1回種子交換会を開催
	1879	12	第四十八国立銀行が開業
	1880	13	柴田浅五郎,秋田町で秋田立志会結成。能代大火,1268戸焼失
	1881	14	秋田事件おこる
	1882	15	秋田改進党・秋田自由党など結成される

	西暦	和暦	事項
	1885	明治18	石川理紀之助，山田村経済会を設立
	1887	20	秋田地方測候所の設置指定
	1890	23	秋田市民約600人が凶作による米価上昇に苦しみ広小路に集合
	1896	29	秋田に陸軍歩兵第16旅団司令部と歩兵17連隊の移駐決まる
	1899	32	県立秋田図書館，千秋公園内に設置
	1900	33	仙北郡地主会創設(地主会の始まり)
	1905	38	奥羽線(現，JR奥羽本線)福島・青森間全通
	1907	40	能代港町に秋田木材株式会社設立される
	1910	43	日本石油株式会社秋田製油所が業務を開始
	1911	44	秋田鉱山専門学校開校
大正時代	1915	大正4	土崎労働組合の発会式(組合員178人)
	1916	5	船川軽便線(現，JR男鹿線)追分・船川間全通
	1917	6	日本銀行秋田支店開業
	1921	10	プロレタリア文芸誌『種蒔く人』土崎で創刊
	1922	11	奥羽線に急行列車が運転開始。船川軽便線，船川線と改称
	1923	12	生保内線(現，JR田沢湖線)大曲・生保内間開通
	1924	13	羽越線(現，JR羽越本線)県内全通(羽後亀田・羽後岩谷間) 横黒線(現，JR北上線)全通(大荒沢・川尻間)
	1925	14	北秋田郡の阿仁前田小作争議始まる
昭和時代	1926	昭和元	土崎合同労組が県内初のメーデーを実施
	1927	2	土崎港築港起工式を挙行
	1928	3	秋田県警察部内に特別高等警察課をおく
	1929	4	全国農民組合秋田県連合会が結成される
	1930	5	『北方教育』創刊。能代線(現，JR五能線)が県内全通(岩館・大間越間)
	1931	6	花輪線全通(田山・陸中花輪間)
	1932	7	NHK秋田放送局開局
	1933	8	海外移住者のため県内14カ所に相談所を設立
	1934	9	第5回婦選大会。秋田代表の田畑染が，母親の立場から戦争反対を訴える
	1935	10	前年までの冷害凶作のため，県内の女性の身売りが多発。阿仁前田小作争議裁判で和解成立
	1936	11	阿仁合線(現，秋田内陸縦貫鉄道秋田内陸線)鷹巣・阿仁合間開通。五能線全通
	1938	13	矢島線(現，由利高原鉄道鳥海山ろく線)本荘・矢島間開通
	1940	15	治安維持法容疑で北方教育の同人ら逮捕される。大政翼賛会秋田支部結成
	1941	16	秋田市内に自動電話が開設。秋田・第四十八・湯沢の各銀行が合併して秋田銀行となる
	1942	17	1県1紙制となり，『秋田魁新報』以外は廃刊

	1943	昭和18	農会・産業組合を廃し，農業会が発足
	1944	19	強制連行された中国人・朝鮮人が，小坂・尾去沢・花岡の各鉱山に配置される
	1945	20	花岡鉱山で花岡事件が発生
	1946	21	敗戦後初の衆議院議員選挙で，婦人運動家の和崎ハルが10万票の最高得票で当選
	1947	22	秋田県教職員組合結成
	1949	24	秋田大学開学。第1次能代大火，全焼2024戸，死者3人
	1950	25	秋田県，保温折衷苗代の普及に着手
	1953	28	秋田短期大学開学
	1954	29	原水爆禁止秋田県協議会結成。聖霊女子短期大学開学
	1955	30	道川海岸でロケット実験成功
	1956	31	第2次能代大火，全焼1420戸。大館市で大火，全焼1221戸
	1958	33	八郎潟干拓起工式
	1959	34	NHK秋田放送局，テレビ放送開始
	1960	35	秋田放送，テレビ放送開始
	1961	36	秋田空港開港
	1964	39	八郎潟干陸式，大潟村が発足
	1966	41	秋田市，新産業都市に正式決定
	1969	44	秋田テレビ，テレビ放送開始
	1970	45	駒ヶ岳女岳，38年ぶりに噴火
	1974	49	鳥海山，153年ぶりに噴火
	1978	53	尾去山鉱山閉山
	1981	56	新秋田空港開港
	1982	57	秋田沖で日米海上合同演習始まる
	1983	58	日本海中部地震が発生，死者・行方不明者82人
	1985	60	新銘柄米「あきたこまち」が初出荷
	1987	62	県の情報公開制度始まる
平成時代	1990	平成2	白神山地が森林生態系保護地域に指定され，青秋林道の工事再開が中止
	1992	4	能代市の産廃施設で有害物質を含む廃水の漏水が発覚
	1993	5	東北電力能代石炭火力発電所が操業開始。白神山地が世界遺産に登録される
	1997	9	秋田新幹線開業
	1998	10	大館能代空港（秋田北空港）開港
	1999	11	秋田営林局と青森営林局が統合し，東北森林管理局として秋田市におかれる。秋田県立大学開学
	2000	12	花岡事件訴訟が和解
	2005	17	「平成の大合併」で，69市町村が25市町村（13市9町3村）に
	2006	18	32年ぶりの大豪雪

【索引】

―ア―

青田神社	288
青柳家	193
赤神神社五社堂	106-109
秋田犬会館・秋田犬博物室	43, 44
秋田県埋蔵文化財センター	180
秋田県立近代美術館	210
秋田県立小泉潟公園	155
秋田県立博物館	93, 112, 155, 156, 158
秋田県立美術館	129
秋田駒ヶ岳高山植物帯	202
秋田市民俗芸能伝承館(ねぶり流し館)	140
秋田城跡	151, 152, 158
秋田市立赤れんが郷土館(旧秋田銀行本店本館)	138
秋田市立佐竹史料館	130
秋田市立千秋美術館・岡田謙三郎記念館	135
秋田諏訪宮	187, 188
秋田大学工学資源学部附属鉱業博物館	133, 134
秋田の自由民権発祥の地の碑	217
あきた文学資料館	135
秋田万歳	139, 140
旭川命名の碑	136
浅舞の御役屋門	218
浅舞のケヤキ	218
浅舞八幡神社	218
浅利勝頼の首塚	98
芦名神社	23
愛宕神社	168
阿仁前田小作争議	83
天照皇御祖神社	13
荒川鉱山跡	182
荒処の沼入り梵天行事	219
新間遺跡	123
安乗寺	227
安東(秋田)実季	52, 63, 95, 96, 117, 119, 141, 153, 154
安藤昌益の墓	52, 53
安東愛季	51, 96, 103, 119, 153, 154

―イ―

飯塚神明社観音堂	123
筏の大スギ	215
池田氏庭園	176
井坂記念館	93
石井露月記念館・露月文庫	168
石川理紀之助遺跡	120
石坂洋次郎文学記念館	213
石崎遺跡	118
石沢館跡	271
石鳥谷館跡	5
伊勢堂岱遺跡	76, 77
磯前神社	244
一乗院	132
一ノ目潟	102
一里塚(湯沢市愛宕町)	227
一心院	49
伊藤家	17
稲庭城(鶴が城)跡・今昔館	239, 240
猪股家	270
彌高神社	130
岩井堂洞窟	246, 247
岩崎城跡(千歳公園)	232
岩野山古墳群	118
岩橋家	194
岩見峡	164
岩谷山	163
院内銀山異人館	248
院内関所跡	246, 247

―ウ・エ―

浮島神社	181
羽後町歴史民俗資料館	257
内館塾跡(内館文庫跡)	72
内町(秋田市)	128, 132, 136

姥御前神社	113		小貫山堰	253
梅津政景	129, 135, 144, 151		小野寺景道(輝道)	211, 216, 221
栄花館跡	240		小野寺義道	212, 222
延慶碑	80		小畑勇二郎記念館	67
円徳寺	9		帯屋久太郎の歌碑	227
円福寺	8		面影橋	143, 144

――オ――

桜櫓館(旧櫻場家住宅)	47		小安御番所跡	240
大潟村	111		温泉寺	52, 53
大河兼任	111, 119, 152, 166		恩徳寺	7, 8

――カ――

大葛金山ふるさと館	51		賀川玄廸の生誕地碑	245
大葛金山墓地	51		角館城跡・武家屋敷群	191
大国主神社	204		角館祭りのやま行事	195
大蔵神社	197		加護山精錬所跡	77
大堰	9		柏崎館跡	15, 16
大太鼓の館	72, 74		潟上市郷土文化保存伝習館	120
大滝温泉	55, 56		潟上市昭和歴史民俗資料館	122
大館郷土博物館	60, 61, 67		月山神社	18
大館市石田ローズガーデン	44		勝手神社	162
大館市民舞伝習館	50		鹿角市鉱山歴史館	28
大館城跡(桂城公園)	42, 43, 46		鹿角市先人顕彰館	16, 17
大館市立鳥潟会館	63		鹿戸野神社	61
大館八幡神社	46		金山神社	249
大張野	165		可児義雄の碑	82
大日霊貴神社(小豆沢大日堂)	12, 13		金柵跡	213
大森城跡	222		金沢八幡宮	214, 250
大森親山獅子大権現舞	29		狩野良知・亨吉生誕地	44, 45
大山家住宅	116		鹿城跡	91
大湯大太鼓	19		上郷の小正月行事	283
大湯川銚子発電所	25		紙谷仁蔵の墓	88
大湯環状列石	21, 22, 68, 77		亀田陣屋(亀田城、天鷺城)跡	264
大湯ストーンサークル館	21		亀田藩主岩城家墓所	266
男鹿三山(真山・本山・毛無山)	107, 108		萱刈沢貝塚遺跡	116
男鹿真山伝承館	109		唐松神社	181
雄勝城跡	257, 258		刈和野の大綱引き	181
男鹿のナマハゲ	109		河田次郎	52
男鹿半島	106		川連漆器資料館	236, 237
尾去沢鉱山跡	27, 28		河辺へそ公園	163
尾去沢神社(八幡社)	29		川原毛地獄山(硫黄山)	234, 235
夫権現宮	114		竿燈	131

寒風山	102, 105, 112, 123
蚶満寺	280

― キ ―

象潟	281
北秋田市阿仁郷土文化保存伝承館	85
北秋田市文化会館	77
吉祥院	12
きみまち阪	77
義民(佐藤)弥惣右衛門の碑	115
伽羅橋(香炉木橋)	150
旧阿仁鉱山外国人官舎(異人館)	84, 85
旧油屋旅館(大里家)	16
旧石井家	228
旧院内銀山跡	248, 249
旧雄勝郡会議事堂	224, 225
旧鹿角郡公会堂	7
旧工藤家住宅(中小路の館)	34
旧黒澤家住宅	165
旧小坂鉱山事務所・病院記念棟・電気製錬所	29-31
久蔵塚・久蔵頌徳碑	253
旧奈良家住宅	156, 157
旧松本家住宅主屋	194
旧陸軍歩兵十七連隊駐屯地跡	135
共楽館跡碑	37
玉林寺	48, 65
桐木田城跡	245
霧山天神宮	98
義烈良民の墓	287
金峰神社	282

― ク・ケ ―

草彅家住宅	200
草生津川	143
国萬歳酒造	166
久保田城跡(千秋公園)	128, 211
久保田のかまくら行事	137
熊野神社	188
熊野神社磨崖(湯沢市)	245
栗田神社	166
胡桃館遺跡	74
黒又山	22, 23
景林神社	90, 92
毛馬内の盆踊	19
元稲田稲荷神社	255
犬都記念公園	36, 38
玄福寺	218

― コ ―

光久寺	87, 88
香最寺	218
光禅寺	267
広沢寺	240
向野寺	244
康楽館	29, 31, 32
五ヶ村堰(山城堰)	222
五義民碑	75, 76
小坂町立総合博物館 郷土館	32, 34
後三年の役金沢資料館	215
古四王神社(秋田市)	146-150
古四王神社(大仙市)	178
五城目朝市	121
五城目町森林資料館	117
小滝のチョウクライロ	282
金浦山神社	277
小林多喜二生誕地碑・文学碑	60, 65, 67
小町堂	243, 245
小谷地遺跡	102
五輪塔・方角石(能代市)	90, 91

― サ ―

斎藤宇一郎記念館	276
西方寺	268
嵯峨家住宅・舞鶴館跡	162
坂本東嶽邸	190
幸稲荷神社	7, 10, 11
鮭石(魚形文刻石)	85, 86
佐竹西家累代の墓所	48
佐竹義敦(曙山)	135, 159
佐竹義宣	95, 96, 128, 129, 132, 134, 144, 148, 151, 154
佐竹義和	130, 132, 136, 218, 242
佐藤信景(不昧軒)の墓	257

佐藤信淵誕生地	256, 257
佐藤養助漆蔵資料館	251
佐藤要之助の碑	6
真田幸村の墓	49
猿賀神社	22
猿倉人形芝居	260
三十番神社	215
三哲神社	55, 56
三内峡	159, 163

── シ ──

七高神社	276
実相寺・初七日山釈迦堂	58-60
志藤沢遺跡	111, 112
柴田浅五郎	217, 219
芝谷地湿原植物群落	38, 61
島兵の碑	221
下藤根遺跡・中藤根遺跡	217
十二所城跡	54
十二天神社	54
寿量院跡	142
浄応寺	48
松下村塾の模築(竹村記念公園)	46
松源院	95
東海林太郎音楽館	137
正重寺	288
上代窯跡	158
正洞院跡	132
菖蒲崎貝塚	272
浄明寺(能代市萩の台)	87
浄明寺(能代市檜山)	98
浄蓮寺(大仙市)	175
浄蓮寺(にかほ市)	279
如斯亭(旧秋田藩主佐竹氏別邸)	132
白神山地	97, 102
白瀬南極探検隊記念館	280
信淵文庫	257
真山神社	107-109
新山神社	272
信正寺	36
新四郎地蔵尊	271
仁叟寺	17, 18, 23

── ス ──

瑞光寺	284
水神社	183
菅江真澄	56, 63, 87, 131, 137-139, 144, 149, 150, 156, 157, 235, 238, 242, 243, 256
須賀神社(三輪神社境内社)	255, 256
菅原神社(秋田市)	143
菅原神社(脇本天神, 男鹿市)	103
杉沢遺跡	34
杉沢台遺跡	94
鈴木家住宅主屋	260
雀館古代井戸	118
砂沢古窯跡	117
砂沢館跡	117
諏訪神社(由利本荘市)	274

── セ・ソ ──

誓願寺	18
勢至公園	277
成章書院跡	56
西来院	145, 160
清凉寺	228
関善賑わい屋敷(旧関善酒店主屋)	4, 5
専正寺	9
仙台藩士殉難碑	145
仙道番楽	258
善福寺	218
仙北市立角館樺細工伝承館	193
仙北市立角館町平福記念美術館	196
仙北市立田沢湖郷土資料館	200
千屋断層	190
千屋の松・杉並木道	189
全良寺	144
禅林寺	276
蔵光院	221
宗福寺	48
相馬大作事件故地(岩抜山)	61
染川城跡	109

―タ―

- 大円寺 …… 23
- 大慈寺 …… 222
- 対川荘 …… 256
- 大蔵寺 …… 271
- 大日神社(独鈷大日堂) …… 50
- 大日堂舞楽 …… 12, 13
- 太平山県立公園 …… 161
- 太平山三吉神社奥宮 …… 159, 160, 163
- 高尾神社 …… 169
- 高清水 …… 148, 150
- 高城城(赤尾津城)跡 …… 264, 267
- 田沢湖 …… 22, 113, 114, 199
- 田代岳 …… 68, 87
- 田代山神社 …… 68
- 「種蒔く人」顕彰碑 …… 157
- 多宝院 …… 98
- 玉川温泉の北投石 …… 14, 203

―チ―

- 筑紫森岩脈 …… 163
- 築館(大野城)跡 …… 267
- 鳥海山獅子ヶ鼻湿原植物群落及び新山溶岩流末端崖と湧水群 …… 281
- 長慶寺 …… 87
- 長興寺 …… 55
- 長谷寺(赤田の大仏) …… 273
- 長年寺 …… 7, 8
- 長福寺 …… 9, 10
- 長楽寺 …… 106, 107

―ツ・テ―

- 土崎神明社 …… 140, 154
- 土田家住宅 …… 288
- 積石墳墓 …… 81
- 天使館(旧聖園マリア園) …… 31
- 天徳寺 …… 59, 132, 133, 142, 151

―ト―

- 洞雲寺 …… 65
- 東湖八坂神社 …… 110
- 唐船御番所跡 …… 90
- 桐善寺 …… 244
- 桃洞・佐渡のスギ原生林 …… 85
- 当麻館跡 …… 15
- 徳昌寺 …… 91
- 戸沢ささら …… 203
- 豊島館跡 …… 170
- 独鈷城(十狐城)跡 …… 50
- 戸部一憨斎の墓 …… 246
- 外町(秋田市) …… 128, 136, 137, 141
- 土屋館跡 …… 174
- 鳥屋長秋旧宅跡 …… 138
- 豊平神社 …… 168
- 十和田湖・奥入瀬渓流 …… 22, 24-26, 113
- 十和田ホテル本館 …… 25, 26

―ナ・ニ―

- 内藤湖南旧宅 …… 15
- 内藤天爵・十湾・湖南の墓 …… 18
- 長走風穴高山植物群落 …… 62
- 奈曽の白瀑谷 …… 282, 283
- 那波家の水汲み場 …… 137
- 仁左衛門屋敷跡 …… 287
- 錦木地区市民センター …… 20
- 錦木塚 …… 8, 20, 23
- 錦神社 …… 53
- 西木戸神社 …… 53
- 西馬音内城跡 …… 258
- 西馬音内の盆踊 …… 259
- 仁鮒水沢スギ植物群落保護林 …… 79
- 仁別国民の森・仁別森林博物館 …… 161

―ヌ・ネ・ノ―

- 沼柵跡 …… 220, 221
- 根井神社 …… 63
- 根城館跡 …… 285
- 根子番楽 …… 86
- 能代海岸砂防林 …… 91, 92
- 能代木材工業総合展示館 …… 93
- ノースアジア大学総合研究センター雪国民俗館 …… 200
- 能登山 …… 104-106

―ハ―

- 波宇志別神社 …… 223

白山姫神社	229, 230
畠山松治郎・近江谷友治之碑	121
八幡宮綴子神社	72, 73
八幡神社(大仙市)	175
八幡神社(能代市)	89
八幡神社(由利本荘市)	285
八幡平	14, 24, 56
八森城(八森陣屋)跡	284, 285
八郎潟	22, 102, 111, 113, 114, 116, 118, 120-124
八郎潟漁撈用具収蔵庫	122
白華館跡	168
花岡鉱山跡	35
花輪市	4, 5, 119
花輪館跡(桜山公園)	5-7
花輪の町踊り	11
花輪ばやし	7, 11
早口公園	68

— ヒ —

日吉八幡神社	141-143
檜木内川堤	197
檜山追分旧羽州街道松並木	95
檜山城跡	94, 96, 98
日吉神社(秋田市)	166
日吉神社(能代市)	89
日吉神社(湯沢市)	237
平田篤胤の墓	134
平野政吉美術館	129
広小路	128, 134

— フ —

福王寺	286
藤株遺跡	74, 75
藤倉水源地水道施設	161
藤原(清原)清衡	214, 221
藤原泰衡	52, 53, 119
不動院	143, 147
古館(岩谷城)跡	275

— ヘ・ホ —

遍照院	47
鳳凰山	48
宝泉寺	257
宝蔵寺	179
寶塔寺	144
北鹿ハリストス正教会曲田福音聖堂	56
星辻神社	136
補陀寺(秋田市)	48, 52, 62, 145, 160
払田柵跡	179
北方教育社発祥の地	138
保呂羽山	222
本荘郷土資料館	272
本荘城(鶴舞城)跡	268
本多上野介正純の墓碑	212

— マ・ミ —

増川八幡神社	104
増田城跡	250
マタギ資料館	86
松峰鉱山	37
松峯神社	59
真人桟道	252
万箇将軍の墓[伝]	284
満福寺	250-252
三浦家住宅	158
神輿の滝沿び(白瀑神社)	95
道川神社	158
湊城跡	149, 153
源義家	214, 215, 221, 241, 255
三輪神社	255
民話伝承館(むかしがたり館)	260

— ム・メ・モ —

村山宗兵衛の墓	249
女潟湿原植物群落	156
茂木氏歴代の墓	54
本館城跡	95
本宮神社	23
森九商店	166
森長旅館本館	106

— ヤ —

八坂神社(大館市)	65
矢石館遺跡	68

矢立峠	58
矢立廃寺跡	36, 62
八橋一里塚跡	140
八橋油田	143
山田記念館	45
山根館(院内館)跡	276

―ユ―

雄和華の里	170
湯沢城跡	226, 227
湯沢市立湯沢図書館	227
由利海岸波除石垣	278
由利十二頭(十二党)	276

―ヨ―

永泉寺	269
永傳寺	274, 275
横手市ふれあいセンターかまくら館	211
横手城(朝倉城)跡	210, 212
横手神明社	210
横長根A遺跡	111, 112
吉田城跡	217
与次郎稲荷神社	132
与惣右衛門堰顕彰碑	238

―リ―

龍源寺	286
竜神社	89
龍泉寺	218, 231
龍泉寺跡	158
龍門寺	266
了翁禅師生誕之地	231
両関酒造	225, 226

―レ・ロ―

蓮荘寺	48, 49
老犬神社	56
六郷のカマクラ行事	186
六郷湧水群	186

―ワ―

和井内貞行の墓	18
和井内神社	26
脇本城跡	103
渡部斧松住居跡	114
渡部家住宅	5
渡部神社	115

【執筆者】(五十音順)

編集・執筆代表

野添憲治 のぞえけんじ

執筆

伊多波英夫 いたばひでお(日本社会文学会員)
小坂太郎 こさかたろう(羽後町民話伝承館名誉館長)
田口昌樹 たぐちまさき(菅江真澄研究会会長)
土田章彦 つちだあきひこ(湯沢市文化財保護審議委員会会長)
富木耐一 とみきたいいち(角館町文化財保護協会理事)

写真

田中淳 たなかじゅん

【写真所蔵・提供者,取材協力】(五十音順,敬称略)

秋田県観光課	佐藤真
秋田県教育委員会	佐藤養助商店本社
秋田県漆器工業協同組合	JAプリントあきた
秋田県酒造組合	白神山地世界遺産センター藤里館
秋田県物産振興会	水神社
秋田県埋蔵文化財センター	鈴木清子
秋田県立近代美術館	仙波昭二
秋田市広報課	大仙市企画部総合政策課
阿部安男	大仙市教育委員会
石田耕悦	武内寛
板橋範芳	中鉢正雄
羽後町歴史民俗資料館	にかほ市教育委員会
大館郷土博物館	能代市教育委員会
大館市観光物産課	八峰町役場
男鹿市観光商工課	日景健
男鹿市教育委員会	美郷町教育委員会社会教育課
雄勝生涯学習センター	美郷町商工観光交流課
雄勝野きむらや	村木哲文
菊地英勝	山内信弘
北秋田市商工観光課	湯沢市教育委員会生涯学習課
小坂町産業課	湯沢市商工観光課
古四王神社	横手市教育委員会
小松幹男	横手市マーケティング推進課
佐々木克郎	

本書に掲載した地図の作成にあたっては,国土地理院長の承認を得て,同院発行の2万5千分の1地形図,5万分の1地形図及び20万分の1地勢図を使用したものである(承認番号 平20業使,第55-M039155号 平20業使,第56-M039155号 平20業使,第57-M039155号)。

歴史散歩⑤
秋田県の歴史散歩
あきたけん　れきしさんぽ

2008年7月25日　1版1刷発行　　2012年1月31日　1版2刷発行

編者―――秋田県の歴史散歩編集委員会
　　　　　あきたけん　れきしさんぽへんしゅういいんかい
発行者―――野澤伸平
発行所―――株式会社山川出版社
　　　　〒101-0047　東京都千代田区内神田1-13-13
　　　　電話　03(3293)8131(営業)　　03(3293)8135(編集)
　　　　http://www.yamakawa.co.jp/　振替　00120-9-43993
印刷所―――図書印刷株式会社
製本所―――株式会社手塚製本所
装幀―――菊地信義
装画―――岸並千珠子
地図―――株式会社昭文社

Ⓒ 2008 Printed in Japan　　ISBN978-4-634-24605-8
・造本には十分注意しておりますが，万一，落丁・乱丁などがございましたら，
　小社営業部宛にお送りください。送料小社負担にてお取り替えいたします。
・定価は表紙に表示してあります。

秋田県全図

都道府県界
市郡界
町村界
JR線
高速道路
有料道路
国道
県庁
N
1:850,000
0 7.5 15km
深浦町
鯵ヶ沢町
岩木山
弘前市
ひろさき
かわべ
くろいし
田舎館村
黒石市
八甲田山
七戸町
十和田市
奥入瀬川
青森県
五戸町
西目屋村
白神岳
おおわにおんせん
大鰐町
平川市
十和田湖
新郷村
南部町
三戸町
田子町
二ツ森
1086
田代岳
1178
白地山
1034
駒ヶ岳
1158
奥羽本線
鹿角郡
小坂町
東北自動車道
八峰町
五能線
山本郡
藤里町
おおだて
大館市
茂谷山
362
四角岳
1003
1024
中岳
とわだみなみ
鹿角市
二戸市
にのへ
能代市
のしろ
奥羽本線
たかのす
米代川
ひがしのしろ
大館能代空港
かづのはなわ
安代JCT
八戸自動車道
一戸町
花輪線
いわて銀河鉄道
山本郡
三種町
秋田自動車道
北秋田市
岩手町
入道崎
南秋田郡
大潟村
八郎潟町
八郎湖
北秋田郡
上小阿仁村
秋田内陸縦貫鉄道
森吉山
1454
焼山
1366
1613
八幡平
八幡平市
いわて
ぬまくない
真山
567
寒風山
355
男鹿線
男鹿市
おが
五城目町
潟上市
井川町
宝仙湖
こうま
東北新幹線
姫神山
岩手山
2038
乳頭山
1478
おいわけ
太平山
1170
大仏岳
1167
北上川